三线记忆

一个人的三线建设回忆录

刘绪文 著

加拿大国际出版社

Canada International Press

书名：三线记忆—— 一个人的三线建设回忆录

作者：刘绪文

出版：加拿大国际出版社 www.intlpressca.com

Email: service@intlpressca.com

2024 年 7 月加拿大第一版

2024 年 7 月第一次印刷

印刷版国际书号 ISBN：978-1-990872-94-5

电子版国际书号 ISBN:978-1-990872-95-2

Title: Memories from the Third Line

Author: Xuwen Liu

Publisher: Canada International Press

www.intlpressca.com

Email:service@intlpressca.com

First Edition in Canada, Jul 2024

First Printing, Jul 2024

Printed Edition ISBN: 978-1-990872-90-7

E-Book ISBN: 978-1-990872-91-4

谨以此书送给

为三线建设

献出青春的朋友们

本书的价值在于，通过一个人的亲身经历，真实地再现那段历史。

——作者

备战、备荒、为人民。

——毛泽东

一九六六年五月至一九七六年十月的"文化大革命"，使党、国家和人民遭到建国以来最严重的挫折和损失。

——《关于建国以来党的若干历史问题的决议》

历史，有的不仅仅是大人物和波澜壮阔的历史大事件，更多的是无数普通人的辛劳、痛苦和隐忍，那是历史的伤口，也是历史的真实。我希望你们既看到水面上的花，也看到下面那些不怎么好看的根。

——摘自《我是落花生的女儿》

内容提要

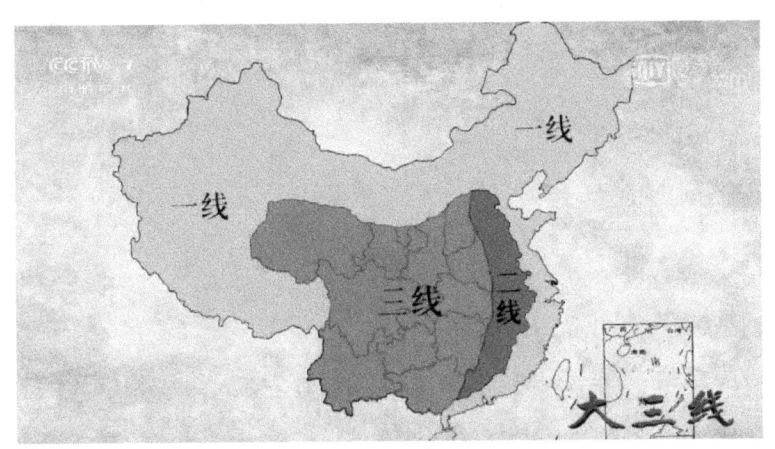

大三线示意图

回望历史，总不免让人心潮起伏。三线建设曾是中国上世纪一场工业大迁徙行动。它的规模之大和烈度之强都是史无前例的！

众所周知，几乎是在三线建设的同时，中国爆发了"无产阶级文化大革命"，所以三线建设是伴随文化大革命进行的。这就造成了它的别具一格，甚至不乏荒谬。

本书涵盖了自文化大革命发生至四人帮倒台后的改革开放共计三十余年间的中国历史。所谓"小人物，大历史"。所有故事都是在这种浓烈的历史背景下发生的。

　　三线建设一定程度上改变了中国当时的工业布局，更成就和改变了无数人的人生。

作者介绍

　　刘绪文，本人是一位参与上世纪三线建设的技术人员，原来工作单位是铁道部(北京)南口机车车辆机械厂，1965 年支援三线建设由北京调来四川，先川北的广元，后又转到川中的资阳，参加了建设新厂的全过程，十年后，资阳内燃机车工厂建成投产，从此在该厂上班，直至最后退休。在职工作三十五年，期间七十年代首批晋升工程师，八十年代首批晋升为高级工程师。

目　录

三线建设回忆录

一、勿忘那棵"原子树"

时至今日，还知道"三线建设"的人愈来愈少了。但是仅仅在几十年前，"三线建设"却是件男女老少无人不知无人不晓的大事件。上个世纪六十年代中期，一批又一批的科技人员、技术工人和行政管理干部响应毛泽东"备战、备荒、为人民"的号召，离开大城市，告别了亲人，来到大西南山区安营扎寨，展开了一场史无前例的轰轰烈烈的"三线建设"运动。这些建设者，为国家做出了贡献，也付出了牺牲。他们中的大多数人，至今也还留在那些大山之中。后来有人编了一个"顺口溜"，形容这些人是："献了青春献终身，献了终身献子孙。"

这些"三线建设者"，他们后来究竟发生了怎样的故事？

1. 三线！

上世纪中期，注定是一个多事之秋。

一九六五年，中国刚刚熬过了"三年大饥荒"，国内外又出现了严峻的形势，国内：重提"阶级斗争"，中央高层的"路线"分歧开始表面化，一场史无前例的政治大动荡已迫在眉睫；国际上：南边，越南战争进一步升级，B-52 重型轰炸机的炸弹震撼大地；北边，与苏联的矛盾也进一步激化，边境上频频传来与苏联发生军事冲突的消息，并传出苏联正准备对中国发起"先发制人"的战争，包括外科手术式的核打击！局势之紧张就仿佛"第三次世界大战"一触即发。

迫于凶险的形势，毛泽东提出了"备战、备荒、为人民"的口号，决定全国进入"备战"状态。"备战"一时间成了全国上下的重中之重。

"准备打仗！"

"准备大打、早打，打核战争！"

根据当时的情况，"备战"任务面临的首要问题之一便是尽快改变国家的工业布局。

我国的大工业都集中在东部沿海发达城市，目标大，又在沿海，极其暴露。一旦战争爆发，首先受到破坏的就是国家的工业。所以沿海工业便成了共和国的"软肋"。为了应付这一威胁，中央决定停止发展沿海工业，并迅速向内地迁移，集中力量建设内地。这就是所谓的"三线建设"。从地缘战略角度看，战争一旦爆发，沿海便是战争前沿，属"一线"；中原地区属"二线"；内陆纵深地区，则属于"三线"。地理上，这个战略"三线"主要分布在大西南的四川一带。历史上，中华民族每当危难之际，都会想到这一地区。

当年"三线建设"迁徙规模之大，涉及范围之广，难于想象。从尖端工业到一般工业，从国防到民用，几乎覆盖了国家的各行各业。其中也包括一些重点院校和科研院所。

2. 告别北京

一九六五年的夏天,北京阳光明丽,表面上人们还像往常一样地上班下班,然而却充满了一种不安的气氛。几天来,工厂党委一连几次召开了"备战"动员大会,号召大家踊跃报名到大西南去,建设国家的战略"三线"。

六月二十五日,全厂车间机器轰鸣,呈现出一片繁忙的景象。下午,动力车间办公室正在进行例行的政治学习,突然电话铃响了,车间主任抓起话筒,说了几句便放下话筒朝我说,小刘同志,工厂干部部叫你到干部部办公室去一趟。

工厂干部部在办公大楼三楼,我走进干部部办公室,王部长满脸堆笑地站起来迎接我,很客气地对我说:

"老刘同志,今天找你来,是好事啊,工厂已批准你去大西南支援'三线'建设。这是一个很光荣的任务……我们知道你刚结婚不久,你爱人在'三机车间'上班,我认识,挺好的……"接下来他简要说了整个审批经过。最后他看着我说:"你若有什么需要帮助的请提出来,组织会给予帮助……"

调往大西南参加"三线"建设,我心里是早有准备的,这几天工厂三番五次地动员大家报名支援"三线",除老、弱、病、残外,几乎所有职工都报了名,并还贴出了"决心书",这其中也包括我。但是当真通知我到大西南去时,心里还是有几分吃惊。我将真的要离别爱人，离开刚建立的家，调出首都北京，到遥远的大西南去。毕竟在首都有份工作不易，我才来北京两年啊，而且又刚结婚！尽管如此，我还是强压着内心的不安，向领导表态说："愿意听从组织的分配，到祖国最需要的地方去！"这实际是那个年代人们都挂在嘴边上的一句口号。

那是一个非常特殊的年代，尤其是那会儿的年轻人，听党的话，响应毛主席的号召，天经地义。正如当时唱的一首歌：

"毛主席的战士最听党的话，

哪里需要就到哪里去，

哪里艰苦啊哪安家！

……"

当时的情况正是这样！

谈话没有用多长时间，从我走进干部部办公室到离开也就那么几分钟，没有让领导多费一点口舌，我就毫无保留地答应了。王部长对我的表态十分满意。不知是出于赞赏还是对我这个单纯得有点傻的青年的同情，临走的时候他特地把我送出了办公室，并用十分和蔼的口吻放低了声音说："不要紧，有困难还是可以提的嘛。你先回去等候通知，有事随时来找我。"

就这样，我一下就成了光荣的"三线战士"。与我在同一天"谈话"的除我以外还有另外四个人，他们分别是工具车间主任苏广来，设备科建筑工程师韩振川、王龙江和材料科主任陆相臣。

我等五个人调往"大三线"的消息，很快就传遍了全厂。我爱人听说后，起初她还不信，只当是大家给她开玩笑，后来找到我，确认后她哭了⋯⋯

那时，刚结婚三个月。她考虑问题显然比我实际得多，不像我有那么多不切实际的幻想。

支援大西南属于国家战略行动，"三线战士"一律纳入准军事化管理，所以接下来的安排都透着军事行动的味道。例如通知我们赶紧收拾行李，办理各种调离手续，特别具有军事行动的意味是"限定七天内赶到大西南报到！"感觉就像应征入伍一样，限定时间赶到前线。

按照北方人的习俗，家里有人出远门，总是要拆洗衣被、打点行李什么的准备一番，车间里的工友也来帮忙。

其实我的行李相当简单，那个时候的人都觉得做无产阶级最光荣，所以虽说我已成了家，但也没添置什么额外的家当。离家的时候，一个铺盖卷外加一个小柳条箱，这箱子还是岳父家的。铺盖卷用一领凉草席裹着，再用麻绳绑紧，出发的时候，往车上一扔就完事儿了。小柳条箱则随身提着，里边一半装吃的，一半装了些路上随身用的东西。我的行李卷，两年前跟着我从武汉来到北京（学校毕业分来北京），今天又跟着我离开北京到遥远的四川。（到了四川广元才知道，人家来三线前，都向厂里要了包装行李的木箱什么的，有的木箱还相当大。我却什么也没向厂里要。）

一切准备完毕，离厂的日子也到了。启程的前一天，厂领导召集我们开了个座谈会。党委会议室里，我等五名"三线战士"并排坐在一边，工厂领导坐在另一边。政治部主任许某某讲话，他首先谈了建设"三线"的伟大战略意义，据说"'三线'建设不好，伟大领袖毛主席他老人家就睡不好觉！……参加'三线'建设是很光荣的！"他讲话的语调慷慨激昂，倒有点像"战前动员"的味道。讲话完毕后，他把目光转向我们五个人，请我们每人都表个态。大家按着顺序一一表了态。轮到我时，我着重谈了自己响应党的号召的决心。领导听后，很是赞赏，还特别表扬了我。

六月二十九日出发的日子到了。我们早早来到工厂大门口，那里已聚了很多人，工厂给我们每个人都戴了一朵大红花，特别派了厂里最豪华的一辆大客车，敲锣打鼓直接将我们送到北京车站。在北京车站我们五人的家属也俱来送行。我爱人和岳父岳母都赶来了。临行前，我爱人把她的手表脱下来给了我，那是她工作以后唯一的贵重东西。

正当大家在站台上与亲朋好友话别的时候，突然有人喊："四川来人了！四川来人了！"只见站台那边走过来两个人，高高的个子，微笑着和大家一一握手。经介绍才知道，这两个人都是"广元工厂筹建处"派出的。"广元工厂筹建处"就是我们将前往报到的那个三线单位。这两个人一个是阎庆民同志，另一个是纪孝文同志。其实他们是到青岛办事回来路过北京，在北京车站与我们不期而遇。但当时给我的感觉倒像是专程来接我们的。

站台上一阵活跃。当他俩来到我跟前时，我岳父赶紧迎上前去，握住纪孝文的手，指着我说："这孩子太年轻，没有经验，到那边还望领导多多关照。"老人完全把他们俩当成了新单位的领导，他觉得此时亲自托付给领导才放心似的。当时纪孝文一本正经地对我岳父说："老人家，您放吧！把他交给党，党会培养他不断进步好好为革命工作的……"那口气，俨然是在发表一篇政治宣言。

第一次见到来自"三线"的人，我心里也很激动。没错，他们是来自遥远的大西南！对我来说，他们仿佛是"西天"派来的使者，所以对他俩我怀有一种特殊的感情。经过站台上短暂交谈之后，阎庆民留京办事，纪孝文则陪着我们一块儿前往四川，前往那个遥远的且带几分神秘的地方——四川北部大山中的广元县。

火车开动了，送行的人都纷纷挥手送别。人群中，不少人在流泪，尤其是心软的女同胞，哭得都像泪人一般，那情形就像是要送我们上火线，一去不复返了似的。

新婚燕尔，不可能无动于衷。我怀着依依难舍的心情，看着送行的人群。列车越开越快，终于疾驰起来。

3. 在路上

火车飞快地向南奔驰。

那个时候，由于我年轻，到外面闯荡一番事业的想法也很强烈。常言道，好男儿志在四方！所以我此时并不太像别人那样留恋大城市的安逸生活。领导和我谈话的时候就说："到大西南去吧，去开辟一片新天地！"这话在某种程度上也切合我的志愿。离开北京，远离家人，自然很是不舍，但也没有像别人那样看得那么重。此时我暗下决心，到了"三线"要好好锤炼自己。我年轻，随便怎样艰苦我都不怕！

记得下了调令不久，我的师傅王珍就找到我，愤愤不平地对我说："那么多有资历有经验、合乎条件的人都不去，为什么单叫你去？你才来北京两年啊！又刚结婚，怎么就派你到那么远的地方去？真是不合情理！"后来他想了想又说："唉！也好，去锻炼一下吧。到了那边，好好干。用不了几年，就是工程师了，我等你的好消息。"这最后一句话正说在了我的心坎上。到了三线以后，工作上每有进步，我就会想起王师傅的这句话。

或许这样天生的理想主义，造就了我与众不同的生活道路。

卧铺车上旅客不多，大部分铺位都还空着。望着远去的北京城，脑子里总还想着刚刚和家人告别的情形，我心里说："再见了，北京！"

接下来有好一阵子大家都沉默不语。这个时候陪我们一起去四川的纪孝文同志（后来我们都喊他老纪）过来了，他和我们每个人都打招呼，并陪着聊天。不必多介绍，老纪一定是个政工干部。他的谈吐就是最好的自我介绍。他似乎什么都知道，例如国家大三线的建设布局，国家的政策，甚至还有一些只有上层领导才知道的

"内部消息"。许多事儿我都是第一次听说。他还向我们讲述大西南地区的民风民俗，绘声绘色，听起来就像"海客谈瀛州"，很是有趣。老纪确实是一个十分健谈的人，不愧是一个很好的政治鼓动者。不觉间，我们也被他的热忱所感染，冲淡了离别家人的伤感，车厢里出现了轻松的气氛。

我见他似乎什么都知道，就大胆地向他提了一个我关心的专业问题。我问他："三线工厂都建在深山荒野，远离城市，电力问题怎么解决？那里有发电厂吗？"没想到他的回答竟然是："用电不成问题，那边有电气化铁路，可以从电气化铁路供电站供电嘛。"

到了广元才知道，事情远非老纪说得那样简单，那时全国唯一的电气化铁路线，仅从陕西的宝鸡通到凤州，距离广元尚有几百公里的路程。而且铁路本身电力供应也有限，又隔着高山，根本解决不了广元工厂用电问题。老纪所知甚多，但他对技术毕竟是外行，冒充不得。

火车隆隆地向南行驶，我脑子里充满了各种想象，其中有对三线建设的激情，也包括对未来命运不确定的茫然和惆怅。

火车经过中原重镇郑州车站的时候，一下调换了方向，列车的车头变成了车尾，我们乘坐的火车向着相反的方向开去，就像又要把我们拉回北京似的。其实火车已经由京广铁路转到了陇海铁路，沿着陇海铁路向西开去了。

夜幕降临。睡梦里听见广播说洛阳车站到了，我赶紧爬了起来。两年前，我曾在这个城市的矿山机械厂和拖拉机厂实习，完成了难忘的毕业实习。毕业分配工作时，我十分幸运地分到了首都北京工作。当时多少人都羡慕我啊！可是没有想到，两年以后我就又从北京调了出来，如今要到大西南参加"三线建设"。今天路过此地，从车窗望出去，一栋栋曾经熟悉的建筑，引出了多少感慨和联想！

……

第二天早晨，火车开到了著名的三门峡车站。我久仰三门峡的大名，远在上初中的时候，三门峡就已闻名遐迩了，因为这里是著名的三门峡水电站所在地，是共和国第一个五年计划期间苏联援建的重点工程之一。三门峡这个地方，也因此名扬中外。至今我还清晰地记得，当年学校特地举行了一次报告会，由最好的一位地理老师主讲三门峡水电站的建设远景："三门峡水电站建成之后，黄河水将从此变清，黄河流域不会再有洪涝灾害；从三门峡发出的强大电力将源源不断地输往全国各地；周围的山上将覆盖上茂密的森林……"想象中，那时候这里早应是花柳繁华，瓜果飘香之地了吧。那时候三门峡建设几乎成了新中国社会主义建设美景的缩影。

多少年过去了，今天我第一次来到这里，看见的却是另外一番景象，眼前的一座座山，仍然是光秃秃的，不要说森林，山上连青草也不多呢，与想象中的"三门峡"反差太大了！

该吃早饭了，可站台上空荡荡的，也没有食品出售，只有几道冰冷的铁轨通向远方，十分萧条荒凉。

……

沿路的风景在不断地变换着，我们离北京愈来愈远了。傍晚时分，火车进入河南与陕西交界处。窗外闪过的是茫茫的黄土高原，一大片一大片布满沟壑的黄色土地远远向后退去，似乎永远也望不到尽头。我还平生第一次看见了当地人住的窑洞。

陆相臣是我们同去的同事当中年岁最大的一位。他在厂里是材料科主任，人很老实，一路上沉默寡言。他正一个人靠在车门边，一声不响地望着窗外。我走过去，还未待我开口，他便转过头来有点不好意思地说："现在我就开始想家了。"陆师傅生在北京，在北京长大，在北京生活工作几十年，还从来没离开过家。这次调来三线，一去就这么遥远……看见他那副悲凄的表情，要在平时我准会开玩笑，笑他离不开太太等等，然而今天，看他一脸凄凉，我终于没有开口。心想这老头儿刚出家门就想家了，可见他是一个多么恋家的人啊。

陆老头后来很惨，他到三线没几年就死了，是上吊自杀的，那是在文革之中。那样一个爱家的人，再也没能回到他朝思暮想的家乡，而是孤独地死在了异乡的土地上。死的时候，身边还没有一个亲人！这是后话。

……

车轮发出有节奏地响声。

火车上也不全是些沉重的话题，有趣的事情也不少。这次我们乘坐的九次特快列车车组是从重庆发出来的，隶属重庆分局管辖。车上一日三餐充足供应，由服务员送到车厢里来。初吃重庆带辣味的饭菜颇为新鲜，一盒饭，连菜带饭两角钱，很是便宜。车上的服务员也全是重庆人。尤其是那些重庆姑娘，精力旺盛，嘴尖舌快，看上去个个都像王熙凤。她们快言快语，对人热情，嘴却不饶人。有同事不知是什么原因同他们发生了一点小争执，那服务员一口的重庆方言，口齿伶俐，一点都不给对方还嘴的机会。而且说起话来还不停下手中的活，吵嘴、干活两不误，达到了完美的程度。我看着只感到有趣。这时老纪走了过来与她们攀谈，问她们是哪年来到铁路上上班的，他以一个老铁路的口吻问这问那，一直把这些姑娘问得不好意思起来，一个个重新现出了少女的羞涩。说实话，老纪谈话的本事确实了得，真的不愧为政工干部。

又经过了一夜的颠簸，蒸汽机车换成了电力机车，大地的黄色不见了，映入眼帘的是连绵的大山，列车穿越的隧道一个接着一个。火车盘旋爬行在群山峻岭之中，景色非常壮观。可能车厢里许多人都和我一样是第一次来四川的缘故，大家都不约而同地聚到窗口向外观望，不停地发出赞叹的声音。我从未见过如此险峻的道路。唐代大诗人李白曾感叹："蜀道之难，难于上青天。"当时读来并无太深的感悟，只有今天来到这里我才体会到"蜀道难"的真正涵义。我们都为祖国山河之壮丽所折服。

铁路沿途的山洞一个接一个，不知道钻过了多少山洞，终于在第二天中午，我们到达了目的地广元。

4. 广元

广元位于四川北部，大巴山的南麓。这里山高路险，北通汉中，南经剑门关直到成都，自古以来就是战略必争之地。三国时候，诸葛亮六出祁山就经由这里。

我们到达广元的时候，正是一九六五年七月一日。之所以我记得这样清楚，是因为那天正好是中国共产党的生日。我们下车之后，筹建处的文翰屏秘书和冯作琪等几位同志在站台上迎接我们。这是一座极普通的车站。大家握手寒暄之后便走出车站，来到一栋红砖三层楼房前。这是广元车站的一座办公楼，也是此地唯一的现代建筑。大门口挂着几个牌子，其中右边一块牌子是"铁道部驻广元工厂筹建处"。这就是我的新单位了。房子是向广元火车站临时借的，筹建处在此暂用。三楼上的一个大房间，作为临时招待所（集体宿舍），而办公室则借用了一楼的几个房间。

报到的第一天，短短午休之后，筹建处便召集我们新来的人开了一个会。与会的除开我们由北京来的五人之外，还有刚从大同工厂来的七位同志。会上文秘书先作了介绍，接着是领导讲话。这次会上，给我印象最深的是李进生厂长，除开他是领导之外，再就是他特别瘦。他讲话时坐在藤椅里，身子微微向前倾着，说话的声音不大，但顿挫有力，思路清晰。他大道理讲得不多，几句话就切入正题，讲话中常夹带一些建筑技术术语，例如"三通一平"、"竖向布置"等等。文秘书在下面向大家介绍时就说过，李厂长曾参与领导铁道部大同工厂、兰州工厂等大厂的建设，是一位资深的基建专家，不负众望。会议结束时，他们宣布了三线保密纪律：来此以后，对外一律不准讲这个企业的性质，只讲"广元工厂"，包括写家信也是这样。原因是三线建设属于备战工程，关于工程真实情况对外一律保密。

到广元的第一天是令人鼓舞的，我心想，在史无前例的大三线建设中，有这样好的领导，又有经验丰富的专家，自己有机会来到这样一个群体工作，未尝不是一种幸运，心里对未来充满了期待。

第一天，我就认识了栾志祥工程师、苗可正科长、许元培师傅等等。

认识栾工是在午休的时候，他和苗科长都是从青岛四方机车厂来的，比我先三个月到的广元。栾工与我是同行，又是今后的业务主管。栾工三十多岁的年纪，长我十岁左右，以我的眼光看他们，就已经是正经八百的中年人了。在我到来之前，他应该已经知道我的情况。

所以他见面之后总是笑眯眯地望着我。说话显得很亲热。午休起床前栾工从我床边轻手轻脚经过，生怕惊扰了我们这些远道来的新人。我还听见他小声对苗科长说："这个小刘睡得好香啊"。其实我并没有怎样睡熟，乍到一个陌生的环境，我有一种莫明的不安，不知道前面将有什么情况等待着我，但我已经下定决心，既然来了三线，不管遇到什么困难，我都要努力克服，坚定地锻炼自己。

最早到来的一批人员

前排：（左一）张学门，（左三）解德培，

后排：（从左至右）杨安立、施益骞、高稚泉

栾工离去之后，我们也跟着起床了。

苗科长是筹建处材料科长，四十多岁的年纪，是个标准的山东汉子，可能因为和我是同乡，说起话来有一种长辈的风度，一行一动都叫我觉得熟悉和亲切。

许师傅是从大同来的，是负责管道的技术人员，老家北京，有老北京待人客气的特点，他资格虽老，但没一点架子，因而很快也熟悉了。后来一起工作了很多年。

会议结束之后，我们几个刚从北京来的，便迫不及待地想到周围看看。广元是川北的一个大县。说大是指它的地盘面积大，因为这里到处都是山，比较其他地方，这里是地多人少。县城离火车站还有点远。大约到了下午五点，我们来到了离车站不远的嘉陵江边。江水从一座山脚下缓缓流过，山上有一座古塔，尖尖的塔顶，浑圆的塔身，塔体砖缝上的杂草随风飘拂，夕阳中呈现出一种历史的沧桑。这般自然风光，确实是久居大城市的人难得一见的。这时一同来的韩工突然感慨起来："看！这里的风景多好啊！在这里游玩就差一个媳妇在身边了。"说完大家都笑起来，笑他刚离家几天就又想媳妇了。其实谁不都一样，韩工结婚晚，也是结婚不到一年就调来三线的。想家之心，人皆有之。

广元位于嘉陵江的上游，这里山高林密，生态少有破坏，所以即使是在夏天雨季，江水依然清澈。大热的天气，看到这一川清流，真想跳入江中畅游一番。只因大家没有带游泳裤，才没有下水。后来听说，前两天，有三位刚从青岛来的工程师，不知深浅，贸然在此下水游泳，游到对岸，江边岩石陡峭光滑，竟爬不上岸去，险些被急流卷走，幸亏顺流下来一条木船，才将他们救起。

……

傍晚时分，夕阳落山，嘉陵江的远山近林掩映于一片翠微之中。

5. 到工地去

在五、六十年代，可说是工作作风最雷厉风行的年代。我们到广元的第二天，筹建处就下令技术人员都一律搬往建筑工地去。那里正在筹划建一座亚洲最大的内燃机车工厂。

这是一个晴朗的天气，吃完早饭，大家就集合在门外。不久开来一辆跃进牌卡车，大家纷纷爬上去。车从火车站出发，穿过嘉陵江大桥，再开大约三里，便来到广元县城。这里房屋拥挤，街道很窄，汽车路过，因为此地少有汽车出现，人们都站着看新鲜，但却不注意让路。司机不得不大声地按着喇叭，左闪右躲，冲出县城。

出城又开了大约三里，前面山坡上出现了一片房子。带路的同志说，那是广元中学和广元师范。可能因为是放假，校园内没有多少人，十分幽静。灰色砖瓦砌成的教室虽然陈旧，但绿树掩映，花草葱茏，错落有致。这景色不禁让人眼前一亮。没有想到在如此偏远的地方竟然还有一处如此幽静的校园，尤其是路边的那些芭蕉树，张着硕大的叶片，对久居北方的人来说，更增添了几分异乡情趣。我们当中年长的人，更多了一份欣喜，他们想到，将来把家搬来，子女可以在此就读了。

汽车一直开到学校大门口。负责接待我们的同志早已等候在那里了。我们一个个跳下汽车，听候他们安排。此时建筑工地还未正式开工，所以我们暂且在学校附近住下。负责后勤的一位同志宣布住房安排："土木建筑组人员暂借用学校的一间教室住下。动力组、材料组的人员跟我到南边去。"我是动力组的，便跟着这位带路人来到学校以南靠近大路的一个院子。一进大门，一股家畜粪便的气味扑面而来，好像来到了一个大马厩。这里是县属的一个家畜配种站。里面养了很多牛、马、猪、羊等，房前房后到处都是牛粪、马粪、猪粪……不时还听见种畜发出的尖叫声，好不热闹。配种站内四分之三的地方由猪、马、牛、羊享用，只有北边的一溜平房供人居住。配种站站长是一位荣誉军人，姓方，我们管他叫老方。他是五十年代抗美援朝时，在战场上被炸掉了一条腿，成了残疾而退伍。供人住的平房共有三大间，靠右边住的是老方，左边是配种站的仓库，里面盛满了这些家畜配种用的各种器具。借给我们的住是中间最大的一间。屋子里已排满了床铺，靠门口约三分之一的地方拼着几张桌子，这便是动力组和材料组的宿舍兼办公室了。

动力组一共有四人，栾工、苏工、许工和我。我和栾工是负责电气的；苏工和许工负责供水、管道等等。组长是栾工。材料组组长是苗科长。吃饭暂在学校食堂搭伙。大家忙了一天，就这样安顿下来。

我们的住地，实际上位于一个平坝地区，只是比周围略高一些。大路的南面是一片水田，再往南就是嘉陵江的支流南河。我们的北面也有一小片平地。从广元到旺苍的铁路就经过这里。旺苍有个小煤矿，这条铁路主要是向外运煤的。铁路的北面便是绵延起伏的大山。我们未来的工厂就建在这片山里。

此时，建筑队伍尚未正式进驻，我们是先遣队，眼下的任务是为大批施工队伍进驻、开工做准备。

傍晚，屋子里很热，又有蚊虫叮咬，大家都不约而同地到外面乘凉，蹲在门口的许工突然发话说："诸位，大家注意啦，我们住的这个地方叫广元县家畜配种站，简称配种站。那你们向家里写信地址怎么写？写个'配种站'会不会引起误会哦？"说完他拿眼望着大家，一副幽默的表情。此话一出，把大家全逗乐了。笑话归笑话，但也是个提醒。也许因了许工的提醒，大家后来写信，都把收信地址写在了广元火车站，宁愿麻烦多跑点路，也都躲避着配种站三个字，也不愿把信直接送到配种站来。

……

入夜，我躺在床上，屋子里弥漫着一股干草和牲口粪便混合的气味。蚊子在蚊帐外飞舞，发出微弱而尖细的唱鸣。远处从稻田里传来声声秧鸡的叫声。乡下的夜很静……

6. 二十天的期限

三线建设是一个锻炼人的大学校。这一点从到广元的第一天起我就感觉到了。想想看，在一个连人烟都很稀少的地方，修建一座现代化的大工厂，该有多少事情要做？

总图（工厂总体布局图）设计是前不久刚刚完成的。总图的确定不是件容易的事，它要考虑到各种因素。其间，筹建处和设计院的工程师们没少费力气。为了搜集到足够供决策的资料，他们像探险家那样，在这一带山区跋涉、勘测。经历了半年多的调查研究，才完成工厂选址工作。说他们的汗水洒遍了高山和峡谷真不为过。在分析了诸多资料的基础上，一共提出了二十四个（总图）方案。这期间，上级领导很尊重专家们的意见。在讨论总图时，呈现出了百花齐放、百家争鸣的情况。经过数次讨论和筛选，从中选出四个方案，之后再反复论证，最后确定以第二十三号方案为基础，吸收其他方案的优点，才形成了今天的总图。可见在三线建设初期，还是比较尊重科学和民主决策的，不像后来（关于这事，以后再讲）。

听说论证会上，每一个与会人员都积极发表意见，气氛诚恳而热烈。尤其是最后一次会议，大家畅所欲言，侃侃而谈，大有"指点江山，激扬文字"之气派。会议一直开到深夜。可惜我没能赶上那次开会，想象中与会者那神气自豪的样子真令人羡慕。

作为心怀抱负的一群年轻人，谁不想在这历史性的三线建设中一展宏图？

很快，分给我们动力组的任务也下来了。到工地的第二天，栾工从处里开会回来，把我叫到一边说："小刘，咱们的任务也下来了。叫我们在二十天内，把工厂电力供应方案拿出来。"用铁峰厂长的话说，就是"限二十天，把电力问题跑出个名堂来！"

"大军未动，粮草先行。"打仗如此，工业建设也是如此。工程未开之前，首先要解决的便是水和电的供应问题。整个工程能否按计划开工，就看供水和电力的筹备情况了。

上级命令一下，就意味着，从现在起在一个不长的时间内，必须拿出一个具体可行的供电方案！凭着当时的条件，解决用电问题，可不是个轻松的任务。首先：电从何来？工地上，站到高处，环视四周，不要说电厂、电站，就连一根电杆的影子也看不见。哪像在大城市，电力资源充足，到处都有电源可用。如今是在荒凉的山区，远离城市，电从何来？真令人茫然不知所措。这时我又想起了火车上遇见老纪时说的那番话："广元地区用电不成问题……"，我忍不住笑了，心里啐道：完全不是事实！情况恰好相反，这里用电可大成问题呢！

接到任务时，我脑子里一片空白，真不知从何入手。幸亏还有栾工。

给我们组下达的任务中还有供水工程。负责这项工作的是苏工和许工两个人。相对找电，找水的困难要小得多。因为这里离河流不远，基本不缺水。

接到任务后，栾工说，这项工作分成两步走：第一步先解决工地施工用电问题。第二步再考虑未来工厂生产用电。解决工地施工用电迫在眉睫。大批施工队伍马上就要进驻工地，届时若没有电力供应可怎么得了！然而这里又无发电厂。广元地区发电厂在哪儿？容量是多少？有无能力供我们？心中还全然无数。

接到任务后，苏工和许工着手寻找他们的水源去了；我随同栾工为了电而奔波。

"万事开头难！"工作从何入手呢？栾工说，咱们先到广元县政府了解情况，争取地方政府帮助。筹建处领导对这件事也很重视。接到任务的第二天，早饭以后，筹建处便派了一辆卡车（当时唯一的汽车，车和司机还是从成都工厂借来的）送我们去广元县城。为了引起地方政府的重视，李进生厂长特地赶来亲自陪我们一同前往。

我们来到广元县府大院，这是一座很平常的院子，里面全是平房，县长出来接见了我们。这里的所有人都是很朴实的样子，一如这办公室和院子。地方领导对我们很热情，他们都表示支持我们的工作。广元县政府支援三线建设是有名的。早就听说，筹建处刚来广元时，县委书记还亲自到火车站迎接。之后不久县里又成立了"支援重点建设办公室"来配合我们的工作。他们向我们介绍了地区电力供应的概况并尽量详细地回答了我们的询问。看得出他们对我们在这里修建工厂有很大的热忱和期望。

但是，热情归热情，现实归现实。广元地处山区，经济不发达。古老的县城算是全县政治、经济、文化的中心。但仅有一座小火力发电厂，装机容量3000千瓦，仅够这个县城的用电，并没有多少富余的电量。别看这个发电厂小，却是方圆数百里独一无二的发电厂。除此之外，再无别的电厂可求！形势之严峻，显而易见！

从县政府出来我们没有停歇，就带着县政府意见，驱车直奔广元电厂。汽车沿着嘉陵江溯江而上，我站在卡车上面，任凭江风吹过，风声呼呼，江水泛着浪花，江边是高山和悬崖，只有江对面穿过山腰的宝成铁路，才给人一点现代工业文明的气息。

广元发电厂坐落在距县城约四里的江边。烟囱向外吐着黑烟，陈旧的厂房里发电机吃力地运转着，发出隆隆的啸叫。地面上被煤粉染成了黑色。在一间十分简陋的办公室里，我们见到了电厂的领导。同样朴实的面孔，一副副憨厚的笑容，透着落后山区那种特有的纯朴。在这里我第一次见到老邱同志，电厂唯一的技术员。在后来的工作中，我们多次合作，印象不错。

我们一起讨论了从该厂供电的可能性。通过长时间的分析计算负荷调配，挖掘潜力，他们终于同意了给我们输送一部分电力。这让我们松了一口气。接下来第二次、三次来电厂，一起讨论了若干具体措施。继而签了供电协议以及线路施工合同。这看来漫无着落的任务终于有了头绪。我十分佩服栾工的能力和经验。他处理问题熟练又考虑周密。在这创业的年代，这样的人才是多么重要。

这里要着重说的是，我从栾工身上看到了一个优秀的电气工程师是怎样工作的。来三线以前，我总以为专业技术人员单纯从事技术就够了。到广元之后，我看到的现实并不是这样。栾工不仅懂得专业技术还具备多种能力。比如组织能力、筹划能力、决策能力以及写作能力，不但能画还能写，比如从制定工作计划、技术谈判、撰写公文到起草供电协议等等，他无不亲历亲为，真叫人佩服！

从此以后，栾工一直都是我效仿的榜样。在他的手下工作，一直让我受益匪浅。

7.　原子树

供电协议签订之后，接下来就是线路施工。我需要经常往返于工地与电厂之间。如前所说，筹建处条件差，只有一辆汽车，还是从成都工厂借来的一辆跃进牌货车，平时也只能供领导或执行特别任务时使用，就像前两次到县委和电厂联系工作那样。如今关系打通了，再去电厂联系工作，就只有自己想办法前往了。处里倒是新添置了一批自行车，但我还没学会骑车，现学也来不及，这是个恼人的问题。其实走路我不怕，年轻，有的是力气。但时间花不起啊！每次去都花上几个小时在路上，还办什么事？我想能否找到一条近路到电厂。根据前几次到电厂的路线及行驶的方向判断，从工地到县城后，大约有一个90度的右转弯，然后再沿嘉陵江逆流而上。这样，我想从工地翻山斜着过去，或许也能走到电厂。这相当于是一个直角三角形，汽车走的是两个直角边，我爬山斜插过去，可以走出它的斜边。如果这条山路能走通，那可就大大缩短了路程。那时不要汽车代步，步行走到电厂就不成问题了。

我决定一试！翌日一早，吃完早饭，我就一个人拖了根木棍（山路荒凉，听说还有野兽出没），出了广元中学后门，一直奔山沟里走去。这是一条很深的山谷，山谷曲曲弯弯通向深处。进到里面峰峦叠嶂，山口附近还有农民种的玉米什么的，但愈往里走就愈荒凉，不久，两边就全是野草丛生灌木茂盛的山谷了。

大约走进两公里左右，在山谷拐弯处的山顶上孤零零地长着一棵形状奇特的树，那树十分抢眼。晴朗无云的蓝天衬托着树冠，酷似一团冉冉升起的蘑菇云。啊！这就是听人说的那棵原子树啊！这棵奇特的原子树据说是勘测总图时，一位工程师为其命名的。

这突出显示了三线建设者备战的心态：原子树——原子弹！冉冉升起的蘑菇云！还有前面提到的嘉陵江边上的圆形古塔也一起被命名为"火箭塔"，一并标在了总图上。好像在提醒人们，时刻不要忘记眼下的备战形势和我们建设三线的历史使命。因为可怕的战争阴云时时都笼罩在我们上空。

我们未来的工厂就建在这棵原子树下，它成了这一带的天然地标。

过了原子树，山谷拐向西北。山外市镇的喧嚣早已远去，再向前走更加荒凉，一路不见一个人影儿。周围静得只剩下耳边的风声和走路扫到两边青草的沙沙声。

我仿佛走入了另外一个世界，一个太古静谧的时空。

行走间，我依稀看见前方草丛中有个东西，像树桩但又不像，黑乎乎地戳在那里。是什么人把上好的树砍去了树冠，只剩下树桩？还是……正寻思间，猛然觉着那东西似乎还动了一下，此时我本能地攥紧了手中的木棒，警惕地盯着前方。越走越近了，那个东西竟一跃而起，变成了一只大鸟，扑扇开巨大的翅膀，从我的头顶飞去，直飞去对面山顶。我的天，原来是一只巨型猫头鹰！倒把我吓了一大跳。

我再往前走，因为手头没有地图，只能凭借自己的感觉来辨认方向。

大约沿着山沟走了一个小时，我翻上了一座高高的山梁。高处的视野豁然开朗。壮哉！山峦叠嶂，有如万顷碧涛，绵延不见尽头，这就是天府之国的北部屏障——大巴山脉。

苍穹之下，人显得何其渺小！

我又翻过一道山，嘉陵江一下展现在面前。一江绿水，亮晶晶地展现在山下，我像重逢久别的朋友一样兴奋地向江边跑去，广元电厂就在前面不远的地方。

探路成功啦！一阵兴奋涌上心头。

我走进电厂，老邱见到我，他第一句话就问你怎么来的，我告诉他我是爬山路走过来的。他露出了一脸惊异，同时又佩服地说，你胆子真大，敢一个人走山路！

回想起来，在这不熟悉的山里孤身一人行走确实有一定危险。不过我运气好，没遇上什么麻烦。我之所以要选择探险，除了工作上确实需要而外，还与我保有的那份对大自然的向往，及久存于心的那份探险心结有关。

8. 蛇！蛇！

　　勘测线路的一天终于来到了。

　　引向工地的这条电力线路，是从一个叫"将军岭"的地方开始的。这是几天来共同商定的。

　　出电厂大门不远左边的山崖顶上，有一块巨大的岩石平卧其上，这就是将军岭！让人不由得想到，也许这里曾经是古战场，不然为何叫"将军岭"呢？这里向北不远，就是三国时的古栈道遗址。"滚滚长江东逝水，浪花淘尽英雄。"望着"将军岭"，会有多少历史的遐想。

　　线路勘测由广元电厂和筹建处一起进行。电厂派出了老邱和另外一个小伙子。筹建处则由我参加。

　　盛夏的广元，晴空万里，赤日炎炎。一大早，我就穿好工作服，脚登套鞋（野外作业防护用，这是老邱特别告诫我的）扛着器材上山了。我拿标杆走在前面，老邱背着仪器跟在后面，另有一个小伙子跟着打标桩。就这样，我们边选点，边测量，边记录，边打桩。一路测去。夏日强烈的阳光炙烤，空气中弥漫着山草烘晒后的气味，阵阵热浪不断地袭来。没一会儿我们就都汗流浃背了。三个人在没膝的深草丛中费力地工作，汗水在工作服里面流淌。

　　中午时分一条大沟拦住了我的去路。绕过去太费时间，我目测了一下，大约有三米多宽，于是我决定跳过去。标杆向沟底一点，腿猛力一蹬，便跃入了空中。快要落地的时候，我突然发现草丛中蜷曲着一堆东西，不好！改变方向已来不及了，我本能地将两腿一分，重重地跌在了地上，幸好没有摔倒。那东西显然被这突然的天外来客吓坏了，三角形的脑袋一下挺起，还不停地向外吐着信子，一下跳了起来，抖开身子，向我这边怒视着，摆出一副决战的架势，然后向沟底窜去，惊得我出了一身冷汗。老邱他们见状也慌忙赶过来，他说：这是这一带山里毒蛇，若被它咬了，会让人在短期内毙命！可不得了。好险啊！

我这才明白老邱为什么一定要我穿长筒胶鞋。这山里潜伏的危险，远比我估计的要多！原以为几个人结伴作业，手中还拿着家伙，有什么可害怕的？哪里会想到还有这类隐蔽的危险。吃一堑，长一智，从此我学会了除注意工作本身的安全而外，还要警戒周围潜伏的危险。尤其是在这人迹罕至的山区作业，走路也得小心翼翼，哪里还敢放肆！

测量工作到下午五点多钟收工，我一个人走回住地。尽管一天的奔波身体疲惫，但心情却特别轻松。傍晚山间吹来凉爽的风，晚霞染红了天边，夕阳照在山坡上，几头水牛在悠闲地吃着草，一群不甘寂寞的八哥儿，在牛背上跳来跳去啄食牛蝇……多美的一幅田园风情画啊！想到若干时间之后，这里将会变成一个热闹非常的大工厂，真叫人有点不可思议。此时我想起了上中学时看的一部电影——《护士日记》，描写的是在一处大的建筑工地上，人们在艰苦条件下为国家现代化修建工厂的故事。影片主题曲《小燕子》风靡全国。于是我耳边仿佛又响起了那曲清纯的《小燕子》：

　　小燕子，穿花衣，年年春天来这里。
　　我问燕子你为啥来，
　　燕子说，这里的春天最美丽≈　≈　≈。
　　小燕子，我告诉你，
　　今年这里更美丽。
　　我们盖起了大工厂，装上了新机器，
　　欢迎你长期住在这里。

　　此时，我心中也充满了那种创业者的豪情，大踏步地向宿营地走去。

　　……

　　晚饭以后，家畜配种站大院里，大家照样都来纳凉、聊天。我讲了今天在山里测量线路时碰上蛇，大家都庆幸我险中脱身，平安归来。接下来引出了一大串关于蛇的讨论。大家都争先恐后地讲起蛇的故事。情节一个比一个惊险，说得非常邪乎，我大开眼界。尤其是司机老刘最有经验。他说他不但不怕蛇，还能抓蛇，毒蛇也敢抓。他说捉蛇时，只要抓起蛇的尾巴，提起来一抖，蛇就不会动了。大家对他的话半信半疑。因为谁也没亲眼见过。不过我想，蛇果真那样脆弱，恐怕早就被人捉光了，哪还能活到现在。大家侃得十分热闹。栾工和苗科长静静坐在一边笑。

谁想就在此时，突然有人惊叫起来："蛇！蛇！"起初我还以为谁又在开玩笑，结果看到当真有一条蛇足有两米长，从草丛中爬了出来。微暗的天色下，泛白的水泥路上轮廓鲜明得像一条黑色的带子。大家不约而同地跳了起来。此时最好笑的是那位最不怕蛇还敢捉蛇的"勇士"躲得比谁都快，他一跃上了椅子，然后再也不敢动一动，直看着那条蛇消失在对面的草丛中。一场惊吓过后，大家都忍不住捧腹大笑。几位刚才不怕蛇的"勇士"，虽然也跟着笑，但却多了一点尴尬。

几位上了年纪的师傅告诫大家，这里是山区，比不得大城市，野生动物多，出门一定要注意安全。

9. 抢在战争爆发之前

回想三线建设初期的那些事儿，总不由得联想起今天出现在朝鲜半岛上的形势。历史竟惊人的相似。

一九六五年，中国在南边抗美援越（援助越南，抗击美国），在东北西北边境又与苏联开始摩擦。一个经济落后的发展中国家，竟敢同时与两个超级大国交恶！

七月中旬上级指示："要准备打仗"，并且"要准备大打，早打，打核战争！"

这个消息迅速传遍了工地，就像战争真的要爆发一样。然而人们并不感到恐慌，似乎对毛主席领导下的国家很有信心，一点儿也不惧怕两个超级大国的威胁，只是更增加了三线建设的紧迫感。当想到三线建设与国家民族的安危息息相关的时候，更激发出了建设者的热情，一种神圣的感情更加让人团结起来，建设热情几乎达到了狂热的程度。

那些日子，工作任务布置下来，根本用不着上级督促检查，每个人都会自觉地完成，许多人自愿加班。栾工就常常工作到深夜；晚上大家都休息了，苗科长还躺在床上翻阅资料，筹建处其他科室也大抵如此。

七月中旬，从广元电厂到工地的10千伏高压供电线路架通了，在离山口不远的地方修起了一座临时变电站；苏工和许工找的水也有了成果。他们带领的打井队，在南河滩上打出了第一口机井。出水的那天，井场上围满了人。当地老乡都奇怪清凉的泉水怎么就会自己从地下冒出来。男女老幼都提着水桶前来接水。那天竟像过节一样热闹……

筹建处又在广旺（广元到旺苍）铁路旁边修了一条专用线，是专门用于装卸施工器材的。这条铁路竟是财务科长徐照身领着一批民工修成的。从此各种施工材料可以直接用火车运进工地，准备全面施工。

一天傍晚，八点多钟了，专用线上突然运来了几车皮建筑材料，都是钢筋、铁管。民工们已经下班，为了不积压车皮，筹建处号召所有住在工地上的人，一起前往抢卸材料，连医生、护士也都加入了劳动队伍。人们在露天地里拉起了电灯，满是泥泞的工地上挑灯夜战。没有起重设备，卸钢筋、铁管全靠着手抬肩扛，相当费力。材料科派人送来了帆布手套。年轻人都抢先爬上火车，两个人一组，一人抬一头向下卸钢筋。大家心里只想着，赶快把货物卸完，把车皮空出来好拉走。好像另有某个单位急着要用这些车皮似的。大家攒足了劲儿干活，几乎不给自己一点喘息的机会。劳动号子回荡山谷！

这让我想起了当年读过的苏联小说：《勇敢》和《远离莫斯科的地方》。那些在战争岁月，离开大城市到极艰苦的西伯利亚修筑工厂、输油管线的人们，那些可歌可泣的故事。那种精神鼓舞着我们这一代人。

卸运钢材对体力消耗很大。到了下半夜，劳累加上困睡，我们连说话的力气都不多了，人们慢慢停止了说笑，只有搬动钢筋、铁管的声音。山间吹来阴凉的风，汗水和着露水，我们浑身上下都湿透了。筹建处副主任李进生同志，年纪那么大，身体又那么瘦，也和我们一起卸车。李主任从我到三线的第一天就给我留下了很好的印象，如今我更相信，他是作风正派和以身作则的好领导。

活儿一直干到天亮，钢材也没卸完。我们吃了早饭继续接着干。

上午来了一批年轻人。他们是刚从全国各地高校分配来的大学生。刚办完报到手续就赶来工地参加劳动。有文化有教养的年轻人毕竟不同，他们风华正茂，几十个大学生齐刷刷地一站，立刻吸引了众人的目光，人们都以赞赏的眼神看着他们，多棒的一群年轻人！这批年轻人替换下了年纪大的职工。我仍然坚持站在火车上向下卸货，这时有个小伙子，每次都来接我放下去的钢筋，他伸出手接活的时候，显出发达的肌肉十分健美，好棒的小伙子！我主动与他打招呼，他只是腼腆地笑笑。

四年之后，我在资阳又碰到了他，后来还分在同一个班组工作，我负责电气，他负责机械，他就是崔茂林。我们合作了许多年，是工作中一位很好的伙伴。

车皮全部卸完已是中午。午饭之后，大家也没休息，就又接着正常上班了。在那年月，义务劳动是经常的事，尤其是这种突击性的义务劳动，大家都感觉很荣耀，那时我们都年轻。

铁道部第五设计院进驻了。广元地方政府也在兑现支援三线建设的承诺，厂房还未修起，工地边上搭起了一排排餐馆、商店等服务设施。工地耽误了食堂开饭时间也不用担心了。乡下人实在，在这里花上二角钱就可以吃上一大碗面条，上面还有一个炸鸡蛋，就可吃得很饱。

工地上，翻腾着一股巨大的能量。为了战备大业，人们愿意献出自己的全部力量。那段时间的生活用"如火如荼"来形容，毫不过分。

在山口处挂出了一幅大标语："抢在战争爆发之前，把工厂建设好！"

10. 我们的工厂

或许是因为专业的原因，工厂于我总有一种特别的感情和吸引力。因为学工程的人总是把工厂看作是施展宏图的园地。一个有发展前途的大企业能激发出多少雄心勃勃的梦想啊！

我认为，眼下有机会参与这样大型企业的建设，从筹备、施工一直到工厂建成，是可遇不可求的锻炼和学习的好机会！"人生能有几回搏？"我学生时就熟悉的一句话。这个信念早就已经根深蒂固了。

工地上的生活自然是艰苦的，但我从来也没有放在心上，反倒感觉每天都过得很充实。记得当时写信给家里和给同学们，也总抑制不住内心的激动，字里行间总不忘把正在建设的工厂描绘一番。

我们工厂的全称是"广元内燃机车工厂"，这座号称亚洲第一的内燃机车厂，就建在"原子树"下的这片大山之中。沿着这条山谷从外向里，依次是配件加工、发动机制造、传动装置制造，到最尽头则是整体组装。组装好的机车再沿着专用线反方向开出山外；锻、铸等热加工工序生产则设在右边的一条山沟里；动力等公用系统设在左边的另一条山沟里，其中包括一座十万千瓦的热电厂。这是一个依山就势的布局。这一巧妙布置，既考虑了备战隐蔽，又兼顾了工艺的合理性。

工地全面开工以后，筹建处更忙碌。我们组的任务是代表甲方（工厂）与设计院协商设计方案；监督乙方（施工单位）工程质量；规划设备购置等等。涉及业务面愈来愈宽，包揽风、水、气、电外加通讯工程。

正当忙得不可开交，组里又将有新人调来。我们期盼新同志的到来就像前线打仗盼望援军早日到来一样。

首先来的是赵秀蓉同志。小赵也是工企（工业企业电气化）专业，是我同行，西安交大毕业，由兰州工厂调来。接着来报到的还有张学门、高稚泉两位同志，他俩分管设备订购。动力组一下人丁兴旺。

设计院的人员也大量进驻了工地。他们就住在广元中学院子里。这些大城市来的人，给这原本荒僻的乡村平添了几分城市的气息，特别是女同志，她们虽然个个衣着朴素，但仍然不失高贵、沉静、优雅的风韵。她们的到来，给这荒蛮的农村院落，带来了缕缕高雅与温馨。

与我们打交道最多的是设计院的同志。赵希曾工程师是设计院电力组组长，是院内为数不多的女主任设计师之一。设计院电力组许多人都是老唐院（西南交大的前身）的毕业生。从他们身上可以感受到老牌大学生的那种沉稳与睿智。因为我们代表厂方，即甲方，设计院的人经常过来商榷工程设计方案，主动征求意见。每次过来讨论问题，赵工或带图纸或笔记本，她手握铅笔，边讲边在纸上熟练地勾画着，对专业的熟悉和工作的干练表明她是一位受过良好训练、很有经验的设计师。她的风格，令我暗暗佩服。

在工地上我很荣幸结识了一批训练有素的专家。与他们打交道不仅可以学到急需的业务知识，还可以学习到真正技术专家所具有的那种品质。他们不仅是我的工作伙伴，更是我的老师。特别是赵工，温文尔雅，性情随和，对我们这些新手，很有耐心，从不摆架子。总之，与赵工他们这些人打交道是愉快而融洽的。

11. 我的困惑！

现在人回忆起三线建设都喜欢用"激情燃烧的岁月"、"火红的年代"、"脚踩黄泥背朝天"、"干劲冲天"等词儿来形容。好像那个年代的人个个都是王铁人，人人都赛活雷锋，天天都是"阳光灿烂的日子"。按说在那样的年代的人是不该有什么思想问题的。但是事实并非如此！

一九六五年夏天，国际大环境变化，国内形势也在改变，三线建设也要突出政治，一切工作也要以阶级斗争为纲。大家又感到了压力，说话和做事都小心谨慎起来，尤其是一批老的技术专家，或许他们经历的政治运动多了，个个都变得谨小慎微，不大敢轻易发表意见。在公开场合，比如在小组政治学习会上，他们也总是自轻自贱不顾尊严地抹杀自己，表现得极为谦卑。这些人大都受过正规学校教育，又有很高的爱国热情，有为三线建设大业作贡献的愿望。但为什么还是不能得到应有的信任呢？原因在于，这些老专家大都有一段旧社会生活的经历，背上了知识分子就是原罪的包袱。

一位老工程技术人员对我说："小刘，还是你们好啊，你们年轻，历史清白，好好干有前途，不像我们，生在旧社会，唉……"我能感受到他长年负疚的无奈。这些经验丰富工作能力强的专家们，面对越来越强劲的思想压力，只能在内心哀叹。这些情绪也影响到了年轻人，我也有相似的感觉。我虽没有历史问题，但家庭出身、知识分子身份等等。这样一想，问题好像也不老少。这样的思绪常常令人心生胆怯，让原本阳光的心情蒙上一层晦影，在人面前总是心虚气短、畏首畏尾。

河南第二建筑公司的建筑队伍正式开进工地。重型卡车来来往往不息，工地上日夜施工，机械的轰鸣打破了山谷的宁静。

筹建处与建筑公司打交道的事多起来。我带着栾工交给的任务，怯生生来到了建筑公司办公室。出面接洽的是一位中年汉子，一看便知道是那种在行业里混得很油的人。可能他看出了我的胆怯和经验不足，就摆出一副傲慢的态度。他用眯细的眼睛看着我。当我说出来意时，还没待我说完，他便很不耐烦地打断了我：

"工地上第一期用电是多少，你有数吗？"

"拿出设计图纸来，你们有吗？呃？"

一下问得我答不上话来。这样的问题我确实心中没数，不过我这次来原本就是为了落实这些问题的啊。我出来之前栾工就告诉我，这些工作应由施工单位（建筑公司）提供，我们再作相应的配合。不料他竟反问起我来，然后很不耐烦地说："你回去！回去！把你师傅叫来说话……"受到这样的刁难，我来三线还是第一次。虽然后来事情也算办妥了，但觉得此事完成的十分窝囊。

筹建处刚刚成立，要什么没什么，事事求人。再加上自己心生胆怯，只能在人前忍辱负重！栾工常说："在老厂的时候，都是人家来求我们。那时候，我们才不受这份窝囊气呢！"然而鉴于眼下的条件，到外面办事碰钉子的事情在所难免。

遇到这种景况，往往就只能怀着委屈，拖着疲惫的身体回到住地，天气炎热，汗水直往下流，但嘴里却发干，心里有一种说不出来的郁闷。

一场大雨过后，广元中学的校园里绿树葱茏，我看见芭蕉树硕大的花蕾和叶片低垂着，晶莹的水珠一滴滴往下落，不由的想起了著名诗句"隔窗知夜雨，芭蕉先有声"。看着窗外的景色，几天来的烦躁、委屈心情才渐渐平息下来，重新归于宁静。

尽管工作不尽人意，但令人鼓舞的事情还是不少。比如广元工厂建设似乎没有受到太大的影响，工地上依然是昼夜机声隆隆，工程突飞猛进，照此下去，一个现代化的大工厂指日可待！

12.　南河游泳

四川盆地的周边都是大山，北边有高山阻隔，盆地内热气不易散失，特别是夏季下午，闷热难挨。

周末，土建工程组的冯灿金主任兴冲冲地走来："小刘！你想不想到南河游泳？我们一起去游泳吧！"

游泳是我最喜欢的一种运动。自从到四川以来，我看到这里青山绿水，早就想跳入水中畅游一番了，只是工作忙碌，没找到机会，也没有找到一个同去的伙伴。这会儿冯老头主动约我游泳，自然求之不得。我立刻答应了，两人分头串联，聚拢竟来了七八个人。他们和我一样，都是见到江河就跃跃欲试的人。人到齐，有人提议选个队长，负责大家安全。大家一致推举我当队长，因为我最年轻。临行时我们又从工地上选了两根大竹竿，一旦有人溺水可以用此搭救。大家有说有笑扛着竹竿，向南河走去。

南河在广元中学以南约两里路，可能就因为在村子的南边，故名南河。下了一个山坡，穿过公路，便进入了本地区不多见的平地，当地人叫这种平地为坝子。这里到处都是正在抽穗的水稻，绿油油的一片，赏心悦目。阵阵稻花香中，我们沿着曲折的田间小路前行，惊起了一群白鹭。走过这片平坝，便来到了南河边。

清澈的河水缓缓流淌，水面宽的地方足有二十米。南岸山坡陡峭，北岸则平缓地一直延伸到田边，河里是沙砾和卵石，正是游泳的好地方。大家都按捺不住兴奋的心情，脱掉衣服争先恐后跳入水中，水面上激起了一片片水花。大家叫呀唱呀，竟然像小孩子般戏水打闹。

我老家村头也有一条河叫丹河。每年夏天我都会和小伙伴们到河中玩水捉鱼。一个个光着屁股，身上晒得黢黑，玩得昏天黑地，一直玩到太阳落山才肯回家。今天来到南河，仿佛又回到了童年，全然忘记了工作的劳累和烦恼。

我们正玩得高兴，那边来了一位妇女，好像全然不在意我们一群男士在光屁股游泳。

这倒叫我们很不自在，大家都不敢让身体露出水面。早年泥瓦匠出身的冯主任，说话直来直去，从来不多加掩饰。这时他大声嚷道："你们怕个啥？谁还能把它吃了？没关系的！没准儿人家还想看看大小呢。"一句话逗得大家都笑起来。

初到四川，不识当地风俗，总认为妇女知道有人在河里洗澡会自然避开。谁知他们似乎不以裸体下河为羞，看到有人洗澡也不在意。这件事后来还真得到了验证：比如当地农民打谷子的时候，男子也是赤身裸体，仅在腰间遮一块麻布，布后的一切都暴露无遗，但男男女女一起劳动，有说有笑，都很自然，不见有一点大惊小怪。据说这是祖宗传下的规矩。

南河游泳回来，我一身清爽，在大自然的沐浴唤醒了周身的活力，也冲洗掉了内心的忧郁。冯老头爱说的口头语是一塌糊涂，他在队伍中也大声地吆喝说："真是舒服得一塌糊涂"！大家几乎是一路欢笑一路歌地回到宿营地。回来以后，周围的一切都变得生机盎然，变得更加可爱和亲切了。

自从有了第一次，大家一有机会就跑去游泳。南河便成了这些三线人周末休闲的天然乐园。

尽管有这样或那样的困难，但三线人都勤奋和不怕吃苦，广元内燃机车工厂建设突飞猛进。两个月不到，大山里便出现了第一条马路，地下的动力管线施工也已展开，一座座厂房的地基依次排开，山坡上也出现了座座垒砖的房基……

只现雏形，就是一个中央大厂宏伟的气势！

13. 突然"叫停"

战争阴云笼罩之下进入了九月。正当广元工厂憋足了劲儿全力建设的时候，上级的命令：立即停止建设，放弃广元基地，到别处另选厂址！

什么原因？没有解释。

这引起了筹建处的强烈议论。命令开始只传达到党员干部一级，对下面还保密，但后来内容还是透露出来。听到工厂要搬迁，下面的反应更强烈，简直让人难以置信！因为太离谱了！工厂在广元筹划建设了半年多，好不容易建设到今天这个程度，国家在不富裕的情况下花了这样大的本钱，怎么说不要就不要了呢？而且没有说明一点理由！这不是太荒唐了吗？但是命令已经下达，由不得你不信！

"那个时候工程进展很快，职工和广元县地方政府建设热情正高，这种情况下突然叫停，确实叫人想不通。所以筹建处接到通知后，就派代表连夜赶到北京反映情况，说工厂已在广元投入了巨资，建设已经全面展开，建设成果来之不易。为了建设顺利进行，也为了争取宝贵的时间，我们要求工厂不要搬家，但上面统统听不进去。他们说：'你们的情况我们知道，现在需要你们服从命令，不要再作申辩！'并批评说：'你们是一些不听话的干部！上面只要求我们听话！服从！'若干年后，广元工厂筹建处的领导人之一李进生同志这样说。

自古就有"将在外，君令有所不受"的说法，这些人高高在上，你们知道三线施工的情况吗？你们都不曾到下面看一眼，就在上面乱下命令！

"真是大官僚主义！"我们的头儿栾工也这样说。

但"君令"如山，不能违抗！

眼看着往日热热闹闹的建筑工地，一下冷落下来了，大家心里都不是滋味。那几天领导们频繁开会，我们也被通知不要下工地去了，每天安排在家里政治学习。

处机关通知我和赵秀荣同志到南边的德阳出差，去参观、考察那里的三线建设情况。一起去的人很多，由李进生厂长带队。临行前我问组长栾工有什么吩咐，他拉我坐到床边，小声说："小刘，这两天你看出来了吗？我们要搬家了。放弃广元，另找地方。"另到什么地方他没说，我也不便深问。

我们跟着李厂长赶到了德阳，参观了两个工厂，一个是第二重机厂，另一个是东方电机厂。这两个工厂都是西南地区有名的重工业基地，工厂规模都很大，但他们建厂的时间较早，是在一九五六年前后，那时候基本上还是按着苏联的建设模式，厂房高大，里边的设备好多也是从外国进口的，从英国引进的一台落地镗床，一台设备就占了半个车间，相当震撼！这两家工厂，高大巍峨，相当壮观！看了确实鼓舞人心。当时想，多咱自己的工厂也能建设成这个样子？

几天参观结束了，大约是九月三日，我们回到了广元。工厂搬迁已成定局。这天，处领导召集开会，向大家正式宣布了铁道部广元工厂筹建处搬迁的命令。命令由第一首长铁峰同志宣读，以示对此命令的尊重。铁峰是筹建处第一把手，刚从北京赶回广元。他说："为了三线建设的总体战略部署，我们决定放弃广元基地，到别处另选厂址……"他只说了向南迁移，迁到什么地方却也没有说。

14.　大迁移

　　第一次见铁峰，他给我的印象颇深：五十开外的年纪，山西口音，典型北方汉子的模样，走起路来步履矫健，腰板挺得笔直，浓眉下一双炯炯有神的眼睛，和蔼中透着某种威严，天生一副"官相"。他显然不是当下那种工农干部，而是一位有着相当文化修养的人。他讲话，吐词简捷，少说套话。都是先说完一个问题，然后在末尾来一句"这是第一点"。

　　他向我们宣布说："……我们决定离开广元，为了争取宝贵的时间，明天就出发。要发扬革命战争年代那种艰苦奋斗的传统，到了新的基地，不管是谁，单身职工还是双职工，一律都住单身宿舍……"那口气像是作战前动员。就这样，我们立即赶回工地，各自收拾行李，准备转移。

　　往日热闹的工地已经空空荡荡，昨天还高耸的脚手架都被拆除，建到一半的房屋成了一片遗弃的废墟……。回想几个月来的建设经历，简直就像一场梦。我向往日天天上班的建筑工地默默地告别。拉行李的汽车已经等在那里多时了，我只有匆匆离去，爬上了撤离的汽车。

多半年在这里工作奋斗，大家对广元产生了深厚的感情，正像一位名人说的："客树回望成故乡……"

第二天，筹建处在广元的人员（除少数人善后）告别了广元，告别了淳朴热情的广元父老乡亲，登上了南下的列车。

车厢里坐的全是筹建处的人。以前我们是广元工厂筹建处，今后又要叫什么筹建处呢？谁也不知道。

我们乘坐的是硬座车厢，晚上十点多钟上车。每人的行李都已另行托运，轻装上路，倒也轻松。我少有这样的机会：车厢里全是熟悉的面孔，就像一个大家庭，让人感觉亲切、轻松。几天来的抱怨也因此消淡了。

回想刚来三线的那会儿，我与几个同事也是这样坐在火车里，告别了北京来到四川广元。如今又坐上火车向着新的基地出发，但这与上次不同，那次去的地方很明确，四川省广元县，现在要到什么地方去呢？因为保密，领导至今也没宣布；另外那时对三线建设心里充满了神秘、好奇，还有一种神圣的使命感。今天，我不仅看到了三线是什么样子，而且参与了其中，遭遇了一些事情，尤其是这次莫名其妙的搬迁（说老实话，它给大家当头浇了一瓢冷水）给大家头脑里留下了太多的问号。这一切让我成熟了许多。

坐我对面的是王玉祥工程师，他是学建筑的。在我的印象里，他是个有个性的人，有着北方汉子那种沉稳与豪放。他给我说了他来三线的经历：他家五口人，夫妻二人和三个子女。三个孩子都在上学，由于妻子有病，在家时孩子多半都由他照料。后来呢，工厂号召支援三线建设，他不得不把全部担子交给了体弱有病的妻子，一个人来到了四川。

"你的情况，不可以不来吗？"我问。

"我是党员，大家都报名支援三线，我能不来吗？"

"可你的家庭……"

"困难大的有的是，不也都来了吗。就希望赶紧把三线工厂建好，好把他们接到一起，才互相有个照顾……"

后来我们换了个话题，谈起了他多年来搞建设的体会。他在业务上显得很沉稳，"需要这样，"他说，"这会使你更自信！不会轻易地被别人吓倒！"他进一步说："其实一生有机会参与建设一个新工厂，尤其是像现在这样的大型企业，对年轻人是一种幸运，真锻炼人呢。在学校学的理论在建设工作中可以有机会得到验证和提高……实际工作中，第一手资料很重要"。王工话语中透着一位技术专家的自信。

我们这样漫谈着。夜深了，我却仍然没有睡意。来广元这段经历对我不算长，但却留下了终生难忘的记忆。这几天事态变迁像电影一样一幕一幕浮上脑际，广元建设的日日夜夜，点点滴滴……

由于严格的保密制度，火车上除了少数党员干部以外，我们根本不知道此行要到哪里。

列车隆隆地向南行驶，向着一个从没到过的地方开去。车窗外，除了黑糊糊的大山什么也看不清……

三线建设回忆录

小人物大历史

第二部

二、雁群飞落的地方

1. 初到资阳

　　一九六五年九月五日的上午，一列火车载着广元工厂筹建处全体人员缓缓开进了车站。此时车上领队的同志站起来向大家宣布："同志们，我们的目的地到了，全体下车！"就这样，广元工厂筹建处的全体职工来到了资阳。

　　大家下车之后，都按捺不住好奇的心情，啊！这就是那个叫人猜想不透的新基地呀！好奇与兴奋驱散了连夜乘车的困顿，大家都睁大了眼睛，看着这片承载着我们新的希望与梦想的应许之地。

　　下车之后，资阳给我的第一印象是落后甚至有点原始。资阳火车站不大，仅有几条铁轨，我特别注意到站台上的照明灯用的还是煤油灯。周围则一片寂静，有些荒凉，不远处刚刚收割后的稻田里，一群麻雀在那里唧唧喳喳跳来跳去，完全是一派乡下景象。

　　此时，工厂筹建处的顾锡元和钱俊儒两位同志前来迎接我们，他们是先我们来资阳的。我们在顾、钱两人的引领下走出了车站。

　　艳阳高照，映着蓝天，路边高大的桉树林高耸入云，恍若来到了非洲。正值秋收大忙，马路上到处都晾晒着谷子、花生等农作物，特别是那一片片红辣椒更是抢眼。

　　县城离火车站还有一段距离。道路的两边都是农田，基本上没有像样的房子。

　　我们百多人的队伍排成长队步入县城，一下子打破了小城的宁静。这毕竟是小地方，突然来了这么多人，沿途老百姓都停下手中的活跑出来看。至今我仍记得那一双双疑惑和羡慕的眼神，他们就像看外国人那样惊奇地看着我们。我们也同样以好奇的目光打量着这异乡的街道和路边的男男女女。他们成年男人头上多缠着一块棉布，嘴里叼着旱烟，吱吱地吸着，散发出一种怪怪的气味；妇女们则身扎围裙，动作麻利，个个干练，显得很能吃苦耐劳。早就听说四川女子勤劳能干，今日所见似乎得到了印证。她们的勤劳与美丽给初来资阳的人留下了很深的印象。

　　资阳县城不大，房屋古老陈旧。马路两边有许多的小吃店，不是卖面条就是卖抄手（馄饨），有些摊子一直摆到了路边上。店面前多支着一块棚布，棚布下面则摆着一块大木板，上面是一排排黑瓷土碗，碗里的面条上放了许多红红的辣椒，我们这些不习惯吃辣椒的外省人望而却步。纯朴热情的资阳人不时地嚷嚷着"吃面！吃面！里边吃面！"纷纷向我们打着招呼。

　　……

　　顾、钱两人领着我们一直来到了一个大院子，这里是资阳县委招待所，是筹建处的临时接待站。

　　资阳城里有两个招待所，一个在路东县委机关院内，条件较好，规模也较小，专供领导们使用，我们管它叫小招待所；另一个在县委机关大院之外，马路以西，规模较大，供一般办事人员食宿，我们管它叫大招待所。

我们的接待站是设在大招待所。

下了火车已是中午，我们都集中在大招待所食堂吃饭。招待所进门是个大院子，四面都是平房，西北角有一口井，井台边是棵大柳树，进门左手是食堂，餐厅宽敞，朝向院子的一面没有墙，不时有小风吹过，还算凉爽。大家坐定之后，服务员便端上了满桌的饭菜。可能是为照顾外省人的习惯，菜里没有像外面大街上那样放很多辣椒。经过长途旅行，我们早就饿了，吃着来资阳的第一顿饭，味道很香，真有一种宾至如归的感觉。

正吃饭间，一位厨师模样的人从外面进来，他拉着满满一车蔬菜，每一种菜都长得那么新鲜可人。我第一次看到这里的豆角儿每根足有二尺多长，这在外地是很少见的。和我同桌吃饭的冯主任看了便指着那车菜好奇地说：“快看！快看！这菜长得有多好！”苗科长也抬起头，看着这车蔬菜，不无感慨地说：“这地方种什么东西都长得好，土地肥沃，真不愧是‘天府之国’啊！”其他人也附和说：“对，对，这地方确实不错！”

资阳和广元不同，这里是四川腹地，又靠近成都平原，这里应该是个富庶的地方。

……

吃了午饭，大家休息。筹建处乍来资阳，房无一间，地无一垄。怎么办呢？我们都只好暂时住在县委招待所和附近的旅馆里。我们动力组安排在和平旅馆，分房间时，我仍和栾工住在一起。

和平旅馆是临街的一栋青砖三层楼房，属官方建筑。

楼上住宿，楼下还开着餐馆。规模不大，但却算得上是全城最好的旅店了。条件虽然无法与大城市相比，房间里打扫得干干净净，床上的被褥也都刚刚换洗过。特别值得一提的是这里的服务员同志非常热情。我们在那里住了将近一个月，直到另外租到了房子才离开。

我们远离家乡风尘仆仆来到这个陌生的地方，不用自己操心，有饭吃，有房住，真得感谢老顾和老钱，这一切都是他们为我们安排好的。

我到和平旅馆对面的百货公司买手电筒。去了见货架上只摆着一只手电筒，我就问售货员："只这一只吗？还有没有货？"售货员答："有货，在箱子里呢。"我说："拿出来让我挑选啊！"那姑娘瞪着一双眼睛对我说："领导说了，卖完一个才好再拿出一个。"好家伙，这里买东西不让挑选啊！看着那姑娘满脸认真的样子，真叫人哭笑不得。我回到旅馆把这件事讲给大家听，他们都笑我不该在这小地方买手电筒。那时一只手电筒也算件不小的家用电器了。百货公司还是全城最大的商店。

来资阳的第一天就这样匆匆忙忙地过去了。

夜里栾工关心地说：小刘，折腾一天了，累了吧，早点休息吧。但我躺在床上却很久没有入睡。

昨天还在川北的广元，今天一下又来到了川中的资阳，这个陌生的地方我以前几乎都没听说过。人的行踪就像宿命般捉摸不定。资阳这个地方，同样落后不发达，甚至连广元都不如。这里的民风倒也淳朴，土地也平坦肥沃，发展农业是个好地方，但要在这里修建一座现代化的大工厂呢？

另外我还注意到，我们来到这里一天了，竟没有看
见一位当地官员露面，这事也让人颇感意外，这一点也
与广元不同，广元那会儿，县委书记都亲自到车站来欢
迎我们。这是否预示了资阳当地政府对我们的态度？今
后在这里建厂，还指不定会遇到多少问题呢！好在这些
都是领导们操心的事……

时间已晚，马路对面的茶馆也打烊了，那边传来了
关门的声音，我还隐约听见夜班的服务员在楼下小声地
说着什么……

夜色笼罩下，小城显得安详宁静。

2. 和平旅馆

下面就单说一下我们下榻的和平旅馆。

来到资阳，我发现资阳人似乎特别青睐和平二字。
我们住的旅馆叫和平旅馆，县城里最主要的一条街道也
叫和平路，然而具有讽刺意味的是，资阳后来数不清的
动荡与不安也大都发生在这个地方，特别是文化大革命
爆发以后，真是和平路上不和平！

和平旅馆是我迁居资阳后的第一驿站。前面说过，
和平旅馆的服务员对人很热情。她们总是露着纯朴善良
的笑容，服务也很尽心，这里仅说几件小事儿：

其一，我们来到这里不久，大家就互相熟悉了。一
天中午下班回来，我突然发现替换下来的衣服不见了，

我立即报告了组长栾工，他一看，他的衣服也不见了，大家都很诧异，心想这里不会丢东西吧。但我们很快便意识到，这事儿八成与那些热情的服务员有关。所以我们都没声张，静观事态发展。午休之后就又去上班了。等到晚上下班回来，一叠洗得干干净净的衣服，整整齐齐地码在我们的床头。原来她们上午整理房间时，趁我们不在，悄悄把衣服收走洗了。这事儿，除了叫我们感激之外也颇让人难为情了一阵子。从此我们换下来的衣服再不敢随便乱丢，要么立即洗，来不及洗的，也得暂时藏起来，不让服务员们看见脏衣服。

其二，也是一件有趣的事儿：我们每天上班之后，服务员都来打扫卫生，整理床铺。她们不止于把房间收拾得整齐清洁，还要美观。让人称奇的是，我们走后，她们总是把被子重新叠过，并且每天都叠出许多花样来，有时方形，有时菱形，有时三角形……一床普通的被子，在她们手里，竟变成了一件件艺术品，实在佩服她们灵巧的双手。我出差到过许多地方，还从未见过像资阳这样有趣的服务。栾工时常看着花样翻新的床铺意味深长地边笑边摇头："真有意思！真有意思！"。事后有人开玩笑地说："那八成是服务员对你们有意思了"。其实我们心里明白，那个年代，都兴学雷锋做好事，并且作了好事不留名。在她们眼里，我们都是从大城市来的技术专家，我想她们是通过热情服务来表达一份敬意吧。

其三，我们刚来资阳，人生地疏，买东西常常分不清好坏。深秋时节街上到处都卖柚子（当地产的一种水果），我们不懂如何挑选这种南方水果，只管照着个大好看的买，结果都不好吃。服务员们看见了，便过来教我们怎样识别好坏。我们在外面买东西，只要她们看见了，总会主动过来帮助，帮着我们讲价、挑选，为我们介绍，生怕我们吃亏。

总之她们对我们很热情，很友好。

当然这里也有明显不尽人意的一面。在阶级斗争的年代，严厉管治的迹象也十分明显，即便在这样的小地方。比如我一来这里就注意到每个客房的门上都抠了一个鸡蛋大小的圆洞，那是用来窥视客人行动的。这不由得让人想到监狱中的牢房。尽管服务员每天都笑脸相迎，但总觉得他们是在监视我们的一举一动，叫人平添了几分警觉和不自在。

还有一件事就是这里的吃水问题。一天傍晚，孙恒信大夫突然走进了我的房间，一进门就说：“你们知道吗？这里喝得的水有问题！这旅馆里的水不干净，是从一个水坑里打上来的！不能再喝了！”说完，孙大夫就领着我们来到旅馆后院的一个角落，指给我们看。果然在院子的角落有一片洼地，洼地中央就是一个大水坑，既不像井也不像塘。水面上还漂着一些杂草、烂木头等物。由于周边没有修挡水墙，下雨天，周围的雨水也会流入坑里，尤其不远处就是旅馆的公用厕所。孙大夫说：“水就是从这里打上来的。”我这才恍然大悟，自从住进这个旅馆，就觉着水的味道不对劲，有股霉烂木头味，但一直不明就里，今天才看到，原来喝的是一湾这样的水！孙大夫领头，我们一起去找旅馆领导。没有想到的是，我们提出这个问题，丝毫没有引起旅馆当局的愧疚，负责人也没有流露出半点为水不清洁要承担什么责任的神气，反而像是开导我们似的说："没事的，我们喝这里的水多年了，没事的。"这种结果真让人哭笑不得，相信他的话也许是真诚的。卫生观念、标准不同，如何理论？

后来我特地作了一次生活用水的调查。当时资阳城里没有自来水供应，吃水有两个来源，一是就地打井取水，二是从沱江拉水。那时沱江水还没有受到污染，可以饮用。旅馆对面的茶馆生意兴隆，每天这里都坐满了喝茶聊天的茶客，他们喝的就是沱江水。我到里边参观，发现这里喝的水就是从

1965年筹建处职工刚来资阳时在火车站宣传三线建设，左边呼口号者为李天福，举横幅标语者为王工（王玉祥），身后门边站立者为李进生厂长。

沱江拉来的。一辆架子车上面载着个大汽油桶（用来装汽油的那种金属圆桶），每天到沱江边拉水到茶馆后，倒入一个大木桶中，木桶的下半截装满了河沙、木炭和细卵石，浮头铺些深绿色的芭蕉树叶子。河水顺着芭蕉叶灌入木桶中，经此过滤再导入一个大水缸。这大约是全城最清洁的水了。

……

从踏上资阳这片土地的第一天，我便与这里结下了不解之缘。之后，就一直在这里工作和生活，我从一个二十几岁的小伙子一直干到年老退休。资阳成了我名副其实的第二故乡。

3.　啊！雁城

刚到资阳的那几天，我没事就在县城里到处转悠。

资阳县城不大，比起广元要小得多，但她更具蜀地风韵。和平路起自资阳火车站一直通到资阳县城，到县城的百货公司就到头了，马路不长倒也宽敞平整。

据说五八年毛主席的专列从资阳路过，他曾在资阳下车小憩，当他看到路边高大的桉树时说：桉树是个好东西，经济价值很高，应该大力栽种。

刚来四川时，到处都看到桉树。它长得高大挺拔，遮天蔽日，到了秋天，还开一树白花，招来无数鸟儿啄食。在我思想里，桉树便和四川这个地方联系在了一起，并赋予了一种特殊的感情。每回想起当年刚来四川的情景，脑海中就会浮现出那些高大的桉树。

后来不知是什么原因，一向那么听毛主席话的四川地方官，偏偏忘记了毛主席他老人家的这些话，接下来的几十年里，这种桉树不但没有再种，就连原来的也都砍光了。今天，资阳已经很少再看到桉树了。

资阳火车站在东岳山下，地势稍高，从这里望去，县城建筑闾阎扑地，鳞次栉比，前些年新建的百货公司和电影院是城中最高建筑，鹤立鸡群，俯瞰着全城。从百货公司往西是上西街，往东叫下西街，都是老的街巷。过去，这里曾经有过城墙，如今城墙没有了，残迹犹存。城南、城北仍然还叫南门、北门，东边和西边也仍叫东门、西门。

我后来发现，如果避开眼下大街上那种衣衫褴褛的乱相，换一个视角来看资阳，这里其实是个很有文化底蕴的古城，虽说算不上是历史名胜，但城里不少地方还是环境幽静、古风犹存。若按今天的标准，她够得上是一处上好的旅游景点。比如那些老街和店铺建筑基本上都有上百年甚至更久的历史，有些可能要追溯到明、清年代。木板门面，青瓦长檐，石板道路。长年车轮碾压，道路中间已轧出两道深沟。这里有众多的窄街深巷，古树老屋，飞檐高墙，整个县城显得古朴黯然，透着幽幽的古意。走在路上你都会感觉走进历史，浮想联翩。

县城东面是沱江，东南方水面平稳的地段，有渡口（没有桥)，一座镇河古塔俯视着悠悠而去的江水；西面出城是一片土质相当不错的农田，一条九曲河蜿蜒其中，小桥流水，颇有几分武陵人的情调。

入夜，大街小巷的店铺里都亮起了油灯，在微明的灯光下，人们或购物或用餐。街道上人影憧憧，不时飘来牛肉面和油炸花生米的香味……

虽说我是头一会来到这里，也许是我从小生活在农村的缘故，对这种浓郁的乡情和淳朴的民风，总怀有一种似曾相识的亲切。随遇而安的秉性使我很快便喜欢上了这个依然还感陌生的地方。

但大多数从大城市来的人并不都像我一样，不少人对四川有偏见，认为这里的人落后、荒蛮。有一次我和一位北方来的汽车司机逛街，他看见饭馆门前挂的牌子上写着抄手二字就疑惑，他说："你快看，这'抄手'是什么做的？你敢吃吗？"我见他看抄手的眼神就像《水浒》故事中看孙二娘的人肉包子一般。

资阳还有一个美丽而富有诗意的名字——"雁城"，即大雁之城，叫人情不自禁地联想到那大雁群飞的景象。然而叫人不解的是，这个以雁城命名的地方我却没看到一只大雁。

据史料记载，从前这里确实是过往大雁的栖息之地。那时，山清水秀，水草丰美、林木茂密，水鸟成群，那是名副其实的鱼米之乡。每年都有成群的大雁和其它鸟类来此栖息。但后来人们开始无节制地开荒砍树，很好的生态环境被破坏殆尽。特别是一九五八年大跃进期间，大树几乎全被砍光了，从此大雁不再眷顾雁城。

人们自古就有种种美好的联想，大雁总是与童年、故乡等联在一起。李清照曾有诗句："雁过也，正伤心，却是旧时相识。"记得在北方老家山东，每年春秋两季都有成群的大雁飞过，它们或排成人字，或排成一字，互相关照着南来北往。那时我就常想，年复一年匆匆路过，它们究竟飞到哪里去过冬呢？如今我终于来到了它们南方的家，然而却是个废弃的家园。或许因为这个情结，我感觉雁城没有了大雁是件十分遗憾的事。

一个深秋的下午，我和陆相臣主任一起散步到沱江边，站在岸上远眺江面，远处有一群水禽嬉戏啄食，老陆笑着说："谁说这里没有大雁，那不就是吗？"我顺着他指的方向看，沱江水面上，确实有一群水鸟在觅食，我凝视良久，确认那是老乡养的鸭子，而非大雁。

雁城大雁的踪影消失了已有多年了，真的是"大雁一去不复返，只留雁城空悠悠"。如今那般长空雁鸣的绮丽景观早已成了历史，人们也只能在回忆中去追寻那远去了的家园。

后来人们在火车站前广场上用水泥塑造了一尊展翅飞翔的大雁，可能是想作为城市的标志吧。然而，在现代人的眼里，那只飞雁倒更像是一只可以佐餐的卤鹅，哪里还有大雁展翅蓝天的联想？

悲哉，"雁城"！

常言道，城市是文化的载体，文化是城市的灵魂。古老的资阳城曾见证了年代久远的历史，古老的建筑曾为资阳增添过魅力。"大雁之城"更为这里平添了一种诗意的联想。然而后来，人们不知珍惜祖宗传下来的文化，不但破坏了原有的生态，在日后的城市建设中，一座座象征历史的建筑也轰然倒塌在推土机的铁铲之下。一栋栋形状雷同的大楼拔地而起，人们在为城市建设日新月异而自豪，昔日引人赞叹不已的古建筑，如今安在？古老的资阳文明安在？当然，在大讲市场经济的今天，人们是不会理会关于文化的呼吁的。但是总有一天，我们会"衣食足，知廉耻"，也会"鸟倦飞而知还"，为自己今天的过失而内疚的吧。这些都是后话。

4. 大北街 26 号

筹建处落户资阳，总部就设在城东大北街 26 号。如今我进城，每次路过我总还是忍不住向那边望一眼。

大北街 26 号原来住着成都铁路局电务大修队。由于与筹建处同属铁路系统，筹建处迁来资阳没地儿办公，就暂借用了这里。主人家十分慷慨，立即让出了半壁江山供筹建处使用。

筹建处迁资阳后，名字也由原来的"铁道部驻广元工厂筹建处"改为"资阳内燃机车工厂筹建处"。但为保密起见，对外代号叫"四三一"。这个番号一直沿用至今。

大北街 26 号是个老旧的院落群。临街是一座高起的青砖灰瓦门楼，进去是一条长长的胡同，里面连通着几个院子。它的左面是一色的古式建筑，右面则是后来才盖的是一些砖木结构的平房。这里早先可能是座庙宇，也或许是几家大户人家。后来几经变迁，庙与民宅互相打通连成了一片；大庙的后院是一个泥土地面的简易篮球场，再往后则是一个脏兮兮的水塘。塘里已没有鱼，只有一湾污水，几只老母鸡在塘边刨土啄食。

因为院子是归成都铁路局电务大修队所有，所以后来一提起这个地方，人们都管它叫"电务大修队"。

新来的处机关是这样安排的：

首脑机关——处主任办公室，设在前院中央位置的一所小阁楼下，其它职能科室：财物、人事、技术、基建（包括建筑和设备、动力）、材料、总务、卫生，分别安插于前后左右的各个院中。

这一时期，筹建处可谓人才济济，聚集了诸多国内有名的专家，如唐茂松、李进生、熊维常等等。

我们设备动力组依旧和建筑组一个办公室，安排在一座大庙里。大庙外面是长长的房檐和廊柱，里面一根根粗大的柱子和坚固的房梁，支撑着硕大的屋顶。房间大而深，乍走进去，总是黑咕隆咚，有点暗无天日的感觉。即便大白天，开着电灯也仍然感觉是栖身在黑暗之中。由于常年晒不到阳光，里面阴暗潮湿，墙角上长出了黑绿色的青苔，散发着霉味。

筹建处每个人都分得八仙桌似的办公桌和老旧的文件柜。房子虽然简陋，但在这里办公的人却非同一般，大都是从全国各地调来的技术专家，有电气专业的，动力锅炉专业的，土木建筑专业的，还有材料专业的人员，可说是人才荟萃……他们中多数都参加过国内大型工程的建设，是一批有经验的专家。最有意思的是建筑工程师杨廷桢，上海人，戴一副近视眼镜，学者似的文雅仪表，不论走到哪儿，总随身带着一个小本子，上面密密麻麻地记满了各种技术数据。无论谁碰到问题都喜欢向他讨教，比如：做某某工程用几号水泥？四川冬季的平均气温是多少？资阳属于几级地震区？等等，几乎所有问题都有问必答。他不但知识面广，而且有着惊人的记忆力，所以大家都管他叫"百科全书"。

筹建处自己在后院办了一个食堂，主厨是戚墅堰工厂调来的耿龙根师傅，江苏人，是一位快活的胖师傅，做得一手江南好菜。筹建处外省人居多，他们对四川的伙食多有不太适应（其中也包括不认同和误解），尤其是不习惯吃辣椒。耿师傅做的菜很是可口。开饭时大家热热火火坐在一起，就像一个大家庭。

那时资阳的东西特便宜，比如猪肉才五角钱一斤，鸡鸭，也就三、四角一斤，鱼就更便宜了，二角钱一斤。当地人有个习惯，喜欢吃猪肉不喜欢吃鱼，尤其是不吃大鱼。可能他们觉着吃鱼不过瘾还费油。我们没来时，两斤的鱼都卖不掉，我们来了见鱼就买，刺激了鱼市。后来他们从水库打的鱼干脆就直接拉到我们食堂。有时候有十多二十斤一条的大鱼。耿师傅会做清蒸鲜鱼，味道不错，很受欢迎。他把买来的一条大鱼分成若干份（当时常驻资阳的人也就20来人，很多人在外地出差），一锅出来，一人一份，都是吃鱼。吃得大家满口流香，兴高采烈。

　　开始筹建处的人少，大都挤住在筹建处院内。后来人愈来愈多，院内住不下了，便开始在城里各处寻找住处，如工商联合会、贫农协会、蔬菜服务公司至城内的各个角落。这样一个小县城，突然来了这么多人，就显得拥挤了许多，资阳大街上到处都可以看到全国各地的外省人。

　　成都铁路局派来了一个文工团，说是为我们慰问演出（那个年代兴这种慰问活动），没有舞台就在院坝里表演。演的是藏族歌舞，唱《北京的金山上》，姑娘们翩翩起舞，边跳边唱，舞姿窈窕优美，歌声婉转飘逸，只是声量小了点（没有麦克风），坐在稍后就听不清楚，让观众很感惋惜。杨庭桢坐在我的旁边，这时候他不无幽默地解释："嗓音不大是吃辣椒的关系！吃辣椒的关系！"他的话惹得大家忍俊不禁。

　　虽然条件简陋，业余时间年轻人还是可以在后院打打篮球和乒乓球。有时兴致来了，处主任铁峰同志还拉起球网叫几个年轻人一起打网球。这些活动拉近了大家的距离。连平时十分严肃的铁峰，也显得非常和蔼可亲。

　　不久中秋节到了，筹建处举行了一次中秋座谈会。会场选在县委小招待所。铁峰同志还特地叫人买来了当地做得不像月饼的月饼招待大家。会上他发表了热情洋溢的讲话，首先分析了当前的形势和面临的光荣而艰巨的建厂任务，然后不无发挥地描述了一番未来工厂的美景，最后他说："明年的中秋节，我们将搬到自己的工厂里庆祝。"话一结束，一片掌声。

一九六五年这个凉爽的中秋之夜，一轮大而圆的月亮高高挂在天空，每逢佳节倍思亲，这时令人想起多少美好、温馨的往事……

令人遗憾的是，第二年我们并没有像预期的那样在自己工厂里过中秋节，而是仍然住在资阳县城里，倒是迎来了史无前例的文化大革命。筹建处在这大北街 26 号一直待了近四个年。现在资阳工厂史料上记载的许多具有历史意义的事件，如工厂选址、总图确定、工厂机构的设定等等，其实都发生在大北街 26 号。

大北街 26 号之所以值得怀念，不仅因为她曾是四三一工厂筹建处最早的住地，是四三一最早的家，还因为从某种意义说——正是在这里孕育了今天的四三一厂。

我写这一段回忆的时候，特地又去了一趟资阳老城，拜访了大北街 26 号。四十多年过去了，如今的大北街已完全改变了模样，宽敞的路面、漂亮整洁的楼房，所幸的是当年的大门口仍在，不过当年青砖灰瓦的门楼不见了，变成了一座漂亮的楼房，下面是一个居民小区的入口，门牌号也改成了大北街 20 号，已看不见当年筹建处驻足过的任何踪迹。门口坐着一个正在卖馒头包子的中年妇女，我向前打听原来的大北街 26 号。她说原来的那个院子早就拆了。我说：你是否知道这里曾是四三一筹建处的所在地？她说：不晓得。我说：你听说过成都电务大修队吗？她说：听说过，他们也早搬走了。

昔日的"四三一筹建处"早已走入历史，现在仅存的也只有老一代四三一人的记忆了。

5. 县太爷作报告　等待！等待！

到资阳不久，资阳县委县政府为了表示欢迎，邀请我们到县委小礼堂听了一次报告，作报告的是资阳县委书记冯立泰。没有想到，这位资阳地方官讲的竟然是一口山东话，原来他是山东人，千里迢迢来到大西南，猛然听到这熟悉的乡音，一下就把感情拉近了。

冯书记首先对四三一筹建处的到来表示欢迎，然后便像讲故事一样向我们讲述了资阳的历史和今天，从政府工作到农业生产，甚至还包括资阳的民风民俗，娓娓道来，如数家珍，表明他对资阳确实十分了解。从他的报告中，我第一次听说资阳还是一个早期人类文明的发祥地。五十年代修成渝铁路的时候，在西门外发现了距今三万五千年前的古人类化石（头盖骨）。这表明，远在三万五千年前，资阳人就已经生活在这片土地上了。这纠正了我原来的想法，认为四川相对荒蛮落后，本地文明是从外地传入的。原来资阳人也是一支历史悠久的群落，就像一棵古老的大树，有它自己很深的根基。这不由得让我肃然起敬。

冯书记是解放大西南时随军进川的。外省人进川历史上早就有之。今天我们来到资阳，早已经不是第一次了。

报告结束以后，没感到什么鼓舞，倒是感觉他的讲话内容与筹建处的工作目标有相当距离。从他的讲话里，似乎听出当地人并不太欢迎我们来此建工厂，理由很简单，当地人普遍担心我们来了以后会挤占他们的土地。这里人多地少，土地特别珍贵（资阳与广元不同，广元是大山多，属于地多人少，而这里则正好相反，是人多地少）。

我相信这位书记的讲话是真诚的。他的这种观点在当时有一定代表性，在广大三线地区，类似的事儿数不胜数。听说有个地方，因为铁路要修到村子来，全体村民都起来反对，最后铁路被迫改道。几年以后铁路通车了，这个村子的人，看见人家修了铁路的地方，交通方便，经济也发展了，又羡慕得不得了，后悔当初不该反对铁路修在家门口！这和眼下发生的情况十分相似。这父母官们显然还没有认识到现代工业文明带来的好处。几十年后，资阳就是因为建了这座中央企业，壮大了声势，城市也兴旺发达起来，由一个小小的县城发展成了一个相当规模的地级市。这是后话。

秋日的阳光下，县城街面上人来人往，背背篓的老乡不急不忙地从面前走过；挑着担子的农夫急匆匆赶往某个地方；老婆婆坐在大门口细心地在簸箕里挑选着什么；谁家的一群小猪崽突然冲上了马路，撞翻了一挑大粪的粪桶，弄得满地都臭烘烘的……

那一年，铁道部共计划在大西南修建三个工厂，一个机车制造厂，两个车辆制造厂。三个项目中，先有一个车辆厂把厂址选在了资阳。后来四三一来了，机车制造厂是龙头老大，那个车辆厂不得不让位于老大哥，悄悄搬走了。我刚到资阳的那些日子，车辆厂的筹建处还在，因工作关系我曾去过几次。那是火车站附近的一处平房，并排对着两张桌子，一部电话。值班的是个快乐的小伙子，没有多少事，悠哉悠哉，十分清闲。过了一段时间，不知什么时候，这个车辆厂筹建处便不见了（后来知道，他们离开资阳到了眉山，也就是现在的眉山车辆厂）。

有了前面广元建厂的经历，特别是有了一支经过锤炼的技术队伍，之前习惯于紧张工作的我们以为来到资阳会立即投入新的建设。完全没有想到的是，几百号人耗在这里，却没有一点开工的迹象。处里曾几次派人到北京汇报，得到的回答竟然是："工厂修在哪里还没有定，你们急什么？广元建厂的教训还不够吗？"意思是说，不要急着开工，等待上级命令！

我们七八个人住在和平路口一所临街的民房里，李进生厂长也和我们住在一起。准备到北京汇报情况，反映大家盼望开工的急切心情，李进生厂长彻夜不眠赶写汇报材料。北京传回的消息让人失望，像一瓢冷水泼在头上，大伙的热情几乎都凉透了！不是说要"大干快上"吗？不是说要"抢在战争爆发之前把工厂修好"吗？难道请求赶紧开始工作也有错吗？

后来不知是备战形势有了缓解还是另有原因，反正上面就是不下开工命令，只让你原地等待！等待！

从此国家的政治形势似乎发生了变化，当时还不知道，这正是"文化大革命"的前夜，政治形势异常复杂。

从此以后，尽管每天上班下班还保持着和广元筹建处同样的习惯，但上班来到办公室，就是政治学习。所谓政治学习，也就是读报纸，学习毛主席著作。

刚来资阳的那会儿，大家都想急着工作，但你急上面不急。日子久了，大家也慢慢疲塌下来。栾工告诉我说：在任务尚未下达的时候，不要闲着，这正是收集技术资料，为工作做准备的好时机，一旦任务下来了，就很难有从容的时间作这些事了。此话有理，每个人都很自觉地通过各种渠道收集技术资料。

住在这里，吃住还算方便，这段时间除了政治学习还是政治学习，也不着急，也没压力，倒赚个其乐融融。只是天冷下来了，已有一个多月没正经洗澡了（因为没有澡堂）。一天傍晚，终于传来了好消息，冯主任打听到火车站的后面有个专供车站职工下班洗澡澡堂，还不要门票。我们几个赶紧行动，带了换洗的衣服去碰运气。穿过火车站的铁路边有一所不大的红砖垒成临时房，里边有一个水泥池子，这就是所说的那个澡堂，简易得不能再简易了，四壁还透风。我们进去的时候里面已经没人（人家职工都洗过了），只有一池发白的浑水，上面还漂着许多肥皂泡，不过水还有相当的余温。我们几人立刻脱掉衣服，泡在池里痛痛快快地洗了个澡。这是我来资阳以后洗的第一个热水澡！洗热水澡都是奢望。

从澡堂回来的路上还要穿越铁道，一道道铁轨，在灯光的照耀下亮晶晶的，一直通向远方，我的故乡就在铁轨的那一头。

6. 寻找"水电站"

新厂建设看样子一时半会儿是不会开工的了，所以筹建处一时便没有了具体任务。栾工就说：与其坐着没事干，还不如利用这段时间对资阳的电力情况作一次摸底调查。

资阳虽说自然条件不错，工业却极其落后，几乎没有什么像样的工业，比川北的广元还不如。比如电力工业，广元还有一座 3000 千瓦的火力发电厂呢。不过听说资阳也有一座发电厂，而且就在城里。这引起了我的兴趣，我决定先去看看这个电厂究竟是什么样。

这个电厂就在和平路雁江供电公司院内（和今天的供电公司同一地方）。进得大门，一色的灰瓦青砖房，大门左面是一个门卫兼办公的地方。里边有个管事的姓方，矮矮的个子，之前打过交道，有地方干部那种拘谨而又认真负责的特点，不过对四三一来的人很友好。我找到他说明了来意，想参观一下他们的电厂，他二话没说就领着我进去了，也没要介绍信什么的，他可能认为都属公家人，就省了那套规矩了。他引着我直进了第二道院。方同志是管理人员，对技术半懂不懂，为了方便介绍，他叫来了一名懂行的电工师傅陪着我。这个电工我以前见过，是前几天筹建处装电灯的时候刚刚认识的。高高的个子，人挺精干。他们很热情地陪着我、领着我看了个遍。院子里的房子和大街上的民房没啥子区别，发电机就安装在一间稍大一点的房子里，说是厂房，实际是一间棚屋。朝向院子的一面没有墙，站在院子里就一目了然了，根本用不着进去。发电机装机容量是二百千瓦（二百千瓦是个什么概念呢？它仅够大工厂里一个水泵站的用电量）。

它的原动机是一台锅驼机（老式的蒸汽机，也不知是从哪儿弄来的），一条传动皮带连着发电机，机器运转不断发出嗒嗒嗒嗒的声响，就像工业革命早期的蒸汽机。即使满负荷发电，也仅够一个小农机修理厂用。难怪我们刚到资阳，看到车站站台上用的还是煤油灯呢。在这里用电是件奢侈的事情，只有公家才能用上电灯。夜晚的路灯都像鬼火一般，大街上人影瞳瞳，走快了就很容易撞上对面来的行人。

电工师傅告诉我说，资阳还有一座水力发电站在老鹰水库，距离这里有几十里路远呢。在电力极端匮乏的情况下，这个消息也让我兴奋！然而老鹰水库路途很远，距县城几十里路，道路也不熟悉，我们又没有汽车。这时候四三一筹建处正好刚买回了几部自行车，我就和栾工商量，骑着自行车前往老鹰水库去看看。

那时我刚学骑自行车，还不太会，骑上车摇摇晃晃，上下车也歪歪扭扭站不住。但为了探寻那个传说中的水电站，我还是硬着头皮决定骑车来一次冒险，前往那个水电站，一则摸清电力情况，另外也考验一下自己骑车的水平。

一个周日的早上，我们早早就出发了。结伴前行的除了栾志祥工程师还有材料科苗可正科长。我们三人由县城出发，每人一部崭新的永久牌自行车，出县城，沿着成渝公路一路往西北。这里的早晨静悄悄，雾蒙蒙。不久太阳就升起来了。久居城里，乍到野外，远望一片田野，使人心旷神怡。路边，新播种的小麦已经吐出了嫩苗，一群叫不出名的鸟儿闪动着美丽的翅膀从天空飞过……

我们一路前行，蹬车二十来里，来到清泉铺。听人说，解放前这一带不太平，经常有土匪出没。当地流传着一个顺口溜："走遍天下路，也过不了清泉铺！"那个时候社会动荡，盗贼丛生，这里地势险峻，又常有商旅过往，于是便成了西川险道上的"黄泥岗"。今天来到这里，所看见的不过是一个极为平常的小村子，一点也看不出有什么特别的地方，已很难与传说中的故事联系起来了。不过，既然有这种传说，又从此路过，心里总还是生出一些绿林好汉的联想。然而眼下看到的几个老乡也大都骨瘦如柴，没有一个够得上好汉的标准。

我们的车队从清泉铺下了成渝公路，转入一条难走的乡间土路。路上一直坑坑洼洼，车子走在上面颠簸得厉害，我的骑车技术不佳，路上多少次连人带车翻倒在路边沟里，引得在田里干活的老乡们发出一片笑声。其实不完全因为是我骑翻车的滑稽相，他们对我们骑的自行车似乎更感兴趣，不断听见有人喊："洋马儿！洋马儿！"原来这里的老乡都把自行车叫洋马儿。这一带不要说汽车，就是自行车也不多见，像我们这样每人一辆崭新的自行车从他们面前经过，确实很引人注目，难怪会引起他们的异常兴奋！

很多人在田里干活，懒洋洋地排成长长的一队，这是人民公社时代的独特景观。男男女女一大群，干起活来有一搭无一搭的没有一点积极性。干不了多久就扶着锄头往那里一站，说笑打闹等着下工了。这些农民世世代代生活在这片土地上，过着简单贫穷而封闭的生活。城里发生的事儿他们似乎并不关心，或者他们根本就不知道。什么三线建设、国际形势好象与他们都不相干。

栾工是个细心的人，知道我骑车技术不佳，一路之上总忘不了回过头来关照我，看见我落得远了，就干脆下车等着我。

我们赶到老鹰水库的时候已将近中午。在一片山岭间，一座石头砌成的大坝横卧在眼前。我们停下车，爬上坝顶，坝后是一片广阔狭长状的水域，在群山中一直向里延伸，看不到尽头。这里有不错的景致。若在大城市边上再稍加修缮，就是一个很不错的游览风景区。可惜这里地处偏远，道路又不好，少有人来。大坝上下长满了芭茅草，秋风瑟瑟，十分荒凉。我们在此寻了半天，也没找到水电站，后来在大坝下面的芭茅之中，倒有一间房子，难道这就是？条件简陋得令人失望。由于长途跋涉的疲劳，又看不到一个人影，寻找水电站的兴趣顿消，我们的探险也就到此为止。眼看时间已经不早，赶紧打道回府。后来才知道，当时我们没有找对地方，水电站是建在另外一条山沟里。

因为我的骑车技术不佳，平时在城里骑车，每次遇上汽车，总得赶紧跳下车来躲在路边，直等到汽车开过以后，才敢继续上路。这次长途骑车我特别害怕遇上汽车，特别是在险要的路段。所幸的是那时汽车极少，我清楚地记得，在公路上跑了一天，竟然没有遇上一辆汽车，当时怎么也想象不出，事隔四十年后，同样是在这条公路上会因为汽车太多而出现交通拥堵现象！

回城路上我的两条腿累得几乎失去了知觉，只能像机器人那样一曲一伸地蹬着车走，无数次连人带车歪倒在泥沟里。回到电务大修队，再也动弹不得，连人带车一下倒在了地上。好多人都跑过来扶我，还以为我出了什么事儿呢。

这次探险故然让人失望，但我还是有很大的收获。首先，经过这次摔打，我骑自行车的技术有了飞跃的进步。不但学会了上车下车，还学会了如何使用前后车闸。从那以后就再也不怎么怕汽车了。我真正把自行车作为交通工具，就是从这个时候开始的。

第二个收获也是最重要的收获，是我们掌握了第一手资料：我们亲眼看到老鹰水库库容并不很大，作为一个风景区或城市供水水源还可以，若用它来发电，是建设不了大一点的水电站，也彻底打消了我们靠资阳地方提供电力的念头。建设工厂所需电力确实只能另辟途径。

之后，以栾工为首的动力组作了一个结论：431的电力供应应该立足于从外地引入。后来与设计院几经研究，决定从自贡方向的川南电力网架一路11万伏特的高压线来资阳，降压站就设在潮土湾（目前的湿地公园）

后面的鸡石湾，从而奠定了资阳电力供应的基础，在以后的若干年，四三一厂连同资阳城电力供应主要就是依靠这条线路，直到改革开放以后，也是在这个线路的基础上，资阳完全纳入了西南电力网。这都是后话。

7.　重庆！重庆！

　　进入十一月份,关于厂址的消息仍然没有确定下来。面对遥遥无期的等待，筹建处作出了一个特殊决定：全体人员除少数留守外,其余的全部都到外地去参观学习，了解其他三线单位的经验和教训。那个时候整个大西都在进行三线建设。

　　当晚工艺组的毛工，拿着一大本火车免票（铁路系统人员的火车免费乘车证）来到我们办公室，一进门就大声喊："开票啦！开票啦！要坐火车的赶紧来开票，到哪儿都成。"（筹建处隶属铁道部）因为我们平时出差都受到严格控制，每逢出差不但要有确定的任务，还要领导层层审批，出差回来还要写出差报告等等。这会儿不同，因为是号召大家出去，有事无事都可以走，自己说了算，空前自由！我见有人开票时干脆填写"全国各站"，就是说只要有铁路的地方都可以免费去逛逛，好不开心！

　　我来四川以来，除了从广元到德阳出过差而外，还没到过别的地方。四川号称天府之国，山清水秀，历史文化丰厚，早就想到处看看，今天机会来了，又没有什么具体任务，应该是一次轻轻松松的"美差"。然而我胆子小，心想当下国家备战形势严峻，边界上大敌压境，岂是游山玩水的时候？不免心生愧疚。所以我还是跟着栾工走，开了张四川省内的车票。因为考虑到三线工厂主要都集中在四川（那时重庆也属四川）。

十一月下旬，筹建处各路考察大军出动了，几乎是倾巢而出！

我参加了动力、土建、财务人员组成的一支队伍，由李进生厂长带领，踏上了考察的旅程。

火车奔驰在巴山蜀水之间。眼下是冬季，若在北方，早已是千里冰封，万里雪飘。然而这里却依然山青水绿，生机盎然。古诗有"蜀江水碧蜀山青"，一点也不错。

火车过了永川，便与长江一路相伴了。缓缓东流的长江水面映着艳红的落日，景色煞是壮丽。原以为快到工业重镇重庆了，这段江面上应是轮船往返、百舸争流的繁忙景象，今日江面上却少有船舶往来，更没有看到一只机动船舶。大江东去，苍茫一片，倒给人一种"天地一沙鸥"的苍凉。

望着宽阔的江水和艳红的落日，不禁引起无尽的遐想：长江、黄河，中华民族的两条母亲河，孕育了历史悠久的中华文明；长江自古就有黄金水道之称，通航能力全国之最，世界一流，但在一个落后的国度，却难以发挥它应有的作为；新中国成立后，尽管经过了多年的建设，但今天看，落后的面貌依旧没有多少改变，眼下的萧条景象就是证明。看来，中国人盼望的民富国强，仍然还很遥远。想到眼下的三线建设，每个人都应该努力啊！赶紧投入到建设中去啊！应该像我在广元看到的那样大干一场！谁想从广元转到资阳以后，却无缘无故的按兵不动，是何道理？

大家都把脸望向窗外，无人说话，他们的心情也许是和我一样的吧？

前面就是西南重镇重庆了。重庆是座历史名城，特别是近代，抗日战争时期，重庆曾是中国战时首都，一直到日本投降。另外从 1940 年到 1949 年这九年间，重庆是中国的陪都。49 年以后，国民党去了台湾。新中国成立，这里建了许多工厂，尤其是建了许多军工厂，是西南最大的工业基地。六十年代以后这里又成为"三线"建设的重点。我对这座城市，充满了敬意和期待。

晚上八点钟，火车到达了重庆车站。看到重庆的第一印象，这是一座真正的山城！整座城市都建在山上。市区的灯火犹如漫天繁星，煞是好看！重庆气势确实不凡！这时候，广播喇叭里传来了女播音员清晰悦耳的声音："各位旅客，你们好。欢迎您来到西南第一大城市重庆……"是的，这里确确实实是西南地区最大的城市，看这气派！走出火车站就爬山！我们坐上缆车，往上看去，两路口山城电影院霓虹灯璀璨夺目，如在云端……

重庆！重庆！我们来啦！

当晚我们住在两路口铁路招待所，条件不错，遗憾的是晚饭时间已过，食堂关门，我们只好到外面找饭吃。走了一大圈竟没找到一家合意的饭馆，好像所有饭菜无不是辣椒红艳，最后只得又返回来。路上碰到也是出来吃饭的同事，人家正从一家饭店出来，酒足饭饱开始逛街了。他们嘲笑我们还没找到地方吃饭。无奈之下，我们也只得在此委屈一餐了。开票买饭的时候，不忘再三叮嘱店家不要放辣椒，但面条做好了仍然很辣。事后才知道，所谓不放辣椒实际就是少放辣椒，这里好象没有不辣的面条，我初次领教了重庆辣子的厉害！

第二天一早出门才发现，马路的斜对面就有一家北方餐馆，名字叫"山东又一村"，还是老字号！怎么昨晚就没有发现呢？这家餐馆不大，听服务员的口音也不是山东人（可能老板是山东人吧），做的饭食确实是北方口味，如大饼、馒头、包子、饺子、稀饭等等一应俱全。重庆不愧是座大城市，这种多元的饮食文化在其它地方是不多见的。以后很多年，我到重庆出差，只要不算太远，就愿意赶来这里吃饭。

重庆的市容建筑确实与众不同：两江（长江与嘉陵江）之间是一个半岛，房子随高高低低的山势修建，名副其实的山城！马路上汽车、电车来来往往，唯独看不见自行车的踪影，好像时时提醒说：这是山城！这是山城！最能引起我兴趣的还不是这里繁华街道，也不是高楼大厦，而是马路边上无数狭窄的民居小巷。这些市井小巷沿石级而下，一直下到江边。它让我想起徐悲鸿的名画：《巴人汲水》。这些狭窄的深巷，简陋的石头砖瓦房里，住着祖祖辈辈在此生活的重庆人，这里不知隐藏着多少不为人知的重庆故事，城市的灵魂埋藏其中。

若干年后我又到重庆出差，找不到旅馆，见路边有一群婆婆摆着几张桌子，上方挂着红布横幅："旅店介绍处"。我赶紧过去登记。

登记过后，一位婆婆引领着我走进了一条陋巷，两边是密集的棚屋，破破烂烂的一直通到嘉陵江边。走下了若干台阶进了一户人家。我才明白，所谓旅社，原来就是一户户住在江边的人家。天色已晚，再也没别处好去，只有在此将就一晚了。这家主人是一位清瘦的婆婆，孤身一人住在这里，样子有六十多岁，穿一身传统的蓝布衣衫。她家里有一间半房子，是老重庆那种棚屋。房子简陋且不宽绰，可她还是腾出一间让给客人住，她自己就睡到靠门口的过道里。我一来，她就忙着为我烧水洗脸泡茶。我看着有些过意不去，就赶紧自己动手。我见客房的墙上挂着一个老头儿的像就问："这是你什么人？"答："老头子，几年前死了。"于是我就和她攀谈起来，老头儿是这里挑码头的苦力，这所旧房子就是老头儿一生挣下的家。解放前这里就是挑码头的住家区。数代人都在江上过着辛勤而清苦的日子，在此生儿育女一辈子，共同经历了抗日战争、解放战争以及解放后无数艰难的岁月。如今老头子走了，他们的儿子也结婚成家搬出去了，现在就剩下她一个人住在这里。她没有工资，就靠老头儿单位一点补助金过活。为了生计，她把房子腾出一间供客人住宿，赚点生活费。我问她："儿子常来看你吗？"她说："不来，几年都不来了。"这是一个勤劳善良的重庆老夫人，然而晚年命运如此。我想，昨天在那里招揽房客的一大群婆婆，可能都有相似的景况吧！她们也曾年轻，肯定也有过美好的向往，然而晚年……想到这里，不免叫人心酸，对眼前这位婆婆充满了深深的同情。

十多年后文革已经结束，我再次来到重庆，满目疮痍，到处都留有被破坏的痕迹。文革期间这里曾是武斗最惨烈的地区，如今许多建筑表面仍然还能看到累累弹痕。重庆经历那场灾难已呈现出一片衰败的景象，就像一个满目沧桑的老人，完全没有了往日的风采。

重庆真正恢复元气并发达起来，还是打倒了"四人帮"，实行改革开放后近十多年的事情。

8. 三线工厂——红岩机器厂

到重庆的第二天，我们便乘车到了远郊的"红岩机器厂"参观。"红岩机器厂"的取名显然是缘自革命小说《红岩》。

这是一个刚由上海迁来的三线工厂，规模不大，主要是做光学仪器。工厂远离重庆市区，房子都修在深山里，很能体现毛主席"靠山、分散、隐蔽"的六字建厂方针。

所到之处，耳边听到的都是上海话，几乎给人一种错觉：似乎是来到了上海郊区。也许是因为地处偏僻，平日少有人来，所以这里的人对我们的来访分外热情。我们一下车，工厂党委书记（当时是第一首长）便亲自出来迎接。

我们走进了一间大而简陋的办公室。这位书记像讲故事一样，饶有兴致地对我们讲述他们那个工厂的建设经过。印象深刻的有两件事：一是讲述从上海迁来此地的过程；二是这间办公室墙上那一片昆虫标本。

这位书记的样子，让我想起解放初期那些忠心耿耿、勤奋朴实的工农干部。在参观过程中他有问必答，只要提出一个问题，主人就会滔滔不绝地讲上半天。最有趣的是介绍他们工厂职工搬家的经验：

第一批职工是从上海坐火车来到三线的，由于考虑不周出了一些问题。

事情是这样的：因为职工们绝大部分都没离开过上海，更没来过四川。离开大上海时，很多人忐忑不安，当火车进入河南、陕西一带，车外是茫茫黄土高原，黄沉沉一望无际，仿佛要进入沙漠，这景象一下把车上的人吓坏了，尤其是第一次出远门的职工家属们，有人吓得哭了起来，然后互相感染，不久车厢里便哭成一片，随你怎样解释都无济于事，出现了难以控制的局面。到重庆后，人们的情绪仍然难于平静下来，持续了很长时间，影响很不好。

有了第一次的教训，他们决定以后职工搬家一律改走水路，即从上海坐船，沿长江而上，直至重庆。这样虽说时间长了些，但搬来的职工及家属看着大江两岸风景如画，一路之上，心情愉快，再也没有出现第一次搬家的那种情况。在三线工厂这边，也作了相应的生活准备，比如职工还未到来之前，每户人家都分到一套住房，专人打扫干净，安放好桌椅、床铺。新房子虽然简陋，但还实用。新来的职工一到，便由专人引到各自的家里，再端上热饭热菜，使新来的职工有一种宾至如归的感觉。工厂的这一良苦用心，果然收到了很好的效果，再没有人哭闹，家属都高高兴兴，自然职工也很快安定下来全心投入工作……

从这位书记身上可以看出，他是一位热情负责的领导人，他不但关心工厂，关心职工，还具有上海人特有的才智和精明。

在书记讲话的时候，大家都注意到办公室墙上有一大片昆虫标本，即在墙面上用大头针钉着许多昆虫。个头大的如蝉，还有各种颜色的蝴蝶、蛾子、蜻蜓；也有个头小的如各种形状的甲虫甚至还有苍蝇、蚊子。各类昆虫品种俱全，俨然像一间生物标本陈列室。

书记见我们都看他墙上的这些标本，便笑着解释说这是他来三线后，在这间办公室里捉得的虫子，他叫工作人员都将其钉在墙上。不知出于什么目的，日积月累，竟成了规模。此地系亚热带气候，又是山区，夏季各种虫子（包括苍蝇、蚊子）之多可想而知，尤其是到了夜晚，这些虫子见到灯光，纷纷飞进屋里，这也反映出三线地理条件的艰苦和蛮荒。我感兴趣的是，这位领导并不规避这一现实，反倒是以苦为乐，将它们陈列出来，这不失为一种革命的乐观主义。

我不由得想起在筹建处听到的一个故事：某老厂一

职工，从三线单位出差回去，捉了一只蚊子钉在门上让大家看，他说：三线那边的蚊子都有这么大个！结果被人揭发，成了破坏三线建设的罪证，遭到点名批判，开会批斗；同样是面对这些昆虫，红岩机器厂的态度就截然不同。他们正视现实，体现出一种创业者的乐观主义情怀。两种做法耐人寻味。

为了节约资金，红岩机器厂的职工宿舍都修得十分简陋，都是筒子楼，一律不设室内厕所。公共厕所也都修成当地农村的那种厕所，很远就会闻到粪便的臭味。据说这是为了给贫下中农积肥。但工人不同于农民，工人有上下班，使用厕所相对集中。这一天由于我们到得早，刚好碰上职工、家属排队上厕所的场面。臭烘烘的公共厕所门外还排起了长队。

上海人习惯用马桶，倒、刷马桶的声音，唰唰唰地响成一片，很容易让人想起上海旧里弄里的景象，其实这里不但拥挤还要排队，叫人感到极其不便。这时一位打扮优雅的少妇，沿着刚修好的台阶，嗒嗒嗒地小跑下来。她手中也提着一只马桶。假若她手里提的是个花篮什么的，倒也不失优雅，然而她手上提的是马桶，显得很不好意思，很无奈地排在众人的后面。她显然还很不适应这种"新生活"。

大山的峭壁上印着醒目的大标语："备战、备荒、为人民！"在荒蛮的深山里，生活着这样一群上海人，谁能说不是一道奇特的风景？

他们和我们都是远离家乡来到大西南参加三线建设

的一群人，可谓"同是天涯三线人"。只是他们先走了一步——他们的工厂已经建起来了。而我们的工厂由于种种原因现在仍未开工建设。他们有很多方面值得我们借鉴、学习，特别是他们上下团结一致的精神，还有那位与群众打成一片的党委书记。

9.　三线工厂——浦陵机器厂

从红岩机器厂出来，不晓得绕了多少弯，我们来到了另一家三线工厂——"浦陵机器厂"。这个工厂与红岩厂同样是从上海迁来，但规模要大些，它的主要产品是柴油机。来到"浦厂"，所见所闻与"红岩厂"有很大的不同，同是三线工厂，同样也是从上海方面迁来，但其风格和做法却与红岩厂迥然不同。据说这个工厂是执行"革命"建设路线最坚定最彻底的单位！

我们来到这里，工厂照例派出一位领导为我们介绍经验。他先引领我们参观了厂区，然后又参观了他们新盖的职工宿舍。他边参观边宣讲，摆出一副传经送宝的姿态。

这座工厂建在较平整的坝子上，周围是农田和散居的老乡。一栋栋厂房兀自独立在矮小的农舍旁边，鹤立鸡群，不伦不类，十分突兀和暴露。厂区没有围墙（特意不设），当然也就没有工厂大门和传达室，随便什么人都可以自由出入，这真是一座完全开放的三线工厂，在我们参观的时候就有一个老乡担着一挑大粪从厂房里穿过，如入无人之境，也没人干预。这景象要不是我亲眼所见，说什么我都不会相信。据说这是为了体现工农联盟的政治路线。这里的职工宿舍也修得与众不同，在离厂区不远的山坡上修起了一片平房，格式整齐划一，像座兵营，都是前门对着后窗户。从前面可以一眼望到底。当然也没有围墙。房子修得如此单调化一，一种强烈的专制感令人压抑。修得单调简陋不说，更让人匪夷所思的是，新修的房子还规定一户住宅得住两家人，即一套房子两家人合住。两家人除了睡觉的地方分开以外，其它都得公用。京剧样板戏《红灯记》里说："隔着墙是两家人，拆了墙就是一家人。"现在可好，不用拆墙，关起门来就是一家人啦！当时我就想，这两家人住在一起的日子可怎么过啊？连一点点隐私都没有了啊！真想不透，是什么设计思想会产生出这样的灵感？这种有悖常理人性的设计到底是怎样出笼的？兵营业式的设计，两家人合住在一起的规定，这就革命啦？这就代表了集体主义精神？记的在一本叫《乌托邦》的书里读到过，那本书里就是提倡集体主义精神，看到过类似的描述，但也没有说在乌托邦里两家人必须住在一起啊！

　　向我们介绍"革命"经验的这位领导（不晓得他的具体职务），满嘴政治词藻，还在喋喋不休地讲着，"我们工厂的建设宗旨就是：坚决贯彻'毛主席的革命建厂路线'。我们就是要作前人不敢想不敢作的事情！"云云，话语中不乏夸张的表情。我心里开始暗暗叫苦，今天可遇到了一位革命干部！

这个时候我们有人终于忍不住了："你们工厂咋不修围墙呢？"

"不修围墙是为了打破工农间的界限，消除与农民兄弟的隔阂！"

"没有围墙，工厂就不怕丢东西吗？"

主人看着我们，很自信地说："我们是走群众路线，相信群众，依靠群众！依靠贫下中农来保卫工厂！"

——大家哑言！

除了政治口号就是套话，假话，空话，主讲人的这些所谓"经验"说教和三线工厂建设没有半点关系，大家听得一头雾水。其实稍有常识的人心里都明白：这些废话纯属扯淡！厂区与农民混居，什么人都可以自由出入，这样混乱的局面，不要说生产管理，单说工厂日后的保卫工作都很难去做！这样一座散乱的工厂，不出问题才怪呢！然而主人滔滔不绝的介绍，却都是依据"革命"的"教义"，打着"革命"的旗号在传授"革命经验"。在这种情况下，任何不同意见，都有可能视为"反对革命"！虽说那时还没有"极左"这个词儿，但是在这个三线工厂里"极左"的思潮已经咄咄逼人了！

全部参观在一片沉郁的气氛中结束。

这是一次令人困惑的"取经"。大家远道而来参观考察三线建设经验，真不愿意考察出这样的结果。从重庆赶来，沿途的好心情，经过这番参观、学习以后，都荡然无存了，心中充满了压抑和厌恶。我真的担心出来参观学习这样胡吹的所谓"经验"，回去以后会有人如法炮制。

当我们迎着朦胧的落日坐上汽车时，夕阳西照，这座三线工厂孤零零地留在了那条山沟沟里，不久便消失在身后的群山之中。

回来的路上，总有一种不祥的阴影挥之不去：

一个不像工厂的"混合群落"——打破工农界限——靠贫下中农保卫工厂——兵营式的宿舍——不许职工生活独立门户……

我真的怀疑，这座工厂的所谓"经验"会不会是三线建设的一只"潘多拉的盒子"？这种"经验"一旦传播开来，岂不祸国殃民？

很不幸的是，一年以后，"文革"爆发，这种担心都一一变成了现实！

傍晚，我们来到了位于重庆西北郊嘉陵江边的北碚。这里风景秀丽，夏天气候凉爽，是火炉之都重庆的一处飞地。抗日战争期间，陪都重庆成了全国抗战的中心，许多文化机关诸如复旦大学等内迁单位就落户北碚。另外这里还聚集了一大批文化名人，如著名文学家梁实秋，他在北碚的雅舍住了七年之久，他的《雅舍小品》就诞生于此；作家老舍先生也曾在此居住，他的旧居如今已开辟为老舍纪念馆。那时在此居住的还有国民党的高官及其家属。可见北碚地理位置之优越。

我们来到北碚以后，选了一处幽静的饭馆解决肚子问题。经验丰富的徐科长建议大家吃这里有名的豆花饭。一大碗白米饭，浮头浇满了豆花，还有油炸花生米、炸黄豆、疙瘩咸菜末儿以及调配考究的作料。我第一次吃到重庆特色的豆花饭，味道很香，大家都吃得很饱很高兴。

铁峰厂长也来到了北碚，我们沾厂长的光都下榻著名的北温泉旅馆。第二天游览了风景如画的北温泉公园并在温泉池里游泳。深冬时节，温泉水汽蒸腾，驱走了一身的寒气，玩得十分惬意！

铁峰同志也下池游泳，陪同的还有设计院来的三位女工程师。

革命年代没有旅游的概念，我们出差在外一般也不允许游玩。但我发现只要跟着领导出差，情况就有所不同，总能得到游览名胜的机会，还不用担心回去受批评，费用还报销不了。这次是跟着厂长出差，我们这些小老百姓终于也可以放心痛快地吃喝玩乐一番了。

一个小插曲是：一向作风简朴的李进生厂长，他没有下池游泳，而是进了温泉浴室。他洗浴完了出来，不无感慨地说："这次可洗了个痛快澡，我用了很多水啊！"大家一听都笑了，温泉水不同于锅炉烧的水，它是日夜流淌的，你不用它也要流下山去，就完全不存在用水多少的问题。

10. 烈士墓、美丽的泸天化

在重庆的最后一天，我们集体参观了位于歌乐山下的烈士墓以及位于嘉陵江边的红岩村。

歌乐山东侧，高耸的烈士纪念碑，在晨雾中，显得庄严、肃穆……

自从《红岩》小说出版，以后又编成了电影，我就对红岩村、渣滓洞这两个地方崇敬有加，视为圣地。这里是当年一大批革命者为追求真理而奋斗和就义的地方。凡来重庆的人无不前往瞻仰，接受革命教育。小说《红岩》和根据该书拍成的电影我都看过。描写的是川东地下党和华蓥山游击队与国民党的军事对抗，尤其是在渣滓洞的斗争，许多共产党人都被残酷地杀害了，体现出一个政权行将垮台前夕的疯狂与残忍。今天来此参观，更增加了对那个年代的真切感受。但是当来到渣滓洞的现场，从外表看给人的感觉却远

红岩村留影

前排左起陈宝洪、王龙江、沙德发、赵秀荣、刘绪文（本文作者）

后排左起周锡英、杨宪章、盛阿无、魏安国、栾志祥、徐照身、冯灿金

没有小说、电影中描写得那样阴森恐怖。渣滓洞的牢房也不过是一栋普通的二层楼房改造而成。白公馆旁边有个阴森森的山洞，洞口用铁栅栏锁着，倒是有点阴森可怕，但也不像电影中的那个样子。这类参观总是让人心情沉重，思绪复杂。从白公馆出来，大家都低着头，没有一个人讲话……

下午又参观了红岩村八路军办事处。一座半西式的楼房，掩映在绿树丛中。从表面看房子没有什么特别，进到里面就发现，房子的结构与众不同，比如里边转弯抹角处有暗哨、窥探孔之类，是专门为提防国民党特务而设，反映出当年斗争环境之尖锐复杂。房间布置得简朴明快，体现了那时的延安风格。这里还陈列着许多当年的照片，印象最深的是周总理和邓大姐在此生活的照片。那时这里被国民党特务层层包围。周总理灵活机智，领导着一批热血青年与国民党周旋，深感革命成功来之不易。另外还有些生活细节的描述，比如说：在那样尖锐复杂的斗争环境中，这些人依然充满着革命乐观主义精神，每到休息日他们还想方设法来一次会餐，周总理会亲自下厨，做大家最爱吃的"红烧狮子头"等等。

次日我们乘船来到了四川重要工业城市泸州。

在泸州又参观了两个三线工厂，一个是长江起重机厂，另一个就是有名的泸州天然气化工厂，简称泸天化。

长江起重机厂在长江边上，还正在修建之中。这里与重庆那边不同：工地上一片繁忙，大家干得热火朝天，一位戴着安全帽的领导人正在现场指挥，工地上施工有序。他边指挥边给我们解答问题，说的全是生产上的事，唯独没有像重庆那样大力鼓吹革命建厂路线之类，工地上没见那样激进的标语。这种建设工地我是熟悉的，几个月前我们在广元建厂的时候就是这个样子！在现场指挥施工的这位领导同志表示：现在正在备战时期，早日把工厂建设好，这就是我们的目标，除此之处没有别的。早日为国家拿出产品，支援备战！话说得简单明快，一点也不绕来绕去。

同一片天空，同是三线工厂何以有不同的做法？这种现象很令人玩味。他们显然是顶住了外面的干扰。由于当时的大气候，这样做可能会承担风险（比如被扣上"唯生产力"论，"修正主义"或"资本主义"的大帽子），但是他们还是这样做了。我不知道这个工厂后来的命运如何，但几年以后，我在成渝公路上看到了一个长长的车队，全是崭新的起重吊车，出厂的牌子上赫然写着："长江起重机厂"。长江起重机厂终于不辱使命，成了最早投入生产的一批三线工厂！这不由得让人生出一种敬意。因为当时文革还没结束，绝大多数三线工厂还都处在瘫痪或半瘫痪之中。

参观泸天化是本次考察的最后一个节目。我们选中泸天化作为参观考察对象，是因为据说它是三线工厂中的"高、大、洋"的典型——一个被点名批判的企业。因为它被点名批判，大家都想知道它究竟是犯了什么错误，所以大家对它更感兴趣！

泸天化位于泸州市纳溪区，很好听的名字——"纳溪"！单听这个地名就叫人感到有点洋味（有点像外国地名）。我们过了一条水流清澈的河（不晓得是不是纳溪河），前面不远处就是泸天化，一片雄伟的工业建筑群。厂区宽敞整洁，一座座厂房高大明亮、排列整齐，井然有序，一看就叫人喜欢，化工厂独有的反应塔高耸入云，白雾缭绕，十分壮观。

泸天化是一家大型化工企业。该厂始建于六十年代初，正是国家处于"调整，巩固，充实，提高"的年代，那段时间，各方面政策放宽，工厂全部技术设备都由英国引进。据说这个项目还是经由周总理特批才建设的，怪不得如此气派。

厂长在办公室里接待了我们。这里宽敞明亮，同样感觉有些洋气。厂长是一位中年男子，中等偏上的个子，白皙的面孔，从容不迫谈吐稳健。一看就知道，他是一位经验丰富的专家型的领导。可能因为那个时候社会舆论的压力，他讲话的语气十分低调。他介绍说：工厂自投产以来，年年都超额完成生产任务（那年头很讲究超额完成计划）。产出的尿素源源不断地供往全国各地，是国家大型骨干企业。

那时候，泸天化不但在企业同行中是佼佼者，即便在当地老百姓的眼里，也有很好的口碑。因为工厂工作环境好，年年超额完成生产任务，职工的待遇也好，怎会不让人喜欢呢？难怪当地老乡流传着一个顺口溜："娃儿娃儿快快长，长大好进化工厂。"

具有讽刺意味的是：这样为国家做出重大贡献的工

厂，眼下却成了批判的对象，批判它"高、大、洋"，即技术规格高，规模大，设施洋气。在那个左风愈烈的年代，这些特点很容易被指责为"资本主义"或"修正主义"。

即使是"高、大、洋"，但它能为国家社会做出这样大的贡献，又有什么不好呢？为什么还要批判呢？这件事真是叫人想不通！从泸天化出来，我一直为这个问题困惑。

11. "三江口"

泸州考察结束之后，我们乘船到宜宾，再从宜宾乘火车返回资阳（那时泸州还不通火车）。

以前我在万里长江上航行，她的宽阔总给人一如临大海的感觉。然而今天来到这里，我第一次看到在长江里航行，艄公还要用竹竿在船头探路，不知不觉间，我已跨越了大半个中国，从长江的入海口来到了长江上游。这里的长江已不同于上海、南京、武汉，也不比重庆，这里的水量没有中下游那样大，河道有些部分水浅，又是枯水季节，某些河段甚至有搁浅的危险。老艄工站在船头，手持一根长长的竹竿，不慌不忙地探着水深，嘴里还叼着旱烟，胸有成竹地探察着前行的航道。

我们到了宜宾停泊上岸。宜宾是川南重镇，著名酒都，享誉中外的名酒五粮液就产于此。这里还是抗日民族英雄赵一曼的故乡。赵一曼的故事家喻户晓，我最早是从小学课本上、小儿书上看到的，后来又有了电影。她一直是中国人崇敬的抗日英雄。听说这里还有一座"赵一曼纪念馆"，自然要去看看啦。于是我和几个同事趁天还没黑，一路打听着跑去参观。纪念馆坐落在一片幽静的树林之中，规模不大，就几间平房，也没几个人。馆内陈列着英雄的遗照和遗物。我的第一印象是，真实的赵一曼一点也不像电影上看到的那样浓眉大眼，一身英雄相。她原来是一位极其清秀的女子，倒是更像一位端庄的大家闺秀。一时间我很难与那位在东北抗日联军中手握驳壳枪冲锋陷阵、在日寇面前大义凛然的巾帼英雄联系起来。

纪念馆里陈列着英雄生前的许多照片及资料，英烈最后写给年幼儿子的遗书分外引人注目：

"母亲对于你没有能尽到教育的责任，实在是遗憾的事情。

母亲因为坚决地做了反满抗日的斗争，今天已经到了牺牲的前夕了。希望你，宁儿啊！赶快成人，来安慰你地下的母亲！在你长大成人之后，希望不要忘记你的母亲是为国而牺牲的！"

这些话读来催人泪下，但又不失一位战士的悲壮情怀！那是英雄就义前的最后一天写给儿子的信。

"生当作人杰，死亦为鬼雄"！李清照的诗句应是这位女英雄的确切写照。

我很想知道赵一曼的后人今在何处？做什么工作？

从赵一曼纪念馆出来，更觉得今天的和平生活来之不易！今天的人应继承先烈的遗志，担当起建设国家的重任。眼下的三线建设与当年爱国先烈为之奋斗的事业难道不是一脉相承的吗？如果对目前的建设大业有任何的懈怠和不负责任，是不是愧对先烈的英灵？

第二天我们早早起床，一大早就步履匆忙地赶到了轮渡码头，准备过江搭乘火车回资阳。凌晨的码头灯光闪烁，人们都早早来等候过江。我们随着乘船的人群，走下一道很长的石头台阶，然后踩着长长的跳板登上一座浮动的船台。这里挤满了人，有的挑着担子，有的背着背篓抱着孩子，鸡笼、鸭笼等都挤得满满的。又等了一会儿，大家才陆续上船。

晨曦中薄雾缭绕，一种梦幻般的感觉。人群中一位特别俊秀的四川女子，吸引了众人的目光。巴蜀大地出美人！真是山美水美人也美！

此处是金沙江、岷江、长江三江交汇处，宜宾以上是金沙江和岷江，以下便属长江，这里水面开阔，清澈的岷江水与浑浊的金沙江一清一浊，两股洪流在此交汇，清浊的波涛翻滚，水面上冲出串串漩涡。我突然想到：这不正是"三江口"吗？对！金沙江、岷江、长江在此交汇，这是一处真正的"三江口"！不知当地人是如何称呼，我且唤它"三江口"。

两声短促而洪亮的汽笛声，江轮隆隆起动了。一条巨大的古式帆船满载着货物向我们驶来。一袭粗布蓝衫的水手们，一齐吼起了川江号子，动作整齐地划起了桨，从我们面前擦边而过。此时我恍若觉得穿越了时空来到了古代的三江口，听到了远古祖先们那苍劲有力的川江号子！

虽说这里所说的"三江口"非《三国演义》里说的那个"三江口"，但眼前的景象，却让我生出了多少历史的遐想！

渡轮很快离岸驶入激流，汹涌激荡的江水使船体摇晃起来，船上的人也跟着摇动，人群中我又看见了那位年轻女子，她怀抱婴儿紧紧地依偎在丈夫身边。

……

三十多年以后，我又一次来到宜宾，这次是来旅游的。我仍记得当年第一次来宜宾的情景，所以特意又来到了记忆中的三江口，然而这里已经大变，当年的渡口不见了，如今修起了一座大桥；江边鳞次栉比的旧民居如今变成了高楼；小石阶路也不见了，变成了整洁的水泥路。漂亮归漂亮，但总让人有一种若有所失的感觉，当年的那种古朴和亲切不见了，萦绕于脑际的那个"三江口"也永远地消失在了历史的长河之中。故地重游，颇有一番感慨在心头。

……

这次集体出差考察，有一件事不得不提，那就是徐科长为大家办事的外交才能。那年头出差，交通吃饭住宿都是大问题。尤其是住宿，因为旅馆少得可怜，条件又差，所以每到一个地首先就是要找住的地方。这次一起出差的人多，找旅社就更难，所以联系住宿就由徐出面交涉。徐身材魁梧，长得蛮有气派，生就的一副官相。

不管是沿途的旅馆、招待所、宾馆，只要经他出面联系，总能十拿九稳最终搞定。多么难缠的管理员在他面前都显得猥琐，经不住他出面说和，最后都乖乖地把好房间让给我们，让大家一路之上免遭旅居之苦。尤其是在泸州，我们一行来到泸州的时候已是下午，正是旅馆紧缺的时候，一般旅馆都订光了。眼看着大家只有去住潮湿阴冷的澡堂了。要知道那年头出差无奈住澡堂、住防空洞（各个城市都有为备战挖的防空洞）是常有的事。然而经徐科长出面联系，不但免去了住澡堂的沮丧，还让我们住进了一处相当不错的高干招待所。小洋楼，红地板，软沙发，钢丝床……竟然享受了一次高干待遇。

不过在分配房间时，他也常为自己选个好一点的房间，因此引起些许微词。其实他住好一点也属正常。那时的干部待遇是讲级别的，十四级以上可享受高干待遇。他是铁道部下放来的科长，据说也达到了十四级，这个级别比一般人住好一点，不算过分。我反正没意见。

12. 第一个冬天

出差考察归来已是年底，厂址问题仍然没有音信。

回到资阳以后，我又搬了一次家，从百货公司对面的邻街房子里搬进了筹建处大院（大北街 26 号）。十几个人一起住在处机关办公室侧面的阁楼上。这是一个狭长的阁子间，两面全是没有玻璃的木格子窗户。由于常年无人居住，里面积满了尘土和蜘蛛网，而且仰望房顶还可以通过青瓦缝直见蓝天。我们搬进去以后，在两边的窗户格子上全糊上了旧报纸。十几张床一顺排在窗下，整整齐齐如同大兵的营房。窗子糊了报纸以后，映着室外的亮光，竟映出窗明几净的效果，时时让我想起小时候在北方乡下过冬的日子。筹建处大约已有二三百号人了，但大部分都在外面出差没有回来。他们多半是机车、柴油机专业的技术人员，是研发产品的，当下待在资阳没事干，只好到外地出差考察。这部分人比较幸运，他们可以回到沿海大城市考察，回到老厂搞调研，还可以借此机会回家与家人团聚；由于专业分工不同，我们这些人就没那么幸运了。我们土建、动力、材料系统属于基建人员，与当下筹建工作直接相关，所以我们只有留在资阳驻守。同我们一起留在资阳的还有一部分行政管理人员。我们这些人只有在资阳过冬了。

四川的冬天与北方不同。以前一直以为四川是南方，气候温暖湿润（地理书上都这么说）。如今来到了才晓得，其实冬季很冷，这种冷与北方不同，是从心里往外冷，冷得比北方还难受。原因是这里气候潮湿，冬季阴天多雨，难得见到太阳。尤其是下雨的时候，外面的冷雨淅淅沥沥下个不停，屋子里阴冷潮湿，多数情况下，屋子里一点也不比外面暖和。

我们的办公室设在一所旧庙里，本来里面就阴暗，到了冬天就更加阴冷。为了驱赶寒气，后勤的同志为大家装了个煤火炉子，放在屋子的中央，生起火来给房屋加温，但无奈房间太大，炉火的热度只能烘热炉子周围的空气，对整个大庙几乎没有什么作用。但是有总比没有强，大家有事没事的都喜欢围着炉子取暖。在物质和文化生活都极度贫乏的情况下，围着火炉聊聊天也是一种享受。有人到大街上买回一些红薯放在炉子上烧烤，那就更享受了，不用多久整个大庙里就会闻到烤红薯的香味，同时也引来更多的人前来分享。

偏僻的小县城里总叫人产生一种与世隔绝的感觉。那时没有电视，没有互联网，没有手机。大家都渴望知道外面的情况，所以每天在烤火的当儿，总会彼此交流各自的见闻。时间久了炉子便成了大家的信息交流中心。尤其是偶尔有人从外地出差回来，大家都会围拢到中心来打听消息。当然大家最关心的还是北京来的消息，比如工厂建设的事确定下来没有。然而每问到这方面的消息，多数都令人失望：比如问到"厂址什么时候才能确定下来，上面有什么新的动向"时，回答的人总是表现出一种讳莫如深的表情，"部里的事情说不清楚！"或者"上面不着急你急个啥？"

回想当初调来的时候，敲锣打鼓，胸前戴着大红花，像送郎上前线一样送上开往大西南的火车，几乎每个人都抱着一个献身三线建设的理想。在广元那边确实也大干了一场，现在到了资阳，几个月过去了仍无动静。如今困在这里无事可干，终日在破庙里烤火，过上了"林教头风雪山神庙"般的日子。

县城就只那么两三条街，没有什么文化娱乐，也没有任何消遣。每到休息日，爱动的年轻人便到城外转悠。

一天傍晚，两个青岛来的小伙子兴冲冲地冲了进来，怀里还抱着个大纸箱子。大家正在纳闷的时候，他俩先把箱子往桌子上一放，然后不慌不忙地打开了箱子盖，他们像变戏法一样，一下从里面飞出了许多小鸟儿！呼啦啦，屋梁上、文件柜上、桌子上都落满了鸟儿，把大家都惊呆了。哪儿来的这么多鸟儿？简直不可思议！他俩这才笑着说，是从沱江边上捉来的。江边上多的是，悬崖上到处都是鸟窝！竟会有这样的事？这引起了我极大的兴趣。

第二天我也跑到沱江边去看。冬天的江水更显清幽，从渡口往上走，经过一片竹林，再向前，就是一片悬崖（可能是发大水时冲出的），在悬崖的峭壁上果真布满了许多小洞，密密麻麻状如蜂窝。这就是那些鸟儿的巢了！白天鸟儿在江边觅食，太阳落山后，这些鸟就飞回窝里。太神奇了！之前我还从来没见过在一处地方会有这么多的鸟窝。在这之前可能很少有人来打扰它们。以后来的人多了，这种自然的平静的日子还能保住吗？

那时候沱江水还绿，岸边的大部分地段还是原生态的，天上有鸟飞，水里能看到鱼……

在这段日子里，我和别人略有不同，我除了本职工作，还兼起了筹建处的维修电工。那时筹建处没有工人，我是电气技术员，维修电气的活儿就落在了我的头上。哪个办公室电灯不亮了，开关坏了，哪儿要装个灯，甚至电话出了毛病什么的，都要找我。

一九六六年的新年到了，往年住在北京，过新年很热闹，张灯结彩，在俱乐部还招待不花钱的电影，开晚会，职工会餐等等。今年来到大西南，没有庆祝，基本和平时一样，显得冷冷清清。

元旦过后，天气越发阴冷。天空飘起了雪花，不是雪花而是不多见的小雪粒，淅淅索索下个不停。晚上睡觉的时候，虽然窗户上糊了报纸，但仍感觉凉亭子似的凉快透顶。为了御寒，处里给每个人发了一床棉絮，然而晚上还是冷飕飕的冻得腿疼。那年冬天，我得了关节炎。

13. 县委招待所的桃花

萧索阴沉的冬天终于过去了，筹建处在资阳迎来了第一个春天。大地回春，鲜花盛开，招待所院子里的桃树也花蕾朵朵，含苞欲放。原来资阳的春天是这样美丽。

筹建处也迎来了期盼已久的好消息——工厂厂址终于确定下来了，就在资阳。徘徊半年之久的厂址问题终于尘埃落定。

二月底，设计院第一批工作人员到来。赵希曾工程师和她的团队——电力组也一块儿来到了资阳。自从去年在广元分别，一晃半年多过去了。这会儿在资阳见面有如老朋友重逢，显得分外亲热。赵工还是那样干练，身穿一件劳动布（"劳动布"是一种粗布。穿工作服为的是和劳动人民打成一片，这是那个时候许多知识分子的时尚打扮）工作服，她的团队成员也和她一样都是一身宽宽大大的劳动布工作服。他们即便都做工人打扮，也仍然掩盖不住气质上的与众不同。特别是女性，她们爱美的天性仍然在难于觉察的情况下表现出来，比如在工作服下，很精心地显出一道素花衣领。傻大宽松的工作服依然遮盖不住她们亭亭玉立的身段，言谈举止也不失受过高等教育的优雅风度。

设计院来到资阳以后，把县委招待所全占用了。大招待所里摆满了临时搬来的桌子、图板、资料柜、绘图仪器。顷刻之间这里就变成了一个临时设计院，摆开了一个要在资阳大干一场的架势。

不久，我陪赵工到成都出差，同去的还有赵工的丈夫王工（王工在设计院技术处供职）还有刚参加工作不久的女大学生小刘。

出差成都的目的有两个：

第一是了解西南地区的雷电活动情况。以前作设计主要在北方，如今来到四川，这里属于南方亚热带气候，夏天雨量多，发生雷害的几率高。然而我们对这方面的情况知之不多。

第二是关于"备战"的有关问题。三线建设是战备工程，设计工厂要考虑备战因素。如果爆发了战争，电力系统如何隐蔽？尤其是大型变电站，如何分散、隐蔽、保证安全也是个课题。

以上问题都想听听当地专家们的意见。

……

在去成都的路上，漫山遍野的油菜花黄灿灿的亮得耀眼，阵阵花香飘进车厢，到处都充溢着春天的气息。这时赵工拿出了她随身带来的一份《人民日报》，上头显眼的位置登载着批判《海瑞罢官》的文章。赵工指着报纸说："既然是学术问题，就该本着平等的态度讨论，摆事实讲道理，不应该扣帽子打棍子，强势压人。"一九六六年春天，报上展开了关于戏剧《海瑞罢官》的评论，尤其是姚文元《评新编历史剧<海瑞罢官>》一文，头版头条大字标题，口气很大，强词夺理，捕风捉影，出言武断，毫无学术气味！《人民日报》有至高的权威，登载这种文章，令人十分不解。《海瑞罢官》的作者吴晗是一位历史学家、文学家和北京市副市长。这样对待一位学者，叫人感到很不公平。大家谈论着，一种不快的情绪给这春天的好心情蒙上了一层阴影。有一会儿大家都不说话了，沉默了好一阵子，才把话题转到了另一个方向。谁会想到，一场空前的政治风暴正在悄悄来临，批《海瑞罢官》只不过是刚刚拉开了序幕。

……

我们接连跑了几个单位：西南电力设计院、城市建设设计院，最后到了成都市供电局。这里接待我们的是一位中年工程师。说起雷电活动，他娓娓道来，十分熟悉。工程师叙述了他的一次调查：一场暴雨过后，他乘车到市区巡视，发现有五处遭遇雷击，其中有两个案例最为蹊跷：

案例一：雷害发生在一片平房区。雷雨袭来时，正是中午时分，这家的女主人正忙着淘米做饭，一个霹雳打来，她正巧从电灯泡下经过，一下被击中倒地。雷电的高压通过电线击穿了电灯泡，在灯泡的下面打开了一个洞，圆圆的，不大不小，恰好是灯泡的商标。人被电击瞬间死亡。一个鲜活的生命就这样消失了。

"这是两个孩子的母亲，事故造成了很悲惨的后果！"工程师说。

案例二，情况更加蹊跷，遇难者是一位教师，打雷时他正坐在窗下为学生批改作业，一个球形雷飘然而至，当场烧死。事后，死者的身上还留下了大树的影子，十分诡谲和怪异。球形雷是一种不太常见的雷电现象，形同一个大火球，四处飘动。它的机理至今也不太明了，防范也比较困难。

四川的雷电活动果然了得！

接下来讨论了战争条件下，电力工程如何隐蔽问题。

工程师的观点十分明确，电力系统尤其是电力线路，在当今情况下隐蔽是十分困难的。"你想嘛，天上有飞机，太空有卫星，只需通过遥感技术，任何形式的隐藏，几乎都是徒劳。尤其是电力系统会轻而易举地被发现并拍照下来。"他认为，目前所有隐蔽的努力都是反映过度，比如把变电站放在山洞里等等，意义都不太大，弄不好只能是白花钱！我也赞同他的观点。当时我们正在酝酿工厂变电站的设计方案，出来前有人提出要把变电站塞进山洞里去，其实他们并不太懂技术，只不过是跟潮流的瞎吆喝！但是考虑到当下的政治气候，一个纯粹的技术问题也能扯上敏感的政治。因为有"靠山、分散、隐蔽"摆在那里，稍微不慎都会被说成是对抗革命路线，谁敢贸然反对！

星期天休息，王工提议一起到人民公园喝茶，王工、赵工都是唐山铁道学院（西南交大的前身）的老大学生，都是极有情趣的人。我们选中了公园中位于一个小山顶上的一个凉亭，四处特别幽静，边品茗边聊天，少有的惬意。真是"偷得浮生半日闲"啊！可惜我平时没有喝茶的习惯，喝了几杯就不想喝了，赵工和小刘也大致如此。唯有王工一人表现出了过人的品茶功夫，在我们陆续停杯之后，他仍兴致不减，一个人继续慢慢独饮，边饮边说，娓娓道来，样子十分可爱。平时忙于工作、开会、学习，少有像今天这般与妻子、朋友在如此幽静的环境里喝茶的机会。他谈到设计，面对当下许多鼓噪的声音，王工说："设计师就应坚守原则，盲目'跟风'要不得！一个优秀的设计，要坚持科学精神，不但要实用，合理，还要有创新。另外就是要为日后发展留出余地。那么这个设计就是一个不错的设计。"

……

那日我们还在成都，我刚起床，服务员就跑来通知我有长途电话，我赶紧跟着来到传达室，拿起听筒，是北京铁路医院打来的："我是妇产科，你是刘绪文吗？告诉你，你的小孩出生了，是个女孩，体重六斤，大人孩子都平安。"电话像是一名护士打来的，只几句话就挂断了，不过事情都听明白了。那年头打长途电话很贵，还都是人工转接，从北京铁路总医院打到成都铁路招待所，通话都限时间。接到电话我很兴奋。

我有孩子了，是个女孩儿，做爸爸的感觉是如此美妙！我有女儿了，我要为她着想，考虑她的成长和未来。我是父亲了，我要努力做一个好父亲。接到电话以后，我一直沉醉在温馨、甜蜜和激动之中。

回到房间，我把这消息告诉了王工，他立即向我祝贺。吃早饭的时候，王工对赵工说："小刘（指我）做爸爸了，今天早上刚接到的电话。"赵工、小刘（一起出差的女孩大学生）一起站起来向我祝贺，小刘当即还鼓起掌来。赵工像老大姐一样和蔼地问了一些小孩的情况。

阳光透过窗户照在我们的餐桌上，也照在我们每个人的脸上。那天早餐边吃边聊，王工、赵工、小刘都看着我笑，我也在笑……

出差办完了事，我们又返回到资阳，一进县委招待所，院子里的桃花开得红艳一片！正是"春色满园关不住，一枝红杏出墙来"的时节。我开始喜欢上了这个地方，并且第一次对资阳有了回家的感觉。

14. "我的设计师梦"

为配合工厂设计，筹建处选派了一部分技术人员到设计院驻勤（借调到设计院），我也在其中。从此我的工作就有了双重编制，关系在四三一，上班在设计院。

说实话，我对设计这个行当向往已久。从小我就听祖父说，有一种人叫设计师，城里的高楼大厦，汽车、火车、飞机、轮船、工厂里的机器，都是设计师他们设计出来的。所以我很早就对设计师这个职业充满了好奇和崇敬。后来我报考工科院校在相当程度上也是出于这种意向。毕业后我被分到了工厂，从事的是电气设备维修，涉及设计的机会并不多，尤其没有机会参与大型工程的设计。这次进入设计院，也算是圆了我的一个梦。

广元那会儿我就开始与设计院打过交道，特别是赵希曾工程师，她是铁道部第五设计院电力组长。这会儿我到设计院驻勤，终于有机会在赵工领导下学习工作，很是令我高兴。

在设计院是一种新的生活体验。这里都是知识分子，拿当时的说法是知识分子成堆的地方。这里的人谈吐举止多了几分文雅，我在感情上有一种回归感。但来到设计院我又有些担心，担心什么呢？现在说起来有些好笑，担心离开工厂脱离了工人阶级，怕政治上出问题。那个时候上面非常强调知识分子与工人相结合，接受工人阶级的再教育。进设计院可就离劳动人民远了，所以我内心又充满了矛盾。这种担心甚至恐惧情绪，在今天看来似乎是很可笑，然而在当年，这种担心却是实实在在的。

设计院大批人员进驻资阳，县委招待所就不够住了，又在城里另找了一些住处，赵工领导的电力组则搬进了资阳县武装部大院的一所房子里。

武装部在县粮库后面的那条街。那名义上是街，实际上是一条宽一些的巷子。武装部满院子都是大而古老的黄桷树，树冠很大，遮天蔽日。树根也很粗壮裸露地面，盘根错节，样子让人想到恐龙化石，很是奇特。这院子很少有外人进来，环境非常幽静，特别到了热天，这里十分凉爽。武装部的西边紧挨着资阳监狱，围墙高耸，戒备森严。我每次从那道高墙下经过，总觉得阴森。

进了设计院，赵工像位大姐一样关心我的工作，她还把她使用多年的设计手册送给了我。这样好的环境，这样好的老师，我终于可以从事正规的工程设计，成为一个名副其实的设计师了，巴不得立刻掌握设计技能。

我终于见识了工程设计的全过程。其实设计院的设计工作也并非如我原来想象得那样复杂神秘，这其中的奥秘就在于设计并非一切从头做起，也基本不需要（想象中的）复杂繁琐的工程计算，而是用现成的国家标准和技术手册、图表等等。任何设计都是在前人积累的技术成果的基础上进行的。设计院里有充分的技术资料（这些资料如各种国家标准和技术图表等都是由专门的研究机构制定，甚至是借鉴国外的资料制定的）。设计工作其实就是在前人成果的基础上再来组合创新。记得上学的时候，就常听人说过一个词"查表工程师"，当时认为这不过是一种嘲讽，今天看来，在设计中确实离不开查询各种数据（查表）哩。工程设计并不神秘！

四月设计院拿出了第一份设计成果——四三一厂五分厂五零一车间设计图纸。技术鉴定会在县委小招待所进行。

一夜小雨，煦阳初照，空气显得湿润而清新。

　　会议室里坐满了设计院、筹建处和施工单位的代表。屋中央一张很大的案子上堆着一大卷刚刚赶晒出来的蓝图，散发着浓烈的氨水气味。五零一车间的立体图张贴在会场正面的墙上。设计师还着意上了彩色，银灰色的（石棉瓦）屋顶，咖啡色的（土坯）墙面，前面还画了几棵芭蕉树点缀其中。背景则是蓝天白云，看上去浪漫悦目，就像是一幅热带地区的风情画。图虽然画得美丽，但却掩饰不住这套设计的致命问题——这是一幢用土坯垒起来的厂房。这种用土坯修筑的房子叫"干打垒"，是三线建设着力推广的一种建筑方法。

　　会上工厂代表从一开始就明确反对用干打垒修建厂房。建筑工程师魏安国首先站起来发言。他说，用土坯来修厂房根本不可行！因为太不牢固，土坯墙的泥巴日后会干裂，土坯墙会倒塌；而用石棉瓦作屋面板太单薄也不隔热，冬天冻死人，夏天热死人。他还举了在老厂曾经发生过的安全事故为例。一个维修工人爬上这样的屋顶干活，因为石棉瓦薄而脆就一下破了，工人从高空坠落，当场摔死。魏工的发言得到不少与会者的支持。

　　设计院方面却强调革命建厂路线，站在革命的立场上来为他们的设计辩护：干打垒代表的是艰苦奋斗的革命精神，是"工业学大庆"的重要部分！怎可不采用？

　　代表设计院上台主讲的不是别人，而是一个绰号叫崔大炮的转业军人。据说他当过坦克兵，平时动不动就穿起坦克兵的大皮靴，以敢说大话在设计院闻名。我心里纳闷，那么多老资格的设计师都到哪里去了？怎么偏偏选这样一个人来主导会议？

此前我出差在火车上曾遇上设计院两位老总（权威建筑师）。栾工当时就悄声对我说：你瞧那两位，工厂的命运就握在他们两个人手里呢（意思是说，这两人是设计院的技术权威，大设计都由他俩定夺）。记得我还大着胆子问他俩对干打垒的看法：用土坯盖房子可行吗？没想到他俩的回答竟然是："我们只会用钢筋水泥，砖瓦修房子！"然而今天拿出的设计，却是用黄土坯修厂房啊！是谁出的主意？

开了一个上午的技术鉴定会几乎开成了一场"建厂路线辩论会"，自然是革命建厂路线取得胜利，最终设计还是通过，设计院没有接受一条工厂方面的意见。鉴定就这样结束了。

有人会想，这或许是一桩恶劣的个案。不！这仅仅是开始，更荒唐的事情还在后面！

15. "三线"之困——大分散干打垒

现在回顾上个世纪那场轰轰烈烈的三线建设，有人说那是一个火红的年代,那时的人思想单纯有奉献精神,听党的话；也有人说那是第一次西部大开发，功不可没等等。总之，如今听到和看到的各类回忆和报道中，总是充溢着赞美、歌颂之词，说起三线建设，那仿佛就是在遥看一片圣洁的风景！但亲历过那段历史的人心里明白，三线建设其实是在一个极特殊的年代进行的一场欠缺理性的建设。我以为，除了歌颂之外，反思也许更为重要。

　　一九六六年伊始，左倾思想开始泛滥，四三一厂址好不容易确定下来，正当大家全力以赴准备投入新的建设之际，又为建厂路线问题引发了争论，即建设三线工厂要遵循什么样的路线？是革命建厂路线，还是资本主或修正主义的建厂路线？今天看来，这几乎是一个根本不存在的伪命题，但在当时却不是这样，而是当作一个头等大事来抓！有人说：三线建设一定要走革命建厂路线！也就是中国自己的工业发展道路。

　　走"自己的工业发展道路"，贯彻"革命的建厂路线"，乍一听没什么不对，但什么才是"革命建厂路线"？什么才是"中国自己的工业发展道路"？这些问题谁能说得清楚？既然说不清楚，但却要硬去执行！左的政治运动总是与大批判连在一起的，那些在工业建设中行之有效的制度，乃至各种技术标准，总之过去的一切通通成了革命大批判的对象。

　　六十年代国家还很落后，尤其在工业科技这一块的基础极其薄弱，工业建设根本拿不出自己的一套办法。四九年建国以后，所有这方面的制度、标准都是沿用的国外标准，而且业已证明是行之有效的（这里特别指出，这套办法与相应的技术标准是人类社会发展、尤其是工业革命以来，逐渐总结出来的，是一套经历了无数失败教训而得出的）。然而受左倾思想的推动，从上到下，一味贬洋排外，硬是把它通通说成是"资本主义"或"修正主义"予以反对，通通废弃不用。完全把三线建设推到一个混乱、尴尬、荒唐可笑的地步！一个胡乱指挥进退失据的建设队伍，该怎样进行建设？

下面具体说两个最突出的例子：一是"大分散"；一是"干打垒"。

凡是参加过三线建设的人，无不对此有着深刻的体会。当然还有别的很多问题，但这两个问题直接关系工厂总体布局和具体施工行动。围绕这些问题，几乎成了正常工作的拦路虎，把建设工作拖入了困境。

一：大分散

三线建设是毛主席提出来的。六十年代伊始，毛主席提出了"备战，备荒，为人民"的号召，开始了三线建设。因为是战备工程，所以提出在三线建设中要"靠山，分散，隐蔽"。后来把"靠山，分散，隐蔽"简称为"六字方针"归于"革命的建设路线"之中。毛主席有至高无上的权威，"六字方针"遂也就成了三线建设唯一有据的指导方针。"六字方针"看似简单，但贯彻起来却不容易！

下面就说说四三一厂的实际情况：

四三一厂来资阳的第二个年头，也就是一九六六年，考虑到"六字方针"，也结合在广元的建设经验，工厂、设计院的一些专家就共同拟定了一个方案，把工厂建在资阳县城西北方的一片丘陵山区，总厂设在松树坪，几个分厂分散布置在以刘家湾、罗家坝一带，这样既照顾了生产需要，也兼顾了备战中的分散原则。分散最远的分厂也只在筏子桥附近（详见插图）。没有想到，这个方案一经提出就遭到了革命派的反对。在甲、乙、丙（工厂、施工单位、设计院）三方出席的大会上，批评说这是一个保守的修正主义的建设方案，最后竟然被否决了。

栾工代表动力系统参加了这次会议，他开会回来向我们传达：原来商定的方案已被推翻，这次会上又提出了所谓的"革命"化方案，归结起来分如下三类：

（一）工厂布局不能只局限在附近的几条山沟里，还要在资阳进一步分散；

（二）工厂分散的范围要冲出资阳；

（三）更有甚者提出来不但要冲出资阳，要把四三一厂沿着成渝铁路分散，东起隆昌，西到简阳，实行特大分散，沿途二百余公里啊！

建设工厂的目的是为了又快又好地生产出国家需要的产品。修建一座工厂，首要的目标是满足生产需要，这是常识。这本来与所谓政治路线无关！我们现在很难相信，当时有些人竟连这个道理也不承认！好像影响生产，给国家造成经济损失……这一切都变得不再重要，重要的是要坚持谁也说不清的政治路线。

栾工向我们传达后，大家都很气愤！好端端的一个工厂，要被他们这些人弄成什么样子？这哪里是在讨论建设大业，简直是不负责任的瞎胡闹！然而气愤又怎样？谁又能阻止眼下这股潮流呢？

在争相革命的年代里，分散就代表着革命！照此逻辑，愈分散就愈革命！

在大讲政治正确的年代，什么事情都搞群众运动，全社会都在鼓噪，这种偏激的事又有谁能出来阻止呢？

工厂方面，铁峰、李进生、唐茂松等领导及下面的一大批工程技术人员作了最大限度的抵制。但越来越多的迹象表明，这种思潮不是个把单位、而是全社会性的，靠一两个单位是抵制不了的。从此以后，有关分散的问题，就一直争论下去，工厂设计也就一改再改，越改越不成样子。后来四三一厂尽管没有像上面说得那样大分散，但在资阳地区也还是分散得很厉害，尤其是三分厂，独在清泉铺，离总厂达十多公里，日后所谓十里车城就是这样叫起来的。要知道，在当时交通、通讯还极端落后的情况下，这种分散，会给生产生活带来很大不便，造成的浪费也无人统计。比如工厂的公共设施，动力、管线等、道路，还有学校、医院、商业网点等等，如果集中在一个地区，只建设一套就够了，但由于分散，每个分厂就必须各建一套，麻雀虽小，五脏俱全；再比如运输，分厂之间离得远了，搬来运去额外增加了很多运输成本。至于分散后给职工生活带来的不便和浪费，就更不用说了。这笔糊涂账恐怕至今也无人算过！最突出的例子是三分厂，三分厂至今仍然独在青泉铺。因为离总厂这边太远，交通生活都不方便，后来连工厂职工都不愿去那里上班。写本文之前，我特地又去了一次三分厂，如今的厂区更显得破落不堪。厂里至今也仍然住着许多老乡，民舍和厂房共存，互相挤在一起。车间里因为没活干，静悄悄的。车间大门口还有一群老乡养的老母鸡在啄食。工厂一片凄凉，倒是厂里的农民兄弟日子过得还不错，新修的民房不断侵占着工厂的地盘。工农混居，水电共用，老乡用厂里的东西就像拿自己家里的一样方便，真是"工农联盟"啊！

进入新世纪，国有企业进行改造，三厂更像一个被人遗弃的孩子无人管了。

二，干打垒

恐怕今天的人知道"干打垒"的已经为数不多了。但在当年却是个每天都喊得震天响的词儿！干打垒是一

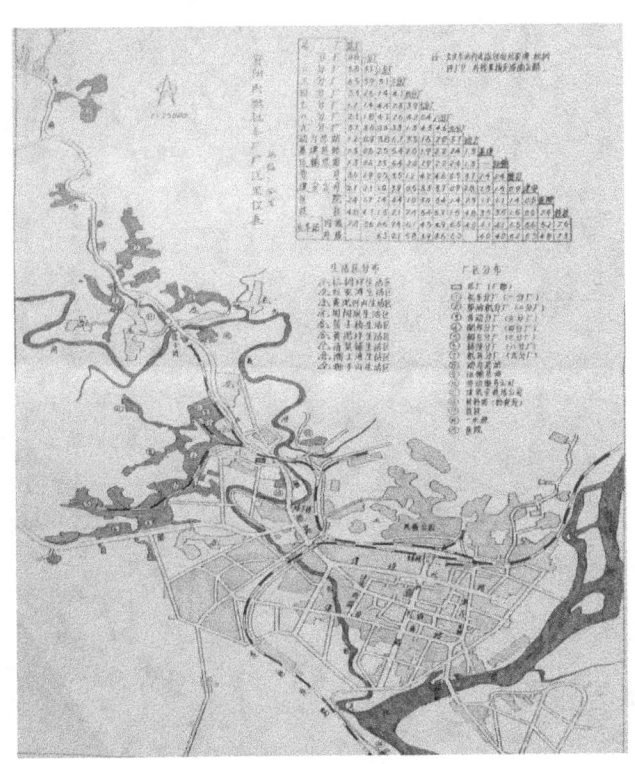

工厂总图

个新生事物，是体现"革命建厂路线"的重要指标之一！这在今天看来是多么荒唐可笑。然而当年却是关系路线斗争的大问题。"干打垒"一词来自六十年代初的大庆油田。六十年代初，正是国家经济最困难的时候，大庆油田为了节省有限的资金，采取了"固本简末"的方针，即把有限的钱用在生产上，生活设施从简。在国家经济状况十分困难的情况下，这样做是可以理解的。大庆人的宿舍就采取了因地制宜就地取材的方法，在北大荒的黑土地上修成了一大批土坯房子以解燃眉之急。这就是所谓的"干打垒"。它既节约了资金又临时解决了职工的过冬问题。这种因地制宜、勤俭节约的做法是正确的。

到了六十年代后半期，三线建设开始了，国家的经济条件已有好转，不需要再修那么多临时房子，更何况三线地区的土质因为干裂严重不适合修干打垒"，但是

当年往返于三分厂（清泉铺）与总厂这边的运输车队

有些人就是不顾当地的条件，硬把干打垒也推广到三线建设中来。他们似乎认定，工业学大庆就是要学大庆那样土法上马，建土坯房。他们把干打垒提高到革命与否的高度，从而干打垒就不只是一种建筑方式，而是赋予了革命的内涵，采不采用干打垒就变成了革命与否的衡量指标！既然是革命行动，谁又敢起来反对呢？不仅不能反对，而且还要雷厉风行地推广。所以需要以革命的名义推广"干打垒"！

那些日子里，好像一夜之间，工地上就搬来了那么多砖坯机，每天都在工地上忙碌着。我留心看了一下，它的制作过程是这样的：把工地上的红土挖起来，筛除颗粒部分，就顺势铲入制砖模内，机器压制成了一块块砖坯。这种砖坯不经炉窑烧制，晾干后就直接用来砌墙。这就是所谓的"干打垒"。刚开始的时候还只用来修职工宿舍，后来在敢想敢干的思想指导下胆子越来越大，又扩大使用范围来修厂房（即使当年大庆也只是用来修职工宿舍，没敢用于修筑厂房）。用土坯修起的房子会不会倒塌？无人过问。后来听说，连下令使用干打垒的人都心中没数！这时有人便出主意：要求在泥土里再掺些水泥、石灰什么的。我不是学建筑的，但我知道，水泥可以和沙石混合使用，而且掺和时要严格按照一定的比例，同时还规定沙石在掺入水泥前，必须先把其中的泥土冲洗掉，因为有了泥土，混凝土就不能凝固在一起了。如今可好，居然要把水泥搅和到泥巴里使用。这样做出来的土坯，算什么？不但不牢固，甚至比纯泥巴还不如。明摆着是瞎胡闹！白白浪费了水泥。要说节约，我没有作过调查，这样做出来的土坯砖究竟比正规烧制的砖是省还是更贵？或许反而花更多钱也未可知！真是迎合了那句口号："我们就是要做前人不敢想，不敢做的事情！"

有一天我在工地上问正在制作土坯的工人师傅："用这样的土坯垒起的厂房牢靠吗？"

"够呛！"制土坯的师傅摇头说。

"那你们还做？"

"这是上面的命令！"

在革命至上的年代，任何科学、冷静的思考都会说成是"思想保守""修正主义"，甚至是反对"革命建设路线"！领导们害怕犯路线错误，不敢表态；工程技术人员，因为背着知识分子的原罪，更是不敢讲话；老工人代表虽然属于领导阶级（毛主席说："工人阶级必须领导一切！"），一时也不知所措，只能任其瞎干！

这个时候，在工厂筹建处发生了一件事：

不顾客观条件，不考虑后果，强行推广"干打垒"的做法，在群众中引起了公愤，然而谁也没有能力阻止，甚至连批评都不敢。这年六月四川的雨季来了，一夜大雨，将工地上制作好的土坯砖（由于没经过烧制），全淋坏了。吸饱了雨水的土坯，一堆堆坍塌下来。大批的"干打垒"一下变成了"泥巴堆"！随你如何吹嘘"干打垒"的优越性，但大自然是无情的！一场大雨让这些经不住风雨的土坯砖现了原形!这些动用了大批劳动力，同时还掺杂了不少水泥、石灰等建筑材料（尽管不起作用）的土坯砖，一夜之间都化为乌有！工地上一片狼藉！

终于有人大着胆子贴出了一张大字报，批评"干打垒"。这张大字报的题目就叫做：《雨后春笋》，意思是一场大雨之后，坍塌的"干打垒"如雨后春笋般遍地都是。把坍塌的惨状之多讥讽为雨后春笋，这等于是公开批评"干打垒"是劳民伤财，浪费国家的资源！

那时批评"干打垒"就等于是攻击革命建厂路线，攻击革命！这还了得！

所以，这张大字报可惹出了不小的麻烦。批评"干打垒"，是方向性的错误，要追究起来，说多严重就多严重！难怪引起了上下一片惊恐！筹建处领导立即展开追查。经过调查原来是一伙年轻技术人员所为。查他们的历史，都是刚毕业不久的大学生，历史清白，也没什么前科。大字报的内容写得都是事实，并没有丝毫捏造。

这令军管会和处领导颇为难办。后来由处领导出面，责令这些好事的年轻人将大字报撕掉，每人都作了深刻检讨，才勉强将此事压下，终于化险为夷。当然，这其中也不排除上面有人也与大字报的观点共鸣。

这件事没有受到进一步追究，还有一个重要原因，那就是写这些大字报是在筹建处内部，若是到社会上，照当时的大气候绝对是难逃其咎的！

大字报事件突出地反映了群众对"干打垒"的不满，对眼前建设现状的不满，心中有气！但是有气又能怎样？尽管群众不满意，尽管老天提出了警示，大字报风波过去之后，"干打垒"照常进行，不但没有节制，反而更大范围地推广开来！

　　若干年后这些土坯建筑既不实用不安全，必须通通拆除。所有三线工厂在建成之后的几年（八十年代）里，干打垒的建筑都通通拆除，房子相当于重新翻建一遍。还有许多工厂干脆全部报废迁移，到适宜的地方重新建设。在一定程度上，相当于将一个个三线工厂重又翻建了一遍。这种改造是毫无声息地进行的，一直进行了许多年，浪费物力人力之大无人统计。

　　几十年过去，盛极一时的大分散、干打垒、土法上马等，终于成了历史的笑柄！把政治凌驾于建设之上，意识形态和具体的工作混为一谈，无休止的路线斗争，终究是瞎胡闹。

　　人们不禁要问，为什么当年大家会让这种不正常的事态肆意蔓延？

　　其实对三线建设中的诸多荒谬举措，专家们早有定见，只是在强大的政治压力下，不能也不敢提不同意见。最终证明这些政策的荒诞错误，必须要以国家付出巨大损失为代价，这是多大的悲剧！

　　说到四三一厂建设中的左倾路线，不能不提到一个特殊的人物，那就是设计院掌管着实权的一个人C某。他对工厂建设出了不少坏主意，造成了极恶劣的后果。早期的四三一人，提起C的大名，无人不知，无人不晓！例如他发明了所谓"村落式"建设，荒唐地提出把工厂分散修在农民的村落中，工厂厂房与农村民宅修到一起，

四三一厂第一座干打垒房

（房前是一群六五年刚毕业分来的大学生）

工厂不建围墙；他反对职工宿舍里修水冲厕所，至于单身职工宿舍就干脆不修厕所。当问到如何解决职工大小便问题时，他回答竟然是：贫下中农没有修厕所也过了几千年，难道你们就不行吗？后来有人还把此事总结为"随地大小便法"。各种奇谈怪论，不胜枚举……他公开放言：在设计路线（设计也有路线）要"宁左勿右"，要把四三一厂建得"土里土气，土得不成样子！"凡此种种。

说到这里，读者诸君一定还记得我前面参观的那个在重庆郊区的"浦陵机器厂"吧。当时我称它是一只"潘多拉的盒子"，后来，这只盒子终于还是被打开了！

……

在规模宏大的三线建设中,我有太多的事想不明白:领袖无限英明,怎么就不能对他提出的三线建设方针说得再明白些呢?比方说,对三线建设的指示说得再稍许具体一点,如果老人家不便出面,也完全可以责成中央有关部门出面作些具体解释,作一些政策方面的指导!也免得让天下众生没完没了的"哥德巴赫"猜想?

所谓"路线斗争",大而空的政治口号,就像四川盆地的大雾,让三线人迷惑不解!

几十年过去了,我常常听到人们责问:你们为什么当初把工厂修成这个德性?造孽啊!生产不好管理,职工生活也不方便,给国家带来多大的损失呀!每当试图对后人解释时,他们都会瞪大眼睛看着你,仿佛是在听《天方夜谭》!

坦率地说,当年豪气如虹的三线建设,由于左倾思潮的泛滥,被干扰得七零八落,极左路线造成的损失是难于估量的,这本是一笔不该有的损失啊!

16. 板楼纪事

工厂建设大规模开工后约莫过了两个月,动力组又搬了一次家,我们从筹建处大院又搬到了县蔬菜公司后院,在一座破旧的板楼里落了户。这座二层小楼大部分是木结构,房架、隔墙、地板、楼梯都是木头的,走上去摇摇晃晃咯吱咯吱作响,好像是快要塌下来似的,所以我管它叫"板楼"。因为年代久远,木头也都变得黑黢黢的失去了原本的颜色。

蔬菜公司位于百货公司斜对面，现在的政府街小学校旁边。这里的生活虽然清苦、简陋、单调，但依然有许多值得回味的故事。

我们动力组又增加了几位新成员，有万年水、英俊、王豪威、柯建光，再加上原来的栾志祥（栾工）、王泽范、许元培、赵秀荣、我，动力组也有了八九人之众。这些人大都住在这座板楼上。

万年水、英俊都是从青岛四方机车厂调来的，万年水在老厂是动力车间调度，英俊是动力技术员；柯建光上海人，也是动力技术员，从戚墅堰工厂调来。王豪威是新来的大学生，和我一个专业。

这里就像个临时大家庭。栾工年岁最大，又是动力组长，理所当然成了是这里的家长。栾工业务水平高，工作能力强，再加上他严肃认真的工作态度，在他的周围便形成一个气场，辐射到我们每一个人。他布置下来的工作，我们都会认真去完成。每天清晨栾工总是起得最早，洗漱完毕便早早上班，每天下午也是最后一个下班。栾工表面上有点严肃，但他却是个心地善良的好人。记得一次，我看到他一个人拿着家信悄悄地流泪，原来是他老父亲病了，那是我第一次也是唯一一次见栾工流泪。可见栾工表面严肃其实是个心肠很软的人。所以组里无论谁生了病或有了困难，他都会像兄长一样关照。这个大家庭有一种在艰苦环境中聚集起来的亲和力。

这是来资阳的第一个夏天，炎热的天气开始围困这座板楼。每天从工地上回来（工地离县城三五里外），我们都是汗流浃背,灰头土脸的连个洗澡的地方也没有。但是这么多人（包括我）谁也没有想到可以自己动手来解决问题。只有王泽范王工，不知他从哪里弄来了一捆芦席，将院子的一个角落围了起来，地上还铺了些砖，半天工夫，一个澡堂便搭成了。他又借来一担水桶，到隔壁小学校水井里打来清水，这样就可以在自制的澡堂里冲澡了。自那以后，下班回来痛痛快快冲个凉水澡，便成了大家最惬意的享受。王工给大家办了一件大好事，大家都感谢王工，下班回来都争着去担水。

王工是安技工程师，管劳保用品有点苛刻，常引来一些非议。大家都喊他"王劳保"。筹建处里不少人都说他坏，但我与他相处却没有这种感觉。我倒觉得此人很会生活，搭建澡堂便是一例。另外他也很敬业，办事有点苛刻，大约就是这个原因，得罪了不少人。

因有了"澡堂"，那年夏天过得不错，大概是那时的人容易满足。

万年水也是从四方机车厂来的，老家也是山东。人很随和，他到板楼不久就和我混得很熟。老万身材魁梧，宽大的前额，鼻梁上架着一副深度近视眼镜，总爱咧着嘴笑，一副北方汉子相。表面上看他显得大大咧咧，日子久了才知道，他其实内心也有很重的思想包袱。他的爱人身体有病仍在青岛，家里还有三个正在上学的孩子。他调来三线也是出于无奈，因为他把整个家都丢给了妻子！家中老婆孩子时时都令他挂牵。而他自己还有较重的眼疾（近视眼+视网膜脱落）。他比别人在精神上承受着更大的压力。记得一天早上一起床他就诉苦："昨天老婆来了一封信，拆开看，信里只有一句话：'人活着还不如死了的好！'你说这是什么意思？"他把信交给我看。我真不知道该怎么安慰他。常言道，"烽火连三月，家书抵万金"，老万收到的这封家书不是抵万金，而是抵"万斤"重了！几乎压得他喘不过气来。老万有说不出的难过。至今我还记得他那副无可奈何的表情。

老万有眼疾，看什么东西都得离得很近，常常要趴在上面才能看清楚。

星期天，几个老乡在筹建处后院水塘挖塘泥，我见挖上来的泥水中有几条小鱼还在扭动，便过去把它们捡了回来，养在了一个大玻璃瓶里。老万说："养鱼对眼睛有好处，看鱼能养眼呢（大约可以缓解眼睛疲劳吧）。"从此下班回来，我的鱼缸周围总有几个人围着看，特别是老万。时间久了，栾工便开玩笑地说："老万，这些日子你的眼睛可好了些不？"说完，大家都瞅着老万咯咯地笑，老万自己也跟着傻笑。

雨季来了，板楼居民又多了烦恼。一天我和英俊在家赶写东西，外面突然刮起了大风，接着又下起了大雨。连风带雨泼洒下来，这板楼屋顶抵御不了风雨交加，一时间雨帘漫卷，从瓦缝中喷洒下来。我俩先是打起雨伞，不料雨越下越大，雨伞挡它不住，没有办法便钻进了蚊帐，再把雨伞打在蚊帐顶上，其狼狈相可想而知。这时连平日里文明幽默的英俊也坐在蚊帐里大骂起来："他妈的！这是什么鬼房子！屋顶都不挡雨！"此时真可谓：
"风声雨声声声入耳，家事国事事事揪心。"可能四川
少有刮如此大风吧，不然为什么会盖这样的屋顶？好在
大风没刮多久就停了，我俩这才从蚊帐里探出头来。见
地板、床铺全淋湿了，再看见彼此的狼狈相，英俊更是
一脸的滑稽，我也不禁笑起来，笑得前仰后合。

英俊是个极有趣的人，他生就了一副幽默相，说话
行事不自觉地便逗人发笑，就像个滑稽的大男孩。记得
刚来资阳的那会儿，第一次下工地劳动，他穿了一身崭
新的工作服，颈子上还扎了一条新毛巾。那打扮活像是
一个登台演出的演员，惹人发笑。

住板楼的日子里，收获最大的恐怕非王豪威莫属。
那时他刚大学毕业不久，精神儒雅，在这里赢得了一位
姑娘的芳心，后来成了他的终身伴侣，而且还留下了一串颇有浪漫情趣的爱情故事。

作者（左）与英俊在松树坪

板楼里还有一件烦恼的事就是各种声音的干扰，尤其是到了夜晚。前
面说过，板楼里没有天花板，抬头就见屋顶上的瓦檩，

房间与房间只隔着一层薄薄的木板，而且这种隔墙板也只有两米来高，两米以上没有任何阻隔。所以不管哪个房间有一点什么动静，全楼都听得清清楚楚，这样问题就来了，比如有时开会或加班回来晚了，听到我们说话，隔壁房间蔬菜公司的人就提出抗议："你们不要说话了，搅得我们睡不着，明天我们还要上班！"此时大家只好相视一笑，有话忍住明天再说。

然而这楼里还有一种声音，那就是这里的另一群居民——耗子弄出来的。它们可不理会有谁抗议。自打我们来了以后，这里的耗子似乎受到了某种刺激，显得格外活跃起来。木地板和隔墙板上它们咬出了许多洞，因此可以自由地来往于各个房间。尤其到了夜晚我们睡下之后，立刻便成了它们的天下。他们不仅出来偷吃我们的食物，而且还嬉戏打闹弄出许多声音。你一起床，它们便跑到邻居房间；你一躺下，它又回来了，一点办法也没有。它们丝毫不理会你的抗议。刚搬来时我们很不适应，但也毫无办法，只有任其胡闹。不耐烦也只有忍着，它闹它的，我睡我的，和平共处。后来日子久了，也就慢慢不理会了。

来板楼后，还因为语言不通发生了一些有趣的故事。

有一天晚上，我们刚刚睡下，外面就有人来敲门。柯监光离门口最近，他起来开门迎了出去。来人像是在问他什么，老柯是上海人，说的是口音很重的半通不通的上海普通话，于是出现了滑稽的场面，一人说上海话，一人说四川土话，就像鸡同鸭说，两个人在外面说了一阵子，老柯回来了。我问他什么事，他说："阿拉不晓得四川呢（人）说的什么！"而那个四川人显然也一句没听懂老柯说的什么，然后就这样悻悻地走开了；

栾工也遇到过语言不通的误会。有一次，他从外面提着个包回来，一位老乡从后面追上来问："好多重（几点钟）？"栾工回他："不重！不重！"栾工以为此人是想帮他提包的，但此人还是紧跟不舍问"好多重（钟）？好多重（钟）？"这时栾工心里有点发毛，便赶紧快步逃离了那个人。后来想想似乎不对呀。原来人家是看见栾工手上戴着手表，想问问什么时间了，问得是几点钟……

刚到资阳那阵子，这样的笑话层出不穷！幸好还没有造成大的误会。

搬进板楼的第一年，从川南到资阳的 11 万伏高压线路就开工了。资阳变电站也开工了，地点选在鸡石湾，如今九分厂后面的偏僻山沟里。动力组的工作在栾工的领导下，按部就班地进行着。板楼上的生活虽然清苦、简陋，但大家的心态总体还是乐观的。因为大家知道，眼下的清苦是暂时的，工厂建设好了，一切都会好起来。但没想到，动力组在这里一住就是近三个年头。

时间过得好快，一晃几十多年过去了，回想当年住板楼的日子，就像是昨天发生的事情……板楼上的战友除了我和王豪威以外，如今也都告老还乡了，其中包括我们的头——栾工，他是八几年回青岛的，后来曾来过资阳两次（他有一个女儿留在了资阳）。其他人离开资阳后就再没见回来过。万年水由于家庭困难，他是最早调回青岛的。他现在过得好吗？听说英俊晚年随孩子去了美国；听说王泽范回去没几年就去世了，是心脏病突然去世的，真可惜；另外最近听说栾工晚年患了老年痴呆病，那么聪明的一个人，晚年怎么会是这样？！

17.　红河水

一九六七年夏天，四三一工程全面开工，资阳城西北的"刘松"（刘家湾、松树坪）地区变成了一个巨大的建设工地。

这段时间我几乎天天都骑着自行车往工地上跑，从城里到工地大约有五里路。别人告诉我下雨天不能骑自行车，我不服气，下雨天为什么不能骑车？心想下雨有啥了不起？凭着年轻力壮，不怕日晒雨淋，还怕下雨骑车？谁想后来试了试还真是骑不得，试了几次，最终都败下阵来，不服不行。记得最后一次，那天雨下得大，我的衣服都湿透了，工地上泥泞载道，红泥巴又粘又深，自行车骑进去不远，就陷入了泥里。我把车推到没有泥的地方，但见车轮沾满了泥巴，更恼人的是粘稠的泥巴将前后车瓦下的那点空间全塞满了，车轮根本就转不动，你再有力气也不行。没有办法，我只得扛着自行车走出了工地。自那以后，下雨天我再也不骑车了。

不骑车，靠步行，安步当车！但即便步行，进了施工工地，也得小心，因为正在施工的地上高低不平，人来车往，不时还会有大卡车从身边经过，一不小心就被溅一身泥。若是再摔上一跤，那就更狼狈了。

赤日炎炎，七月份的建设工地，到处都是施工机器的轰鸣，推土地机、挖掘机不停地工作着，工程车辆来回穿行。

工人们在露天铺设地下管道。一系列粗大的水泥管道，横七竖八地躺成一片。最大的水泥管内径足有一米多高，里面都能走人。这就是唐总常说的那种"可通行管沟"。总工程师唐茂松曾说，他在国外曾看到过大型建筑工地上铺设"可通行管沟"，管道里都可以走人。如今我们自己的工厂工地上也开始铺设这种大形管道了，可见工厂工程规模之大！与此同时，鸡石湾变电站也在施工中。变电站是未来工厂的供电枢纽，一台主变压器就有上万千伏安，是资阳有史以来最大规模的变电站。从川南电力网引过来的 11 万伏特高压电在此分别降成 1 万伏特和 3.5 万伏特的高压，然后输到四三一各个分厂。这样大的变电站我还是头一次见。栾工说，你们要想参观就赶紧去看，等以后变电站建好了，那时想看也不让进了！变电站属于国家要害部门，是重点保卫的对象。变电站正常运行之后，一般人是不允许进入的。

大工程呈现大气象！一座大的现代化企业已经初见端倪。这种场面让人心情激动！让人充满力量！

工地上灼热难挡，气温常在摄氏 38 到 40 度左右。我们经常是口渴难耐。但工地上还没有来得及提供专门的供水设备，只能从旁边的九曲河取水饮用。雨季的九曲河水泛滥，抽上来的水十分浑浊，浑浊得像红米汤。从河里抽上来的水，没有净化，人们就先把河水烧开，然后倒在杯子里一点点地沉淀，有时口渴的不行，也就连泥带水一起喝下去了。所以有人开玩笑地说：工地上的水营养丰富，矿物质多！

工地上的人每天可没少喝红河水（泥巴水）。我不知道在医学上泥巴会给身体带来什么危害，但经历过喝泥水的生活，尤其是长年生活在工地上的人，肯定要喝下肚里很多泥巴，每天排出的大便不晓得会有多少是泥巴的成分。后来有人拿来了明矾放在水中，以净化水质（明矾可以吸附水中的泥巴，让泥巴沉淀得快些），从而水中也就有了明矾的成分，不过倒也没听说谁因喝泥水和含有明矾的水生病。老实说，艰苦的年代里，什么水没喝过，什么东西没吃过？那时的人不像现在这样娇贵。所以今天不少人批评当下的食品安全问题（这当然是对的），我总有点不以为然的感觉。

尽管生活条件如此艰苦，好像那个时候我也没觉得多么苦，也很少听到有人抱怨。那个时候是提倡艰苦奋斗，"一不怕苦，二不怕死！"都把吃苦看作是一种美德（起码我是这样认为的）。因为大家也都知道，当前的一切都是为了备战大业，想到前线打仗的战士，我们这点苦算得了什么！所以都一心一意投入到工作中去。另外大家也都深信只要把工厂建设起来，将来一切条件都会好起来！这样想了，不但没感觉苦，反而还引以为荣哩。

　　当年的施工可不像现在这样机械化，大部分的活儿都是靠人挖、肩扛、小车推。烈日尘土之中，到处都是汗流浃背忙碌着的人，尤其是那些农民工。这样的场面远远望去十分壮观。运材料的大卡车从身边隆隆开过，更扬起漫天尘土。在西落的太阳光下，红尘翻滚，把个九曲河滩也渲染得更加红艳！

　　"一道残阳铺水中，半江瑟瑟半江红。"

　　现在可好，不但河水红，半个天空也给染红了！

18.　谁是"总统"华沙牌小轿车

　　栾工办公室的墙壁上，贴着一张手绘的设备动力系统施工进度表，显示出设备动力系统的工作都在按着计划进行。栾工就是这样一个人，他对工作，仔细认真的程度几近一丝不苟。

　　上班前开个班前会，是筹建处的惯例，会上每个人报告各自的任务完成情况，然后听栾工布置新的任务。上级有什么指示，也在这个时候传达。

　　这天上班照例开班前会，会议结束后，栾工突然把我叫住说："小刘，你不要走，今天你先去给厂长汇报一下我们的工作，把这两天我们组的工作完成情况给 x 厂长汇报一下。"

　　我不解地看着栾工，向处领导汇报工作本该是栾工的事儿，怎么今天……栾工看出了我的不解，便又补充说："小刘，是这样的，你年轻，你去向领导汇报工作，不周全之处领导会原谅的，他也不会发脾气……"这样说，我明白了。这几天他是有意在回避厂长。

接下来他对我交待了应该怎样说等等，交待完他转身去了工地。

栾工今天之所以让我去向厂长汇报工作是因为一段时间来，领导们的脾气一个比一个大，动不动就训人甚至谩骂，似乎脾气越大就显得他们越有权威似的。栾工接连几次挨了训，他真发愁再去面见厂长了。如果因为工作没完成而受到批评还好说，怕就怕这背后还隐藏着别的纠葛。

一段时间来，筹建处一、二把手闹矛盾。两位领导互不服气，已是公开的秘密。

筹建处原来有三位主任，他们都来得早，广元时就来了。第二年春上又从北京派来了一位大领导。这位新来的领导行政级别与主任（第一把手）相当，都是12级（当时的干部级别统一为1—25级，最高级别为1级，最低级别为25级，14级以上者称高级干部，简称"高干"）。上级派这样一批领导骨干前来资阳，表面上是加强这个三线工厂的领导，表明了北京对四三一工程的重视。但实际上……

此时筹建处真可谓人才济济，像毛主席说的那样："大家都是来自五湖四海，为了一个共同的目标走到一起来了"。但没过多久，就传出正、副（后来的）主任之间发生抵牾的事。最明显的例子是，开会布置工作时，只要正主任在场，副主任就一定缺席；副主任召开会议，多数也是正主任不在的时候。后来发展到正主任在资阳，副主任就出差（去北京或别的什么地方），正主任走（出差）了，副主任就回来。

两位主任都是老干部，都受了党的多年教育，他们之间怎么也闹矛盾，这件事颇让我辈感到意外。

从那以后，筹建处的权力结构就发生了微妙的变化。例如，处里的工作，常常是"A"布置一套，"B"又布置另一套；这种双重领导的局面可苦了下面的工作人员，他们常常处于一仆二主的尴尬境地，对两方面不同的指示都得听，两边都不敢得罪。

栾工是从四方调来的，原属 A 的部下，这件事 B 心里很清楚。最近栾工接连挨骂是否与此有关也未可知。因为栾工的工作近乎无可挑剔，为什么还要被训斥呢？

两位领导不和其实有多方面的原因，除了权力、地位之争外，也还有文化背景与性格方面的差异。

A 主任是领导干部中为数不多的读书人，从第一天见面起，我就发现他具有较高的文化素养，而且还有一定的古文基础（受教育程度不低）。这一点从他的谈吐和行文中都能看得出来，他有简捷扼要的风格，语言十分精练，讲话发言都是亲力亲为，不用秘书拟稿。发电报时他也是像电影上那样，一边走步一边向记录员口述电文（当时电报是对外联系的最便捷方式）。不管从哪方面说，他都算得上是一介儒官。他平时不多讲话，对下属干部十分严厉。据说中层干部向他汇报工作时一律要求先写成书面材料，像小学生交作业一样。不论是谁向他汇报工作，凭口是过不了关的。在他看来，一个连书面报告都写不好的人不配作领导。所以常常听到某某科长或主任被严厉训斥的事情。他欣赏有能力的干部，另外对技术人员也较尊重。比如他对总工程师的尊重就远超出其他领导。在一些重要的场合他讲话结束后，总是很客气地让总工程师作补充。这在轻视知识和知识分子的年代是不多见的。

B副主任是军人出身，虽说干了十多年工业，但仍然习惯于战争年代的军人作风，动不动就下达命令，要求部下服从命令听指挥。他说话有魄力，但往往朝令夕改，无一定之规。部下向他汇报工作他也从不要书面报告，你说得稍许详细了点他也不爱听。他只喜欢听扼要，最反感啰唆。"是"还是"不是"他最喜欢听。他批示文件一个字有核桃那样大，很显然文化水平不是他的强项。

两位领导人给下面的印象也截然不同。A表情严肃，下面的人无人敢与他开玩笑；B则不同，他高兴的时候可以约上一伙人玩扑克，吵闹喜笑毫不拘礼。但他也有个让人不敬的毛病就是遇上不开心的事就骂人，不管什么场合。一次工程师许元培因工作需要到指挥部申请要车，正遇上他不高兴，开口就大发雷霆："你也不撒泡尿照照你的脸有多大！你也配……"弄得许工下不来台，只好摇着头退了出来。不少人挨过他骂。中层干部们偶尔骂一次也就忍了，怕就怕被他骂惯了，见你一次就骂一次，其难堪程度可想而知。

　　表面上筹建处仍然宣称是个"团结的领导班子"，然而，一、二把手貌合神离却是公开的秘密。

　　后来Ｂ干脆声言：Ａ在Ａ是"总统"，Ａ不在我就是"总统"！从此以后，"谁是总统"这件事，便成了筹建处上上下下不断议论的问题。

　　一九六六年春天，四三一筹建处调进了一辆华沙牌小轿车。银灰色的车身，样子十分新潮。在那汽车稀缺的年代，这个小汽车在资阳小县城出尽了风头，让资阳城的父老乡亲们开了眼。车子第一次开到和平路惹来了一大群人围观。围观者那惊讶的表情不亚于观看一件天外来物。那年月像资阳这样的小地方哪见过这洋玩意儿！人群中不断发出啧啧称赞的声音。他们好奇地转着圈儿看，银灰色的车身，通体发亮光闪闪的，围观的人都不忍心用手摸一下，这样贵重的东西，谁敢随便乱摸？况且开车的人也不允许。最有意思的是当地的老乡，边看边争论起来，细听争论的问题竟然是哪是车头哪是车尾。原来华沙牌小轿车的头部与尾部是对称的，差别不大，难怪未见过车的老乡们生出这种疑惑。司机赵龙过来了，他用一双大手分开人群，向前开了车门坐了进去，边查看新车边回答着围观者的询问，着实大大炫耀了一番，引来了许多羡慕、敬佩的目光。

　　华沙牌小轿车确实新潮。当时资阳县总共有两部汽车，一部是县太爷的旧吉普车，另一部就是这台华沙了。华沙小汽车在资阳独树一帜！这似乎也代表了四三一是中央企业的身份。自从有了小轿车，筹建处更显气派了。

但是坐车是讲级别的，绝非一般人能够享用，比如筹建处主任（副局级）最有资格坐汽车。只要他在资阳，出出进进你便看到里面总是坐着主任；主任不在家，则坐车的就是筹建处第一副主任（也是副局级）了。其他领导则坐得少，除非很特殊的情况，或者以上两位副局级都不在家的时候。但我注意到有一位副主任领导，很少见他坐华沙，那就是负责基建的 L 副主任。他不但不坐小汽车，有时连自行车也不骑，常常见他一个人冒着炎热的太阳步行在工地上，就凭这些，我更认定 L 副主任是一个以身作则的好领导。

　　后来文化大革命爆发了，领导干部纷纷成了走资派，自然也失去了坐小汽车的资格。汽车的新主人便换成了军管会的军代表和造反派的头头们。再到后来筹建处搬到了筏子桥，离城远了，小华沙同时还担当了一阵救护车的任务，谁家的媳妇要生孩子，或有人得了急病，经领导批准，也可以用这部车送县城医院。

　　打倒了四人帮，军管会撤出了工厂，领导们官复原职，华沙牌轿车几经翻修又迎来了它原来的主人。八十年代改革开放了，"华沙"已经到了退休年龄，当年时兴的外表已经落伍，工厂陆续添置了新潮的伏尔加、桑塔纳、丰田、奥迪、宝马、奔驰。华沙小轿车完成了它的使命，告老隐退，退到了旧品库，最后作为废钢铁回炉炼钢，从此它的身影消失了。然而，这辆华沙小轿车在老四三一人的心里永远占有一席之地。因为它不但见证了工厂的发展，还见证了那段风云变换的历史岁月。

19.　相思树

那个年代发生在年轻人之中的故事……

那时我们正年轻。有青年人的地方，总会发生一些少男少女之间的浪漫故事，即便是在三线建设这样的艰苦岁月里。

四三一厂是个中央大型企业，人大都是沿海大城市来的。在当地人眼里，他们有文化有教养，工资也比地方上高，还带来现代大城市的气息，因此四三一的人引起地方上的注目是很自然的，特别是县城里的姑娘们。结果不久就传开了一个顺口溜："这山望着那山高，一眼望见四三一"。记得刚来资阳不久，我和王龙江到和平旅馆下面的饭馆吃饭就遇到过一件事。当时我俩每人只要了一份饭（一盘菜，一碗饭），可是那位年轻的服务员端上饭菜后，又给我们每人送来了一大碗鸡汤，我要付钱，她赶紧摆手示意不要钱。但是我发现其他在座的人就没有这种优待。这位姑娘对我们的好感是可以感觉到的。

到了第二年，在沿海工厂里实习的一批大学生陆续回来了，这些小伙子，就更成了县城里姑娘们追求谈论的对象。这种背景下，四三一的年轻人中间，就发生了不少有趣的故事：

烈日暴晒，暑热迟迟不能散去，蔬菜公司后院的板楼上闷热得像个蒸笼。我和王豪威下班回来索性扒掉了衣服，打着赤膊坐在屋里聊天。一位少女突然走了进来，带着一个小女孩。我们还没反应过来，她已到了面前。这是一位漂亮的四川姑娘，她穿着花裙子，一双大眼睛略带羞涩地看着我们。她突如其来的光临，让我们有些措手不及，我们还打着赤膊，觉得很不礼貌，想找衣服也来不及。一般情况下，姑娘会比小伙子害羞。这会儿却轮到小伙子们不好意思起来。姑娘倒能坦然面对。她很大方地作了自我介绍，她说她是来城里走亲戚的，听说我们住在这里，都是年轻人，所以上楼来玩。那位小女孩是她亲戚家的，然后便很大方地与我们聊起天来。

　　她听说我是北京调来的，她就说她也是北方人，老家是河北，离北京不远。其实她家就在资阳。她父亲是河北人（这种情况当地颇为常见，解放大西南时，解放军入川作战，后来复员成家），母亲是四川当地人。

　　我和王豪威基本上都没有与陌生女性交往的习惯，在异性问题上一直十分谨慎。尤其是我已成家，更应保持男人应有的稳重。常言道："发乎于情，止乎于礼"，于是在接下来的说话中，我便坦言自己已经结婚。王豪威当时还没有女朋友，但因见这姑娘来得如此大胆，也就产生了某种不信任。事后我还劝豪威，为了稳妥起见，还是不要与她深交为好。现在看来，仅凭大胆就判断女孩子不好，也许有失公允，但那个年代的人生活都很拘谨，认定姑娘家太大胆了好像就是不正派。后来这位姑娘又来过两次。可能看到我们没有她期望的那么热情，以后便没有再出现过。

　　……几年后，筹建处迁到了筷子桥。一天上午上班的时候，路上碰到了刘健康（我的校友，四川人），他开口就说："昨天有位城里姑娘来筷子桥找朋友，人家一个劲儿向我打听你呢。"

　　"打听我干啥子？别开玩笑了！"我很奇怪。

　　"不开玩笑，她真的看上你了。"

　　我立即想起前年在城里蔬菜公司遇到过的那位姑娘，就问："是哪样一位女孩？"

　　"是资阳川剧团的。"

　　川剧团的？这就奇怪了。看刘健康认真的样子，又不像是开玩笑。

　　"我不认得川剧团的人，也没有与川剧团的人接触过！怎么会知道我呢？"

　　"人家说了，有一次在城里开'批斗大会'（文革中批斗走资派大会），在电影院前，她就坐在你的旁边。"

　　想起来了，是有那么一次。全县开批斗大会，批斗什么人不记得了，四三一筹建处也参加，开会那天我们每个人手里拎个小板凳，到资阳电影院高高的石头台阶前列队而坐。坐在右边的一个单位好像就是川剧团……

　　第二天正好是星期天，我们一起进城，在路上隔着一段距离还真的看到了那位姑娘，刘健康还特别指给我看……

　　其实那段时间，很多四三一的小伙子都遇到过类似的事儿。这些春潮烂漫的女孩子在追求爱情方面，有时甚至比小伙子还大胆，更执着！

　　其实这种事情从来都不是单方面的。常言道"一个巴掌拍不响"，青春期的年轻人，哪个小伙子不喜欢漂亮的姑娘？男女之间产生爱慕是一件十分自然的事情。况且四三一一大批刚毕业的大学生也都到了谈婚论嫁的年龄，面对姑娘们的芳心，小伙子肯定不会无动于衷，这从他们的谈笑中就能听得出来。什么"西施"，什么几号种子（当时的体育比赛用语，借用来评价美貌漂亮的姑娘）之类的词，屡屡挂在小伙子们的嘴边。县城里一些美貌的姑娘也常常是大家感兴趣的话题。正像人们预料的那样，后来这些年轻人终于陆续走到了一起。我的多位朋友都娶了四川姑娘，找到了自己的如意伴侣。这其中不乏一些浪漫的故事。所谓"相思树"就是其中一例。

　　"相思树"说得是县城的两位姑娘爱上了两位四三一大学生的故事。姑娘是小学老师，家在城里住，但工作单位却在大堰农场一带。她们与四三一的小伙子相识之后，每个周末都在一个地点约会。这样，每个周末便成了他们鹊桥会的美好日子。

　　大堰农场离县城还有十来里路。农场通往县城的一条小路路口有一棵黄桷树，这棵大树下据说就是他们约会见面的地方。

　　爱情是神秘的。那个年代的男女之间一旦有了爱情关系，一般都不好意思示人，尤其是初恋阶段都兴保密。正是由于这种秘密气氛，才让恋爱中的人儿更陶醉在一片玫瑰色的圣洁之中……

周末放学以后，姑娘们就在这棵大树下与自己心爱的人儿会面，真有"月上柳梢头，人约黄昏后"这种说不尽的风流和浪漫！

这些事情日子久了还是被传了出来，并由旁边的人编成一段浪漫的故事，在众人中流传。

一天傍晚，我们都集中到办公室政治学习（那时经常这样）。开会之前，组长王兴厚煞有介事地向大家宣布：同志们！现在发布一个最新消息！在县城西南方向，发现了一棵"相思树"，每到周末……

王兴厚年龄稍大，已婚，他以过来人的资格，绘声绘色地讲了两个大学生每周末到相思树下与姑娘幽会的故事。

爱情故事最能引起人们的兴趣，再经王兴厚演戏般地渲染，觉得像一部浪漫的爱情大片，办公室里的气氛也活跃起来，所有的人都把目光集聚到这两个小伙子身上，他们也腼腆地笑着。

这两位大学生不是别人，都是我的朋友，后来有情人终成眷属，他们日后的生活幸福美满。

发生在四三一年轻人中的爱情故事说也说不完，但也并非件件圆满美好，令人遗憾甚至以悲剧结尾的事件也有。

四三一迁到了筏子桥，人愈来愈多，再加上建厂局、工程处（皆外来的施工单位）和资阳新招的民工，人数急增到数千人。人多了情况也变得复杂起来。常言道：林子大了什么鸟都有，人多了什么事也可能发生。

　　这么多年轻人下班以后，又没有地去也没有什么文化生活，在全国只有几个样板戏的年代山沟沟里连样板戏也看不到，生活贫乏到了无趣的地步。日子久了，问题就暴露出来。针对这种情况，工厂曾推出过一个动议，计划在筷子桥附近修一个俱乐部来活跃一下职工业余文化生活。可在那年月，修俱乐部也是个敏感的话题，一切文化娱乐往往都会被说成是修正主义或资产阶级思想，弄不好会上纲上线引来无情地批判。果不其然，修俱乐部的动意一经提出，便立即遭到一些人的围攻，他们站出来以革命的名义愤怒地批判道："贫下中农兄弟们也没有俱乐部，照样祖祖辈辈在这里生活了几千年，什么俱乐部？那都是资产阶级、修正主义的玩艺儿！"好家伙，大帽子一顶又一顶地扣过来，谁还敢再提修俱乐部的事！

　　批判归批判，但事情只按着自己的规则发展。记得讨论这个问题的时候，就有一位中层干部不无嘲讽地说：这样多的年轻人在一起，下班后连个文化场所都没有，可难保小伙子不会"耍流氓"啊！此话听似玩笑，但后来还真被他言中，一语成谶。后来还真的发生了不少男女之间的绯闻，直至闹出人命。四分厂就有一对情侣，小伙已婚，不幸爱上了同车间的一位姑娘，双双坠入了爱河。

　　那个年代，社会宽容度是极其有限的。对男女间的越轨行为，惩罚起来往往极其野蛮。斗破鞋、批流氓是最吸引人的眼球的，所以在没有任何娱乐的年代，斗流氓破鞋成了大众娱乐。被斗者站在台上低头弯腰，胸前挂着"破鞋"或"坏分子"的牌子，台子下面指指点点评头评足，极尽羞辱摧残之能事，过后还可以长时间的作为聊天笑谈的话题。上面说的这对年轻人在强大的社会压力下，他们没有分手而是选择了双双逃亡。

结果，单位发出通牒，并派人各处捉拿。

那个年代，一切生活用品都是凭票定量供给，离开了户口所在地几乎就无法生存，连吃饭都成问题。他们出走不久，随身带的钱和粮票就花光了，又不敢回来，在走投无路的情况下，两个年轻人来到了武汉长江大桥上，互相抱在一起投江自尽了。之前这对年轻人经历了怎样的煎熬和挣扎无人知晓。听说后来被人打捞上来时，两个人还紧紧地抱在一起。

消息传来，群众中有两种评论，一说乱搞男女关系，死得活该！但也有人说，这才是真正的爱情！唉！爱情是甜美的，但有时候爱也是一种惩罚！

那是一个特殊的年代,四三一又流传着一个顺口溜："周祠坝的风，筏子桥的水，四厂的流氓，刘家湾的嘴。"

当时工厂刚修起了部分生活区，此地夏天炎热，周祠坝生活区修在山上，夏天比较风凉，所以说"周祠坝的风"；工厂基建期间供水也不正常，经常停水，每次停水，筏子桥地区地势最低，其他地方都没水了，筏子桥区还有水，所以叫"筏子桥的水"；"四厂的流氓"是指上面说的男女关系一类的事件；"刘家湾的嘴"，是指当时只有刘家湾有商店集市，职工买肉买菜等吃的东西都得到刘家湾去买。

20. 沱江！沱江！

一九六六年的夏季似乎来得格外早，刚入六月天气就很热了。炎热的天气加之报上连连登载"毛主席横渡长江"的启示，让我产生了一个横渡沱江的念头，于是我约了几位同事一起到沱江游泳。

沱江是流经资阳的一条大河。从电务大修队出来，顺着正东街向前走，出东门便到了沱江边。这天上午，太阳升起不久便显现出它的威力。王泽范、刘绍堂、姜积章和我一共四人，来到了沱江边上选中了一处水域比较开阔、水势又比较平缓的地方，准备在此完成一次横渡沱江的壮举。

喜爱游泳的人一见到缓缓的江水就很容易产生冒险的冲动，禁不住想跳下去游个痛快。我们几个人到了江边，当即脱掉了衣服，跑着跳入水中。来了四个人，但横渡的只有刘绍堂、王工和我三人。江水缓缓流动，呈现出温顺的模样。

刘震、邹秉麟等照于沱江边，远处是"镇江塔"

　　第一个过江的是刘绍堂。他体力最好，下水后便义无反顾地向对岸游去。我是第二个，跟在他的后面拉开了约三十米距离。再后面是王泽范……当我游过江面一多半的时候，刘绍堂已快到对岸了。这时我却发现他迅速向下游漂去。我预感到那一带水流一定很急。看似平静的江水来到了对岸，突然凶虐起来，不但湍急还有暗流。水面旋着串串漩涡，掀起不小的浪头。不久我也觉出这股激流的威力，它肆虐着把我也裹挟着向下游冲去。此时已是雨季，下游的江面更宽。不祥的预感出现了，眼看着河岸呼呼地向后退，退得令人目眩。正在犹豫的时候，一个浪头打来，我呛了一口水，慌忙中决计返回，调转头向来的方向返游，又呛了一口水，一种本能的恐惧涌上心头。这一刻我脑子里迅速闪过了许多不祥的念头，今天就要淹死在这里了吗？我想到了家人，"天啊！我必须活着回去！我的亲人还在等我！"我尽量不想那些可怕的后果，咬紧牙关让自己冷静下来。我想起与家人一起的融融时光，让亲人给我力量！这样一想，情绪一下平静了许多。我索性停止挣扎，让身体放平放松，把头自然沉入水中，调整划水的姿势，一下又一下，终于划出了激流。在过江的时候我曾注意到江中心有一条小船，那是用来支撑下游摆渡缆绳的，我对准了小船游去。等离得近了，一把抓住了小木船边，用力爬了上去。在小船上休息并定了定神，然后再跳入水中，游回岸来。这时我回头看刘绍堂，他仍站在远远对岸，不肯再下水。那时沱江上又没有桥，要回来就必须再跳下水游回来。

我见他又沿着江边向上游走，走到很远的地方，才跳下水去。他还没划多远便被冲着迅速向下游漂去（已进入了激流），动作也不协调了。他显然也发现了江心的那条小船，并拼命游去，但可惜晚了，等他划到小船附近，伸手还没有抓住小船，便被激流冲到了下游。好像听见他喊了一声，但距离太远听不清楚，接下来又喊了一声，动作已完全失去了常态，由划水变成了挣扎，出事了！我们在岸上大喊大叫地跟着他跑，一边跑一边喊："救人啊！救人啊！"然而相距太远鞭长莫及，眼看着他无助地漂向了深水区

……

在这紧要关头，恰好遇上了一只渔船。它来得正是时候，船夫把船划到江心，把他拦住然后拉上船去。待船划到岸边，我们扶他上岸。他完全瘫软在地上，呕吐不止！坐在那里吐了好一阵子，总算捡回了一条命！现在再说王泽范，王工是个精细的人，他虽也下水，但看到我们的情况，他连一半也没游到就回来了，避免了一次风险。

这次沱江历险足让我记一辈子！事后想来仍感后怕。

就在第二年，筹建处劳资科的另一位同志老单（由大同工厂调来）也来此游泳，结果葬身沱江。他淹死的地点，正好是我们上一年出事的地方。

沱江！沱江！看似平静温驯，然而却暗藏杀机！

那时沱江上没有大桥，要过江必须经过摆渡。过江的人员、车辆都要乘船。好像还有时间限制，一天几次。

渡口附近，有一座古塔，当地人管它叫镇江塔，很容易叫人联想到这是一条福祸兼备令人敬畏的水道。其可畏之处，大约也包括千百年来，被它无情吞没的生命吧。

一九六六年春夏之交，气象台播报：印度洋的季风越过喜马拉雅山脉不断与青藏高原的高空气旋相遇，酝酿、聚集着能量，团团的云层向东，向中国腹地压来。一如共和国的形势，一场空前的政治大风暴也在悄然袭来，已隐隐听到了天边的雷声……

21.　亲历文革爆发（1）

一九六六年六月，史无前例的文化大革命爆发了！

不管史料上如何记载，我感觉"文化大革命"就是在这个时候爆发的。文化大革命是由北京开始的，当时我刚好就在北京。

是年六月，我在成都参加完了工厂订货会议之后，便借调到了搬迁筹备组（以下简称筹备组），参与四分厂的搬迁筹备工作。临时组建起来的筹备组包括了工艺、建筑、动力、设备、材料、劳资各个口的职能人员。六月下旬，由厂办主任赵祥生同志带队，来到了北京南口机车车辆机械厂。到南口之后，我们住在工厂招待所。

一年之前我就是从南口工厂调往三线。南厂是我走向社会的第一站，第一个工作单位。三年前大学毕业分配来这里报到的情景依然历历在目，当年刚到这个工厂的第一天，也是住在这个招待所里。

另外我还记得实习期间一次下班的路上，边走边听着工厂广播，那是在播送一篇表扬稿《向我们的大学生学习》，表扬刚进工厂的一批大学生，他们在车间实习，受到工人师傅欢迎。表扬名单中第一个说到的就是我的名字……一晃三年过去了，这次又重回到这里，引起多少往事的回忆！

这次从大西南三线回来，如同回到老家，师傅们见了那份亲热让人感动。我爱人也还在这个工厂里上班。我们每天都分头进厂工作，就像往日在这里上班时一样的感觉。只是筹备组纪律严格，平时下班后不允许回北京自己家，只能住在招待所里。

就在我们按部就班地筹备南厂的部分人员和产品搬迁的时候，一场空前的政治大风暴——无产阶级文化大革命在北京爆发了。首先起来造反的是一批中学生。听北京回来的同志说，北京某中学一些高干子弟成立了一个叫红卫兵的组织，他们打着"誓死保卫毛主席"、"誓死捍卫红色政权"的旗号（难道还有谁敢伤害毛主席？）大张旗鼓闹革命。这个名叫"红卫兵"的组织，后来经领袖支持很快扩展到全市，开始"破四旧"，斗"牛鬼蛇神"、抓"走资派"。红卫兵运动在京畿一带特别惨烈。其中最令人关注的是红卫兵"破四旧"（旧思想、旧文化、旧风俗、旧习惯）运动。从这个时候开始，北京就不太平了，各地开始烧书，砸拆文化古籍、砸商号、寺院。甚至清华大学的校门、八达岭车站旁边的詹天佑塑像都成了红卫兵破四旧的对象。

学校里学生们纷纷起来批斗老师，给老师戴上纸糊的高帽子，剃"阴阳头"（将头发一边剃光，留下另一半）游街，最骇人听闻的是把老师活活打死。清华女附中的红卫兵就把她们的女校长打死了！从此，各地打死人或自杀的传闻就不断传来。恐怖的气氛笼罩着整个北京城！

这个运动很快就蔓延到了南口工厂。职工们也起来造反了……

我们是外来人员（来南厂出差），没直接参加南厂的运动，不过（根据历次政治运动的惯例）出差也不能不参加运动，所以领队赵祥生主任敏感地意识到，我们也应暂时停下工作，抽出下午半天时间在招待所搞革命。就这样，筹备组也以单独的方式参与了工厂的有关活动。

眼看着南厂的大字报愈来愈多，火药味也越来越浓，两个互相对立的造反组织，一个叫"六二一"，一个叫"六二二"，也争相成立。

第一波全厂性批斗大会是批斗厂里的几个"牛鬼蛇神"，最先揪出来的是南口工厂的几位上了年纪的工程师，罪名是"历史反革命"、"反动技术权威"。这种批斗大会，两个革命组织倒是能同仇敌忾，争先恐后。

批斗大会在办公楼前面举行，赵主任也带领筹备组全体人员在一边观看。引人注目的是北京还来了十多个红卫兵，他们身穿绿军装，胳膊上套着红卫兵袖章，一条带铜扣的军用皮带攥在手中。大会开始，先是造反派上台讲话，喊口号："坚决打倒资产阶级反动的技术权威！"、"把历史反革命分子批倒批臭！"、"扫除一切牛鬼蛇神！"接下来几个老工程师被推上了主席台接受揭发批判。因为都是同厂的人，平时都认识，批斗还算文明，但没多久北京来的红卫兵就不耐烦了。几个男女红卫兵，一跃跳上台去，抡起铜头皮带照准几个老人就打。台下先是一阵惊叫，接着就鸦雀无声，只听噼啪噼啪的声音。正值夏日，穿的衣服单薄，军用皮带抽上去，汗衫很快就被打破了，渗出道道血迹。这是我第一次看见光天化日之下打人，惊得我打了一个寒噤，并不由自主地猛然站了起来，衣服被旁边的大字报栏裸露的钉子划破，背上划出了血我都不知道。过了好一阵子才感觉疼。

　　第二天厂里的气氛大变。早上一上班，厂大门口就树起了一幅巨型标语牌："红色恐怖万岁！"红纸黑字，血淋淋的。标语牌就立在往日摆放鲜花的花坛前面，正对着上班的人群。大家从标语前经过时都不由地低下了头，并且加快了脚步走过。进了厂，从办公楼到各个车间，也都写上了对联："老子英雄儿好汉！"、"老子反动儿混蛋！"横批："基本如此"。也是用赫然醒目的红纸黑字。办公大楼前的对联最大，上面书写着同样的对联，从楼顶一直垂到地面。车间、办公室不论大小门口，包括厕所门上也全贴上了这副对联。全厂笼罩在一片恐怖气氛之中。那些认为自己出身好的人还好，自可扬眉挺胸，但大部分职工都缄口不语。

　　"运动"来势如此凶猛，接下来还会发生什么事情，谁心里也没有底。平时这些热情开朗的北京人一下都变沉默了，一改平日见面打招呼的习惯，早上见了面也都低头而过尽量不说话，即使平时的熟人也都好像不认识。

……

下午我们筹备组的运动也在招待所里展开了，内容自然是联系厂里发生的事情。

开会前大家照着社会上的样子跟着赵主任先念毛主席语录（运动开始以来，大会小会都要先念毛主席语录），然后对"文化大革命"谈认识说感想。人人都要发言，采取的是人人过关的老办法。

讨论的内容自然要联系厂里贴出的那副对联。这时有人显得格外兴奋，发言也特别踊跃。

我的家庭出身不好，我感到压力特别大。那副对联分明就是对着出身不好的人来的。长期以来我经常提醒自己，要时时事事注意改造思想。我认为党的"有成份论，不唯成份论，重在政治表现"、"出身不由己，道路可以选择"是正确的。它给我们这些青年人指明了出路，长期以来，我就是在这一政策的感召下一步步走过来的。可现在没有想到，思想改造了这么多年，今天仍然还是个"儿混蛋"！

批判会上，连平时吊儿郎当，前几年实习时还因不遵守劳动纪律，上班时间睡大觉，被工人师傅评为"实习不及格"的某技术员此时也成了革命派，也振振有词的大谈什么"阶级路线"，他断言"剥削阶级家庭出身的人，不论他表现如何，骨子里总是反动的！"

"不是'有成分论，不唯成分论，重在政治表现'吗？"我试着争辩。

"那不过是说说而已，其实反动本质是很难改变的！"

"中央领导中不是也有不少非劳动人民家庭出身的，他们照样干革命啊。"

"你这种认识很不对头！中央领导都是无产阶级革命家，你怎么可以与中央领导相比！"

……

我心里尽管不服，但显然不能再争了。

会后我感到特别沉闷压抑，我惊异于有些人怎么变得那样快，昨天还是亲近的朋友和同事，怎么一下就与我划清了界线，再不用正眼看我躲我远远的了。

文化大革命以来，所有的人都要重新分类，最优秀的当然是革命干部、革命军人，接下来是贫下中农、工人等，这些人及其后代根正苗红，叫"红五类"，是革命的中坚力量，可以扬眉吐气、趾高气扬；有"地、富、反、坏、右"政治背景的人及其后代划为"黑五类"。后来又扩大到资本家、叛徒、小业主等等，知识分子也被划入了敌人的范畴，叫"臭老九"。知识分子虽说不是专政的对象，但绝对是被改造的对象。"黑五类"是社会上最低下的一类人群，属于"阶级敌人"或"阶级异己分子"，是"牛鬼蛇神"需要被管制和镇压。"只允许他们规规矩矩，不允许他们乱说乱动。"为了便于区别，红卫兵下令，"黑五类"必须佩戴黑袖章或挂黑牌，污辱性的写明自己的成分。

这让我连想起，二战时期纳粹德国对犹太人的迫害。也是命令每个犹太人佩戴污辱性的袖章，只要戴上了这种袖章，便失去了作人的尊严和生命保障，便成了非人类，在光天化日之下任人打骂！连小孩子都可以当街打你，你在人群中就变得猪狗不如！

这种情景与当年纳粹德国何其相似！

这些天，大家回到招待所再不像往日那样自然，像往日那样有说有笑了。似乎每个人都在警惕着周围的动向！

白天看到的事情太刺激了，晚上我做起了噩梦……隐隐约约回到了家中，正碰上伯父也被他的学生们揪出来批斗，脖子上还挂着牌子……

伯父是教师，我从小丧父，一直跟着伯父上学，伯父被揪斗，我惊得出了一身冷汗！还好，醒来是个梦。

22. 亲历文革爆发（2）

韩工是建筑工程师。六五年夏天他和我一起从北京调到四川参加三线建设，这会儿又一起回来参与南厂部分搬迁工作。他家住北京东直门，每个周末他都回家。

那年进入八月以后，北京红卫兵打击的范围扩大到著名作家、艺术家、学者甚至与世无争的科学家。韩工从北京市区回来说，红卫兵到北京京剧团造反，把剧团里的名角都拉出来示众，命令他们跪在地上，每人面前都摆个大粪桶，桶里是刚从茅坑里打上来的屎尿。为了触及他们的灵魂，红卫兵把他们的头依次按到粪桶里，然后勒令回答："臭不臭？"这些艺术家带着满脸的屎尿，都说"不臭！不臭！"

红卫兵挖空心思极尽羞辱、折磨之能事！著名作家老舍先生不堪忍受红卫兵的毒打和污辱，在被批斗的第二天，带着满身满心的伤痛，来到北京西郊的太平湖边跳湖自杀了。当时我就住在太平湖边上。

接下来，社会上又兴起了一股抄家风，这一风潮很快在北京全城蔓延开来。

抄家本是惩罚阶级敌人，寻找他们犯罪证据的手段。但红卫兵运动以来，只要一个简单的举报（一封信、一个电话、一个口头报信……），就可以引来红卫兵抄家。许多灾难都是突然降临的。

抄家实际上成了一种公开的抢劫！他们到你家里，砸毁家具，焚烧书籍，没收（抢走）违禁物品（包括贵重财物），把你家的东西翻个底朝天。然后把人抓走，或进牛棚关押或赶到乡下劳动改造。这些被赶出家门的人，完全失去了人身自由，可以任人殴打，有些人还没押解到目的地就被半路打死了。

一天凌晨两三点钟，我正在睡梦之中，突然听到招待所外有人叫门，细听竟然是在呼喊我的名字。在这多事之秋，又是深更半夜，有谁会来找我呢？我的心一下子收紧起来。我起床去喊醒了值班的服务员大姐，一起来到院子里去开大门，开门后，啊！原来是韩工。他怎么这样早回来了？昨天是周末，他请假回北京（家）去了的啊！

大家不明就里也都跟着起床了，我看到韩工的表情十分惊恐和沮丧。来到屋子里，赵主任问他发生了什么事，韩工说他北京的家被抄了！

听说红卫兵抄"黑五类"的家，抄"走资派"的家，韩工家是一般市民，怎么也……

韩工坐在那里仍然惊魂未定，他开始吞吞吐吐地讲述昨夜发生的事情。

昨天是星期六，韩工向赵主任请了个假回北京（韩工刚新婚一年）的家。从南口乘火车到北京西直门，再转公交车，到东直门时天色已晚，远远就看到他家院子大门紧闭，还有两个红卫兵把门。他立刻警觉道：家里出事了！

此时再向前走是危险的，若被红卫兵看见了，立即被抓起来也说不定。所以他悄悄地退了回来，也不敢向人打听，只有无奈地在附近徘徊。这时正好碰上了一位好心的大嫂，看看周围没人走过来偷偷告诉他，"你家被抄家了！老爷子、老奶奶都赶到乡下去了，你爱人不知去向"。她又加了一句："你还不快走！叫他们看见了，你也跑不了！"

就这样，他一个人在北京街头漫无目的徘徊了半夜，又从西直门搭火车回来了。

韩工说："我的父母都是好人……"当说到这里的时候，他伤心地哭出了声。

这些日子，每天都盛传北京抄家的新闻，没想到这种横祸会突然落到韩工头上。

在这敏感的时候，大家对韩工的遭难无言以说，只有赵主任以领导的身份告诫韩工，"要正确对待"。这句话的含意是，红卫兵抄家是革命行动，同时还要注意与家庭划清界限！

我去过韩工家，那是东直门内一个典型的北京四合院，他父亲是位老中医在中医研究院供职。家里四口人，父亲、母亲、儿子、儿妻，过着平静而安宁的日子。父亲已经七十三岁高龄，每天只上半天班，下午在家休息。老人家告诉我们，他与毛主席是同庚，说这话的时候还特别加了一句"他也不能怎么样我"，说话时目光超然，脸上现出一副"世人皆醉我独醒"的神态。谈话中，韩工的母亲一直陪在旁边，不时微笑但不说话，好像该说的老头子都代表了。中午韩工妈妈请我们吃鱼肉馅饺子。北京人讲究礼道，两位老人都很和善，他告诉我们，老两口住正房，儿子、儿妻住东屋，西屋作厨房，南屋租出去了。

文革爆发以后，红卫兵运动席卷北京，破四旧、四处抄家。院子里那家房客可能是想趁机霸占他们的房子，便偷偷地向红卫兵说了他们的坏话。红卫兵立刻蜂拥而至，把家中的东西全抄走了，老中医两口以反革命罪被扫地出门，赶下了农村。在这多事之秋，一封信，甚至几句话，都可以置人以死地！

这件事情发生在韩工头上，但也直接关乎到了我们这个搬迁小组。在这个敏感的时刻，为了搞清问题，在韩工回来后的第二天，经领导研究，赵主任派了政治可靠的赵汝奎同志前往调查究竟。于是老赵陪着韩工又来到东直门，看到的红卫兵居然是一群年龄不等的孩子，大的约莫十五六岁，小的还有七八岁的。老赵赶到时，他们正在审判一批刚抓来的"黑五类"。这样一伙孩子在裁决抓来的人，或没收家产，或遣返回乡劳动改造，或全家老小扫地出门……

顺便说一下：在文化大革命中，即便是一群未成年的孩子，只要有了红卫兵的头衔，他也是令人生畏的人。

老赵看到的判决完全是孩子式的随心所欲，不仅荒诞而且幼稚。当问到韩工的时候，有一个红卫兵突然说："干脆把他也一起赶下农村得啦！"老赵见势不妙，赶紧说："不！不！我们是'三线'单位，我是代表单位来的，他是响应毛主席号召，建设'三线'的职工，我们保证他是革命的"。这些话还真管用，这时为首的一个红卫兵（看上去约十五六岁），想了一下，把手一摆说："那就把他放了吧！"并允许韩工回家取他的东西。就这样戏剧性地把韩工赦免了。老赵看到如此情景，心里也就全明白了。

一年以后，我因工作又来找韩工，来到东直门，那时听说韩工的父母因为没查出什么大问题，从乡下又返回了北京，但他的房子却被没收了，已经不能回家。当我来到他家原来的地方时，一个女人走了出来，我向前询问，她立在门口恶狠狠地瞪着我说："那老反革命早就叫我们赶走了！"

"现在住哪儿呢？"

"不知道！"

呼的一声把门关上了。好凶的样子，就像我也是一个反革命似的。我只好退了出来，另到别处去打听。

老中医从农村回来以后，他家的房子已被人占了，有家不能回。老两口只好在隔着两条街的地方，勉强找了一间小土屋住下。我见到他们时，老中医衰老了很多，正在门口弯着腰生炉子。这个用旧铁桶做的炉子向外冒着烟，呛得人睁不开眼。屋子太小，放一张双人床后几乎就没多少空地了，也没有什么家具。老人见到我，一副无奈又无助的样子，嘴中不断地发出"唉、唉"的叹息。这位中医研究院的老中医，仅在一年前还住着属于自己的四合院，而如今已落到了这步田地——全家被红卫兵扫地出门，连个容身之所也没有了。唉！文化大革命以来，这种事每天都在发生着，广大的学者教授、作家、艺术家、医生、教师，总之一切有良知、有贡献的知识分子、领导干部，都无一例外地受到迫害！运动的发展咄咄逼人，全中国都在受难！

我开始怀念起文革前的日子，我不明白为什么要让社会乱成这个样子！

23. 亲历文革爆发（3）

北京爆发了文化大革命，我们搬迁筹备工作已经无法再进行下去，于是三线方面决定撤回筹备组（回四川）。

那天早晨领队赵主任拿出三线方面发来的文件，一字一句出声地读着。有了上面来的文件指导，筹备组终于可以放心地撤回四川了。我因为另有任务还需继续留驻北京一段时间。四三一在北京有个办事处，就在王府井大街入口处一个叫"霞公府"的院子里，这里曾经是旧铁道部所在地。眼下四三一筹建处也时有领导在此驻留（他们一般住在附近的东单二条胡同），所以凡是四三一的进京人员，都以此地为据点，处理一些在京事宜。有领导住在这里，有事请示汇报也很方便。这里还有一部铁路电话（那时电话很少，打一个电话很不容易），因为这个电话的号码是2285，日后大家都习惯地称这个地方为"2285"。

此时文化大革命已遍及北京的每个角落。自从红卫兵运动兴起以后，各级政府都逐渐失去了作用，全市只能听到中央文革小组的声音（"中央文革小组"是文化大革命的领导核心）。毛主席在天安门城楼上检阅红卫兵，但站在天安门城楼上的中央领导人却一次比一次少，最后就只剩下周总理和林彪了。簇拥在毛主席左右的是林彪和新成立的中央文革小组的成员。他们每人手中都拿一本红宝书（毛主席语录），向着广场上的人群频频摇动。红卫兵对领袖的崇敬达到了无以复加的程度，天安门广场上的气氛近乎疯狂。"人民领袖万岁！万岁！万万岁！万万万岁！万万万万岁"（不是结巴，莫误会）的欢呼声此起彼伏。红卫兵们拼命摇动着手里的毛主席语录，声嘶力竭地叫喊着。整个天安门广场，整个北京都被这激荡的洪流裹挟着。

红卫兵兴起了大串联。北京的大街小巷很快都住满了从外地来京的红卫兵。红卫兵是毛主席请来的客人，他们吃饭住宿坐车都不要钱。街道委员会动员市民腾出房子和被褥供红卫兵使用。

为了方便红卫兵来京串联，临时指定北京火车站为专门接待红卫兵的车站，一般旅客乘坐火车都改到西直门火车站。那段日子我正好住在西直门附近。每天路过西直门都看见等上火车的人排着长长的队，一眼望不到尽头。他们没日没夜地等在那里，排队都长达一二里路。因为铁路上也在造反，运输已很不正常，加上红卫兵串联，这些不幸的人们有些可能都等了几天几夜了，仍然不知什么时候才能坐上火车。

寒风在马路上肆虐，扬起的阵阵尘埃，向着路边排队的人没头没脑地刮去。其中有一位老者，被人用麻绳反绑着胳膊，低着头，坐在冰凉的地上，两个押解人员持枪站在旁边。老人约莫有七十多岁了，长长的胡须，低着满是灰土的头……解放这许多年了，像这把年纪的一位老人能有什么过错呢？把人弄成这个样子真是惨不忍睹！然而文革以来，这种事情已经见怪不怪了。

文化大革命爆发以后，我一直关注着北京那些大学的动向，那里是中华民族众多精英聚集的地方！他们对目前这场运动的态度如何？是否有人会站出来为国家指点迷津？

……

一个礼拜天的上午，我终于一个人乘坐公交车来到了北京大学。北大是中国的最高学府，是中华民族文化的圣地。

下车之后，看见到处都是人，我想这许多人中也许有和我一样，带着满心的困惑来到这里寻求答案的吧。随着川流不息的人群，我从侧门进入了北大校园。举目四望，往日校园内那种严谨肃穆的气氛没有了，代之铺天盖地的大字报。著名的博雅塔下，未名湖畔，长长的林阴道上，到处都糊满了白花花的大字报、标语口号。昔日美丽、幽静的校园如今已变成了大字报的海洋！

大字报的内容和社会上大体一样，同样充斥着火药味，如"誓死保卫伟大领袖毛主席！坚决打倒走资本主义道路的当权派！""XXX 反对伟大领袖毛主席，罪该万死！""把 XX 揪出来！""把 XXX 打倒在地，再踏上一只脚，让他永世不得翻身！"等等，除了这类口号和大字报之外，也有一些理性的文章，不过大都淹没在狂热的"革命"口号和漫骂中。不能不承认，这里的大字报比起社会上的大字报水平要高得多，毕竟是北京大学啊！但有些大字报揭露的内容叫我吃惊，这些内容愈看愈叫人困惑。一直以来，党中央都是"伟大、光荣、正确"的中国共产党的核心，是领导全国人民走向共产主义社会的坚强集体，怎么一下变成了四分五裂、尔虞我诈的阴谋集团了呢？尤其是揭发国家主席刘少奇的大字报，说他不是共产主义革命家，而是叛徒、内奸、工贼。

有一张漫画画得特别醒目，刘少奇和武训（一位历史人物，电影《武训传》的主人翁，五十年代被批判，定为反动电影）在一起，国家主席一身古装打扮，像京剧中的小丑，手里还握着一副呱嗒板儿，边唱边舞的样子：唱的是"三自一包"（"三自一包"是文革前国家改革农村生产方式的一种制度），站在旁边的武训（也是被批判的反面人物）则笑嘻嘻地说："刘哥哥，你说的实在比俺还强！"以这种搞笑的方式丑化、讽刺中华人民共和国的主席！

大量批判谩骂国家主席的势头表明，国家主席将被打倒是确定无疑的了！

后来社会上流传着一个说法：国家主席刘少奇被红卫兵揪出来游斗的时候，他从衣服口袋里摸出了一本《中华人民共和国宪法》，对红卫兵说："我是中华人民共和国的主席，你们没有权力随便抓我！"结果引来的却是一片嘲笑、谩骂和推打。国家主席的夫人也被红卫兵从中南海绑架出来批斗。批斗会上，红卫兵责令穿上旗袍并在她脖子上挂上一长串乒乓球，极尽丑化、羞辱之能事！

从铺天盖地的大字报中你可以感受到几乎所有的人都参与了这场斗殴！

从北大出来，我心情沉重地坐上了回家的公交车，希望破碎了！我陷入巨大的困惑之中。

红卫兵抄家抄出的许多家具用品，摆在大街上拍卖，有高档家具，毛皮大衣，皮箱等等。价钱特别便宜，但很少有人问津。技术科的一位工程师花四元钱就选了一口大皮箱。他出身好，自己还是工人。

农历羊年的春节到了。红卫兵刷出通告：春节是"四旧"，市民不得再过春节！所以过年那天，北京市所有单位都不放假，更不允许互相拜年。北京市民大年初一都穿上厚厚的棉衣，早早出门去上班。不过老百姓回到家里还是关起门来偷偷地包了饺子，老年人还是像往年一样，留一盏灯在家守岁。

据说当年北京和平解放时，共产党军队为了不打扰老百姓过年，特选择了大年初三才正式入城。那时候共产党是多么尊重民意啊！然而今天的红卫兵一纸命令就不让老百姓过年了！春节是中国人一年中最敬重的节日。

再没有哪个城市比北京更让人有历史感和沧桑感了，此时巍峨的西直门城楼在寒风中显得格外苍老；护城河上结了厚厚的冰，两岸的寒柳在朔风中发出阵阵悲鸣。这个历史悠久的京都名城，正在经受着一次前所未有的大动荡！

24. 寒冷的春天

春节后我从北京回到了四川。这次离京与以往不同，以往我还恋恋不舍，现在却巴不得赶快离开这个地方。北京太乱了！

回到资阳看到这里基本上还是风平浪静的，起码筹建处是这样。单位里人少，大部分都是科室干部和工程技术人员，这类人造反精神差。

毕竟大势所趋，没过多久大事情还是发生了。四三一厂的文化大革命是从打倒第一把手铁峰开始的。

一场突如其来的寒潮搅得周天寒彻，经过一夜霜冻，院子里少有地结了一层冰，格外寒冷。

一大早就听说筹建处第一把手铁峰昨夜从北京被押回来了，这个消息十分震惊，气氛一下紧张起来。人们都在纷纷猜测，议论着将要发生的事情。铁峰出事的消息事先已有耳闻，但他究竟犯了什么事儿，大家都不清楚。

早饭后全体职工被通知到食堂开会（当时没有会议室，开大会都在临时搭建起来的大食堂）。

会场里坐满了人，气氛十分凝重，有人在小声议论着。九时许主持人大步走上前台，向大家宣布："筹建处最大的'走资派'、'大流氓'铁峰抓回来了！把铁峰带上来！"主持人庄重严厉的声音表明，一场不顾情面的批斗会开始了。

铁峰被两个壮汉反扭着胳膊推了进来，会场里一片惊愕，突然有人大声喊："打倒铁峰！"、"打倒走资派、大流氓铁峰！"台下没人响应。铁峰此时的脸色煞白，大口大口地喘着气。天气寒冷，他呼出的空气迅速凝成雾气……所有在场的人都愣在那里。铁峰被反扭着胳膊立在全体筹建处职工面前。他的面部表情惊恐沮丧而激愤！完全失去了原来在台上作报告的模样。他从一个威望很高、受人尊敬的长者（领导），一下变成了阶下囚！

自文革爆发以来，各单位的领导纷纷倒台，通常都是被造反派揪下台的。四三一厂第一个被打倒的领导铁峰却是被上级部门罢免的。铁峰犯的什么错？

铁峰犯的是生活方面的"错误"。所谓生活方面的错误说白了就是男女关系方面的错误。他会上交待说，他在铁道部出差的时候，和部里的一位女秘书之间发生了一件不光彩的事儿，具体说就是在铁道部图书资料室里，他和那位女秘书一块儿查资料，由于两人谈话密切，他情不自禁地抱了一下这位女秘书，事情就是这样。当时在场的只有他们两人，别无旁证。后来运动来了，这位女秘书就告发了他说他耍流氓。公开男女私情总会让人难堪，尽管如此，他仍能表述顺畅，用词得当。善于辞令的他仍然给人留下深刻印象。铁道部的处分说，问题的严重性在于这件事发生在中央机关的办公室内！

说实话铁峰与我们下面的小人物没什么直接关系，不过作为四三一的一员，以前我等对铁峰也没什么坏印象。他平时不多说话，有点威严，要求下属（尤其是中层领导）严格，这些事在老百姓眼里算不得缺点，反而更像是一位称职的领导。领导就应是领导的样子。至于架子大，那是高级干部的通病，总的印象还是很正面的。

前面说过，他对中层干部要求很严，可是他对普通老百姓还是挺和气的，尤其是他对工厂里的科技人员很尊重。他是四三一领导层中唯一经常鼓励技术人员学习新技术、学习外语的领导人。这点很得广大技术人员的拥戴。在极左思潮肆虐的年代里，这样的领导不多，能够做到如此尊重科学知识是不容易的。铁锋在位，对正在建设中的三线工厂，绝对是一股正能量！至于说他有男女关系问题，以前没听说过。但该怎么看呢？唉！人呐！

批斗会上，有些人批判他执行的是修正主义建厂路线。这条罪状颇不令人信服。他的确是筹建处最抵制"干打垒"、"大分散"等等胡闹腾行为的领导人之一，但在老百姓的眼里，这是对三线建设负责的表现。难道不是吗？那些为了保官跟风转向的人物，明明看着国家遭受损失，也佯装不知，一味跟着路线走，那才是一帮败家子呢！我不禁对铁峰今天的下场觉得有些惋惜。

批斗会上，有些发言十分刻薄，特别是他的政治对手，此时出言毫无顾忌，叫人感觉这种发言的背后有很深的个人成见。铁峰坐在那里，头低垂着，用一只手支撑着前额，沉默不语。他内心是怎样想呢？面对对手的落井下石，此时他已失去了为自己辩护的能力，只有任凭对手数落了。

这又一次验证了政治运动无坚不摧的威力！

散会之后，我听到后面有人说："我当是多重的错儿呢，原来是为一个女人。"

"操！搂了搂，又没真干！"

"咳！上头的派系争斗呗！"

……

筹建处，多数人都是科室干部和工程技术人员，批斗会开得还算文明，没有像社会上那样动手打人。

铁峰倒台以后被贬到下面烧茶炉，从此作为走资派，每次开批斗会，都被拉出来批斗，直到文革快结束。

铁峰的晚年据说瘫痪在床，厂里曾有人前往探视，他见到厂里的人，说起来老泪纵横，他的晚景颇为凄凉……一代人物，落寞而终。

铁锋倒台以后，四三一厂革命大批判正式开始，至于工厂建设方面，因为施工单位人多，闹腾得就更凶，工程也从此进入了干干停停的半瘫痪状态。

25. 我也参加了一个"群众组织"

一九六七年夏天，我的儿子在北京出生了。我的心里又增添了一份温暖和慰藉，然而远在大西南不能回去探望，我所有的感情只能藏在心里。那些日子我总感觉有个小小子的身影在我前后左右晃动。亲情涌动，化作一股暖流流遍全身。

那一年筹建处的第一个走资派铁锋被揪了出来，拉开了四三一文化大革命的序幕。

相比起社会上的政治运动，四三一的运动总是慢半拍。此时社会上的造反派已经开始夺权（各级领导靠边站，由造反派掌管权力）了，而四三一则还处在批判"牛鬼蛇神"（文革中对阶级敌人的总称）的初级阶段。筹建处的领导班子除了铁峰被揪斗之外，其他人也都基本没动。

别小看了这"初级阶段"，斗"牛鬼蛇神"也是很激烈的。最要命的是鼓励号召大家起来互相揭发对方的不良言行。同事之间甚至朋友之间如果有谁平时说话不慎，被人举报告密了，一夜之间就会变成"牛鬼蛇神"。"牛鬼蛇神"就是阶级敌人！

运动开始，第一波被揭发出来的是劳资科的袁工程师，他年初刚从上海出差回来，在上海期间他看到外滩黄浦江边高楼林立，一时兴起就顺口说了一些赞赏的话，比如帝国主义盖的房子就是好……之类。谁知回厂以后被人告发了，告发者不是别人，正是一起出差的同事。这位朋友就把他们一起出差时袁工说的反动言论用大字报一一公布了出来。现在看来这是一种出卖行为！出卖朋友！但当时都认为是革命行动。都鼓励这样干。这可不得了，袁工立马就成了筹建处大批判的靶子。批判会上，一一上纲上线，包括生活中的闲言碎语，都一并提高到阶级斗争的高度来分析批判。越分析越可怕！袁工自己显然也觉得事态严重，吓得脸色煞白，竭力给大家解释。然而此时已无人听他解释，他越解释就越惹起大家的怒火！"你别装糊涂。你说，你说这些话是什么目的？"此时有人"砰"的一声把手掌拍在桌子上，大声呵斥道："袁XX你老实点！"

"你居然胆敢赞赏帝国主义！"

"你安的什么心？"

"你必须老老实实交代！说！"

这样批判下去还真有打成"反革命"的危险！那是

一个无法无天的年代！鼓励互相揭发、告密不但不可耻，而且是种革命行动。结果人人都不敢多说话了，朋友，甚至一家人说话都要小心。若是被人告了密，轻则挨斗，重则打成反革命也说不定。

文化大革命到了第二年春天，全国受北京影响都纷纷成立所谓革命群众组织，简称群众组织。在周围形势的影响之下，四三一也纷纷成立了许多群众组织，一时间"xx战斗队""xxx造反司令部""xx尖刀队"。还有富于诗意的，如"丛中笑战斗队"（"丛中笑"是引用了毛主席诗词中的一句话"她在丛中笑"）等等。群众造反组织取名五花八门，但有一点是统一的，那就是都是以坚决革命为中心命名的。我们办公室里的人也成立了一个群众组织，叫做卫东战斗队，意思是保卫毛泽东。我也参加了这个组织，也曾跟着批斗过别人。

随着运动的发展，群众组织很快分成了互相对立的两派，一派叫造反派，另一派叫保皇派。这两派因观点和批、保的人不同而势不两立。我参加的组织是一个中间偏保的组织，不那么激进。那个时候不参加组织的人叫逍遥派。公开自己是逍遥派是危险的，因为这意味着不关心政治，不积极参加文化大革命，会招来批判。

文革中人们因政治观点不同而形成分裂是个非常有趣的现象。在一般群众中，每个人的观点往往与他们介入某一事件的第一印象有关。就是说，一旦最先接受了某一观点（同情谁，反对谁），参加了某一政治观点的组织，就很难再改变过来。一个不愿被说服的人，单靠讲理是很难改变对方立场的。至于后面的大辩论就更加情绪化，观点不同的人彼此之间越来越仇恨，越来越互相鄙视。原本是关乎革命路线的严肃辩论，很快演变成人身攻击，对骂"保皇派"、"反革命"、"剥削阶级的孝子贤孙"、"叛徒"、"特务"，互相揭老底，以至于大打出手、群体武斗。这个时候，似乎早已把最初的目标——革命给丢到脑后了，只顾眼前的恶斗。我就想，既然大家都"誓死保卫毛主席"！为什么还分派，而且还要势不两立呢？这种问题留给专家学者去研究。

文革确实是史无前例的，出现的蹊跷事闻所未闻。比如在此期间的改名潮就是一例。所谓改名潮就是人们纷纷声明不要原来由父母长辈起的名字，改成革命化的新名字。社会上此风一起，许多头脑灵活的人就纷纷争先恐后地把自己的名字改成了最时髦的卫东、卫彪、卫江之类的红色名字。有的人干脆把自己的名字改叫"文革"。改名者通有两种考虑，一种是为了标榜革命而改名；另一种呢是怕自己的名字叫得不当而招来祸灾。如原来劳资科长原名叫"X立官"，"立官"怕被说是"四旧"，就立即改成了"立新"。

更有甚者，为了表明彻底革命，有些人甚至连姓都改了，连祖宗也不认了！

26. 沱江边上的枪声

文化大革命像野火烧山一样迅速蔓延到社会的各个

角落。虽说资阳是个小地方，但这里发生的事儿丝毫不比大地方逊色，其残忍程度也够令人触目惊心的了。

相比社会上，四三一厂内就温和得多，基本上还没有打人现象。但出了四三一的大门则完全是另一番景象。从早到晚，高音喇叭都在大街上叫喊，批判、谩骂之声不绝于耳！

运动开始以来，资阳的和平路也在改名潮中改成了"反修路"。和平路口百货公司一带是这个县城的中心，资阳中学（此地最好的中学）的红卫兵从学校里搬来课桌，搭起了一个台子。垒得足有两米多高，台子上又摆放了一张课桌和一把破藤椅。每天从那里路过都看见一位老人在上面伏案写"检查"（交待材料）。这个老人很瘦弱。他的背上粘了一个用硬纸板刻出来的大王八，上面写着"反动学术权威"、"留洋分子"（"文革"中的罪名五花八门，留学外国也是罪，"留洋罪"就是一例）。这个老人穿了一件中式的小棉袄，看上去很单薄，手腕上还贴满了膏药，已是风烛残年，寒风中握着钢笔的手冻得瑟瑟发抖。听说此人是资阳中学的老校长。"反动学术权威"——不管什么阶级，说明他一定是一位有学问的人；"留洋分子"——想来他早年曾到西方留过学的吧。多少天来，每天从这里路过都看到这位老人坐在上面写检查，很受罪的样子，看了叫人心疼！这位老人每天都坐在上边写，可他内心都在想些什么呢？几十年寒窗，海外留学回来报效祖国。这竟然也成了"罪过"？

　　看着这位老校长，我不由地想起了我的祖父，他也是教了一辈子书，很受学生爱戴，桃李满天下。但我的祖父去世于生活最困难的一九六零年，他若活到现在会怎样呢？很难设想他不会像这位老校长一样遭受如此的折磨和污辱！

　　多日以后台子拆了，老人也不见了。全国各地都接连发生学生打死老师的事件，这位老校长后来的命运如何？不得而知。

　　……

　　我住的板楼旁边有所小学，往日总是传出琅琅读书声。文革以来学校停课了，老师也不敢再来学校，教室里桌椅被砸了个稀巴烂，门窗玻璃也全打碎了，一片狼藉。

　　那天下班我回家刚迈上几步楼梯就听见隔壁小学里喊声四起，并伴着噼里啪啦石头落地的声音，抬头一看，在一片喊打声中，一位女老师抱着头在前头跑，后面是一群学生追着打砖头瓦片像雨点般打来。这位女老师我认识，她是这所小学校长。以往我常看到她站在操场的讲台上给学生讲话。今天她正在被自己的学生追着打！文革爆发以来，学生打老师已经司空见惯，但今天亲眼看到还是让我十分震惊！紧急之下，她躲进了一间办公室反锁了门，躲到里面再不敢出来。石头、瓦片一齐向办公室砸去。毕竟这些学生年龄还小，他们尚无能力砸开门窗。所以这位女校长才暂时躲在里面。但不知道后来结果如何。好像后来我也再没看见这位女老师。

这些天真烂漫的孩子，正是读书的年龄，但却因为史无前例的"文革"，他们不再读书，在社会上"读书无用论"的强烈影响下，一天到晚跟着大人"造反"胡闹。小小年纪就学打老师！

……

资阳文革中最血腥的一幕发生在沱江边上。

一上班我就得到通知，全体人员都到和平电影院前开大会。原来是一个造反派的头头落到了对立派的手里，在和平电影院前批斗示众。这是一个二十岁左右的年轻人，他被反剪着胳膊五花大绑，气血方刚不服批斗。几个大汉跳去，抓住他的头发，将捆绑他的绳子猛力一紧，如同捆绑一只野兽。绳子紧紧勒住了小伙子的脖子，他顿时喘不上气来，憋得眼睛暴突，脸也成了猪肝色，批斗大会之后（未经任何正式审判）就被拉到沱江边枪决。

这个年轻人没走几步，就有人从后面举起了枪……一声枪响，他便跌卧在沙滩上，鲜血溅了一地。一群看热闹的人无视受难者的痛苦抽搐，像饿狼一样一拥而上扑向血淋淋的尸体，扒死者身上的衣服、裤子、鞋子，以至连捆绑的绳子都被抢劫一空！接着又有人扑上去在鲜血淋漓的尸体上开膛破肚，争抢死者的心和肝……（据说人的心肝可以治病！）

鲁迅先生的小说《药》，那时杀人后也不过是取一个人血馒头，那是在清朝末年。可眼下是新中国啊！

杀人总给人一种阴森森的惊骇。然而在史无前例的政治环境中，人或变得疯狂，或变得漠然、麻木。煽动起来的仇恨和疯狂，再加上贫穷和愚昧，中国什么时候又倒退回到了黑暗野蛮的中世纪！

……

沱江边上死一般的沉寂，只有哗哗奔流的江水，如诉如泣！漆黑的夜中，偶尔又传来江东（江东是"反派"的地盘）清脆的枪声，枪声是那样的凄厉和令人不安。

27. 李厂长说：不怕慢，就怕站

筹建处迁来资阳又碰到文革开始，建设机制也进行了大规模的改变。比如新的承建单位由原来的建筑公司和设计院两家改为建厂局（铁道部建厂工程局的简称）一家。

在此之前，四三一厂建厂工程是由三个单位联合承担，即甲方工厂筹建处，丙方设计院，乙方建筑公司。即所谓"甲、乙、丙三方机制"。这是一个三方共同参与，互相制约和相互监督的机制。这多少有点类似于三权分离。这也是新中国诞生以来一直沿用的机制。在广元施工时也是沿用这个模式。

文革开始就报出一种说法，说这样甲乙丙三方机制是苏联的作法，苏联已是修正主义，所以这一机制也要推翻！要创建一种中国自己革命的机制，把设计、建设、施工的一切权限全交一家承揽。具体说就是工厂建设全交建厂局一家承包。

为了贯彻这一变革，北京方面还特别派来了一个高级代表团（都是部局级的领导）下来推动贯彻。

职工大会上，北京来的大员说："从今往后四三一厂的建造，就交给建厂局一家了，它给你造步枪，你就当陆军；它给你造军舰，你就当海军；它给你造飞机，你就当空军……"云云。按说甲方是未来工厂的主人，变革后的机制把主人（甲方）排挤到工厂施工建设之外了。这就好比是请人盖房子，盖什么房，怎样盖？全由盖房子的人说了算，房子的主人反而没有了说话的权力！

甲乙丙三方机制本来是工业革命以来人类总结出来的最佳建设机制，体现了科学的组合，与政治无关。哪里知道，文化大革命爆发以后，便不问青红皂白一股脑儿把过去沿用的办法说成是坏的机制一律推翻。但是否定这些机制，就意味着重走建设史上失败的老路！当然，这是一个专业性的问题，在此不便细说，只要看事后的结果就全明白了。四三一厂原本计划二至三年内建成，但后来竟拖了十个年头！这当中除了文化大革命的破坏以外，和这种反科学的施工机制也大有至关重要的关系！它给工厂造成了一些日后都难补救的损失。

撇开这些暂且不说，一九六七年底建厂局革命派组织夺了权，原有的领导班子也靠边站了。工地上就更加乱了套，造反派说：什么管理、监督、检查等制度，都是对工人阶级的管卡压，是资产阶级压迫工人的手段；工人阶级已经当家做主，用不着那些纪律制度来约束我们！在"怀疑一切！打倒一切！"的口号下，工地上更处于无政府状态。无论大事小事都要批判一番，批判就是一切。批判的对象从设计图纸到施工方案，还包括那些仍然坚持工作的人和事。于是一种怪现象出现了：每项工程从开始到结束，大批判的吵闹声不绝于耳。大项目大吵，小项目小吵，没项目乱吵。好像不论什么人，也不论你懂还是不懂，内行还是外行，都可以站出来指手画脚一番。另外就是干活的危险（受批判），不干活（闹革命）保险。在革命压倒一切的年代，大到设计方案，小到某个环节的意见分歧，或对工作安排不满意等等，都可以革命的名义开展批判。使得工程每进展一步都变得十分艰难！

荒唐行为必然会产生荒唐的结果。荒唐的事情不胜枚举。例如：盖工厂医院的时候，为了太平间的位置也要争论，争来吵去，不知怎的，最后竟然把太平间修在了医院的大门口旁边！来得早一点的职工都还记得，从成渝公路上经过一眼就望见筏子桥医院的太平间。每逢死了人，围拢在医院大门外向遗体告别的亲故们，哭哭啼啼。医院变成了殡仪馆！

……

那段时间，我参与了一段工地巡视（所谓巡视就是通常说的工程质量监督）工作。栾工说：每天都到工地上转一转，如发现施工中的质量问题，及时回来报告。

实际上这个时候，巡视早已不起作用，因为工厂（甲方）已经没有了话语权，即便发现了问题，也往往是公说公有理婆说婆有理，各说各话。比如一次参加一座厂房的验收，施工方就说，你们凭什么说施工不合格？是按帝国主义标准（指英美技术标准）还是修正主义标准（指苏联技术标准）？是的，这些技术标准都不算数了。可是中国（那时）还没有制定出自己的标准，怎样办呢？

那些日子最为难的还是李进生厂长。因为他分管基建工作，于是他就提出了个口号，叫做"不怕慢，就怕站"！那个时候，他总在苦苦地坚守着。自从文革爆发以来，他就冒着被批判被打倒的危险，不停地在工地上协调矛盾，苦口婆心地劝说大家干活。他最常说的一句话就是"不怕慢，就怕站！"在他看来，只要工程还有点进展，就还有希望！

在干事的不如偷懒的，出力的不如忽悠的，工作的不如捣蛋破坏的年代，像李厂长这样的领导实在太难得一见了。怎生一个"难字"了得！

雨季来了，工地上一片泥泞，我穿着雨靴深一步浅一步地走着，靴子经常陷在泥里拔不出来。不远处一辆卡车也陷在泥淖之中，任凭汽车司机如何加大油门也无济于事，车轮只在原地打滑，就是动弹不得！我突然想到，眼下工厂的建设不正像这辆汽车一样吗？经常都在原地打转，动弹不得！

28. 萧瑟芭茅路——下乡

一九六八年春天大旱，眼看着季节到了，农民却无法播种插秧。政府做出决定，全县城各机关单位都抽调人力物力到农村抗旱。四三一是个大单位又有技术力量，所以组建了一个支农小分队，到乡下帮助生产队修建电力排灌站。小分队由一批技术工人组成，包括电工、钳工、管道工等。工厂指定我担任这个小分队的技术员。

那个时候一般人都认为下乡支农是件苦差事，因为乡下干活条件艰苦，又要爬山走路。但我却把它看作是一次脱离眼下恶劣环境的好机会。因为可以名正言顺地离开城里这种叫人心烦的政治环境，每天没完没了的批斗会。另外因为年轻，不在乎吃苦受累，哪里干活都一样，只要能吃得饱肚子就成。

这次下乡分派给我们的具体任务是帮助公社修建电力排灌站，沿着九曲河修八个排灌站。小分队有二十几人的规模，工人人数不固定，活多时多来，活少时少来，根据工作量增减。但技术员则是固定不变的。就是说，我自始至终都必须钉在农村，直到全部任务完成。技术员的工作其实不单纯解决技术问题，更多的还是筹备建站所需器材组织施工。建站用的器材如变压器、电线器材、电杆及所用附件、水泵、水管（大口径铸铁水管）等等，当时四三一筹建处都没有，都要向外求援，主要是向沿海的老厂请求援助。好在那个年头，各个单位都不保守（公有制时代），反正都是国家的东西，基本上都能敞开支援，这段时间我常到沿海大城市去向老厂求援调拨物资器材。

下乡第一天地方领导先引我和当地的村干部见了面，交待了工作任务：

1）建站施工，技术方面的活儿都由四三一负责，生产队的任务是出劳力配合施工；

2）乡下干活期间，中午一律由生产队管饭，而我们每人每餐出二两粮票和一角二分钱，饭好坏不论，管饱。

简单交代完后，地方领导就离去了。

开始工作后，我们白天在乡下干活，晚上还是回县城休息，中午就在老乡家里派餐，按着规定每人每餐交二两粮票，一角二分钱，管饱，没有另外补助。

自打接到支农任务以后，我就再也不到办公室去了，当然也不再到工地上转（工地上也无事可做），几乎成了一个完全自由的人。每天一大早，就与伙计们带上工具，浑身披挂地走出县城，步行到数十里外的乡下去干活，再无人管束我们。

乡下和城里相比完全是两个世界。这里看不见烦人的政治运动，乡下人也不太关心城里发生的事情。这里的天依然很蓝，房屋虽然破旧但依然宁静。人们有说有笑，对我们都很友善。老乡们的淳朴叫人一下又感受到一种久违了的自然和亲切。我喜欢农村，特别是现在。

来到乡下的第一件事是建站选址和测量线路。没有测量设备，只能靠目测，打桩定位。这些工作完成之后，然后就是架设电力线路，装变压器装水泵和铺设管道。电工活和钳工、管道活可以分头进行。说实话这些工作对我来说并不陌生，但陌生的是这里的施工条件。正常情况下，线路施工要有一套装备，但我们现在除了随身带的极简陋的工具而外，其他一无所有。

这里干活只能用最原始的办法进行。

厂里用汽车先将各种施工器材拉到公路边，然后就全靠老乡用肩抬着运到山里。一根水泥电杆要很多人才能抬得动。埋电杆时，每根电杆需挖下两米多深的坑。山区土质坚硬，很多地方挖下一尺就是石骨（一种介于岩石和土块之间的风化岩），挖坑十分艰难，这些全派给当地老乡干。

立水泥电杆是件技术活，因为没有起重机吊装，怎么办呢？只采取土办法进行，具体就是把电杆运到桩位后，把电杆顶端用四根粗麻绳拴住，电杆的下头抵到挖好的坑口，一条麻绳从正面把电杆拉起，这是主绳。其余三根绳子起稳定作用，分别由左、右两边及后面的人拉着，以防电杆拉起的过程中向两边倾倒。水泥电杆很重，每次立杆都有二三十位老乡参加，像拔河那样将水泥电杆立起来，然后填埋夯实。整个施工过程全靠人拉肩扛。我嘴里含着哨子，用哨音加手势小心指挥，生怕人多会出问题。每成功立起一根电杆，大家都会不约而同地欢呼雀跃，就像拔河比赛取得了胜利一样高兴。

立电杆费劲，装变压器不但更费劲还更危险，稍有不慎就会酿成大祸。因为变压器要装到高处，几吨重的大家伙，把它搬到半空的平台上，又没有起重设备，全靠人往上抬。干活时，通常要十多人抬一台变压器，他们脚踩着用麻绳捆绑在一起的几根原木，劳动号子一步一喊地把变压器抬上两米多高的支架上去。在整个过程中，抬的人必须步调一致，若有一人不慎失去平衡，变压器就会倾翻，酿成大祸。所以干这种活最让人提心吊胆！我在工厂里从来没有经历过如此冒险的工作，自始至终都捏着一把冷汗！

这让我想到了中国古代修长城的故事。因为当时没有安全保障，多少人都死在工程施工当中！可那是在两千多年前呀！没想到今天——两千多年后的今天，我们仍然还得沿用当年最原始的办法施工，而我还成了这种施工的指挥！古耶？今耶？细想起来不是一件很有意思的事吗？

乡下干活虽然辛苦，但多数时间心情还是轻松的。我和伙计们每天一大早带着工具，全身披挂走到乡下。蜀地的春天是美丽的，时值四月，田间的麦子正在抽穗。春暖花开风和日丽。我们全身充满了活力。对我而言，还多了一份新鲜与浪漫。特别是当你爬到电杆顶上架线的时候，更有一种直立天地的惬意。

队里有一位典型的山东汉子，电工小伙子姜宝堂，中等个子，身体特别结实。他曾是山东省火车头足球队员，干起活来从来不吝惜力气。他有一套徒手爬电杆的本领，能像猴子一样沿着一根光溜溜的水泥电杆爬上去，不用任何爬杆工具，架线的时候他总是抢先上杆；另一位是钳工师傅刘德富，湖南人，领着装水泵和铺水管，此人不多说话，只知闷头干活儿，我一直叫他老牛（老刘的谐音）。两个人都是小队里的干活能手，是两员大将。自从下乡以来，我们很快就扣起手来，互相配合默契，不论活有多难，总能想出办法去对付。

体力劳动能给人带来快乐。尤其是在野外干活，什么也不用想，可以尽情享受大自然的阳光沐浴。

　　自从下乡以来，体力消耗大，我的饭量也大增。中午在老乡家吃饭，加一半红苕的干饭，我能吃满满两大碗！老乡住的都是泥巴草房，没有窗户，一进门就黑黢黢的，全凭房顶上一两片亮瓦（用玻璃做的瓦）照亮。老乡在屋里做饭都烧柴草，烟熏火燎，呛得人睁不开眼。队里有几个从江苏来的钳工师傅，在老乡大嫂做饭的时候，用香烟盒纸在老乡的锅沿上一擦，白纸便成了黑的。他摇着头，当着那位做饭大嫂的面，就不客气地说："太脏啦！"我看了很反感！要知道，那个时候乡下还有不少人都吃不饱饭，人家为我们做这顿饭已经很不容易，但有些人怎么就没一点同情心？还像城里那样挑三拣四！再者，什么干净不干净，经过高温消毒，吃了对身体也无妨碍。所以我每顿都吃得很香，吃得也很多。

　　晚上收工回来，到家已经八九点钟，到食堂里吃完大师傅给预留的饭菜，就可以睡觉休息了，毫不理会晚上还在进行的"政治批判会"。如此天天，好不自在！

29. 萧瑟芭茅路——大邑农场边的风波

　　资阳县城西南方有个大邑农场，是劳改农场。距离县城大约十多里路。这里有大片的水田，还有果树，鱼塘。来到这里，风和日丽，闻着泥土的芳香，总会有一种回归自然的亲切。

倘若这里不是一个劳改农场，还真是个不错的地方。

我们负责修建的排灌站有两处就建在这附近。一处叫赵家坝站，另一处叫天马坝站，是最大的两个站。

正当天马坝站进入挖沟铺水管的时候，处领导带着一干人马（筹建处几乎所有在资阳的人）义务劳动来了。领导亲自下来视察是件大事，兴师动众好不热闹！

那个年代的领导官威大，稍不如意就发脾气。平时大伙见了都怕三分，今天他亲临视察，谁敢怠慢！

大家来到工地后，立即分头干起活来。体力好的就帮着搬运水管。女同志，还有体力差的上年纪的就去帮着挖地沟。搬水管是个力气活，水管直径有300mm粗，还是铸铁的，壮劳力也得四个人抬一根，今天来的人多半是科室人员，平时缺乏体力锻炼，抬一根水管就要六到八个人一起抬。抬到河边，还要一节一节地往山上铺。

那年头，什么都讲究"群众运动"，今天的劳动更不例外。所以大家你追我赶，热闹非常。

大领导今天高兴，就坐在山坡草地上亲自指挥。他平时说话倒也随便，但有个爱骂人的毛病，见谁不顺眼，开口就骂，毫不留情。以往，许多人都挨过他的骂。

这天，大家伙正在干活，忽然听见那边又传来了骂人的声音，细看是汽车司机老郭和大领导怼起来了。不知因何原因，只见大领导指着老郭骂道："你龟儿子调皮倒蛋！"那口气毫不留情。若此时训斥的是个"臭老九"，肯定就和往常一样忍气吞声低着头过去了，绝对不敢还嘴。不料今天碰上了倔脾气的老郭，他先是有点懵混，待他反应过来，就反唇相讥，"谁调皮捣蛋？"

老郭是个山东人，复员军人，现在又是工人阶级，刚从大同工厂调来。也不知是初来乍到不摸"潮水"，还是自认为政治上没啥问题而胆子壮，他不像"臭老九"那样怕事，居然还敢反问大领导。

"龟儿子，说的就是你！"

"你才是龟儿子！"老郭也火了，梗着脖子道。

领导大怒，指着老郭："你！你！你！敢顶撞领导，老子回去整你！"

"吊毛！唬俺？俺是工人，贫农出身，转业军人，怕你个球！"老郭也不示弱。

此时领导气急败坏，他大约头一次遇上这样不怕事的主儿。

常言道，林子大了什么鸟都有，人多了什么脾气的人也有。今天还真碰上了个不怕事的主儿。

此时，好多人都被眼前这一幕惊呆了，好家伙，他敢骂革命首长！大家都远远地看着，包括前来看热闹的老乡，但没有一个人敢向前劝解。

一边是大领导，一边是个普通工人，当着大家的面开骂总是不雅。领导有权有势，但跟一个普通工人对骂总是有失身分；工人无权，但不怕丢面子（本来也没多少面子），过了一会儿有两个人出面把他们劝开。不用说都是平时跟领导比较亲近的人。

领导总算有了台阶下，气得一甩袖子坐上汽车走了。

　　本来吵嘴算不上大事，但今天吵架的是一位有权势的大领导，不但惊动了整个工地，并且成了轰动一时的新闻。在这之前，还从没听说过有谁敢与他对骂！老郭敢于犯上，顿时引来纷纷议论，有的人在为老郭担心，怕他会受到报复，但更多的人却为老郭敢于反抗的勇气暗暗佩服。

　　那年头什么事都讲阶级分析。说一个人是好还是坏，不是人品为人，而是首先看你的阶级出身，阶级出身有问题，你表现再好资历再老也没用，没准儿还不如一个普通人。比如许多老职工尤其是解放前就参加工作的，曾在旧社会干过事，这本来也属正常，但一犯上了事儿，上纲上线一分析，就成了大问题；知识分子是思想改造的对象，有天生的原罪也怕被人抓辫子。这类人只有老老实实夹着尾巴做人，绝对不敢造次更不敢犯上。因为弄不好就成了阶级敌人，而阶级敌人就是反革命！但如果是贫下中农，政治上没有辫子好抓的人呢，就大胆一些。如今老郭属于后一种人，他出身好，据说是贫农出身，自己又是工人，又没啥文化，还是转业军人，这样的出身可谓根正苗红，确实没什么辫子好抓。老郭敢于同领导叫板就是凭着这个理儿。领导尽管受了顶撞，一时暴跳如雷，但说来说去还是阶级兄弟。兄弟之间吵了嘴，充其量也是人民内部矛盾。所以风波过后，他也没把老郭怎么样。只是这件事被人记住，成了被人谈笑很久的话题。

30. 萧瑟芭茅路——困局

　　阳春三月，温暖和煦的阳光照耀着大地，田野上一片勃勃生机。采花的蜜蜂在耳边嗡嗡作响，老乡在慢悠悠地劳作……原野一派宁静。然而此刻我的心里却一点儿也平静不了，明媚的春光也消解不掉挡在内心的阴霾。下乡虽然可以暂时躲开城里斗得火热的混乱，仍然能听到很不好的消息传来。一些从老厂出差回来的人说，那里的文化大革命斗得更加残酷，最近又有不少人倒了霉，或被抓或自杀了。这些被抓和自杀的人大都是以前我认识的人。我想到他们的下场，总感到困惑与不安。尤其是近来又传来一个消息，说各单位开始清理阶级队伍，要把政治上不可靠的人（包括需要改造的知识分子）下放到农村去。大连机车厂早就开始清理了。据说有一位技术员刚从外地出差回来就接到下放的通知。谁也没有想到，他在外地出差的时候，工厂已经把他的户口迁到农村去了，要他赶紧收拾行李到乡下落户，在那里接受劳动改造。如果这种事态再发展下去，同样的命运也有可能轮到我们头上。当然谁都不愿意沦为那种景况。我还是希望，这辈子别犯政治错误，保住眼下这份工作这点工资，保佑全家平安。然而随着"文革"的发展，谁能担保不会发生这种事呢？所以，在乡下的日子里，每当我看到村边的农家房舍时，就时常想，如果有一天我也被下放了，我就在这一带山坡上盖一间草房当个农民，就像这些老乡一样。只要一家人平安无事地过日子就行。

届时我的电工手艺也可以派上用场,当上一名农村电工,挣工分养家。什么事业什么远大理想,都去他妈的蛋!

......

天马坝站施工已到最后阶段,就差安装变压器了。变压器是从天津一家工厂调拨来的。为此我还特地去了一趟天津。如今变压器终于运到了资阳,为了不耽误抗旱,上级指示立即安装,还特别派了一辆汽车把变压器从火车站运到离天马坝最近的公路边,再由生产队负责运到河边。我先找到天马坝生产队的队长,叫人抬变压器,队长倒很好说话,我一说就答应了,并很快叫来了一伙老乡,他们扛着杠子,拿着粗麻绳,过来抬变压器。干活的时候,这伙淳朴的农民似乎对他们的队长很有意见,边干活边嘟哝,有的甚至骂骂咧咧。我以为这和我没什么关系,只管照应着大家把变压器运上山坡。起初队长还陪着,但跟了一段路后他说有事,走了。殊不知队长走后,其中一个老乡就带头不干了,其他人受他影响也纷纷抽掉了杠子。我赶紧向前阻止,但没有用。老乡集体罢工一起跑,一转眼的工夫就都跑光了。当他们跑进竹林的时候,最后一个老乡还回头向我看了一眼。他们把变压器丢在了半路上。变压器歪斜着躺在地上,再也无人来管,我也傻了眼。

天色已晚,见大路上有一群人排着队走过来,细看,怎么全是光头,都穿着带条纹肮脏不堪的囚服。原来是些犯人!有的脚裸上还戴了脚镣,走起路来铛锒铛锒的响声。再看旁边的路口,已站满了荷枪实弹并上了刺刀的解放军战士，远方就是劳改营的铁丝网和高高的看守塔楼……我不由地倒吸了一口冷气。这是什么地方啊！今天把变压器丢在这种地方，晚上又无人看管，若有人破坏可怎么办？在这怕出事的年头偏偏又要出事儿！若真出点意外，又如何说得清楚？我着急地围着变压器转了一圈又一圈，实在想不出好办法，只有让变压器放在这里碰运气了。变压器最易受损的地方是它的高低压瓷瓶部分，无奈我在附近捡了一些稻草拧成缕，然后把瓷瓶用这些稻草缠绕包扎起来。待一切做完之后，天已全黑，我不得不离开变压器回城了。心里想着今夜可千万不要出事儿……

从这里到县城少说也还有十多里路，我一个人走在弯弯曲曲的小路上，两边是没人深的芭茅草，晚风吹过，大片的芭茅沙沙作响。山间的农舍竹林都渐渐隐去，只现出周围群山的轮廓，更给人一种茫茫天涯路的感觉。乃至我赶回城里，早已是暝色四合，月出东山了。

31. 萧瑟芭茅路——深夜"试车"

提心吊胆地过了一夜，第二天一早我就赶到天马坝，远远地就看到变压器还歪斜着立在那里，我赶紧跑过去察看，还好没事！我这才一块石头落地，终于放了心。这时伙计们也赶到了，重新到村子里找人来抬变压器。大家七手八脚地把变压器运到山坡上，安到了早已装好的平台上，这才完事。一切就绪之后，只等下午送电试车（开泵打水）。

准备开泵抽水的时候，还发生了戏剧性的一幕。

水泵安装完了要抽水，叫老乡们先上山开挖引水灌渠，只有先挖出引水渠才能把水引到他们的田里去。但老乡们却只懒散地站在一旁看，就是不肯上山去挖水渠。原来这些老乡根本就不相信我们能把河水送上山去。他们可能想不明白，就凭那么一坨铁家伙（水泵）就能把河水从河里送到山顶上去？不要说没见过，从来就没听说过！所以他们都不动，似乎是想看工人（老乡都这么称呼我们）们的笑话。反复告诉他们就是不听，没有办法，我们就索性先打给他们看。这时我们合闸开泵！随着一声轰鸣，大股的河水一下冲到了山顶，不久，河水便顺着山坡漫流起来，水头向着老乡的房子、院子漫去。这下子老乡才慌了神儿，终于相信了工人们的能耐，都赶紧跑回家，拿着各自家的锄头往山上跑挖沟引水渠去了。这时我们才关掉了水泵，让老乡在山上挖渠，等渠道挖好了，再正式开泵送水。

下午快收工的时候，我们告诉老乡们：这些设备还没正式交给你们，移交之前，谁都不要动，否则会有危险！他们都点头称是。热热闹闹的一天就结束了。

第二天天气晴朗，我们来到这里，眼前的情景却让我大吃一惊，贴在电闸上的封条被揭掉了。水泵出水口上阀门手轮被砸歪了，地上还散落着一些碎玻璃和电灯泡、电线头……

一看便知，昨天我们走了以后，到了晚上他们曾偷偷偷摸摸擅自开泵打水，由于不懂操作，阀门扭不动（可能扭反了）就用石头砸；晚上看不见，就自己接电灯，结果电灯接到了 380 伏的电线上，灯泡都烧了，打碎了一地。我们看了好笑又好气，去找他们队长，但他们谁都不敢承认。我立刻明白了，这事儿发生的时候，队长八成也在场！这些不懂技术的农民兄弟，起初根本不相信工人能把河水打到山顶上去，后来看到我们一合电闸水就自己冲上山去，他们突然明白了，开泵抽水原来如此简单！所以挖完了水渠之后，就想自己开泵打水，哪知他们不仅没把水打上山，还把设备弄坏了。第二天我们来了，他们都躲闪着你看我我看你，谁也不敢承认……

天马坝站试车戏剧性地结束了，虽然发生了一些小挫折，但总体还算顺利。天马坝试车成功，给附近的老乡作了一个示范，老乡们亲眼看到了工人的能耐，解决了用河水浇灌问题。

下一个该是赵家坝站了，结果，赵家坝试车失败了。

赵家坝站，比天马坝站还大，在这里干活用的时间也最长，但这套设备存在着严重问题。首先，水泵电机是一台老掉牙的日本造，是早年日本鬼子留下来的。既没有铭牌也没有任何技术数据可查，是常州市戚墅堰工厂支援来的一个不明身份的家伙，个头很大，怕总也有三四十千瓦。由于电机大，考虑白天电力负荷重，电机无法启动（这里电网最大容量才 400KW）我们决定等到晚上午夜前后试车。这天傍晚，我们早早带上工具、步行两个多小时，赶到赵家坝。一切准备就绪，单等午夜十一点整启动电机。这台电机虽经我查了好几次，但心中还是没数，只能冒险一试了！时辰到了，我硬着头皮猛力推上电闸，电机剧烈跳动起来并伴随着怕人的怪叫。我咬紧牙关不松手，电机仍然启不到正常转速。电流到底有多大？没有仪表测量也不知道！只见地上又黑又粗的电线像被惊动的毒蛇那样狂扭乱跳（电磁动力所致），不一会儿功夫电线外皮就冒起了烟。我从没经历过如此惊心动魄的场面！水泵电机太大，电网容量又太小，最终我不得不拉开电闸。试验失败了！后来又试着改变了几次接法，仍然失败。没有办法了，电网容量太小，电机可能也有问题，起动不了，非常遗憾！

这是一台日本鬼子时代的电机，技术数据不明，接线、电压等级恐怕都有问题！但当时条件下又无法作进一步检查修理，只能无可奈何地放弃了。其实这种结果也在意料之中，这本来就是一台报废了的电机，但凡有别的电机代替我们也不会用这台，但是在当年物资特别缺乏，又到哪儿去再找一台电机呢？这台老电机还是千里迢迢从江苏戚墅堰工厂调来的哩。

上面这些惊险的场面，若在工厂里干活，恐怕一辈子也不会遇到。只有在乡下这种非常条件才能遇到。死马当活马医呗。那个年代都说打破常规闹革命。我们在乡下干活，虽然算不上是闹革命，但却也是处处打破常规了。

试车失败了，当时老乡们并不知情，他们半夜里还给我们送来了夜饭，一盆白米饭、一大碗油炸花生米，另外每人还加了一个煮鸡蛋（要知道，那时正是青黄不接的年月，多数老乡还都饿肚子呢）。试车失败，我们感觉很对不住人家，真不忍心吃老乡送来的东西，所以我提议，饭后，一律付给老乡饭钱。怕不收，就把钱悄悄压在了吃饭的碗下，然后收拾工具撤退回县城。

春日的夜晚，山间一片幽静，只有我们一伙人走路的声音。这时我们开始撒起野来，有人吹起了口哨，还扯着嗓门嗷嗷乱叫，以此来发泄内心的憋闷，求得一时轻松！

路上走了大约两个小时，当回到县城，已是凌晨四点钟。进屋倒头就睡，一直睡到大天亮。

32. 萧瑟芭茅路——与死神擦肩而过

资阳有许多地方都是以动物命名的，这一点很有意思。如狮子岭，乌龟嘴，天马坝，老鹰水库等等。这些有趣的名字很能启迪人的想象！

狮子岭就是这样的地方，城西九曲河左岸上的一段山崖，不太高但地势陡峭，颇有几分气派。或许是远古的年代这里曾是狮子猛兽出没的地方吧，所以叫狮子岭！今天，一道一万伏高压线正在这里施工。高压线要由一公里外的一条主线架过来。这天我们就在新线路与老线路对接的地方干活。新的支线施工已经很多天了，现在单等接火（把新的线路与主线路对接）。为了确保安全，一大早我就派人去拉开了主线路上的隔离开关，将施工段的线路与电源断开，为了万无一失，防备有人误合闸，在电闸操作手柄上又加了一把锁，还专门派了一名电工把守着。人命关天，大意不得！

这是一路高、低压线合用一根电杆的线路，电杆的顶上（最高处）走高压线，下面一层走低压线。两层线间相距一米半的距离。我们的任务是从这条高压线上拉出一条支线到河边的狮子岭排灌站。一切都准备完毕，单等下午接火。

吃过午饭，济南来的姜宝堂第一个爬上了电杆。接线的位置还隔着一层低压线，是四根裸线（380伏，没有外皮的金属裸露的电线），线间距离只有400mm，老姜小心翼翼地侧身从两根火线之间爬了过去，刚好没有碰到两边的火线（只有老姜才有这个本事），待他穿过低压线站到了低压横担（支持电线的支架）上，然后放下麻绳吊拉下面准备好的钢芯铝绞线。不容你不信，就在此时一件意想不到的事情发生了，电线徐徐拉了上去，当拉到那档低压线时，啪的一团火球在老姜脚边炸响！啊？怎么会有电？所有电闸都拉开了的啊！大家被这意外的现象惊懵了！尤其是老姜，他站在上面紧张得差一点从杆上掉下来。大家都惊叫着喊老姜站稳，让他抱住电杆别动，等待下面的人排除危险。见鬼！哪来的电？我立即派人分头查找。从前面隔离开关处回来的人报告，开关仍开着，值班人还守在那里呢；另一伙人顺着低压线找到了石油器材库河边的一个水泵房，一测量，这里竟然鬼神般的有电！立即砸开了泵房的大门，发现这里确实有电！哪来的电呢？经查找，原来是石油器材库的人见我们施工停了他们的电，没有向我们打招呼就自己偷偷地拉了一根临时线（未按正规架的电线）到泵房打水，正是这路临时线的电返到了我们正在施工的电杆上。原来如此！差点儿就出了人命！原因查明后，大家一气之下，立即剪断了他们的临时线，觉得不解气，又把他们的开关板也砸了个稀巴烂。一切做完之后，才让惊魂未定的老姜从杆子上下来。电工本来就是个危险的工种，电工在线上干活，生死常在一瞬间。更不要说是危险的高空作业，在电杆顶上若是触电几乎是没法救的，因为高空作业，电不死掉下来也会摔死！

回想刚才发生的一幕，直惊得我心中叫苦！若真的死了人，其后果不敢设想！

事后回想，今天能躲过一劫，全仗着吃中午饭后的一堂"安全课"。事情原来是这样的。那天吃罢午饭，大家坐着休息的时候，我突然冒出了一个想法：讲讲电工安全吧。我首先带头说起了自己干电工以来遇到过的险情。经我一讲，大家都饶有兴趣地摆开了各人遇到过的危险经历，由于都是亲身所历，每个故事都说得很生动、逼真。原来每一个人都有一番惊险的遭遇。这些亲身经历太深刻了。常言道：神枪鬼刀，这是对接触武器的人的警告；相对于刀、枪，电工这种活则有更诡谲更危险的一面！看不见摸不着，电死人也就在一瞬间！

经过此一番讲述，最后大家得出一个共识：在线路上干活要特别小心，即便在停了电的情况下，也要当成不停电来干！比如眼下的施工，虽说电也停了，并且也作好了各项安全保障，但干活的时候仍然还是不可大意，即使停了电也得按着有电来干！就算是一次以假代真的演练吧。我们就是在这种告诫下开始工作的。所以老姜第一个爬上电杆的时候，才那样小心翼翼。即便这样，下面的人还在不停地喊："别忘了！没电也要当有电来干！"可谁知，这回儿真的给碰上有电！三根带电的火线近在咫尺触手可及！就因为刚刚讲了一堂安全课，老姜从它们之间穿过时，一点儿也没有碰到，从而避免了一场生死之劫！

我很奇怪，自从下乡以来，劳动干活天天都有，但为什么偏偏在今天这个关键的时候想到要讲一堂安全课呢？我从不信鬼神，可今天却让我疑惑起来，好像冥冥之中真有一种力量暗示了我，从中保护了我们！我几乎要相信真的是苍天保佑了。

今天的教训太深刻了，我永远都不会忘记，因为这一天，我们与死神擦肩而过！

32.　萧瑟芭茅路——大自然的力量

在乡下干活，更能让我感受到体力劳动的快乐。和朴实的工人、农民兄弟在一起立电杆架电线打拉线（拉住电杆使其牢固），和大伙一样地开玩笑无拘无束，感觉全身都充满了活力。我也锻炼得同其他小伙子一样的有力气。

在狮子岭排灌站干活，中午吃饭都是在工地上，给我们送饭的是一位俊俏的乡下姑娘，她十分腼腆，从不说话。每天把饭默默地担到我们跟前，然后就一个人躲到小山的后面静静地等待，一直等到我们吃完，她才走出来收拾碗筷，然后挑着担子离去。

吃过午饭是大家最活跃的时候。年轻人吃饱了肚子总喜欢互相开玩笑，引出许多有关川妹子的话题。另外就是互相比力气，其中最有意思的是比赛揪铁丝，把一节镀锌 8 号（直径 4 毫米粗）铁丝，不用任何工具，徒手将它揪断！这不但要有手劲，而且还得有技巧，只用蛮力气劲再大也揪它不断。电工在外面干活，常常会遇到工具不凑手的时候，就有一些徒手干活的诀窍，徒手揪断铁丝就是其中之一。在乡下劳动中，我也学会了这个手艺，把一根 8 号铁丝用手把它揪断，我很自豪！

不久队里又来了一位新队员。其实新的队员经常有，那个时候在城里凡是闲着没事干的，都常派下来支农。但今天下来的这位新队员不同，是派来劳动改造的。

文革中不断的有人落马，这些犯了错误的干部，受到的直接惩罚就是赶到下面来劳动。比如罚扫厕所，扫院子，烧茶炉什么的，走资派铁峰厂长就被指示每天烧茶炉。没想到下乡支农劳动也成了惩罚人的方式之一！这回被罚下来劳动改造的不是别人，而是一直管人事的干部纪少文。老纪是当年调来三线时我认识的第 1 位政工干部。那是数年前的事了，我刚调来三线在北京车站站台上不期而遇的就是他。那时老纪可神气啦，他完全是以一副老布尔什维克的派头与我讲话。广元那会儿他还负责了一段时间的党务工作，我一直把他当成是党的领导，我还向他汇报过思想。没想到今天他也倒了，也被罚下来劳动改造了。事态变化真让人始料不及！现在的老纪和当年完全是判若两人。他每天都跟着我们来到乡下劳动。他既不懂技术，又没有体力，只能跟着干点轻活，帮着拿拿工具什么的。他仍然爱说，但眼神中完全没有了当年的自信，说话也总是先看看人家的脸色再开口。有几个工人师傅特别烦他，嫌他话多，偷懒抹滑。我看他体力差，只能在大家面前给他多说几句好话。

……

常言道：久晴必雨久雨必晴。狮子岭排灌站基本完工的时候，天气要变化了，阴云密布并伴着隆隆的雷声，远方天空现出了道道雨潲，我立即叫大家收拾工具向村子撤去。我们刚刚跑抵村子，一场吓人的雷暴雨倾泻而下。雨水将天空冲得白花花一片。很快大地便雨水横流。人们数天以来抗旱的喧嚣瞬间就淹没在雷霆咆哮的风雨之中。一场大雨就把旱情冲刷得干干净净。雨住了天晴了，雨后的大地一片滋润。人们纠结已久的播种插秧等问题就一下子解决了！大自然充分显示了它的威力。我突然感到人类在大自然面前是多么渺小！

如今社会上总有人宣称征服自然，人定胜天！人果真能胜天吗？眼下的事实再次提醒人们，不管人类自认为如何强大，都要敬畏大自然！断不应狂妄到与大自然抗衡的地步。与大自然相比，人类始终是卑微而渺小的。

风雨也是对我们成果的考验，大风大雨电闪雷鸣过后，我们安装的线路、变压器以及水泵，都安然无恙。

夕阳突然把乡村照得十分明亮。天边挂出了美丽的晚霞。霞光四射，景色壮丽。我们的支农抗旱也告一段落。

34. 北京！北京！

四三一厂是由北京、大连、四方、戚墅堰等地的几个老厂支援筹建的，在建设过程中我们要经常到这些地方出差，特别是北京，铁道部机关所在地。

轰轰烈烈的文化大革命已经进入第四个年头。工厂又派我到北京出差。往年我总是想方设法去弄张演出票什么的，享受一次首都水准的艺术演出。但自从文革爆发以来，各种艺术汇演就停止了。然而首都毕竟是首都，首都永远有别于地方：没有了文艺演出之后，又兴起了一股看批斗走资派的风。文革中大大小小的批斗会多去了，为什么非要到北京来看呢？原因很简单，北京是首都，这里批斗的都是大人物社会名流。这些名人要人，老百姓平时都难得一见，所以公开批斗他们的消息一传出，人们心中便激起一种强烈的好奇心，这样一来，批斗走资派也竟成了首都的又一道风景。

有人帮我在中科院弄到了一张批斗中央大人物的入

场券。批斗大会在北京工人体育馆进行。

　　深冬的北京到处都冰雪皑皑，阳光照在雪面上反射出刺眼的光亮，好像太阳也在吝啬它的热量，不肯给这严寒的京城带来一丁点儿温暖。天气预报说，北京这天的最低温度已降到零下十七度。北京的上班族，都骑着自行车，头戴棉帽，身穿厚厚的棉袄，嘴上还罩个大口罩。沿街的副食店外，北京人赖以过冬的大白菜也都盖上了防冻用的大麻袋和旧棉絮⋯⋯

　　北京工人体育馆这里早已人山人海座无虚席，果然是外地人难得一见的大场面！主席台上就座的都是北京市红卫兵头头们。大会开始主持人一声吼："把反革命修正主义分子带上来！"一伙膀大腰圆、身着戎装佩带红袖章的北京红卫兵反扭着几个老人，一路小跑地推上了主席台。打头的是北京市委书记市长彭真。他身材魁梧，只穿一件对襟中式小棉袄，开阔的前额上，非常明显地涂了红药水，不用说是在批斗中给碰破了头。跟在后面的是他的老婆，一个瘦小的女人，被个头大她一倍的两个女红卫兵反扭着胳膊，像老鹰抓小鸡似的推了上来。接着是中共组织部长安子文，新华社长范长江，中科院党委书记张劲夫，国家科委主任韩光，都是中央大人物！此时台下报出了一阵小声议论。这几个老人除了彭真（我一眼就能认得出）而外，其他几位虽说名气也很大，但真人却是第一次看到。安子文、范长江都穿着一身破旧的军棉衣。文革中不论是谁，一旦被打成了走资派或反革命修正主义分子，便成了阶级敌人，即使是中央领导，也一样猪狗不如！

这些国家领导人，往日里都是站在天安门城楼上检阅人民大众的，今天一下都变成了阶下囚，是罪有应得还是政治斗争的牺牲品不得而知。但有一点是肯定的，从前他们个个都是权威显赫的无产阶级革命家，大名鼎鼎的中央首长，在历次政治运动中，不知有多少人在他们手下惨遭整肃！今天他们自己也走到了这种地步，老百姓对他们也就没有太多同情。

这些人中我印象最深的是北京市委书记市长彭真。四年以前我还没有调出北京，听过一次彭真作的四清运动动员报告。他慷慨激昂，措辞犀利，咄咄逼人："不管你是什么人，只要反对社会主义，就躲不过党和人民对你的惩处，随你跑到哪里！我就不信，你能跑到外国去！……"那时的彭真有多神气！如今，这些革命首长们也落到了这步田地，一个个被红卫兵折磨得灰头土脸。

他们被批斗的时候，周围的观众有的很严肃，但更多的人则有说有笑无动于衷。每个人都有观看的视角，有的是为亲眼看一下平时难得一见的大人物；有的是来见世面的，单位上的批斗会看腻了，再来看看批斗大人物的场面；有的纯属来看热闹的。这些走资派与自己非亲非故，看着他们今天遭受折磨，犹如隔岸观火，图个开心。这种情况下究竟有多少人是真正出于革命激情，很难说。据说欧洲黑暗的中世纪，就曾有过花钱买票进刑场看施刑的事，我们是不是又在重复人类那段野蛮的历史？

北京的大街上，除了文化大革命的标语，又多出了打倒"苏修"、"打倒新沙皇"的大标语。巨大的宣传广告牌上，画着一个卫生战士在北国的冰天雪地中，冒着敌人的炮火抢救伤员……

东北边境上发生了珍宝岛战争。珍宝岛是乌苏里江中一个面积不到一平方公里的小岛，为争夺这个弹丸之地，中国和苏联双方都投入了上千人的兵力，动用了重型武器。战争规模不能说很大，但它却是中国和社会主义老大哥苏联的公开决裂！其涵义非同一般。

北京！北京！你到底哪样啦？

35. 我见到了陈毅元帅

北京出差任务完成，我又来到了南口机车车辆机械厂。自从调离首都以后这是我第二次回厂。几年过去了，这里的街道房屋都还是老样子一点儿没变。工厂外面的招待所、我住过的单身宿舍以及北楼后面黛色远山都和我在的时候一模一样，让我回想起原来在这儿的生活。

工厂环境依旧，这里的人和工厂气氛却全变了。大名鼎鼎的 8341 部队（中南海警卫团）已进驻这个工厂，这里成了文化大革命以来有名的六厂两校之一，是毛主席亲自抓的一个点。厂里到处都是兵。从厂部到车间、直至班组，每一级都有军代表驻守，堪称是全面军管。

中国共产党第九次代表大会在北京刚开过，确立了林彪为毛泽东的接班人。我离开资阳的那个晚上，正是九大召开的前夜，资阳的造反派们在和平路上集体跳起了忠字舞以表忠诚。整条街上都是人，场面空前宏大……

我正在南口工厂设备科洽谈工作，突然有人脸向窗外喊："快看！快看！中央首长来了！中央首长来了！"大家都纷纷把头伸向窗外，三辆大红旗轿车徐徐开进了工厂，然后稳稳地停在了办公大楼前。从车上下来了几个军人，最后下车的是中央文革重量级人物陈伯达。陈伯达的身后还紧跟着两位军人（可能是秘书）。一位过路女工看见了，立即兴奋振臂高呼"毛主席万岁！毛主席万岁！"呼喊声惊动了车间里其他正在干活的工人，许多人都停下了手中活，纷纷跑出来看中央首长。

陈伯达是文革中著名的笔杆子。五八年春他发表了"厚今薄古"的讲话，从此拉开了轻视知识和批判知识分子的序幕。文革爆发以后，又把知识分子作为一个阶层集中打击，把知识分子说成是臭老九，划归到资产阶级一边。文革以来，他一直是执行左倾路线的急先锋。

陈伯达一行人走下汽车，款步向办公楼走来，他显然是要去三楼的 8341 军管会办公室。我正好办完了事从设备科出来，在楼梯上碰到他们。陈伯达矮而粗的个头，身穿一套浅灰色的中山装，走起路来一摇一摆的。我只装不认识，对方也都以对待生人的表情从我面前走过。

陈伯达又来到离办公楼最近的三机车间视察，立即受到车间正在上班的职工的鼓掌欢迎。他来到一台车床前看一位女工干活。这位女工因为一时紧张，手忙脚乱，差点儿把车刀崩坏了。有一批为四三一培训的徒工在这里实习，是刚刚招进工厂不久的一批北京中学生，这些中学生正是不久前起来造反的红卫兵。他们欢呼雀跃，气氛才随之热烈起来。陈伯达亲切地向他们招手，并询问起新工人的情况，他告诫围着他的这些中学生们说："不要沾染社会上的一些坏习气……"

陈伯达来车间视察，穿的是一件洁净的白衬衣，衣袖上有一个缝补得十分精巧的补丁，明亮的灯光下，显得分外醒目，给人一种中央首长生活艰苦朴素的感觉（今天看来，是艰苦朴素，还是政治作秀？恐怕是后者的成分更大）。陈从三机车间出来以后，便上了汽车，离开南厂，向北京驶去。

……

我到"南厂"出差不久，还听师傅们说，陈老总（陈毅元帅）也在这个工厂劳动。自从"二月逆流"事件以来，陈毅便被勒令靠边站了。没想到如今他竟在南厂劳动。可是几天来，我从没看到过陈毅。终于有一天，在去食堂吃饭的路上，一位南厂的朋友指着前面的三个人对我说："快看，前面走着的就是陈毅！"见前面走着三个军人，夹在中间的是位老者，没戴领章和帽徽，军服也是旧的。很消瘦，走路也很慢，这就是大名鼎鼎的陈毅元帅？一点也不像照片上看到的样子！非常消瘦，难怪我以前没认出来呢。若不是朋友指给我看，就是让我面对面看到了也未必会认出来他就是陈毅。可能他也是要到职工食堂吃饭吧，他夹在下班职工的人群中向前走。从那以后，我就经常看到他了，总是由两个军人（8341

部队监控人员）陪着。工厂每次开群众大会，他就搬来一把木头椅子坐在会场旁边。没有人欢迎，也没有问候，孤零零的一位老人。这种待遇和陈伯达来南厂受到的热烈欢迎形成了鲜明的对照。据说 8341 部队早有内部指示：不准欢迎，也不准主动和他说话。

一天下午，终于机会来了，让我与陈毅有近距离接触。这天工厂组织义务劳动——打扫卫生。我也参加了。一块大石头横在路边有点碍事，我就和南厂的同事一起来搬石头，怎奈石头太重，一般使劲竟搬它不动它，这时，从身后传来一个声音："小伙子！小心点！注意安全！"我回头一看，说话者不是别人，正是陈毅！他微笑着看着我，旁边仍跟着那两位军人。我不便说话，便也用微笑点头作答。这就是文革中的陈老总——陈毅元帅！然后，他在两个军人的护送下，又继续向锻造车间那边走去，走得很慢……

36. 爬火车

南口工厂出差任务完成后，我将择日返回四川。眼下最发愁的就是坐火车了，因为文革以来，铁路运输早已失去了正常的秩序，基本处于半瘫痪状态。

我一大早就赶到了北京站，站里站外都是人。我好不容易挤上了一列开往成都的火车，但车上已经没有了座位。从北京到四川是长途旅行，没有座位怎么行？可是问了附近的数位旅客希望能找到一个在中途下车的，好接替他的座位，但问了好几个都让我失望，竟没一人是短途，全都是到很远的地方。我预感到这次坐车是要吃苦头了。过道上和两节车厢的连接处，到处都是人。

出了北京情况更加糟糕。每到一个车站，站台上都挤满了等待上车的人。火车一停，车下的人就拼命地往车厢里挤，或许这些人在站台上等的时间太久了，一看到火车便发疯地往上挤。车门不开就从车窗向里爬。车厢里挤不进了，就干脆爬到车顶上。火车开动了，有的人还吊在车门上⋯⋯

车上早就没有乘务员了，更没有食品和水供应。火车运行已完全不按钟点。有的站无缘无故地停下来，一停就是几个小时甚至半天。火车停在大站上还好点，因为还可以弄点吃的（当地老乡高价出售一些馒头、红苕什么的），若停在小站上，不要说吃的，连水也喝不上。火车说停就停说开就开，也不给任何信号，大约全凭司机个人意愿。我一直站着在车厢人行过道上，腰背抵着座椅端头。第二天仍然没找到一个可以坐的地方，行李架上都躺满了人。脚下厚厚的一层垃圾（甘蔗皮之类），不晓得已经多少天没人打扫了。闷热的空气加上有人还抽烟，气味难闻，燥热的程度令人窒息。烦躁的人们，为了争夺一点点空间而大打出手，吵嚷声叫骂声小孩子啼哭声不绝于耳⋯⋯

路途漫漫百无聊赖。上了火车就像进了囚笼，什么时间到家，无人知晓，一切都只能听天由命。坐火车前我是有心理准备的，但仍然没有想到会有这样糟糕！以前在书上和电影中曾经看到过类似的场面，那大都是在战争年代。但眼下本来是个和平年代啊！而且是发生在新中国成立了二十年的今天！

火车在一个不大的车站又停了下来，车上车下又爆发一场攻防战。车上的人不让车下的人上来，他们把住车窗不让打开，车下的人便用扁担等物拼命向里面撬，甚至不惜打烂玻璃往里爬。一个带小孩的妇女刚刚把小孩像货物一样塞上车，火车就启动了。这个女人像疯了一般顺着站台追赶着火车：她边跑边哭喊着"我的孩子啊！我的孩子啊！"幸好火车开了一段又突然停了一下，一位好心的大叔才把她拉上了火车。

一路上火车就像一头梦游的巨兽，摇摇晃晃，走走停停，停停走走。第二天了，火车还没有开出河南（刚过郑州）。

从北京上车我就一直站着，一直站到西安，两天一夜！过了西安才勉强找到了一个坐的地方。在昏暗的车灯下，尽量靠近窗缝儿呼吸一点新鲜空气。

……

这条路线我是熟悉的。从支援三线来到四川，我曾多次在这条线上往返。过了宝鸡，火车进入秦岭山区，就感觉像是快到家了，反正是离家越来越近了。窗外山河依然壮丽，但此时又有谁还有心欣赏这祖国的大好河山呢！人们都巴不得火车赶快开出秦岭开到目的地成都！

三天三夜的火车终于到了成都站。下车以后，我感觉两腿沉重得像灌了铅一般。好在工厂招待所（临时的）

离成都车站不远，我几乎是拖着两条腿走进了招待所。住下之后，先去打了一盆热水洗脚，撸起裤腿，发现两条腿肿得像大萝卜。我两只手哆嗦着竟脱不下袜子。洗完脚便胡乱地吃了点东西，爬上床就再也不想动了。正好后勤的顾锡元主任也来成都出差，长时间不见，顾主任像久别的朋友那样情不自禁地向我讲述起这段时间厂里发生的事情：形势糟糕的很啊！重庆的"反到底"又过资阳来了。对立两派沿路设卡，用水泥下水管把公路拦了起来。一天夜里开来了几辆卡车，车上站满了全副武装的武斗队员，哨卡站岗的是资阳石油库的工人，见势不妙他想赶紧回去叫人，刚跑几步就被车上的人开枪打死了……

顾主任是江苏人，口音很重，他不停地用常州话急切地向我诉说着，而我已无力倾听，只勉强地应付着：哦、哦、哦……疲惫恍惚中觉得说话的声音越来越远，朦朦胧胧便听不见了……

文革期间我曾多次出差。这次坐火车还不是最糟糕的，比这次危险的还有。比如有一次在火车上遇上了武斗，双方在站台上打来杀去，车站上的栅栏都被拔起来当了武器。双方打得头破血流。我躲在车厢里看着窗外武斗，那才叫惊心动魄！在此就不细说了。

37.　回故乡的日子——母亲病了

从北京回到四川不久，接到母亲托人寄来的一封信，信中说她最近病情加重，希望我能回去一趟。

母亲腰痛多年了，从来也没有像这次这样特别写信叫我立即回去，母亲的脾气我是知道的，不到万不得已，她是不会托人写信叫我回家的，特别是当下到处都在武斗，路途又这样遥远，一种不祥的预兆袭上心头……

一九五八年大跃进，政府要农民深翻土地，日夜在地里干活，晚上也不准回家，吃饭睡觉全在地里，劳累过度加上露天潮湿，母亲落下了腰腿疼的毛病。乡下没条件治就拖着，后来越拖越重，不得不挂上了双拐，但她也还是得不停干活，病情越来越重。今天我突然接到这封信，不用说一定是很严重了。

接到母亲的信后，我立即找了李进生厂长，说明了情况，领导还不错，很快给我了一个到北方出差的机会（真得感谢领导的关照给我这次机会）。我去开了张免费乘车证，第二天就踏上了北去的火车。

一路上我一直惊恐不安。母亲的病怎么样啦？总想着各种各样的不测……

先到北京，然后由北京转车到山东。近三天的路程，火车终于到了济南，离老家愈来愈近了。我内心的压力也越来越大，脑子里反复出现一些令人烦恼的事情，眼下文化大革命正到处抓人，我家庭成分高，凡是成分高的都属专政对象。这几年每次从外面回家探亲，奶奶和三婶总是催着我赶紧先到生产队报到，接受生产队里的监视。在村里说话行动都要格外小心，生怕说错话作错事引出麻烦。唉！故乡于我，不但没有久违的亲切，反倒要像戴罪之人处处受到监视。村子里的人也都冷脸相向，看到了也装没看见，扭过头去远远的像躲避瘟疫般不愿与我接近。记得一次回老家，在村头遇见了一位大叔，多年不见，我连忙向前招呼握手，不料他却像触电似的惊恐地把手抽了回去。我至今都记得他当时看我的眼神。

……

我一直沉浸在乱七八糟的思绪中，突然火车速度慢了下来，耳边响起一阵骚动，昌乐车站到了，我该下车了。我赶紧拿起行李。昌乐车站是我从小就熟悉的小火车站，几年不见，房子更破了，车站上到处都堆满了垃圾。下车以后再走两个小时的土路，才赶到家。此时已是暮色茫茫。只有奶奶一个人迎了出来。奶奶比上次回来更老了，白发苍苍满脸皱纹，牙齿几乎全掉光了，嘴也瘪了下去。奶奶领着我来到老北屋母亲住的房里，路上一直担心的事情终于还是无情地展现在我的眼前：母亲一个人躺在冰冷的土坑上，她的下肢瘫痪了。见我回来，她想坐起来，但没有成功。我连忙让她不要动。屋子里全都是破破烂烂的，这个家哪还像个家？这次从四川回到老家，全然没有久别重逢的喜悦，有的只是满目凄凉。"相逢莫作嗟嗟语，皆因凄凄在乱离。"

我决定尽快把母亲送到医院去。第二天我就赶到昌乐县城，找到了六爷家的二姑。二姑和二姑夫都是大夫，他们曾在潍坊医院供过职，那时医院不好进，我需要她们的帮助，后来她俩也真的帮助了我，姑夫还亲自到潍坊医院为我联系，后来母亲能很快住进医院，没有她们的帮助是不可想象的。

潍坊医院是一所地区医院，距离我家有五十多里地。中间要乘个把小时的慢车。

昨天夜里下了一场大雪，一大早，钊冲大爷家绪太兄弟就过来帮忙。小伙子身强力壮为人憨厚，乡下人讲情谊，他姥姥家与我姥姥家是一个村，同是冉家庄子，所以他和我的关系就又近了一层。他推来了一辆独轮小车，老家人叫"二把手"车，是那个年代农村主要运载工具），帮我送母亲到昌乐火车站。他来帮忙让我很感动。奶奶在一旁说："唉！论干活，还得乡下的孩子啊。"

绪太帮着我把车子铺垫好，我过来看母亲，却见母亲还没把棉裤套在腿上。她用手抓着棉裤裤腰，吃力地挣扎着。昏暗的煤油灯下，我见母亲痛苦着急的样子才明白，母亲瘫痪的程度远比我想象的还严重，她的下身已经完全失去了感觉，自己一个人根本穿不上衣服！奶奶过来啧啧地说："快半点钟了，连个衣服也穿不上了，这可怎么好。"看着土坑上绝望挣扎的母亲和一旁白发苍苍的奶奶，我直想哭……

村子到火车站有十多里路，我和绪太用独轮小车推着母亲，伴着大风雪出了村子。举目四望，白茫茫一片，道路也被积雪覆盖了，辨认不清哪是道路，哪是田地，只能凭着记忆和地形判断出道路的走向，深一步浅一步地向前赶。母亲紧紧扒在小车上。我在前面拉车，绪太兄弟在后面推。风雪在田野上呼啸翻滚，形成阵阵雪雾，雪花打着旋儿直吹人的脸，直让人透不过气来。我们就这样一步一步向火车站赶。

38.　回故乡的日子——母亲住院

　　潍坊医院是一家有近百年历史的医院。最先是由美国人创办，叫"潍县乐道院"。老家人都管它叫"潍县洋楼"。

　　上午十点多钟我们终于赶到了潍坊医院。有年头没来潍坊了，这里全都变了样。医院里看病的人特多，大厅里走廊上，到处都是病人和陪伴病人的家属。我找到姑父，他曾在这个医院上过班，认识这里的大夫。在他的帮助下，比较顺利地挂上号并很快就诊。经大夫检查，母亲患的是胸椎结核，部分胸椎已经溃烂，压住了神经，所以下肢瘫痪。大夫检查时，掀起母亲的衣服，看见她脊背上肿起鸡蛋大一个包，病灶十分明显。大夫叫立刻住院！并告诫说，病人脊椎已经溃烂，一定要平躺，绝不可再翻动，否则神经撕断了就没救了！原来这么危险！我赶紧从医院借了一副担架，让母亲平躺上去，把她抬着送进了住院部。

　　从老家坐手推车到火车站，又坐火车到医院，沿路折腾，该有多么危险啊！想起来真叫人后怕。好歹总算住进医院了，觉得母亲有救了，好歹可以松口气了。

　　谁想把母亲抬进住院部后，这里和门诊一样，到处都挤满了人，大厅和过道里乱哄哄的像赶集。一位护士走过来指给我一个房间，里面大约六七米见方，却摆满了八张病床，不大的房间塞得满满的，本来已经拥挤不堪，过道上又加了一张病床，这样几乎是床挨着床了。护士打针送药都得侧着身子走。文革以来，护理病人的工作已经全由病人的家属自理（印象中，病人住院全由家属自己护理就是从这个时候开始的，以前没有这个规矩）。一个病人至少要一个家属陪着。这样多的人待在一起，实在太挤。这还不算，比这更糟的是这里的臭虫泛滥。母亲睡在一个中间靠墙的位置。掀起床垫一看，吸饱了血的臭虫纷纷乱爬！再看墙上，离床一米高的墙面上，到处都是捻死臭虫留下的血迹，看了令人发指！整个病房里都充斥着一股难闻的气味，其中也包括捻死臭虫的血腥味；走廊过道上，满地都是黑乎乎水迹；公用厕所小便池里也积满了大便。大小便池均被堵塞，粪水漫溢，满地乱流……

这哪里是医院，简直是人间地狱！

文革期间，医院清洁工属于革命阶级，没人敢指使他们。

我把母亲勉强安顿下来之后，就去找护士要了六六粉，在母亲铺的褥子下撒了一遍。这种待遇好像其他病床还没有，所以引来了不少忌妒的目光。

其实母亲来这个医院治病已经不是第一次了，十九年前母亲得了肋膜炎，也曾来这里住过院。那个时候刚解放不久，我年龄还小。有个远房的舅舅在这里当主任，母亲得到他的关照来到这所医院。当时的情景我至今记忆犹新。记得那位舅舅胖胖的，对人很和气。来医院的那天早上，先去见了舅舅，见他正在办公室开会，见到我们，赶紧迎了出来，可能会也快开完了吧，他便引领我们到他家。贤慧的舅妈先单独给舅舅做了早饭，记得舅妈给舅舅煮了一碗面条，浮头加了炒白菜，满满的一碗。舅舅三口两口地扒完了面条，又匆匆赶回医院上班了。之后舅妈又给全家人做早饭，叫我和他们一起吃，吃的是玉米面馒头和小米粥，她一边给我盛饭一边很亲切地与我们说着话……

那个时候潍坊医院没现在大，但环境极其明净优雅。病房是一座座很洋气的小楼。里面井井有条，雪白的床单一尘不染，地面干净发亮。年轻的护士走来走去，空气中飘散着一种淡淡的来苏水的气味。病人在这幽静清雅的环境中，接受着周到细心的治疗……

转眼快二十年过去了，如今医院的房子多多了，人也更多了，哪里还寻得原来的模样。如今那位远房的舅舅一家也不知去向。听说那位舅舅后来在政治运动中犯了错误……

看到现在这个样子，真叫人怀念那个时候。

此时文化大革命到处都在武斗，戴着红袖章的"专政人员在医院里走来走去，还经常到病房突击搜查"阶级敌人，查对每个病人及其陪伴病人的亲属的政治身份，如发现"阶级敌人"，立即赶出医院，绝不留情！

一位戴黄帽子穿白大褂的医生（可能是转业军人），最是凶神恶煞。他头戴军帽，身上穿着白大褂，戴着红袖章，对病人特别狠。我亲眼看到他厉声地驱赶一位住院的老汉，说这个老头是地主成分。看到这位老人向他哀求，无力地辩解着。病房里的其他人都呆愣愣地看着，不敢说话。不论老人如何解释哀求都没有用……

母亲尽管从年轻起就没有过过好日子，可是她的成分也是一言半语说不明白的。若被他们查出来……我不由地倒吸了一口冷气。

我从小受的教育就是诚实不说谎，以我当时的认识，若是真对我盘查起来，我是经不住审问的。所以我一天到晚都提心吊胆，尤其是到了夜晚，简直感觉找不到一个安全栖身的地方。看到查户口的来了，我就像小偷一样（其实比小偷还怕，小偷充其量还算人民内部矛盾，而我弄不好就是敌我矛盾），只能躲避，像个逃犯一样整天都躲来躲去。

住进医院的第三天才轮到母亲手术。这手术是个大手术，从上午九点钟开始直到下午两点才推出来。这期间我一直等在门外。手术做完，我见母亲在手术车上被推了出来。脸色惨白没有一点血色，蜷缩着身子像死了一样。回到病房到第二天才渐渐苏醒过来。

给母亲做手术的大夫听口音是上海人，四十多岁年纪。刚做完手术，还没来得及换掉衣服就到病房来查房。更让人没想到的是，查完房后又顺手操起一把拖布帮着擦地。我心里想，现在作个大夫可真不容易。作完一台手术已经很累了，尤其是像母亲这种大手术，可是还得帮着做清洁！文革中，大夫是知识分子是臭老九，是被改造的对象。他不顾手术后的劳累，做一些本来不应由他做的清扫工作，也是为了挣个表现！原本这些活是清洁工该作的啊！

凭着一个医生的良知，即使在这样的环境下，他也依然遵循着治病救人的原则，默默忍辱负重。

手术后第三天，母亲的神经出现了复苏的迹象，小腿开始有感觉了。原来已经麻痹的神经，一旦解除了压迫，其恢复过程是很痛苦的，这时母亲全身痉挛，痛苦地在病床上翻滚着，这样折腾了一两天的时间才慢慢安静下来。

39. 回故乡的日子——母亲您不要哭

母亲病情好转之后，下肢仍然动弹不得，每天都得靠我给她翻身。翻身的时候，一手托住后背，另一支手托住臀部，一起用力，否则就会扭伤脊椎。一两个小时就得翻身一次。

那么大的手术，那样差的条件，但母亲自始至终没有一声抱怨。早上给她煮个鸡蛋她都不舍得吃，煮好了还非要我吃。好说歹说才吃下去。唉，母亲您太苦了呀！

母亲住院以来，我一直过着提心吊胆的日子，一是担心着母亲的病，另外文化大革命发展的形势也令人迷惘，我得时时提防着医院里的革命派来找麻烦。

外面突然下起了大雨，很快变成了一场冰雹。不多一会儿工夫窗外就变成了冰天雪地、草木凋零的景象。所有能走动的人都跑到外面看雪景，热热闹闹有说有笑。我望着这漫天的冰雹忧心忡忡。母亲一个人躺在床上竟哭了起来。我忙问怎么啦？她才哽咽着说："老天爷把地里的庄稼都砸死了，我回家可吃什么呀？"母亲是害怕回到老家又要挨饿啊！这也难怪，这些年来村里一直都在挨饿，五八年后三年大饥荒，母亲差一点饿死，饥饿已经成了她一生中最大噩梦！六三年后形势虽有好转，但老家也全仗着吃红苕野菜度日子，即便如此也还是吃不饱，一年到头连一粒粮食也吃不到！我这次回来，奶奶、母亲的口粮依然全是红苕。母亲说："有红苕吃就不错了，每年青黄不接的时候，就连红苕也吃不上呢！"今天母亲看到这样一场冰雹怎不为此害怕呢！

看着母亲惊恐绝望的眼神，揪心的难过让我一时说不出话来。眼睁睁地看着母亲挨饿受罪，在死亡线上挣扎，我却救不了她！

我劝慰母亲说："不要紧，下冰雹的面积不会很大，您放心，这里下了冰雹，咱们老家就不下了。"母亲听到这里才止住了眼泪，可是我的心却止不住一阵难受。我想我算什么儿子？此刻，我恨不得干脆丢弃现有的一切，留下来陪伴母亲，与母亲同甘苦共命运！再不走了。只要能照顾好母亲就行！不就是种地当个农民嘛，祖祖辈辈不也是这样过来的嘛！可是转念一想，不行啊！如今社会，岂止当个农民就行了？剥削阶级家庭的原罪在身，你就甭想过个安生日子！社会要求你必须与其家庭划清界限！特别是文革中，"阶级斗争年年讲，月月讲。"它是不承认伦理亲情的，你岂敢以身试法？文革以来，有多少人因为划不清界限而沦为囚犯。到了那个时候不用说救不了亲人，就连自己也搭进去了。况且我在外面已有了家室儿女。本来就背负着出身不好的原罪，如果真的辞掉公职回到老家，那就等于背叛革命，自绝于人民！后果可想而知！

但是让我和亲人划清界限，我真的做不到。母亲一辈子受苦，没过过一天好日子。即使在旧社会他们也都是本本分分、规规矩矩的庄稼人，一年到头都辛勤劳动，从没做过坏事。我认为他们都是好人，只不过是给历史赶上了！

此时我更体会到一个人是多么无能弱小！在强大的社会面前，只能默默忍受命中注定的折磨和煎熬。

想来想去仍然是一筹莫展。再没有比眼看着自己亲人受难，却不能援救更让人揪心的了！我只有仰天长叹。

农村的阶级成分划分不比大城市，大地方还有政策区分：情节轻重，戴帽与不戴帽；敌我矛盾与人民内部矛盾等等。在农村这种界线被无知和缺乏文化而混淆了。只要你在土改或日后的什么运动中被打成了什么分子，那么这个家门内的所有成员就甭想再过和平日子了。因为他们都不分青红皂白的成了阶级敌人，而且还一代传一代，一直到你断子绝孙……

　　此时的潍坊医院造反派已经夺了权，到处都贴满了吓人的大字报大标语。这天，一大早就听打开水的人回来说，昨天夜里又有一位大夫自杀了。他是用手术刀切断了自己的颈动脉而死的。这是一种十分在行的自杀方式。这位可怜的外科医生，生前一定也救过不少人吧？然而最后他却用救了无数人的手术刀结束了自己的生命。唉！据说自从文革以来，这个医院已有多位大夫自杀了，听说都是些很好的大夫。

　　文革形势的趋紧，医院里查户口也愈来愈勤了。仿佛到处都是警戒的眼睛成天都盯着你。正当我最感困难的时候，一位好心的护士帮了大忙。这位值班护士负责我母亲的病区。文革中，护士属于革命阶级，但是我见她从来不像别的护士那样趾高气扬，她仍然忠于职守，从不对病人发脾气。我觉着她很能理解和同情人。住院以来，她从不在人面前提及敏感话题。关于我的情况她更是躲着不问。倒是有一天她小声说："你晚上就到会议室去休息吧，那里安静些。"医院会议室与母亲的病房是斜对门，中间只隔着一条走廊。平时门总是锁着的，这位护士有钥匙。到了夜晚我给母亲收拾完后，她就把门打开让我到里边休息。从此我夜里给母亲收拾停当后，便一个人躲进会议室反锁门，睡在一张大案子上，暂时不用担惊受怕夜里查户口了。好久没有这样安稳地睡一觉了。在人心惶惶的日子里，会议室成了我的避难所。

　　她让我进会议室休息，不光是对我的关照也是对我的信任，这让我非常感激。平日在病房里我也尽量帮着作些事情，比如扫地，帮助维持病房秩序，代为解答病人提出的各种问题。多数病员都是乡下人没有文化，免不了问这问那，我就帮着解答。不少病人和家属都误认我也是大夫了（乡下人看穿制服的不是领导就是大夫）。有一天，医院里发下了报纸（文革中，生病住院也要政治学习），我就主动担负起了为病房病人念报纸的工作，成了病房里的一名义务读报员。

母亲是大手术，做这种手术一般都要输血的。那时医院血库紧张，病人用血一律得抽家属的血，所以我一直等着给母亲输血。但奇怪的是一直没人通知我去抽血，我还以为母亲的手术没有用血呢。直到母亲出院，我才看到结账单上母亲是输了血的，但医院怎么没叫我抽血啊？我想这可能和那位好心的护士有关。

我感谢潍坊医院那些好心的医务工作者，尤其是那位给了我许多帮助的护士，今天每想到他们，我总是充满感激之情。

40. 回故乡的日子——夜色茫茫

母亲住院以后我一直守在医院里。这次从四川回老家，路过北京的时候，顺便把小女儿也带回来了，女儿快三岁了，长这么大了还没回过老家，这次母亲住院，我就把她放在家里由老奶奶和三叔家的妹妹惠彩照管。这几天我惦记着在家的小女儿，待母亲病情有所好转，叫惠彩妹来医院替换我一下，我便抽空回来看女儿一次。

那时从潍坊到昌乐下午只开一趟火车。火车很慢，傍晚上车，到昌乐已是晚上八点多钟，天全黑了。

乡下天黑得早，乡下人睡得也早，尤其是在这动荡不安的年头，八点多钟家家户户就都关门了。

下了火车我就向一位站前摆小摊的老大爷打听："现在路上可太平？"他说太平。我便匆匆上路了。城市里过惯了，来到乡下就感觉这里的夜晚特别黑。我离开车站向西走，不多远再向北拐，过了铁路涵洞子就出城了。这时立刻就陷入一片黑暗之中，再也没有了灯光，看不见路，周围黑得几乎分辨不出东西南北。这时我只能凭着白天的记忆摸索着往前走了。田野上万籁俱寂，只有偶尔从远方村子里传来的几声犬吠。除此之外就只听到耳边的风声和自己走路的脚步声了。由于一心想着赶快到家，我不由地加快了脚步，深一步浅一步地往家赶。

在这月黑风高的夜晚，一个人走路，仰望天空，唉！在这个天底下，不知还有多少人在遭受苦难哩……

我走着走着，朦胧中看到前方站着一个人，我心头猛然一紧，心想这深更半夜的有谁会站在路上？莫非遇上了坏人？但黑暗中我又模模糊糊看不清。我从小就胆子小，记得小时候晚上在邻居家玩，听大人讲了鬼的故事，就不敢一个人回家了。如今看到前面出现的黑影，我的头发一下子就扎起来。心想，母亲正在住院，家里还有需要我照料的老奶奶、小女儿，难道今天还要出事不成？想到此，我索性把心一横想，反正前面也只他一个人！一对一又能怎样！想到这我反倒镇静下来。这时我想起当兵复员的堂兄说过，侦察兵夜间走路，要看清前方，就先蹲下身子，仰望前方。为了应对不测，我当即蹲了下去，这办法真灵，映着微弱的天光，果然看到了前方远远地立着一个人，只是夜色太浓，看不清楚。细听，倒也没有动静。我开始盘算着如何应付这最坏的局面。我试着挪了一个方向，让身体趴在地上看，发现那黑影的形态似有改变，又感觉不太像人！之后，便大着胆子向他靠拢，待走到跟前才弄清楚，不是人，而是一块石碑！石碑的四周全是坟茔。啊！我怎么走到坟地里来了？迷路了！照白天的记忆，大路东边很远的地方才有一片坟地，说明我已偏离大路很远了，大路应在西边！我只得改变方向，从这片坟墓深一步浅一步向西走去，走了很久才找到正路。后来家里人告诉我，这样摸黑在田地里走是很危险的，因为那时农村到处都在打井，夜晚看不见，若失足掉进井里，也没人知道，自己又爬不出来，那可就没命了。

听人说，人的胆量多半是逼出来的，这话一点不假。理智告诉我，真正需要提防的不是鬼而是人！只要不遇上坏人，就没有理由为那些不存在的威胁担心。一路之上，我就强迫自己不再去想那些乱七八糟的事情，而让自己回想工厂里上班的时候遇到的一些事儿，比如曾遇到过的一些技术难题：电子抗干扰问题；机器布线的各种方案以及电气故障种种，用这些实实在在的生活情节来驱散形形色色的胡思乱想，倒也有效。我立刻感觉到周围乃是一个可以信赖的物质世界，虚无的恐惧只是一种心理作用，没有必要那样神经质。心中想着这些，也就不那么疑神疑鬼的了。

我到家，整个村子都已睡去，黑黢黢的没有一点灯光。我轻轻敲门，奶奶听见我的声音答应着出来开了门。

这个曾经多么熟悉、温馨的老家，如今已破败成了这个样子，家里的人死的死了，走的走了，如今只剩下了老人，此情此景怎不叫人心酸、凄凉？

小女儿睡得很香。她对大人的苦难浑然不知。

……

母亲住院以后，我曾数次走夜路回家。一个人走夜路还碰到过几件有趣的事儿。

一个有月亮的夜晚，我从医院回家，走到三里庄村头的时候遇到了一伙小孩，他们见我走来，其中两个小孩惊奇地喊："解放军！解放军！"听孩子们如此喊，我才发现他们把我当成解放军了！是我这身打扮，在月光下，看不清衣服的颜色，倒像个军人！可不是吗，我当时穿着一身褪色的蓝色旧制服，带一顶同样蓝色的军式帽子，背着一个军用帆布背包。我这身装扮在月光下（看不清颜色）倒也有点像军人！那年头军人最吃香。因为文革号召全国人民学解放军！军人有崇高的地位，没人敢动解放军，即使一人走夜路。这一意外发现倒让我更壮起了胆子。我索性模仿起军人的样子，扬眉挺胸地大步向前走。在那动荡的年代，我数次一人走夜路再没碰到过危险也许和这有关吧。

再有一次我深夜回家，在等着奶奶出来开门的时候，一只黄鼠狼突然从墙头那边蹿了出来，它竟来到我的脚下，围着我兜圈子，还用鼻子闻我的衣服，好像是想弄清楚我的身份，它一点儿也不怕我。这些昼伏夜出的动物，本来是很怕人的，这会儿却一点也不怕我，莫非它也感觉出我的善良？相信这个人是不会伤害它的。在我等待奶奶前来开门的一段时间里，它一直陪伴着我。待到奶奶出来开了门，它才轻捷地又跃上墙头离去。

41. 回故乡的日子——离别

山东半岛盛产水果。潍坊医院的南边，就是一片果园。园子里有桃树、梨树、苹果树。春天来了，果树都陆续吐芽开花，大自然又呈现出一片勃勃生机。

母亲手术后，病情开始一天天地好转，天气也渐渐暖和起来。我们刚来医院的时候，这里还覆盖着白雪，如今已然是桃红柳绿的春天了。医院里的梧桐花也开了，蜜蜂飞来飞去，发出让人催眠的嗡嗡声。温暖的春风也从开着的窗口吹进了病房。此时若不是母亲生病，若不是在这动乱之中，该是一个多么美好的春天啊！然而此时，国事家事仍然压得人喘不过气来。在全民苦难，连命都不保的当下，又有谁还有心去欣赏这满园春色呢？春天虽然已经来临，但人们的心却仍然处于严冬之中。

转眼母亲住院一个多月了，我的假期也该到了。在一个风和日丽的上午我给母亲办了出院手续。

母亲出院回到家中，一直还是躺在北屋的土炕上，由于伤处还没有完全恢复，所以到家后翻身仍然还得靠别人帮助。但我要走了，以后可怎么办呢？不走又怎么行呢？这是出差！我非常害怕我的家庭成份。和家庭划不清界线的警告时时在耳边回响，总感到有种无边无际的压力。文化大革命全国都一样，继续守在家中肯定是不行的。好难为人！

冉家庄表妹说："表哥就是个男的，若是个女的，只怕哭也哭死了。"我强颜道："伤心解决不了问题，有伤心的那份精力，倒不如用来想想办法呢。"其实，重大灾难时的泪水不失为一种自然发泄，这种发泄是情绪调节，不但能带来感情的平复，甚至还有某种温馨的成分。但是当你真正陷入困境的时候，微笑难，哭也是无泪的。因为此时已经没有了令人内心得到缓解的眼泪了。危难之时，容不得你多愁善感！

我就要走了，就要离开这地狱般的环境，回到我熟悉的大城市。然而家里又怎么办呢？母亲躺在土炕上，奶奶又老了，家中没有我的日子可怎么过？奶奶一向是个心宽的人，打我记事时起，就没看到奶奶发愁过，无论遇上什么难事，她都不像一般的女人那样被忧愁压倒。可是这次不同了，我临走前的一天，她几乎是在自言自语地念叨："走的走了，病的病了，唉！这个家眼看着就完了……"听了这话，我有说不出的悲酸。回想祖父在世的时候，家里出出进进十几口人，有多温暖，好像什么都难不倒似的！如今骤然成了这个样子，如何不叫人心碎？

　　临走，我尽量安慰母亲和奶奶，奶奶说："唉！走吧，外面的工作要紧。只是这一走，还不知道下次能不能再见到呢……"奶奶眼里涌出了泪水。

　　离开家的时候，奶奶把我送出屋门，我心情沉重地向外走，当我回头再看奶奶时，见她正趔趔趄趄向屋里跑，我知道奶奶在哭，为了不让我看见她的眼泪……

　　我心里在喊："奶奶，母亲，我对不住您们！"此时我真想大哭一场。

　　……

　　在火车站等车的时候，看到一位上了年纪的妇女在窗口买票，售票员问她："你到哪里？"她回答说："我找儿子去。""你儿子在哪里？"她茫然地摇着头，但她仍执拗地要买张找儿子的车票，不肯离开那个窗口……我又想起了母亲，感到一阵无比的悲怆与揪心。

　　我终于坐上了返回单位的火车，看着车窗外萧索的原野，这片既熟悉又陌生的土地，我是一个被这片土地遗弃的孩子。

　　我离开了不忍多想的老家，来到熟悉的北京。然而母亲、奶奶在我离开时的样子仍然挥之不去……

　　几天之后，我把小女儿送到北京她姥姥家，然后又从北京转车回四川。到资阳的时候已是深夜，资阳火车站和我离开的时候一样，候车室门前聚集着一群蓬头垢面破衣烂衫的乞丐。我走出车站，和平路静悄悄的空无一人，在黑沉沉空荡荡的大街上仅有的几盏路灯，幽幽地发着光。这是为了省电，电压都调得很低，像鬼火一般……不知是谁家的孩子突然哭了起来，不久又恢复了寂静。我沿着和平路，向蔬菜公司走去。在那座旧木板楼上，有我的一个床位。

上了板楼，与我一起的栾工出差了不在家，屋子里就剩了我一个人。打开长久不用发潮的铺盖，一股浓浓的霉味立刻发散出来。此时透过下半夜寒凉的夜空，又传来了远方火车汽笛的长鸣，天亮前最后一班车开过去了，听着火车远去的声音，我仍然无法摆脱对老家的挂念。母亲、奶奶她们现在怎样了？不久一股少有的疲惫渐渐爬满全身，慢慢地沉入了梦乡……

42. 筏子桥

不管从哪方面说，筏子桥都是一个让人怀念的地方。我曾经在那里住了近四个年头。

每回忆起那段历史，我脑子中就会浮现出一栋栋简陋的宿舍，用芦席和竹竿搭建起来的职工食堂、小卖部、李进生厂长匆忙的身影以及许许多多同事、朋友们熟悉的面容……

转眼几十年过去了，回想那段历史仍不免让我心潮澎湃。

出资阳老城向西北，沿着老成渝公路大约走五公里便到了筏子桥。过了桥朝东北方向山坡下，斜刺里走出一条路，路边有一片破旧的房子（现在已不存在），那就是四三一厂当年最早的一片房子,后来总称为筏子桥。

别看这片不起眼的地方，殊不知历史上也曾有它辉煌的一页。

上世纪六十年代末，四三一筹建处从城里迁到了这里，成立了三线建设指挥部，从此这里便成了四三一厂的首脑机关所在地。筏子桥便成了这个中央大企业正式建成以前的政治文化中心。

四三一的建设大体可分为三个阶段：第一阶段是在城里电务大修队，即大北街 26 号。处于酝酿、规划、设计和土建施工阶段；第二阶段就是筏子桥阶段：继续施工并开始设备安装；第三阶段是松树坪阶段：总厂办公大楼落成，工厂机关便搬进其中（大楼落成前有短时间借用过一分厂厂房）。在此阶段，设备安装继续进行，以至工厂最后完全建成。

打个不很恰当的比方，如果拿新中国建政历史作比，城里的大北街就相当于井冈山；筏子桥就相当是四三一人的延安了。这里发生的故事对那些老四三一人难以忘怀（在接下来的数篇回忆中会逐一讲到）。总之，四三一人在这里度过了建厂史上艰难的近四个年头⋯⋯

如今时过境迁，筏子桥区夕日的喧哗早已进入历史。2012 年整修九曲河工程开工，筏子桥的几栋房子全部推掉，当年的筏子桥便彻底湮灭于历史长河之中。

筏子桥由兴隆到萧条直到今天的消失，筏子桥的居民换了一茬又一茬，他们从这里走走向总厂机关，走向各个分厂科室、车间。后来他们又分散到全国各地，乃至走出国门，走向世界。不少人在这里坚守，直到陆续故去。

记得前些年筏子桥一带还没拆除的时候，我早上在成渝公路（后来的车城大道）上散步（晨练），偶尔还能碰上一两位仍住筏子桥的老人，我向他们打招呼，他们会大声地说：我还住在原来的地方！都是古稀之年的人啦，还是透着几分自豪！

43. "筏子桥"这个地方

一九六七年，文革已进入全面内乱的阶段。四三一自己做主在筏子桥一带修了第一批职工宿舍。当时李进生厂长与筹建处其他几位领导及技术人员反复研究，冒着犯路线错误被罢官被批判的风险，避开承建单位建厂局，自己请了一个施工单位——103公司在筏子桥盖起了四栋红砖房。这样做的目的是想作个试点，实实在在地作个比较，看看红砖房比天天吵得震天响的干打垒，究竟哪样更省钱更实用。在九曲河畔筏子桥，盖起了四栋四层楼的红砖房。工程由李进生厂长亲自抓，尽量选用当地产的材料，如红砖、石灰、河沙等建筑材料，精打细算，结果算下来，花钱不多，比干打垒房经济实用多了。希望设计承建单位——建厂局也按着这种样式修职工宿舍，再莫干劳民伤财地干打垒了。所以后来大家就把这四栋红砖房叫做样板房。究竟采取哪种方式盖房更经济适用、更加合理，任何一位不抱偏见的人都不难得出结论。

当下正在政治运动的风口浪尖上，干打垒代表的是革命建设路线，再不划算也要贯彻，口号说得明白，不能只算经济账，要算政治账！

所以，四三一的正式承包单位——建厂局并不理睬什么样板不样板，仍然在筏子桥头盖起了一大片干打垒房子。

这片干打垒房盖成了小而矮的二层楼（大约怕修高了要倒）。每户人家都隔成两小间，外面一小间用来做饭、吃饭，里头一间稍大是卧室。为了体现革命精神，墙面一律不粉刷，故意保持泥土的原色。人走进去黑洞洞的。房子盖好没几天，土墙就龟裂了，而且越裂越大，后来开裂的墙缝竟能伸进一个手指头。因为干裂，房屋的隔墙和周边很快就脱了节，只要用手指轻轻一推，隔墙就呼扇呼扇乱晃悠，真是吓人！盖楼用的楼板也是薄得不能再薄的水泥槽型盖板，二厘米厚，人走上去像敲鼓，咚咚咚的。其实那个时候的人啊，要求并不高，能够分到一所房子已属幸运之至，只是这种房子太不安全了，睡在里面提心吊胆！说句老实话，住这种房子，还着实要有点胆量呢！那个时候都提倡革命精神，有人就用这种干打垒房类比延安的窑洞，但实际上哪一点能赶得上当年的延安窑洞？延安窑洞最起码是实用、安全的！
……

一边是红砖样板房，一边是干打垒土坯房。这两种房子代表着两种不同的理念！一边是实事求是，一边是狂热的革命精神。这两种房子，在九曲河畔十分奇特地对峙着。

　　一九六八年底，四三一筹建处从城里迁来筏子桥，奇怪的现象出现了，革命派那么推崇的干打垒，从军管会到工厂造反派的革命委员会，迁到筏子桥后，谁也没有进住干打垒，而是全都不加声张地住进了样板房。

　　再说一说筏子桥一带的周围环境。筏子桥一带在我眼里还算个不错的地方，特别是自然环境。我们刚搬来的时候周围都是山地和田野。宿舍的前面是弯弯曲曲的九曲河，背后是山，山不高，上面长满了芭茅和柏树，也算得上是倚山傍水了。河的对面是一片栽满了橘子、柚子、桃树和梨树等的花果山。春暖花开的季节，蓝天、白云、青山、绿水加上黄灿灿的油菜花，煞是好看。开春以后，九曲河还没进入汛期，河水清澈透底，河里的鱼儿多得出奇，鳞光闪闪的鱼儿在水面上打挺跳跃！扔一块石头都能砸到几条的地步。听说那个时候沿河的老乡们都不吃鱼，所以鱼儿再多也没人捕捞……

　　要不是人为添乱，这里算得上是个天然的大公园呢。

44. "三分厂"为何独吊清泉铺？

　　四三一迁筏子桥后，犯下的第一个大错便是把三分厂放到了清泉铺。

　　三分厂是制造机车传动装置的分厂，是这个工业托拉斯的骨干分厂。它拥有花巨资从国外购进全厂最先进的设备，这个分厂技术含量之高，当属全厂之最。这分厂原是让四三一人引以为豪的工业之花。但为什么把它放到那么远的清泉铺，以致沦为极左路线的受害重灾区。

"这到底是怎么回事？"——后人会这样问。

对这个问题，官方色彩的回答总是语焉不详地一语带过。这究竟有怎样的隐情？

话得从头说起。

自从建厂以来，围绕"集中"与"分散"的争论就没有停歇过，但是在工厂（主要是几位有责任心的领导以及以唐总为代表的技术人员和老工人）的抵制下，已建起的厂房虽然分散，但基本上还都分散在筏子桥南北的九曲河一带。到了一九六九、七〇年（筏子桥时期），在确定三分厂厂址时，就又有人跳出来批评工厂布局还不够分散。主要是建厂局的人。他们叫嚷着还要进一步分散云云。三分厂是四三一厂开建比较晚的一个分厂，工厂方面的意见是把三分厂建在一分厂（总装厂）附近的罗家坝（后来的材料厂以及现在的电力机车厂一带）。无论从生产和生活方面考虑，这都是最合理的。所以它得到了广大职工的拥护，因此罗家坝方案逐步占了上风。为此，李进生厂长、唐茂松总工程师以及多数工程技术人员、技术工人没少花力气。四三一建厂指挥部搬到筏子桥后，三分厂终于在罗家坝开工建设了。

谁知好景不长，正当罗家坝开始施工之际，大约是一九七〇年夏初，

不知什么人出于怎样的目的，提出要到二汽（第二汽车制造厂，位于湖北十堰）去取经，参观学习二汽三

线建设的经验。参观团由某厂长带队，同时去的还有一大批中层以上的干部，一个多星期后回来了。一回到筏子桥就传出话说："我们厂区分散算个啥子，人家'二汽'建设得比我们还分散！"于是筏子桥又刮起了一股"大分散之风"，"工厂还要进一步分散"的声音越来越响，大有全盘推倒重来的味道！但眼下其他分厂厂房已经建成，已经无法改变，于是就打起了三分厂的主意。因为只有三分厂刚开始修建，于是他们就命令罗家坝的施工立即停止，把三分厂推到清泉铺去！

清泉铺在三道拐以北。距离总厂还有五六公里。

那是一个革命精神压倒一切的年代，决策用不着什么程序，又没有合同约束，领导行事随心所欲，没人敢出面讲什么科学道理！

为了改变三分厂厂址这一革命行动，军管会在筏子桥露天篮球场上召开了一次职工大会，会上首先批判了修正主义建设路线。为了制造威慑气氛，开始前先喝令一位工程师（摘帽右派）站起来，以达儆百的效果。这次大会上，某厂长当众宣布坚决要把三分厂搬到清泉铺去的决定。某领导在会上高声警告："从今往后，谁还反对三分厂建在清泉铺，谁就是现行反革命！"口气里充满了威吓。他还特别警告了技术人员："有一帮知识分子（技术人员）是这次'三厂事件'（指把三分厂建在罗家坝）的幕后黑手！他们蒙蔽了老工人，老工人的身后有鬼！"

会场一片沉默，无人再敢说话。

　　实际的情况是，自文革以来，政治运动一波接着一波，技术人员已基本失去了话语权。所以每项设计、每项施工方案的制定都吸收几个老工人代表参加。这样做的好处，一是借鉴老工人的实践经验，另外也是更重要的，以体现工人阶级领导一切的姿态。比如开会发言时候，推举一位老工人出来发言，比较符合当时的"革命"潮流。大家都是从事科学技术工作，况且，一般情况下，技术人员都是非常尊重老工人意见的，这里面并不存在谁蒙蔽谁的问题。

　　批判大会为进一步分散，把三分厂搬到清泉铺去扫清了障碍，再也听不到任何反对的声音了。建厂局的施工队伍随后开进清泉铺。三分厂便远远地在清泉铺插队落户了。它远离了工厂中心，以致后来变成了一个许多人都不愿去的分厂。

　　把分厂建在清泉铺的问题是明显的。首先，它离主厂区太远，给日后生产带来很多麻烦；另外这条山沟里还住着许多老百姓。按当时的政策，贫下中农是不能动的，所以就形成了这样一个局面：工厂与农舍混居，厂房就修在老乡的家门口，白天工人来上班工厂是工人的，下了班工人走了，工厂就变成了农民兄弟的天下。这样的环境势必造成若干工农之间的矛盾。所以日后工厂与老乡发生的争执甚至斗殴就在所难免。

　　一晃几十年过去了，我们这代人都陆续退出了历史舞台（退休），去年出于怀旧的心理，我和辛工还有老盖，一起又乘公交车去了一次清泉铺，到了三分厂里边。

厂房依然是原来的厂房，只是更破旧了。倒是厂里的老乡经过这些年的繁衍，人数愈来愈多，在厂区里修起的房子连成了片，又养鸡又养鸭，显得很有生气。而工厂却是明显的败落不堪了！

高喊着"三厂放在清泉铺"的人，他们也未尝不晓得这样做的后果，既浪费了国家资源，又会给日后的生产、生活带来极大的不便。那为什么还大张旗鼓地喊叫呢？这不能说明别的，只能说明那个时候人心的复杂，为了保官，昧着良心高声喊叫者有之（因为有"宁左勿右"的说法）；为了捞取政治资本，见风使舵者有之；头脑简单盲目崇拜追随者有之。当然也不排除某些派系斗争的因素。

眼看着三线建设中一波又一波的折腾，四三一人憋了一肚子气。后来听说北京要派一个什么"中央代表团"下来视察。这又给四三一人带来了一线希望，盼着这个中央代表团来三线拨乱反正。谁知这个代表团来到资阳以后，只住了两天，连个屁也没放就走了！

唉！常言道："天下熙熙，利之所趋！"怎奈一个"怕"字了得！

45. 促建会议

四三一厂的基本建设步履蹒跚地走入了四个年头。

六九年秋，由铁道部牵头，铁道部工厂总局，建厂工程局，四三一厂筹建处以及与四三一相关的各个老厂，如大连机车厂，青岛四方机车厂，戚墅堰机车厂等为数众多的老厂代表到资阳召开了一次"促进建设会议"，简称"促建会议"。会议在五分厂刚刚建起的干打垒厂房里举行。会议想通过上下左右各方代表的协商，冲破建厂中遇到的各种阻力，解决各种难题。所以四三一人都对这次会议抱有较高的期待。时值文革闹得最滥的时期，在极左气氛的桎梏之下，真正阻碍工厂建设的问题都显得十分敏感，又有谁敢去碰？出席会议的大官倒不少，但大会发言仍然是千篇一律的官话套话和空话，绕着圈子说话，谁也不敢触碰实质的问题。例如为什么建设指挥部指挥不灵？为什么层层都不敢抓生产？为什么会每项工程从设计到施工都争论不休，工程进度一拖再拖？

其实每个人都心知肚明，由于文革中左倾路线制约，一些领导的不负责任，整个建设弄成了一团糟！几天下来发言、讨论，就是解决不了实质问题。大家对会议也就逐渐失去了兴趣。最后一天铁峰上台发言，才扭转了这种涣散沉闷的局面，并戏剧性地成了这次大会的亮点。

铁峰曾是工厂筹建处最早的领导人之一，文革开始不久就被打倒罢了官，可能考虑到他掌握（知道）早期建设的许多材料，他在群众中尤其在技术人员和中层干部中，仍有相当声望，所以有人提议让他也来发言。

这种安排是许多技术人员和部分有良知的中层干部所乐意看到的；但是对立派，包括铁峰的新、老对手也许另有想法：叫铁峰上台发言，好进一步抓他的"辫子"，借此杀一杀"保铁峰"派的气焰。

自打铁峰下台无数次批判，他不但没有消沉下去，反而又慢慢缓过劲又振作起来了。这是铁峰下台以后第一次让他上台发言。那天他显然是作了充分准备的，并带着一种"豁出去"的表情，走向讲台。铁峰肯定不会忘记，导致他下台的，并不是群众对他的不满。把他赶下台的是上层的派系斗争。此刻，他往日的对手就坐在对面，并且等着看他的笑话。

铁峰这天精神矍铄，他手拿讲稿，仿佛又回到了当年他当第一把手的时候。

他站到台上说："首先让我们敬祝伟大的领袖毛主席万寿无疆！（这是当年上台讲话必须的开场白）。诸位领导、各位代表、革命同志们：今天我非常感谢革命群众给予我这次发言机会！"

接着话题一转："出于无奈，我不得不将淤心已久的话说出来，供革命群众和与会领导评议。……工厂建设已进入第四个年头了，四年也许只是历史的一瞬间，然而对我们这些三线建设者，可不是个短时期。四年，应该干多少事啊！尤其是在这"备战"的紧要关头。然而遗憾的是，经历了四个年头，我们计划中的十个分厂，连一个也没有建起来！我们一大批人员和物资都积压在这里。人的主要精力和最宝贵的时间都用去内斗去了……革命同志们，难道我们就不惭愧吗？"

然后，铁峰提高了嗓门继续大声地责问："毛主席说：'一万年太久，只争朝夕！'而你们（他指向坐在前排的诸位高官），却是'日月常在，何必匆忙！'毛主席号召：'深入实际，调查研究'，而你们却是'高官厚禄，养尊处优！"

……

铁峰愈讲愈激动，他啪的一声把眼镜摘下来丢在了桌上。台下鸦雀无声。

稍后，他略作平静："今天，我很激动，请革命同志们原谅。"接下来的发言中，他简明扼要地讲述了从受命来三线（四川）开始经历的各个阶段，发生的重要事件，全都作为史料公诸于众。他还讲了他思考已久的一些问题，如工厂布局，建设质量，职工的生活，未来的生产等等，说得简明扼要。最后他说："四三一厂自从迁来资阳以后，从开始选址到设计方案确定，就一直受到层层阻挠，耽误了多少宝贵时间！这究竟该由谁来负责？

……"

讲话结束，台下爆出一片掌声。铁峰径直走下讲台，走出会场烧茶炉去了。

很遗憾，他的发言稿没有完整的保留下来，无法让后人领略这篇讲话的全文风采，只能凭记忆简录了。

铁峰的讲话让工厂高层的矛盾暴露在了大庭广众面前，同时也展示了他在建厂理念上的与众不同。

令人玩味的是，一个罢了官的"走资派"，他的慷慨陈词竟然赢得了众人如此热烈的掌声；当他严厉地斥责那些"革命领导"（政治对手）的时候，竟然没有一个人能站出来回应，他们全都哑口无言，很狼狈不堪地坐在那里。

铁峰的口才实在了得！借此机会他也总算出了一口恶气，同时也说出了大家想说而没有说的话。这一点让人感觉特别痛快！显然铁峰也还是考虑了后果的，他的发言说到敏感的问题时，还是小心谨慎的，只能在一定程度上借用毛主席的话来奚落他的政治对手（仇人）。

铁峰的发言，一定程度上代表了民意，所以得到大家的一致同情和支持。会后，发言稿被一些人偷偷刻成蜡板油印了出来，悄悄地在下面传阅，尤其是在技术人员间流传。

······

一九八六年建厂二十周年，部分老同志在工厂第二招待所。前排：唐茂松（左三）、李进生（左四）、铁峰（左五）、李忠武（左六），第三排右一为作者。

会议期间发生了一次小地震，凌晨四点多钟一阵剧烈地摇晃把人们从睡梦中惊醒。参加会议的代表们，大都住在五厂的办公楼内，这座楼是用土坯（干打垒）砌成的，由于人们担心土坯房不牢固会倒，所以都争先恐后地往楼下跑，有的人居然爬上了窗户想从窗口跳下去！此刻，那些坚持"干打垒"的人，惊惶失措，怕"干打垒"会倒，竞相逃命的样子丝毫不比一般人逊色！

46. 筏子桥"安装队"

大约因为有前段时间我下乡支农的经历，筹建处迁到筏子桥以后，就把我编入了安装队。这个安装队不同于一般技术科室，它是筹建处下属的一个工程队，专门负责筹建处范围内的一些应急的安装和小修理，比如为工程应急临时组建小加工厂，安装和维修这里的设备，例如车床、铣床、钻床、刨床等等，安装队还承揽了诸如木工房、职工食堂、临时澡堂以及全筏子桥地区的照明、通讯等的日常维修活儿。队长是王泽范，两个技术人员：徐高云（机械工程师）和我（电气技术员）。其他全是工人师傅。队里还有一些轮换工，有点类似于现在的农民工但又不完全像。他们仍然保持农民身份，农闲时来工厂干活，农忙时回家种地。乍听起来好象不错，但实际对这些人很不公平。因为他们纯粹是临时工，在工厂里干活没有合同保证，也不享受任何劳动保险和福利待遇，与正式职工待遇相差很大，甚至发生了工伤都要自己负责。

　　我很幸运，因为这里是工人和贫下中农（轮换工）为主的单位。工人是领导阶级；贫下中农（拿当时的话说）是最革命的阶级（工人和贫下中农哪个更革命，没有明确说明）。知识分子在这样的革命环境接受锻炼，是很符合当时的社会潮流的；另外有一大好处就是我在这里每天干的都是电工活儿，不脱离我的专业。文革以来，许多人都一窝蜂地闹革命去了，尤其是年轻人，一天到晚跟着打打杀杀，正经学本事没学到，结果把专业也荒废了，白白浪费了青春！我到安装队，免除了跟着瞎闹腾，基本上还都在干活，没太荒废专业。

　　安装队里多数都是基层劳动者，他们对我也很友善。工人师傅多数都是沿海老厂来的。在他们身上也表现出各地的风格。

　　记得一次和师傅安装车床，因为是临时安装在一处工棚里，没有任何工具设备，环境也很简陋。在我看来，这活儿有点不知从何入手。几位有经验的工人师傅不急不忙地找来了铁管和撬杠，把它垫在机床下面，一边滚动一边低声指挥着，没费多少劲儿就把一台沉重的机床就位。接下来找平衡调试，都干得井井有条。他们出手之巧妙、干活之利索，特别令我钦佩，不愧是大厂来的。

　　和工人们一起干活，还感受到他们的朴实幽默与义气。一次和师傅们一起干活，抬一个很重的大家伙，很多个人一起抬。他们都很照顾我。抬完放下，大家直起身来，领班的师傅笑了："伙计们一起干活，我自管猛使劲！"他的意思是说，一起干活，不偷奸耍滑，有十分力，绝不使九分！不让哥们吃亏！这几个师傅都是山东济南人，充分表现出山东汉子的气节！他们为人豪爽，还不乏幽默。这件事一直印在我的脑子里，"一起干活，自管猛使劲"！语言朴实，一句话道出了做人的本分，不管作什么都一样，都不能偷奸耍滑，不能叫别人吃亏！

大家相处得不错。当然我也时时提醒自己，有活儿要抢着干，不磨蹭不偷懒，诚恳尊重师傅们的意见。那时干活的条件很差，干起活来工具缺东少西，有点像在乡下干活（在乡下支农抗旱）的样子，前些年在乡下干活的经验这会儿也用上了。比如爬高干活，没有梯子的时候，就抓着管道爬上厂房的屋顶，在那儿安装电器或处理故障。有一次蔡工路过看见了，他不无赞赏地说："刘绪文真像个工人了呢！"听了这种夸奖，我心里自然很得意，同时也颇不谦虚地认为，别人能干的我都能干。而且我还有理论上的优势，当个电工不在话下！工作干到这个份上，自己觉得多有成就感的。渐渐的，人们对我的称呼也变了，原来都喊我小刘，现在开始管我叫小刘师傅了。从小刘到小刘师傅，加了两个字，但意义非同一般。这都是我在安装队劳动的好处。从此我每天都穿一身劳动布工作服，混迹于人群之中，比在科室里上班自由多了！

体力劳动自有魅力。春天来了，在室外干活，脱掉厚重的冬装，索性光着脊梁抢大锤，发达的肌透着一种健康美！大伙儿有说有笑，无拘无束，自由自在，充满活力！

　　要问我在安装队的收获是什么？以上所说，就是我最大的收获。

　　春节到了，军管会号召过一个革命化的春节。这年春节不放假，家在外地的也不允许探亲！都留在筏子桥抓革命，促生产。四三一职工大都是沿海来的，家在外地。过年不能回家总是件遗憾的事情，大家嘴巴不说，但心里也都惦记着家人。青岛来的刘书昌师傅，是七级磨床工，为人亲善，喜欢讲故事，农历大年三十夜，安装队办公室里聚集了很多人，都是不能回家过年的年轻人，大家懒洋洋席地随坐随躺着听刘师傅讲故事，以消磨春宵……

　　武斗由城市向地方蔓延，斗得最凶的是重庆。那里有两派，一派是"八一五"，另一派叫"反到底"。重庆兵工厂多，坦克、大炮都能造，武斗时，这些武器都搬出来了。打得最凶的造反派是"反到底"。几天来人们纷纷传说重庆"反到底"来到了资阳，要发生大武斗。大家都慌恐不已。"反到底"要来了！老百姓纷纷相告，有点像当年说鬼子来了一样。天一黑，大家都早早地闩上门，不再外出。都不安地等待着。

　　寂静的夜不时传来几声枪响，一股紧张不安的气氛笼罩在筏子桥的上空。那段日子我用钢筋自制了一根长矛，平时放在房门背后。王泽范是个细心的人，他还在后窗上拴了一根结实的麻绳，一端系在床腿上，另一端搁在窗外。需要时可顺着绳子从三楼窗户滑下去逃生。

这时候筏子桥的电话偏偏出了毛病，军管会通知安装队立即排人前往处理。工厂用的是铁路电话，电话总机在资阳火车站。接到任务后我骑上自行车就往城里赶，到了资阳火车站电话总机室，倒是没费多少工夫故障就排除了。谁知处理好故障，骑上自行车往回走的时候，和平路口突然传来了啪啪两声枪响，县城里的气氛骤然紧张起来，路人纷纷惊慌躲避，霎时间大街上变得空无一人。接下来要发生什么事，谁也不知道。我已经在路上，回去？城里没有一个熟人。继续向前又有危险，怎么办？我心里直发毛！最后我还是决定顶着危险赶回筏子桥。我蹬着自行车往城外跑，没想到城外已经被包围了。路边到处都埋伏着荷枪实弹的造反派，他们个个神色诡秘，枪口正好对着出城的方向。我想，这会儿坏了，如果掉转头回城，不要说城里找不到避难所，更严重的是很容易引起这些武装人员的怀疑，那就更糟！眼下没了别的选择，只有硬着头皮向城外冲。这时，我与一个正端着步枪的人打了个照面，那是一位三十开外的中年汉子，健壮的肩膀上斜挂着子弹带，表情冷峻地盯着我，但没有叫我停下来的意思。为了不引起怀疑，我故意放慢了速度，尽量装出一副从容的样子。但心里却十分害怕，会不会有一颗火辣辣的子弹向我射来？这年头，打死人的事司空见惯……我紧张地边蹬车边想着。大约骑了几分钟，过了矮子桥，周围静悄悄的听不到任何动静了，也没有一个人影，我才松了一口气。一路快速蹬车向筏子桥赶。由于一路用力过猛又加上精神紧张，背上的衣服都濡湿了。那个隐蔽在砖堆后面，荷枪实弹的中年汉子的目光，一直清晰地印在我的脑海之中。

47．再说"安装队"

我到安装队不多久，轰轰烈烈的清理阶级队伍运动就开始了。安装队是个以工人阶级和贫下中农为主体的单位。工人是领导阶级，贫下中农也是革命阶级（文革中贫下中农地位也不低，好像也不低于工人）。此时我正好在安装队上班，也就有机会与革命的领导阶级一起文化大革命。领导阶级是革命的中坚力量，对待革命应该有别于知识分子，按理有更高的热情和觉悟。但我发现，他们对待当前这场革命并不像我想象的那样。大家一起政治学习和革命大批判时，一点儿也不像在科室那样正襟危坐认真发言。工人有工人的特点，不管是什么场合，他们照样开玩笑说下流话逗乐子。就说每天早上的天天读吧，只要上边没派人下来监督，就一定会弄出点名堂来搞笑。每天早上念语录的时候，总是读的声音很大，敞开嗓门吆喝。有个电焊工，人个子很小，但嗓门却很大，天天读的时间他总是用一种又尖又细的声音可着嗓门吼，惹得大家也跟着高一浪低一浪起劲地吼，好像在比赛嗓门大，站在楼下都能听得见，没有了半点儿严肃气氛。每天这个时候各个单位都学习领袖语录，天天读的声音连成一片，此起彼伏，犹如一座晚清年间的私塾学堂！成了筱子桥的一道风景。这样一来，神圣的天天读也就演变成了一场闹剧。

安装队里年轻人多，正是活力充沛的年纪，干活倒也卖力气，但开起会来往往坐不住，调皮起来也邪乎！

按说，工人是领导阶级，是文化大革命的主力军。在批斗"阶级敌人"时总能突显出一种革命阶级的优越感。可是运动搞得太久了，也会产生腻歪情绪。加上山沟沟里没有一点文化娱乐，年轻人的精神陷入了彻底的空洞。闲极无聊的时候有人就生着法子寻欢作乐，闹得最是出格的是一个叫扒裤子的游戏。政治运动每天都在进行，开批斗会，清剿阶级敌人天天都有。在一部分人（所谓阶级敌人）被清查得狼狈不堪的时候，另一群（运动积极分子）却热衷于这种低级闹剧。他们在批斗别人之余，中间休息的时候，就有人策划这种名堂。先是几个人躲在一边偷偷地在人群中物色目标，约好之后，就像野兽扑倒猎物一样一拥而上，把这个人（男士）压倒在地，当众把他的裤子扒下来示众，有人还拿把扫帚在赤裸的下身乱扫一通，名曰横扫（政治运动中的一句口号：横扫一切牛鬼蛇神）。更有甚者，还将烤火的炭灰一股脑儿地倒在别人的生殖器上面，然后拿把扫帚在上面横扫，反正是极尽恶作剧之能事。被按在地上的人，欲动不能，欲喊不应，欲恼不成，只有咧着嘴傻笑任人玩笑戏弄。围观的人则大呼小叫，笑得合不拢嘴，笑得前仰后合，笑得流出眼泪。只有那个倒霉的受难者一脸的无奈和沮丧，完事后爬起来一边提裤子，一边骂道："妈哟！整老子！"

讽刺的是，挑起这种的不是别人，正是那些革命的积极分子，而且反复发生在对敌斗争最前线（清理阶级队伍的现场）。军管会看了也不管。

被伟大领袖定性为"文化大革命"的领导阶级，他们却热衷于这种低级趣味的游戏，颇令人不解。

清理阶级队伍过后，领袖又发出了"最高指示"，叫做"工人阶级必须领导一切！"

工厂里的科技人员是"臭老九"，政治上属于被教育被改造的对象。正在接受工人阶级和贫下中农的再教育。为了贯彻"最高指示"，军管会下令所有技术科室一律解散！技术科室是知识分子成堆的地方，应予捣毁！技术人员配用的办公桌等也一律上交！不用说，这又是一次针对知识分子的革命行动。至于我，原来就在下面干活，这事对我冲击不大，现在只要把桌子和文件柜交上去就完事儿了，心想这些东西既然成了政治包袱，巴不得赶紧交出去！最好连技术员这顶帽子也交上去，然后清清白白地去当一个工人！从此不再踏足办公室半步！

我把办公桌、文件柜里的图纸、资料一股脑儿清理出来抱回了宿舍，把它们都堆到床底下。

搬东西的时候，徐高云工程师走过来帮着我抬桌子，说到这次革命行动，他迟疑了一下，低声对我嘟囔道："刘绪文，他们这样做是不对的。你看好啦！早晚他们还得叫你再搬回来！"这时我突然觉得徐工的与众不同，在大家（包括我在内）都一边倒地响应革命号召之际，他却没有被冲昏头脑，而是清醒地指出"这是不对的"。

这个时候能说出这样的话颇让我感到意外，平时总看到他不大做声，其实他是个很有思想的人哩。

徐工是五十年代的大学生，或许是经历的政治运动太多了，让他变得处处谨小慎微，表面上甚至显得有些呆滞木讷，组里的人还都因此瞧他不起。其实，他是个有思想、值得尊敬的人。

针对知识分子的又一波革命过去了，技术科室都解散了，技术人员都赶到下面劳动改造，技术岗位没了人，工厂的技术工作没有了归口。工厂工作很快就乱了套！正如徐工所说，筷子桥折腾了一阵子后，军管会又不得不下命令恢复技术科室，办公桌也重新还给了技术人员。

恢复技术科室之后，我却不想再回到办公室，因此我没有去领回自己的办公桌。我想，交出去的东西就不打算再收回来。以表明自己想当个工人的决心。

后来虽然没有当成工人（工厂不同意给我改职称），但我拒绝再领办公桌，一直到一九七六年十月四人帮倒台。

这里再补充说一下徐工，他的命运真的不好，爱人是个英语老师，文革中被打成反革命抓了起来。他一个人带着两个孩子过日子，凡事谨言慎行，还是不时地遭受批判。后来终于得了病，没等到文革结束就去世了。

48.　总工程师成了"反革命"！

和安装队里的情况不同，科室里清理阶级队伍运动是惊心动魄的。运动开始后，每天都从筏子桥赶往五分厂开会。五分厂是四三一最早修建的一个分厂，离筏子桥不远，厂房还没有完工，刚刚盖上屋顶的房子里面黑咕隆咚。也没装门窗，就用这些厂房当会场，每天在这里追查反革命。追查的方法还是沿袭老办法："群众攻势"、"互相揭发"、"人人过关"。

这次清查的重点是查个人历史。我年轻，历史简单，不是清查对象，心里也不太紧张。天天开会不用干活也不用动脑子，日子过得不算沉重。但老职工就不同了，他们都有一段旧社会的经历，要把那段历史说清楚却不是件容易的事。即使说清楚了，革命群众也未必相信，所以又一批人落难在所难免。

德高望重、一向态度严谨的唐茂松总工程师也遇到了麻烦。不知是从什么地方传来的一份揭发材料，说他在解放前曾参加过什么团（阶级斗争、怀疑一切，似乎举国之人都有敌特之嫌）。唐总一再辩白说没这回事，他终生从事技术，不涉及党争，与国共两党素无瓜葛。但他出身于旧社会，又在西方留过学，还会几国语言。就凭这些就难说明白！他在宿舍里非常无奈地对我们说："任凭我怎样解释，同志们就是不相信，该怎么办呢？"那么有学识见多识广的一个人，在政治运动强大的攻势面前也失去了主意。我第一次看到他可怜兮兮、茫然无助的表情。自然谁也救不了他。

唐总是铁道部派下来的高级专家。回想第一次见到唐总，是他刚来资阳的那天。处里通知说唐总从北京回来了。出于尊敬和好奇，我们几个人都不约而同地赶到火车站去迎接。从软卧车上下来了几个人。领头的一位，高挑的个子，匀称的身材，不多的头发梳得一丝不苟，白皙的脸上，架着一副金丝眼镜，一身儒雅之气。这就是四三一的总工程师唐茂松。当时他刚从欧洲考察回来。唐总给我的第一印象就是很有风度。很早就听人说，唐总留学欧美，通晓四国语言。铁道部决定要在西南筹建四三一厂时，他是受命的第一人。

有一次，我到领导们下榻的县委小招待所找他，一进门，就看见唐总一个人俯身在一张很大的蓝图上研究工厂总体布局。他用小纸片剪成各种车间的形状，正专心地在上面排列着。当时我就想，在唐总这样的一批专家领导下工作，真是一种幸运！唐总是我们年轻人心中的偶像。唐总虽然没有行政官职，但他有比官位更受人尊敬的威望。那阵子，四三一筹建处确实集中了一大批优秀的专家，可说是将星云集吧。

后来，工厂机关迁到了筷子桥，一段时间我正好与唐总等一些老专家住一起（他们住里间，我们几个年轻人住外间），由于三线地处山区，环境闭塞，很少知道外边的事情，出于好奇，我常问唐总一些国外的事儿，尤其喜欢听唐总讲西方发达国家科学技术的发展以及外国工业的状况。唐总每问必答，好多事是我闻所未闻的。他的桌子上经常放着一摞外文杂志，我们也常借来翻看。唐总常说，他现在看这些杂志的时候，愈来愈多的技术术语看不懂了。是啊！国外科技发展日新月异，而我们却终日关起门来搞阶级斗争，科技停止不前，好多科技成果不懂也就很自然了。

唐总终生从事技术，就是这样一位高级技术专家，在文化大革命中也在劫难逃。

追查反革命的会场设在刚刚建起来的 501 车间，还没有安装机器的厂房里空荡荡的，用木板等材料搭建起了一个临时主席台，有一米多高。台下则摆满了五六米长一根的方木（全是建筑材料）作板凳。与会群众全都按着营、连、排编制，像当兵一样进入会场。一幅"批斗反革命分子大会"的横幅挂在正前方，两边也贴满了一些吓人的大标语。不久军代表和群众专政指挥部的成员走上台，宣布大会开始，先集体念毛主席语录，呼口号，然后军管会讲话："坚决把隐藏在革命队伍中的反革命分子揪出来！……"凶狠的讲话完毕，最震慑人心的时刻到了，这时主席台上一位专政人员用坚定有力的声音大声宣布："限反革命分子在五分钟内自动站到台前来！"接着就报倒计时："五分钟！四分钟！三分钟！二分钟……"台下面鸦雀无声，紧张的气氛笼罩着全场，尤其是那些从旧社会过来的老职工。这时已经有人沉不住气，从地上爬起来，走出队伍老老实实站地站到了台前。不一会儿工夫台前就站了一大溜，个个都低着头站在那里。

"最后一分钟！"掌管会场的人大声喊叫，目光逼视着台下。会场上没有响应。这时从人群中走出了两个壮汉径直走向唐总，他们一把揪住唐总的头发，连拉带拽地将唐总拖到了主席台前。全场一片惊愕！！

被揪出来的有厂长李进生、唐总、万总和杨工（老两口）等共计二十余人。

"反革命"们站成一排，然后由群众专政指挥部给每个人在脖子上挂一个牌子。李进生是抗日战争时的老干部，解放后一直从事工业建设。工作兢兢业业，生活上十分简朴，被公认是"焦裕禄"式的好干部。像他这样一个人，能有什么问题呢？然而也被抓起来进行无情地批斗。他一直身体瘦弱，又有甲状腺亢进的毛病。

李进生、唐总被揪出来后，我的第一感觉就是：再没有谁是好人了！有问题的人被批斗，好人也可以揪出来批斗。运动以来，什么党纪国法，只要找个借口揪出来就可以批斗！今天你还是革命分子，在批斗别人。转眼间你也可能成了阶级异己分子或阶级敌人，又被别人把你揪出来批斗……这一切都是以"革命"的名义进行的。

被揪出来的人中，不只是干部，也有工人。批斗开始，反革命分子被两个粗壮的汉子一边一个用手抓住胳膊狠劲向后一扭，另一只手狠抓反革命的头发往下按，做喷气式飞机状（文革中押反革命惯用的方式）。我注意到这些人的反应各不相同，李厂长、唐总等强忍疼痛却一声不吭；万总老两口已是白发苍苍，当造反派狠扭胳膊时，万总忍不住抬头，向老伴那边心疼地看了一眼；另有一位李xx，材料员，当过兵。当造反派（其实都是一个单位的熟人）用力扭他的胳膊时，他大声吆喝起来："胳膊扭断啦！胳膊扭断啦！"

一些人总变着法子折磨人，侮辱人，罚跪、打人。

不过筹建处的批斗还算文明，社会上就更不得了！社会上要野蛮得多！

大会之后，给他们每个人的胳膊上都戴上了一块白布做的袖章，上面分别用黑墨水写着"反革命分子"、"反动技术权威"……

这些揪出来的反革命，都被关进了一间不大的房子，好几个人住在一起，屋里没有厕所，但屎尿全在里边拉。李进生厂长最可怜，他正在患病，人都瘦得皮包骨头。

那天大会散会之后，会场上摆满的方木当天晚上也不翼而飞了。这些木材都哪儿去了呢？当然是被人偷走了。筏子桥不久便兴起了一股大做木工家具之风。

偷公家的木料不只厂里职工，还有附近的老乡（贫下中农）。刚建厂时，他们还不知道工厂里的东西有用，后来明白过来，什么都偷。

当时社会上盛传着一句顺口溜："外国有个家（加）拿大，中国有个大家拿。"偷公家东西，干私活，已经是司空见惯，从上到下，也都睁一只眼闭一只眼。那年月，仿佛这些事都算生活小节，只有政治斗争（把文化大革命进行到底），才是大事。

49．老陆死了！

每一波政治运动，总有人过不了关，死人的事是经常发生的。

在这次清理阶级队伍的运动中，我的老同事老陆死了，是自杀的。死的时候也就四十来岁。

老陆死在筏子桥，那时他正在接受审查。发现的那天，军管会见他没来报到，群专组的人就找到他的房间，一进门就见他悬吊在一根水泥梁上。

老陆是和我一起从北京调来四川的同事，一九六五年七月一日我们一起从北京南口工厂调来四川。他原来是南口工厂的材料科主任。人很老实本分，不多言语。刚到资阳那阵子，他常约我一起到沱江边散步，以排解思乡之苦。那时的人都节省，在沱江边上散步的时候就买一根甘蔗，两人沿着沱江边啃甘蔗边聊天。

文革开始，老实巴交的老陆也是从不多说话的，哪派组织他也没参加，只知道老老实实干活。到了一九六九年，我们一起搬到了筏子桥，清理阶级队伍运动就开始了，祸从天降，军管会收到一份检举材料，说老陆是国民党特务！凡经历过文革的人都知道，国民党特务这个罪名有多可怕！这下可苦了老陆，他立即被列入审查对象，天天受到审讯。

老陆是解放前参加工作的，北京解放的那一年他刚二十岁。就在国民党撤退的前夕，厂里突然来了几个人，把上班的人全都召集起来开了个会，老陆也在其中。北京很快就解放了，这件事儿以后再无人提过。解放这么多年了，连老陆自己也都忘了，不想今天又被人提了出来，并且说那次会是国民党特务召集的，与会者均有特务嫌疑！这对老陆可真是晴天霹雳！他既害怕又迷惘。

自打军管会收到检举信后，老陆就天天轮番受到逼问。在那"阶级斗争年年讲日日讲"的年代，事事上纲上线，不承认就是不老实，就是与革命对抗！训斥，恐吓，一个个吓人的大帽子接踵而来！

自从被专案审查以来，再也没人敢与他接近了。几天前军管会还特别肯定了"陆相臣专案组"的成果，"稳、准、狠"地打击阶级敌人！可能他从来也没经历过这样大的政治事件，受不住这种惊吓。一天我在食堂碰见他，见他脸色惨白，张皇失措，我向前打招呼，他慌张地避开了，眼神里透着很深的忧惧。这样又过了好几天，终于在一个凌晨，可怜的老陆以死为代价，求得了永远的解脱。那天他究竟经历了什么？想了些什么？无人知晓，只见他死后在桌子上留下了一张字条，上面写着："现在我家人正在吃饭……"以后就没有下文了。

当人们发现他时，他已经死了多时，直挺挺地悬吊在房内一根水泥梁上。

老陆死后，得了个"畏罪自杀"、"自绝于人民"的罪名。当天就被草草地掩埋了，埋在了三道拐一处山坡上。因为埋得太浅，听说第二天就被野狗扒了出来……

文革中死人是经常发生的。人们已经见怪不怪、习以为常了。老陆死后，筏子桥很快就恢复了平静。人们又像往常一样，上班下班吃饭睡觉，就仿佛什么事都没发生过一样。当然，清理阶级队伍运动照常进行。

老陆死了，就像海面上一叶迷途的小舟沉没了，只现些许悲伤的涟漪，水面很快又复归平静……

　　老陆生前是个十分恋家的人。别看老陆生活在北京这样的大都市，但几十年来还从没长时间离开过北京。四年前的六月二十八日，我们一起调离北京来参加"三线"建设，是他一生中第一次离开北京。火车上他不像别人那样有说有笑，倒是常常一个人站在车厢连接处，默默地看着窗外，火车刚离开北京不久，他就对我说他已经想家了。当时我还笑他家庭观念重呢。

　　老陆的家人一直住在南口工厂家属区，家中有爱人和孩子。记得一次出差北京，我们几个人特地到他家去看望，顺便问问他爱人有什么东西要带。他家住两间小平房，没有什么像样的家具，日子过得十分清寒。当时，他的爱人正忙着家务，印象中身体也不是很好，脸色苍白比较瘦弱。她听说我们是老陆的同事，便放下手中的活，赶忙给我们让座沏茶，十分客气。他的小孩很腼腆，见生人来只低着头不说话。老陆爱人一再表示感谢，还恳求大家说：她的老陆身体不好，望大伙多关照。

　　老陆的死，按当时的说法，是自绝于人民，罪加一等！他的爱人和孩子自然也成了反革命家属。老陆的爱人好像没有工作，全家人的生活就靠老陆的工资。老陆死后，大概最难过的要算老陆的家人了，家庭中的顶梁柱突然没了，以后可怎么过？反革命家属，是无人敢关照的。

　　老陆死后他的家人没有来，可能是路途遥远无力来，更可能是不敢来。也或许是为了留下一点希望，在某一天的晚上，突然亲人会回来叫门⋯⋯

唉！老陆一直恋家，但他终于没能回家，永远成了孤魂野鬼。

文革结束以后，对他的事情进行了核查，老陆根本没事儿！他的罪名根本就是莫须有的！他是文革中受到冤枉批斗，在惊吓和绝望中自杀的！

50. 在筏子桥"忆苦思甜"

不觉已是深秋。这年秋天资阳的雨水特别多，正是"巴山夜雨涨秋池"的季节。天气凉得也比常年快。"一场秋雨一场寒"，许多人都早早地穿起了秋衣秋裤。这个时候筏子桥清理阶级队伍运动也到了收尾阶段，为了巩固阶级斗争成果，又照例在筏子桥组织了一次忆苦思甜大会。

忆苦思甜即忆旧社会的苦，思新社会的甜。在解放战争年代，通过忆苦思甜，激励战士对敌仇恨，战场上英勇杀敌。那个时候部队要上前线打仗，都会先开忆苦思甜大会。解放以后，政治运动不断，忆苦思甜这一传统也就延续下来，特别是到了文化大革命，每次运动来了，也要"忆苦思甜"，以提高革命斗志。每次"忆苦"都是选一个在旧社会"苦大仇深"的人上台忆旧社会的苦，思新社会的甜。只是这种"忆苦"用得久了，也就渐渐失去了效用。特别是五八年以后，经历了那场空前的大饥饿（即所谓"三年自然灾害"），饿死了那么多人，从那以后，如何让人忘却近在咫尺的大灾难而只忆旧社会的苦难，就成了问题。因为跳过六十年代去忆四十年代以前的苦，在心理上就很难让人信服接受。再加上选出来上台诉苦的人，多半都是上了岁数的老工人或老农民，没什么文化，有时还犯迷糊，诉着诉着就诉到60年的饥饿来了，常常闹出笑话。

文革以来，四三一厂同样组织过数次类似的忆苦思甜大会，印象较深的一次是让一位老工人上台忆苦，诉旧社会的苦。当这位老师傅诉到伤心处，应该流眼泪了，但只有哭声而没有眼泪。他数次狠挤双眼，试图挤出一滴眼泪，无奈双眼依然干爽如初，不见丁点儿泪水出来。所以诉苦大会下来，不但没有激起下面同情，反倒成了大伙讥讽的笑话。更具讽刺意味的是，"忆苦思甜"大会的当天晚上，会场中用来当板凳坐的方木（公家的木材）就被哄抢了，有人看见，半夜出来偷木头的，也包括那位在白天忆苦的人。

可能是考虑到了诸如此类的情况，所以这次筷子桥"忆苦思甜"改变了方式——吃"忆苦饭"！

这天中午，军管会和"群专指挥部"（"群众专政指挥部"的简称）联合通知（命令）：全体职工中午一律不准回家吃饭，而都集中到"501厂房"吃"忆苦饭"。

开始军代表讲话，号召大家"千万不要忘记阶级斗争"，"阶级斗争要天天讲，年年讲"。会场上，全体职工都肃立着，好像在为旧社会受苦受难的阶级弟兄肃立默哀。不久忆苦饭"端上来，是职工食堂专为这次活动做的忆苦饭——用有点发霉的玉米面混合着稻糠、老菜叶子，做成饼子，和用几种杂粮掺合在一起煮的糊糊。

这个时候有人带头唱起了"忆苦歌"：

天上布满星，

月牙儿亮晶晶。

生产队里开大会，

诉苦把冤申……

歌毕，大家就开始吃"忆苦饭"。

人们都低头吃饼子。这种饼子放在嘴里，略带苦味，有点扎口，但不难下咽。这时候我旁边有人说："这饭食不错，比起旧社会来简直好多了。"同桌的人也随声附和着。话虽这么说，不禁让人联想到仅在七年前那场饿死人的大饥荒。那个时候全国大饥饿，农村尤甚，老百姓连草根、树皮都吃光了，哪里像现在这样有吃还有喝！一想这些，心中就有说不出的别扭。当然，谁也不敢说出口来，还是装出一副深受感动的样子，十分虔诚地默默吞咽着。

就在这时，有人捅了我一下，我回头看是邻桌的老潘，他凑到我耳边小声说："快看！"我顺着他示意的方向看去，只见离我较远的一个人，正在滔滔不绝地讲着什么，样子像是在诉说旧社会的苦吧。但见他只说话却不吃饭，而是用两个手指夹着一只饼子（忆苦饭的主食），那饼子捏在手上半天了也没见咬一口。

"看见了吗？"老潘说，"他定是吃不下去的，不信你看着。"

"他可是运动的积极分子啊！"

“积极分子又怎样！”

“不吃怎么办？”

“怎么办？趁别人没看见，偷偷掖起来，然后找个没人的地方丢了！”

“那怎么行？”

“你以为他干不出来？哼！这号人我见得多了！”

……

那年冬天，军管会通知全体职工都到筏子桥头去迎

筏子桥职工跳“忠字舞”

接毛主席送来的礼物——芒果。

四三一的群众一大早就站在筏子桥头等候迎接一只叫芒果的东西。他们在寒风中已经等了很久了，但运送芒果的汽车还是没有来。直到中午时分，汽车终于出现了，它从石油库方向徐徐开来，速度慢得像灵车，这是一辆扎满彩带的解放牌卡车，上面披红挂绿，五彩缤纷，

两侧还有革命标语和大红花。车头前面装了一块木板，木板上站着一个人，他是资阳县文革中的最高领导——县武装部长康立志，他一脸严肃地站在上面。身穿一身崭新的双排扣军大衣，双手紧紧地捧着一个玻璃盒，里边放着一个芒果。待车子走近筏子桥头，守候在桥头的军代表向群众一挥手，立刻锣鼓喧天，鼓乐齐鸣，道路两边的革命群众跟着鼓乐步调一致地跳起了忠字舞。

我站在人群中好奇地望着那个小玻璃盒，心想，毛主席送的东西肯定是神品级的"圣果"。终于看清了，只见那只"圣果"的外形像一颗牛肾（有人私下干脆说像个公牛的蛋子），颜色黄似香蕉，倒是以前没有见过的。旁边有人悄声说，不是真的，是蜡做的模型。这时我窃想，一个蜡做的小玩意儿，也值得如此兴师动众地欢迎？

如今芒果已经到处可见，是价格便宜的一种普通水果。那时怎么一下就变成了万人空巷出来夹道迎接的"圣果"了呢？

51. 平安是福

青春永远都是美丽而充满生气的，即便是在动乱的年月。

说话到了一九七〇年，筏子桥一大批六五年前后毕业的大学生，基本上都已找到了对象或成了家。结婚早的已经有了小孩。早成家的就住进了样板房，后来结婚的，样板房住满了，也就只好去干打垒房了。好在那时候的人要求不高，只要有房住再添置几样简单的家具，就能凑合着过日子。这一年，我也从北京搬家来了四川。我住的是样板房的第四栋二楼。

左邻右舍都是从学校毕业不久的年轻人。从端头数，第一家是胡日宗夫妇，第二家是巫膺秋夫妇，我是第三家。再往后分别是唐茂林夫妇、刘金城夫妇、钟坤麟夫妇、梁泽德夫妇。三楼上有苏章曼夫妇，四楼上还有王豪威夫妇等。文革中，技术人员都是"臭老九"，属于改造对象，但由于我们都年轻，又是毕业不久的学生，历史单纯，只要遵守规则，不惹事，也就相对平安无事。几年惊心动魄的文化大革命，违背常理、不合逻辑的大批判，渐渐消磨了人们曾经的革命激情，也麻木了曾经的青春理想，个个都回归到了现实生活中来。柴米油盐，只求平平安安过日子，再无其他奢望。大家都懂得了"安于平淡可以自保"的道理。"平安是福"嘛。

常言道："乱世造平庸，凡夫生苟安"，毕竟都是年轻人，又刚刚成家，这期间，上班参加"运动"；下班回来，便忙着做家务，带小孩，擦自行车……居然也能苟且偷安，过出点小乐趣，生活仿佛也幸福起来。

接下来，许多人家都养起了鸡、鸭等等。大家在房前的山坡上搭起了鸡窝、鸭舍等等，后来更扩大为养鹅、兔子。因为生活物资紧缺，凡是能改善一点生活的都想做。我的近邻巫膺秋夫妇，邵老师不但能做得一手好川菜，还会裁衣服……每天下班回来，楼上楼下，热热闹闹。

　　为了省钱，那时盖的房子都不用正常的空心楼板，而是用一种很薄的槽型水泥板，这种楼板不隔音，楼上苏章曼半夜起床喂孩子，拉抽屉，找饼干，以及孩子的哭闹声，也都清晰可闻。到了周末，偶尔还能听到从三楼飘来清亮的笛声，颇有"谁家玉笛暗飞声，散入春风满洛城"的味道。那准是苏章曼做完了家务，喂饱了小孩以后最开心的时刻吧。

　　筏子桥地处偏远，又没有交通车，外出极不方便。所以，家家户户都盼着能有辆自行车，但买辆自行车要花一百多元，那个时候一百元可不是个小数字。当时的大学毕业转正后月工资才五十五元五角，叫"三五牌"，除了平时生活开销，每用所剩无几，为了买自行车，有个朋友主动借款给我。那个时候什么都紧缺，自行车也紧俏，买辆自行车不但要钱，还得要自行车票，有钱有票，也不一定有货。筹够了钱、票还得去找货源，比今天买辆汽车难多了。我的自行车就是到自贡买回来的。当时巫膺秋打听到自贡有自行车卖，可能因为山城自贡骑自行车的人少吧。我俩就一起搭工厂运货的卡车，跑去自贡。到了那里还真买到了。一手交钱交票，一手交货，一人买了一辆永久牌自行车。当天就高高兴兴拉了回来。买辆自行车给人带来的喜悦绝不亚于现在的年轻人买回一辆小汽车。"永久""凤凰"和"飞鸽"，都是大家喜欢的牌子。还望文生义地认为，"永久"结实，"凤凰"漂亮，"飞鸽"两者兼而有之。把自行车买回来又在车前加装一个保险叉（这样可以防止骑车下坡时，前叉不会断裂，更保险些）。更有人，找来彩色塑料带，把自行车横缠竖缠地美化一番。

　　交通不方便的年代，自行车就成了主要的交通工具。

筏子桥头的自行车队（一九七０年于筏子桥头）

左起：刘震、邓生来、王法远、王兴厚、王西琪、＃、＃、

苏章曼、巫膺秋、钟坤麟、方耀东、

刘绪文（本文作者）、英俊。

既可以骑车上下班，又可以进城买菜、载人，还可以骑车到车站接送人。

　　到火车站接人、送人是最让人难忘的事情之一。我搬家到四川来的时候就是朋友们骑自行车到火车站接的。那阵子，只要听说谁家有人从外面出差回来，不管是白天黑夜（夜晚的时候居多），十几辆自行车就一起出动，浩浩荡荡，好不气派！尤其是夜晚接人，自行车走在坑洼不平的成渝公路上，天黑看不见，每人拿个手电筒。那时的成渝公路还是石子路，文革中又常年失修（修路工人都去造反闹革命或种自留地去了），路面上坑坑洼洼，石子遍地。夜间骑车最怕碰上砖头石块什么的，因为这些东西能把自行车颠翻。

我就遇上过一次，那天下半夜了，我们的自行车队从筏子桥出发，去火车站接人，把人接到后往回返，出西门过铁路下坡的时候（那时候公路可不像现在这样坦，过铁路没有涵洞，需要爬高坡），因为看不清下坡的道路，车轮一下撞上了一块半头砖，人车顷刻翻在了路上。我的车后面还带着一个人。那时年轻，不怕摔！记得从地上爬起来，看看车没摔坏，拍拍身上的土，还哈哈大笑，只觉得有趣！然后骑上车继续前进……

每次到火车站接人，都是一次热闹的聚会。在那样一个环境中，只要不讲什么"斗争"，大家仍然还是互相帮助，倒还是蛮温馨的。

资阳的夏天很热，特别是到了七、八月间。筏子桥的地势低洼又紧靠着一面土山，一点风都没有，到了夜晚，山坡上的热量反射过来，房里房外都像蒸笼一般，闷热难耐。样板房是外通走廊。每天晚间，苏章曼便用小儿车推着小女儿雁翎到外面来乘凉，手里总拿一把破芭蕉扇驱赶蚊子。我则在走廊上泼水（那时候老百姓没有电风扇，更无空调）来降温。由于太热，无法安眠，我常常把衬衫脱掉，一个人坐在长廊上纳凉，直到后半夜才回到房里。

夜幕降临，宿舍的灯光照在楼前的一片山坡上，这时山便显得又高又远，有一种不真实的感觉，给人以无限的遐想。

黎明时分，楼下鸡窝里的大公鸡们纷纷打鸣，让人觉得恍若置身于"武陵人家"。只是"梦里也知身是客"，黎明一过，造反派的高音大喇叭照常响起，现实中"革命"的一天就又开始了。

52. 筏子桥居民

四三一筹建处的职工，每天都在上班下班，但上班的时间都用来搞"运动"了。开会，政治学习，"抓革命促生产"。军管会指导下，成立了"毛泽东思想宣传队"，每天都在毛主席像前"早请示，晚回报"，跳"忠字舞"……

运动不断，但是对于大多数职工及家属来说，他们最关心的还是每天的柴米油盐问题。自从搬到筏子桥以后，离县城远了，附近连菜也买不到，加之一切用品都凭证供应，生活极不方便。开头大家都吃食堂，但食堂供应也显困难，青黄不接的时候，早餐只能供应一碗稀粥和两块红苕。

到筏子桥的第二年，地方商业部门（当时叫工矿贸易公司）在食堂旁边用苇席、油毛毡搭了一个小棚子，专卖一些简单的生活用品，这就是筏子桥的小卖部。再后来，在干打垒房那边又开了一个临时购粮点，解决职工买粮问题。吃粮就拿着购粮本去买（这当然是指有正式城市户口的人，有些职工家属是农业户口，没有粮油供应，自当别论）。但买其他东西如蔬菜什么的就远去了，尤其是买做饭用的蜂窝煤，需要到十多里路外的资阳火车站去买。那个时候没汽车，买好的蜂窝煤得自己用板车从城里拖回来。蜂窝煤当然也是定量供应，好像每户一月九十块吧。到了煤厂还要排队等待，这样不用半天时间（有时要多半天）就甭想把煤买出煤来。每次买煤的时候，都是左右邻居组成互助组，几家人家联合起来，借一辆板车去城里拉煤。

那时公路也不像现在这样平坦，十多里的石子泥巴路，还有上坡下坡，从城里出西门过铁路就是一个大上坡下坡，矮子桥又是一个下坡上坡，过了石油器材库又是一个上坡下坡。

把煤买好拉回来，再一块块搬上楼。只有把蜂窝煤拉回了家，把它们整齐地码在自家门口，方才感觉完成了一件大事，浑身才觉得松宽了一大节！这时，每块蜂窝煤都显得无比金贵！如果在运输中不小心打破了几块，那就回来几家人均摊。月月如此。

那年头，"团结互助"不仅是邻里间的需要，更是一种生活生存之道。

……

后来老职工的家属也陆续搬来，筏子桥的人愈来愈多，烧火做饭更成了问题，因为没有柴烧，蜂窝煤自己又燃不着。处领导研究决定，开放正在修建的五分厂木工厂房，让职工定期分发些木花。木花是木材加工时刨下来的碎片，可以生火。

木花不像蜂窝煤那么好分配，是各家各户自己去装，多少没有限量，反正总数就那么多，分完为止。所以每次分木花的时间，都是人人上阵，总要上演一场"木花大战"。至今，我仍然记得当年分木花的情景：

星期天一大早，五分厂木工房门口就排起了长队。大都全家出动，有的拿着口袋，有的带来竹筐，反正是各显神通。这个时候方显出人多力大的家庭的优势。大块头邹秉麟把三个麻袋打通接在一起，还拉来了板车，只等着木工房开门。负责分木花的人姓张，大家都管他叫"张胖子"（转业军人，人长得有点胖）。此人老实，老实人有个特点，作什么事都很认真。到了分木花开门的时间，他紧紧地把住大门，坚持要一人装完再进第二人。没有想到，人们抢木花心切，根本不买他的账，当他弯腰去开门的时候，后面人一拥而上，把他撞倒在地，无数只脚从他身上踏过。他连滚带爬，好不容易才从人群中挣扎出来，再也不敢向前维持秩序。

木工房里更是热闹非凡，到处都挤满了人，各人自管抢装自己的木花，人声嘈杂、尘土飞扬。这时有对夫妇，光顾了抢木花啦，不慎把新买的一块上海牌手表落到了木花里。当她发现自己的表不见了时，立刻尖声起来："我的手表不见啦！我的手表丢啦！"叫大家停一停，帮她找表。此时人人都唯恐抢不到木花，争先恐后地往自己麻袋里扒木花，谁还顾得了她的手表。一直到木花全部分完，也没看见她的手表。她的手表就这样丢了。我想，肯定是有人混在木花里拿走了。后来这块手表再也没有找到！

关于分木花，以后又研究出多种分发办法，比如每家发一张"木花票"等，好像也没多大功效。

……

筏子桥是一个小社会，居家过日子，什么事都可能发生。

一天夜里一位职工的老婆要生孩子，需要马上送医院。县人民医院在县城南门，离筏子桥还有十多里路。这位职工就来敲 L 厂长的门，要求他派辆车送老婆去医院。半夜三更来叫门，吵醒了 L 的清梦，领导肯定不高兴。于是发脾气道："深更半夜的生什么孩子！就不能等到天明吗？"接下来自然是一番苦苦哀求："厂长啊，老婆生孩子，耽搁不得啊！"这位厂长很不耐烦地挥了挥手："去吧！去吧！"然后嘴里咕噜道，"真拿你们没有办法！"厂长虽然不高兴，但还是派了车。

L 厂长，没多少文化，头脑有点迷糊。文革中造成反派批斗他，他就说："你们说我迷糊，我哥比我还迷糊，当年……"

反正这事儿连同前面那个"不许晚上生孩子"的故事就在筏子桥传开了，家喻户晓。

筏子桥地处偏僻，附近没有医院，职工得了病，尤其是急病就得动用华沙牌小汽车送往医院，所以这个小车也就得了个救命车的美名。救命车的派用权归 L 厂长。

……

革命年代凡事都破了常规，生孩子也不例外。同事的妻子生孩子送医院，回来说县医院里床位少产妇多，生孩子也得排队。一张床上得睡两个产妇。护士也人手不够，临产时都要把每位丈夫喊进产房，去给护士们帮工。护士的态度也极其不好，似乎对男人们有怪罪之意，好像是说：都是你们这些男人们作的孽！

文革中好多部门都瘫痪了，唯独生孩子这件事空前繁荣，资阳县医院里婴儿产妇天天都人满为患！

……

筏子桥还有一个特殊的人群——我把他们叫做"买粮族（买高价粮）"，他们的家属都是农村户口，他们多半是为了解决农村户口而来投奔三线的。我熟悉的几位师傅都是这样。他们千里迢迢从老家来到四川，为的是解决老婆孩子的户口问题，求得一个家庭团圆。然而到了四川以后户口仍然报不上，没有户口就没有口粮供应，经常无米下锅。到了七十年代，国家控制稍许有些松动，黑市上可以用高价买到粮食。这才给这批无户口的职工家属提供了一线生机。为了买黑市粮，他们经常要早早起床，结伙摸黑上路，手中拖根棍子，趁着天还未亮，赶到县城路口去拦那些进城卖粮的老乡，买些玉米什么的，然后又偷偷摸摸回到筏子桥。回来往往天还没完全亮……

对老百姓来说，毕竟求生才是第一要务啊！

53. 这是对人民的犯罪！

这是发生在四三一厂筹建中的一件大事。为了说明起见，这事儿还得从设备订货说起。

一个大型中央企业拥有的设备何其多哉！

四三一的设备订货是从一九六六年春夏之交开始的。为完成设备订货任务，设计院和四三一厂的相关技术人员都集中到了成都，在西南成套设备局专门开了一个设备订货会议。我和栾工都参加了。工厂设备订货分为国内设备订货和国外设备订货两大块，参与订货的人员也分做两班人马，按专业分工又分成若干小组，与供货方逐一进行洽谈订货。

我有生以来第一次参加这样的订货会议，订货会场就像一个大型综合医院的门诊部，机械设备，电力设备，动力设备，通讯设备……一个接一个的接待室，以上设备又分国内的和外国两大类，名目繁多。再加上众多的订货者，令人眼花缭乱，不知从何入手。我发现来这里参与订货的很多都是新手，栾工虽是老工程师，但像这样大规模的订货会议他也是头一次参加。我们只能在成套局相关人员引领下，从这个房间到那个房间，不停地提交图纸、资料，询问，回答。询问、回答，询问、回答。这些烦琐的手续让我们头都大了。

国外订货是订购国外设备，涉及高级技术、国家机密、国际贸易政策等敏感问题，尤其需要与外国人面对面地谈判，还要出国考察等等。所以参加国外订货的人员要求政治可靠出身好，共产党员等等条件，仅有技术知识和能力是不行的。所以一般人是捞不到这样的机会，没有资格参加。国外订货部分是专门组建了一个专家班子，并由高层领导亲自挂帅。

按当时的新闻媒体说法，对中国人来说，外国既神秘又危险。它既有天堂般的富裕又有地狱般的可怕！一般中国人对外国都抱有一种强烈的好奇心和恐惧感。

我参加的当然是国内部分，国外订货没有我的份。

几天下来我精神上高度紧张，订货会就要结束，我突然发起烧来，一点胃口都没有。我就跑到大街上买了锅盔和四川榨菜，回到招待所打了开水和着吃。还没吃完就全吐了。这一吐不要紧，从此再不想吃四川榨菜。至今，每嗅到四川榨菜的味道就会让我想起那次订货会议。

设备订货结束之后，大批订购的设备，便陆续发来了资阳。尤其是订的国外设备，国外厂家重信用，大都一一按时交了货，并运到了资阳。

然而由于文革大大拖延了工厂基本建设的进度，设备通过工厂的专用铁路线源源不断地运来，刘家湾一分厂总装厂的铁路两边和附近的空地上到处都堆设备，有各种机床、锻压设备、铸造设备，天车和各种电气、动力装备等等。这些设备大都装在包装箱内。这些包装箱大大小小高高矮矮。大的设备（箱体）像房屋，小的设备（箱子）如衣柜，这些设备在露天坝子上，高高低低，歪歪斜斜，堆积如山。可厂房还没有建起来呢，有的干脆就没建。设备都无法运到车间就位，不得已只能大量堆放在露天。

李进生厂长很着急，各处奔走联系协调，仍然得不到一个妥善的解决办法。好在设备出厂时都有包装，国外设备包装得要好些，有一个大的正规的包装木箱，有点像现在的集装箱，里面有塑料布覆盖，有一定的防雨能力；国内设备就不行了，包装箱粗糙，起不到遮风挡雨的效果。这么多设备都堆放在露天坝子里，时间久了，包装发霉，机器生锈，维护保管变得异常困难！

李厂长责成下面专门成立了一个设备管理组来负责应付这个规模庞大的露天设备库。指定颜龙泉、腾凯等几个老职工领着一伙年轻人和当地招来的"轮换工"，进行巡视管理。新来的机器为防潮本来都涂过黄油，但时间久了，或油涂得太少，或黄油干涸，不少地方开始生锈。所以不得不定期或不定期地开箱抽查，给予加油。但这些设备数量太大，更要命的是，谁也不晓得这些设备还要待在露天存放多久，一月？一年？几年？都有可能！为了保管好这些（本应早早安到厂房里的）设备，设备管理组的人每天忙碌，后来甚至付出过血的代价。设备员胡崇荣就因爬到高处去修补防雨的油毛毡，不小心滑落下来，摔坏了腰杆，导致下肢瘫痪，成了终身残疾。小胡中专毕业，比我小几岁，人很热情，很活跃，出事的时候也不过才三十岁吧。

因为我所在的设备安装组也属于设备系统，都统一由李厂长领导，所以忙不过来的时候，我们也来支援。

看着那些东倒西歪堆放在露天的设备，很让人心疼。特别是那些花了高昂外汇从国外买来的设备，也都摆在铁路两旁，日复一日日晒雨淋。崭新的设备还没安装使用呢，都已锈迹斑斑、满目疮痍了。一天下午，我们来到这个露天设备库参加劳动，正在检查一台从瑞士进口的精密坐标镗床，开箱检查时，发现里边已经漏雨，单从电气控制柜内就淘出了一大桶雨水。这些花国家重金买回的机器竟被糟蹋成这种模样！李进生厂长看了直摇头，他似自语，啧啧地说："这是对人民的犯罪啊！这是对人民的犯罪啊！"

李厂长是位老资格的基建专家，他参加过解放后多项重大工程建设，像眼下这种情况他可能也是第一次遇到吧！然而面对文革中的状况，他也毫无办法。那个时候，第一要务是革命，只有革命才是唯一大事，生产建设都要为政治让路。

从露天设备仓库回来，我满脑子疑惑。李厂长在我的心目中不但是位老领导，老专家，更是一位可敬的长者。所以我忍不住冒昧地问他："李厂长：依您看，现在奉行的这套办法（搞建设）与文革前学习苏联那会儿比，究竟哪样好？"

李厂长想了想说："当然还是以前的办法好啦！那时候一切还是按着规章制度办事。有计划，有分工，按照科学规律。现在这样乱怎么得了……"

　　李厂长他没有像别的领导那样以大而化之的空话、套话来搪塞，而是很真诚地说出了自己的看法，这尤其令我尊敬。其实李厂长说的这些，也是大家共同的感觉。自从文化大革命爆发以来，一切规章制度都打乱了，天下大乱，不论哪行哪业全都乱了套，怎么还能建设？但这种话可不能说出去，要是说出去叫造反派知道了可不得了，会说你反对革命建厂路线！那可是说多严重就多严重的！后来李进生厂长被揪斗，给他加了很多罪名，幸亏这件事没有被造反派知道。

54. 我的那些三线伙伴们

　　我一直想在回忆录中专门写一下三线建设中的技术人员，高度评价他们在三线建设中发挥的作用和奉献精神。尤其是那些曾经与我并肩工作的伙伴们。我很想把这些可爱的同事介绍给我的读者。

　　如前所说，我的这些伙伴大都是从沿海大城市（如北京、上海、大连、青岛等地）调来三线的，有的是由大、中专院校直接分配来的。他们都是抱着美好的愿望、怀着满腔的激情来到大西南参加三线建设。自觉地把自己的人生与祖国的建设大业联系起来。他们有理想，艰苦朴素，品德高尚，工作不讲条件，把建设三线看做是自己报效祖国的一次机会，来展现爱国热忱和人生价值。

　　我来三线后交往最早，也是我最敬重的老师当然是栾志祥工程师。他一直是我的领导和老师。邓生来工程师（我们的副头）在广元建厂时我就认识了。其他同样在我脑海中不忘的有英俊、王豪威、苏章曼、刘震、巫膺秋、梁泽德、谢富春、相德宗、刘金城、钟坤麟、崔茂林、王家华、林嘉辉、李祖琴等等。之所以没有提到其他人，完全是因为我和上述人接触的更多一些。

我忘不了与他们一起度过的那些日日夜夜。我们一起承受了建厂初期的艰苦、磨难，也分享了日后工作中每一次成功的喜悦……

一晃半个世纪，他们的音容笑貌依然历历在目。

栾工、邓工等老的技术人员是较早调来三线的。接下来又陆续调入了一些年轻人。其中刚刚从学校毕业的一批大、中专学生就分外引人注目。他（她）们年轻，朝气蓬勃，加上他们的知识素养，叫人一看就与众不同。特别是来到这相对落后的小地方，这批儒雅帅气的年轻人，一下给三线带来了前所未有的活力。尤其是他们聚集在一起的时候，特别引人注目。

这其中包括之前我提到过的崔茂林，广东人，华南工学院毕业。我们配合十分默契。后来他和这里的许多小伙子一样，在资阳成了家。

那是一个理想主义、崇尚奉献精神的年代。生活虽然清苦，但大家都以苦为荣。记得有一次我到他家，正好碰上他在做饭，窄小的灶房里堆满了柴火（那时物资紧缺，不说天然气就是煤也都是配给），他咕嗒咕嗒地拉着风箱，笼屉里蒸了几个玉米面坨坨，锅里煮了点青菜叶。他蒸的玉米面坨坨叫人见了发笑，一看就知道，是先把玉米面搅湿，然后用手抓起一把，这样一把一个地放在锅里蒸熟，这是再简单不过的原始做法，蒸出来的坨坨上还满布着手印。吃饭的时候，他咬一口玉米面坨坨，再喝一口青菜汤，看样子吃得还蛮香。

崔茂林是那种一心干技术的人。工作很认真，不管周围发生了什么事儿，好像对他都没影响。他画图做设计，一定是经过深入思考过的，从不盲目照搬。这一点对我启发很大。我们在一起干了两三年，设备安装结束以后，他自愿申请留在了八分厂，干他的技术本行直到退休。

其他的伙伴大都是工厂迁来资阳以后认识的。那时他们刚从沿海大城市实习归来。筹建处搬到筏子桥后，成立了设备组、安装组、动力组等等（当然还有技术工艺方面以及管理方面科室等，但因离我专业较远，不是很清楚）。我分在安装组，当时组里这样分工的：我分管七、八分厂及后来的三分厂设备安装；刘震负责二分厂、四分厂；苏章曼负责变、配电工程；谢富春、梁泽德负责全厂的电力外线工程。其他动力、管道、电话也各有其人负责。

刘震是侨眷，受到南洋华侨生活的影响，生活作风有点与众不同。他人长得很帅，又精明能干。二分厂是柴油机制造厂，精密设备多，有许多还是从国外进口的。刘震在二分厂的工作可用精到二字来概括。设备安装调试实际上也是消化吸收这些新技术的过程。所以工作中和完工后，消化、整理资料就显得格外重要。他总是把这些工作责无旁贷地包揽下来，并且做得很好。他画的图纸清楚整洁，自成一格。至今在二厂的资料室里还能看到当年他画的图纸。文革当中各方面管理十分混乱，许多事儿你不做上面也没人管，工作几乎全靠技术人员的自觉与良知。

刘震在工作上没得挑，因为海外关系在政治上却一直不被信任。他还喜欢在业余时间摆弄无线电，常给人家修理收音机什么的。有一次他给医院的一位大夫修收音机，修好后试听，无意中拨到了苏联广播频道，这事儿隔壁有耳，结果被告到了军管会，为此他差点儿被打成反革命！多亏安装组文化素质高，不像外面那样赶"潮流抓住不放。同时也多亏了几个好领导有意保护，大事化小，小事化了，才最后躲过了一劫。倘若在其他单位，或遇上那种整人的领导，其结果肯定就不一样，很可能就倒霉了。可见遇到一位好领导有多重要。

刘震后来调回了福建老家，改革开放以后又到了澳门。他调走后一直也没有忘记资阳这个老地方，至今仍和大家保持着联系。

苏章曼是我安装组的同事，事业心很强。自打来到安装组，就见他不停地自学电子技术（他是学发、配电专业的）。正当文革之中，人们——特别是年轻人——都热衷于闹革命去了，像他那样还能静下心来自学的人并不多见。身处乱世，他显然有自己的看法，他不是那种没有头脑、一味追逐潮流的人。他不但自学半导体技术，后来又自学英语。文革前的大学生多数学的都是俄语，学英语的很少。中苏关系恶化以后，俄语也学得没劲了。一九七二年后，中美关系解冻，美国总统尼克松访华，打开了中美交流的大门，在全国掀起了一个学英语热。苏章曼是最早开始自学英语的，而且也是我们之中学英语最刻苦最认真、也学得最好的一位。

设备安装开始以后，他接手了工厂变配电所的安装。那个年代，喊的口号都是一不怕苦，二不怕死，提倡受伤不下火线等等。崇拜英雄精神，提倡无私奉献。设备安装开始后，安装组的小伙子们每天都扑在工地上，不只是解决技术问题，还无一例外地参与到工人中去一起干活，既负责技术又负责组织生产。实际上是担当起了工程项目的全部责任，所以工作十分繁忙。有时忙得吃饭睡觉都在工地上！苏章曼在第二配电所施工期间（那好像是他接手的第一个大项目），一连两个多月，几乎都没休息。一天到晚都埋在工作中。因为顾不得理发，胡子都长得老长，竣工的时候，他已经胡子拉碴的变成一个小老头了！

我们这伙人在学校里时都养成了体育锻炼的习惯。在学校每天早晨到运动场上去锻炼。工作后尤其是来三线后生活环境变了，但大家仍因地制宜地坚持锻炼。那个时候我就找来了一块大石头放在门后，每天有空就举这块大石头代替杠铃锻炼身体。苏章曼的晨练方式最特别，他领出了一副三角踏板（爬电杆用的电工工具），每天早上就练习爬水泥电杆。这种锻炼很有趣，既锻炼了身体，又训练了电工爬电杆的本领……

　　梁泽德、谢富春也都是我一个组的同事加同行。提起他们的名字，就叫人难过。因为他们都早早先我们而去了。尤其梁泽德英年早逝。他们都是因癌症去世的。据说人在郁闷焦虑的情况下容易得这种病。

　　这两个人有一个共同的特点：为人忠厚老实，工作也很认真。我忘不了与他们一起工作的日子。在设备安装中，老谢一直负责全厂的电力线路的架设安装。全厂的电力线路，尤其是地下的隐蔽工程都经他手。全厂的电力网络恐怕再找不出比他更清楚的人了。他成了这个大型企业电力系统的活地图。

　　梁泽德先是负责一分厂的设备安装，后来接管了工厂俱乐部的设计施工，之后又主持了全厂有线电视网的设计和施工。令人不解的是，当这一切都大功告成的时候，他却被有后台的人挤了出来，并且还要受那些后来者的领导欺负。他心里的愤懑可想而知！我不知道这该如何形容，我看有点像一个辛勤的园丁栽培了一处桃园，待到收获的季节，却被赶了出来，别人来摘桃子！真格的是"干活的不如说嘴的；出力的不如拍马的！"

　　梁泽德在工厂建成不久就得了病，他后来申请调回了广州老家，听说不久就去世了。2013年他的夫人小马还领着两个孩子来资阳了一趟，想必还怀念这个老地方吧。我没有见到她们，是事后才听说的。

　　还有钟坤麟。他和我不在一组，也不一个专业，但他是我的邻居，来往密切。他真的有好多故事。最叫人不忘的是他日后对工厂的贡献。人家给他起了一个外号叫钟诃夫斯基（引自俄国大音乐家柴诃夫斯基），大约是因为他平时高兴时喜欢唱歌吧。这貌似善意的玩笑也是调侃。这个外号原来是送给当时的毛泽东思想宣传队队员王泰文的，全名是：王诃夫斯基-泰文。没想到在王泰文身上没叫起来，而在钟坤麟身上叫出了名。老钟在二分厂热处理车间工作，是车间元老。他最突出的贡献是什么呢？他解决了柴油机制造方面的一大难题——柴油机曲轴断裂问题。厂里生产的机车常因为柴油机曲轴断裂而趴窝，成了机车质量的一大顽疾。这个技术难题是由钟坤麟最先攻克解决的！为此，他付出了常人难于做到的努力和代价。他是学金属材料学的，为了解决这一技术难题，他又自学了大学《热物理》、《电磁学》。他的努力在开始阶段并没有得到工厂应有的重视，还受到恶意的刁难和无知的嘲讽。但由于他锲而不舍的努力，参照了国外的先进经验，自己设计和制造了一种新型电磁感应器，改变了中频淬火中的磁场分布，从而攻克了曲轴断裂的技术难关。

　　老钟家在农村，爱人小曾是农业户口，还有三个孩子，生活极其困难。老钟大学毕业后分来了三线，他把爱人孩子也接了出来，解决了两地分居的问题。但是小曾上不了城镇户口，只好在工厂附近的生产队里落户。老钟在厂里上班，小曾在农业社里干活，身子单薄，吃得差还吃不饱，严重缺乏营养，干活的时候常常晕倒在地里。我到他家里串门，看到大冬天里他们家床上只铺着凉席（没有褥子），两个孩子就蜷曲在凉席上睡觉，身上只盖一床旧棉絮。另有一次，我正碰见老钟两口子到城里卖猪，天刚下了雨，道路泥泞，两个人挽着裤脚拉板车，艰难地前行……当时我就想，像老钟这样的人，为什么就不能为他改善一下生活条件，让他集中精力去为工厂工作呢？唉！老钟过的是什么日子啊！

老钟是那种"不需扬鞭自奋蹄"的人。尽管社会上一再宣扬知识无用，但他仍然像需要空气和水一样地去追求知识。只要逮到机会就拼命地学。但是在那个荒谬的年代，他的工作得不到周围人的理解，有人甚至说什么"把他抓到监狱里去都够格了"之类的话……

刘金城也是我的邻居，建厂期间在设备组。常听到大伙对他的评价是：很聪明很能干，一个人能干三个人的活！基本建设结束以后，他也是自己要求下到分厂的。要知道，那个时候，大多数人都希望留在总厂上班。在这件事上，他和我一样都是自愿下到分厂干活的。具体原因不明，但我知道他也是一个不肯为五斗米折腰的人。

55. 设备安装开始了

1970 年以后，工厂的部分厂房陆续建成，盼望已久的设备安装开始了。专业安装单位进驻资阳。为配合这一新的任务，工厂方面成立了一个设备安装组（文革期间，不管什么机构都叫"组"，上至中央的"文革小组"，下至最基层的工作班组）。从此我又成了设备安装组的一员。这个"设备安装组"和以前说的"安装组"不是一回事。"设备安装组"是面向全厂设备安装的一个新机构。我在这个单位工作一直到一九七六年工厂全部竣工。这五六年的时间是我技术生涯中颇为重要的一段岁月。

之前我们这些年轻人还只能待在后方和上层，设备安装开始以后，由于这项任务技术含量高，需要更多的工程技术人员配备上去，和安装公司的同行们一起干！对我而言，这是一个可遇不可求的机会，我早就盼着这一天了。因为我学的专业就是工业自动化，凡是这方面的工作对我永远都有吸引力。四三一是一个大型企业，它拥有的设备数量之多，特别是各种加工机床，有一大批还是从国外进口的先进机床。以往看惯了国内设备尤其是苏联老大哥设备傻大黑粗的样子，如今再看从西方先进国家购进的设备，台台都精致得像艺术品，漂亮得完美无瑕！这些设备在我心中引起深深的震撼。我简直都被这些机器迷住了！说句老实话，我连做梦都常梦到它们。

设备安装组里基本都是年轻人，如前所说多数是六五年前后毕业的学生，我六三年毕业，在组里就算"老资格"了。但是在一起干活的远不止这些人，还有安装公司的技术人员和工人师傅。我想特别说一下安装公司遇到了我的同行唐兆卿。

老唐是安装公司的电气技术员。之前我就听安装公司的工人说有个电气技术员十分了得，业务上很有两下子。由于好奇和仰慕，我很想结识一下这位同行。在三分厂设备安装时，我终于见到了他，并与他一起工作，完成了三分厂的几个重大项目的安装和调试。

第一次见面，他穿一身工作服，远远地站在一边，表情严肃而忧郁。开始干活了，他才走了过来。彼此简单介绍之后，便开始工作。以后的接触中就只谈工作，不再谈别的了。我第一次接触就有一种与众不同的感觉。除了他的机敏以外，感觉他的知识面广，专业功底深厚。在一起干活，感觉他思路开阔，不局限于就事论事。他还能说一口不错的英语，与外国专家谈话时他基本不用翻译。他的确是我遇到的最优秀的技术同行之一，他五八年上海交大毕业。

他的技术实力源于他聪明的头脑和扎实的基本理论功底。我对他特别钦佩。

我和他一起安装了日本进口的先进热处理炉，还有三分厂的液力传动试验站。大型变压器安装遇到了麻烦，因为在露天放得太久了，所有的散热器内壁都生了锈，而大量的铁锈是不允许的，铁锈混入变压器油中会引起高压放电。于是老唐设计了一套巧妙的办法，先把散热器进行震动除锈，然后把所有的散热器都串联起来，在车间里摆了一大片，用油强力冲洗，边冲洗边试验，一直到冲洗的变压器油耐压试验合格。

高压设备施工、验收、投入运行异常严格，合闸前得先拟定好操作程序，实施时最少不低于两人，规定调度员口述指令，操作人再复述正确后实施操作。操作过程不容出任何差错，否则就会造成重大事故。

试车是设备安装、调试的最后一道工序，也是整个过程中最激动人心的时刻。一道道操作命令的下达，各种开关依次合上，当最后油开关合上时，嗡的一声变压器高压充电了，随后变压器以均衡的嗡嗡声，告诉施工者一切正常，平安无事。到此时我们一直收紧的心，才慢慢放了下来，此后经过五十分钟的连续运行，无事也就无事了，这个时候老唐的脸上才露出笑容。

工作而外他从不谈别的。我感觉他好像总在回避着某些事情。后来我才知道他是上海人，家庭出身是资本家，听说还信基督教。

一个大型企业，常被人误认为主要是成片的巍峨的厂房，宽阔的道路，繁多的机构等等，认为这就是工厂的主体。其实不然，工厂的主体不是这些，一个企业最精华最核心的部分不是厂房，而是这座厂房里配备的机器设备，设备多，工厂能力就强。单从投资来说，用于工厂机器设备的资金要占全部投资的百分之六十到七十，厂房等设施充其量才占总投资的百分之三十到四十。

我有幸参与了设备从订货到安装调试的全过程。工厂正式投产之后，我又接手了设备维护修理业务直到退休。我的一生就是同这些设备打交道的一生。

56. 结缘"XB44112"

一九六九年夏天，我受命到德阳出差，住在德阳第二重型机器厂（二重）招待所。这次出差本来是为别的任务，意外地遇上了昆明机床厂在为二重安装调试一台 XB44112 仿型铣床，而且我还和前来安装调试的两位师傅同住一个房间。太巧了！因为我厂也订货了同样的机床。远在工厂设备订货会议上，我就得知，我们工厂订了一台高度自动化的加工机床，将来安装在七分厂模具车间。它的自动化程度之高，电气控制之复杂，堪称工厂各种设备之最！一直令我神往（那时我的求知欲望极高）。没有想到这会儿来到德阳出差，正碰上这种机床安装调试，真是天赐良机！我决定抓住这次机会，认真学习不放过。于是我在办事之余，便尽量向昆明机床厂的师傅们多了解一些这台机床的情况，顺便还要一些资料，请教一些问题。

都是同行，我和机床厂来的两位师傅很快就混熟了。我向他们说出了我的想法：希望借此机会提前向他们求教。他俩听说后也高兴地答应了。只是他们每天都忙着上班，大部分时间都待在工厂里。因为碍于"二重"的保密规定，我无法进入他们工作的车间，所以也只有下班的一点时间向他们询问。我对他们说：其实也用不着他们如何讲解，只要把图纸和说明书借我看就行了。但他们带来的图纸资料没有多的，我只能抽空借来阅读，他们也同意了。我决定自己动手画图。当时纸张匮乏，我跑了几个文具店都买不到合适的纸张，最后只得买了三本信纸和两本小学生用的笔记本来代替。回到招待所我就用胶水一张张地把信纸对接起来，一直接成零号图纸（最大号图纸规格）那么大。然后就徒手比着借来的蓝图画，几天时间我终于把一张大图（机床的电气原理图）画完了。徒手画的图虽然没有蓝图那样规整，但也清晰好读。从此我便一个人躲在招待所房间里读图记笔记。遇到问题记下来，等机床厂的师傅下班回来再向他们请教讨论。这是一次真正的科海漫游，我的思想很快就完全投入其中！在学校学的《电工基础》、《工业电子学》、《电力拖动基础》等知识都用上了。这是一个典型的电子控制、直流拖动的随动系统。之前学生时，我就对随动系统很有兴趣，比如高射炮打飞机，如何用一个系统控制炮火自动跟踪目标？就用得到随动系统。XB44112 的控制系统不就是一个随动系统吗！太棒啦！我越读越来兴趣！许多以前不曾弄明白的概念通过这次学习也逐步清晰起来。

尽管所有的科技成果都是在前人成就的基础上发展而成的，但面对眼前这套电子控制系统，仍然让我惊叹不已！系统的设计者运用的都是最普通的物理原理，却能精确地设计出如此巧妙神奇的自动控制系统——随动系统，不能不令我折服！我越读越来兴趣，简直爱不释手。每天都有新的收获，每有新的启悟，每弄明白一个疑难问题，都会给我带来一次惊喜！那种感觉，是用语言难以形容的。

我每天都一个人关在招待所里"科海漫游"，不去理会窗外的世界。招待所窗内窗外两重天！

这个时候正是德阳二重闹得最凶的时候，对立的两派口枪舌剑，不时还刀枪相向。我进城去买一些绘图纸，正遇上一群手握钢钎长矛，头戴柳条帽的武斗队员。长矛是用一节钢管端头焊上一个用钢板切割而成的枪刺，外形虽然粗陋，但用砂轮打磨得十分锋利，寒光闪闪，杀气腾腾。走在前头的是一个胖乎乎的汉子，他两肋插刀（看样子也是自己在厂里打制的短剑）光着脊梁，活像《水浒传》里蒋门神的模样！他大摇大摆、威风八面地走在前面。

太阳即将落山，招待所门前的平场上便热闹起来，成了造反派辩论掐架的战场。已经不是辩理，而是互相攻击挑衅，小规模的肢体冲突不时发生。终于在一天夜里，一派的队员开着汽车外面巡逻，遇上了对立派设下的路障，车翻人伤，一个小伙子当场毙命。事后，这位小伙子的妻子从乡下赶来，也住在招待所里，她整日整夜哭哭啼啼。夜晚，我突然醒来，总是听见那女子哭泣的声音。

二重始建于一九五八年，三年困难时期下马，到六十年代三线建设，又复工修建，是国家的重点大型企业，是中国两大重机厂之一（一重在东北齐齐哈尔）。这样大的工厂不搞生产而天天搞武斗，真叫人痛心！

经过这次学习，我对 XB44112 有了较深的了解，我初步掌握了它的工作原理。我在德阳多待了二十多天。反正那个时候对出差人员的控制也不严，返回资阳的时候，我对 XB44112 已经胸有成竹了，为我后来接手安装调试这台设备打下了基础。可以说我接手安装 XB44112，是从这次德阳出差开始的，没有这次德阳出差，就不一定有我来安装这台机床。安装这台机床是我技术生涯中的一个重要接点，说它具有里程碑意义也不为过！

57. 春城——昆明

一年以后我终于授命安装 XB44112 机床，并派遣我等四人前往昆明机床厂去学习。除我以外，七分厂还选派了三位师傅，一位操作工姓车，一名电工，一名钳工（他们的名字我记不得了）。

记得我大学毕业的时候，在洛阳拖拉机厂实习，就见过一台类似 XB44112 的机床，那会儿是从苏联进口的，据说安装调试这台机床都得由苏联专家来做，中国人只允许站在一边看（实习）——显得十分神秘。从那时起，我就对这种机床产生了兴趣，心想什么时候我也能掌握这一技术。所以，今天前往昆明学习，真有一种梦想成真的感觉。

一九七二年夏，我们一行四人动身前往昆明。这是我第一次到昆明，印象最深的是这里的气候，离开资阳的时候，天气还非常热，每天气温都在摄氏三十七八度，正是赤日炎炎似火烧的时节。但火车快到昆明的时候，天气就立即凉爽下来。正在傍晚时分，外面的天空清爽而朗澈，天边的云彩，静静地定在远方，就像秋后的云朵，透着阵阵凉意。昆明大街上，也无人打扇乘凉，甚至连穿短袖衣服的人都不多见。到昆明的当天夜里，睡觉还要盖被子。真不愧其美名——"春城"！

昆明机床厂在昆明东郊，这里是国家级重点机床制造基地，已经有近百年的历史了。厂区挺大，掩映在一片树林之中。这里环境幽静，气候凉爽，十分可人。

第二天，我们就进厂学习了。

走进机床厂大门，迎面是一棵枝杈茁壮、高入云霄的大桉树，这棵大树年代久远，一如这家百年老厂。从这棵桉树向左，一条笔直的水泥马路直通我们要去的车间。当走进车间的大门，一眼就望见了大门左边，一台巨大的机床正矗立在试验台上，这就是"XB44112"！周围有几位工作人员正在忙碌着。我拿出单位开的介绍信向前交涉，没想到过来接洽的正是在四川德阳遇上的那位师傅，我们是熟人，所以见面就用不着多费口舌了，握手问候之后，简单说明了一下，就进入了实验区。他把我们引到机床旁边，并向另一位正站在机床上工作的师傅作了介绍，就这样，我们完全没有任何困难，顺顺当当地开始了实习。之后，我们便每天和这里的师傅一样，按时上班下班。

机床调试是一门专门的技术。上学的时候，就听说有一种职务叫"调试工程师"，我一直不甚了解其中就里，现在终于看到了。原来任何一个系统都是先由设计师设计，一项设计给出的各种参数是根据计算（包括设计手册查表）而得，但由于电气系统独具的物理特性，不同的条件，不同的环境、空间布置，都会使这些参数发生偏移，影响设备正常工作。调试工作就是根据实际情况，对控制系统的各类参数实施修正，以便达到最优状态。这是一个复杂而细致的工作，需要全面深厚的专业理论基础。所以，安装调试是学习和消化一门新技术的最有效的途径之一。我们每天跟着实习，学习他们的调试方法、工作思路，乃至各种技巧，每天都有新的收获……

这几位师傅工作起来一丝不苟，很令我佩服。尽管还是在文革之中，但几位师傅仍然按时上班下班，似乎对社会上的乱象视而不见。据说大凡历史悠久的工厂，都会有这样一批技术人员，正是他们一代一代传承着自己工厂的优良传统，从这几位师傅身上我似乎看到了他们前辈的遗风——好的传统保留在民间！

我们在机床厂待了二十多天，等到问题基本弄清楚了才离开昆明。毕竟在理论上先有德阳学习的基础，再见习过实际操作，心中基本也就有数了。

昆明真是个好地方，尤其是到了夏天，来这里避暑简直太棒了！昆明不仅气候好，这里还有不少风景名胜。实习后半期，我们利用一个休息天，到风景秀丽的西山去玩。那天早晨晴空万里，没有一点云彩，是个出游的好日子。公交车直到著名的西山脚下，这里树林茂密，下车后还要步行约二三里路才来到真正的景区。西山位于昆明市区西南滇池边，是昆明著名风景区之一。穿过一片密林，来到山下，然后就沿着山势，脚踏弯弯曲曲的石阶小道往上爬，经过九曲十八弯，最后来到一个山洞，爬过这个山洞，眼前便现出一座山门，这就是龙门。进门右面一处寺庙，高高嵌在悬崖峭壁之上，令人叹服的是，这个建筑完全是在山体上开凿出来的。真是地势险峻，别有洞天！站在这里，五百里滇池直奔眼底，碧波万顷，烟波浩渺，风光无限！我站在庙门前的平台上，地势之高，令人目眩，几乎不敢近前去看。进得庙里，正面就书有宋代诗人陆游的两句诗：

山重水复疑无路，柳暗花明又一村。

这倒与上山时在小路上的感觉十分贴切。游人上山，从山下爬上来，弯弯曲曲，或石阶或山洞，需要好长时间才能爬到龙门。据说这里本来没有路，全是从前的一位老僧人用毕生之力开凿而成。想象他每日开山的情景，究竟是一种什么力量支持着他完成这么艰巨的工程？我想这就是信念的力量。这个故事日后时时浮现于我的脑际，遂成人生之借鉴——只要坚定信念，执著追求，锲而不舍，就一定能成就一番事业的！

昆明属于高原性气候，一天数晴数雨，变化无常。这次游览西山就领教了她的忽而变脸。我们下山的时候，还是丽日当空，阳光灿烂，一点也没有下雨的意思。但是当我们从龙门下来，转瞬间阴云密布天昏地暗，雷电交加，大雨倾盆而下。距汽车站还有二三里路，沿途除了树林还是树林，几乎没有一块避雨之处。我们见势不妙，几个人便撒腿往山下跑。雨愈下愈猛，头顶上的雷声震耳欲聋，很快衣服就全湿透了。同时向山下跑的还有一群男女，只见一位女士竟吓得边跑边哭。我们拼命沿着公路向下跑，终于跑到一所寺庙跟前，四个人飞奔着冲了进去，寺院里竟无一人，我们便偷偷地躲到菩萨背后，把衣服脱了用力拧出衣服里的水，重又穿到身上，幸好没碰上庙里的僧人。等雨小了，再向汽车站走。那时全凭年轻体力好，经过那样一场大雨，全身湿透，不但身体没事儿，奔跑起来，竟不感觉累。看着各人的狼狈相，倒是觉得好笑。到了汽车站，天空重又云开雾散，又现艳阳高照了。就像刚才那场大雨根本不曾发生过似的。难怪昆明有个顺口溜：昆明三件宝，草帽、雨伞、破棉袄。草帽是防太阳晒的，太阳出来晒死人；雨伞是怕淋雨，天气说变就变，突然会大雨倾盆；破棉袄是防寒的，大雨过后，气温骤降。用这个顺口溜来概括昆明的天气，倒也贴切。

58.　我的心醉了

一九七一年九月十三日发生了震惊中外的"九一三"事件。林彪死了，林彪、叶群、林立国等一拨人乘飞机叛逃，折戟沉沙于蒙古国的温都尔汗！消息简直让人不敢相信！林是中国的第二号人物，是毛主席的最亲密战友，是毛亲自选定的接班人，并且都写进了党章，这样的人怎么会叛逃呢？

所以，事件发生后，给人的震撼不亚于听到要"改朝换代"！

文化大革命中，无数的革命家都被一一打倒了，一个个都成了坏人。现在更好了，连"最亲密的战友"也叛逃并摔死了。文化大革命搞成今天这个样子，究竟孰是孰非？……人们心目中的那些赖以支撑信仰的理念一个个坍塌了！

"九一三"事件之后，政治气氛骤然凝重。尽管没有迫使最高当局改弦易辙，但是人们厌倦恶斗的情绪已经显现。造反派的余威也随之大减。这段日子政治运动现于低潮，清理阶级队伍的狂潮过去了，呼杀喊打的声音也变得稀稀落落。四三一厂的厂房里显得异常清静。少了烦人的批斗大会，倒是出现了一段少有的相对宽松的小环境。适逢其时，工厂订购的机床"XB44112"运到了，真是好运，遇上了一个好时候！机床运到车间后，我伙同安装公司的师傅们一起着手开箱安装。

铣床安装在七分厂模具车间，是工厂的重点设备。

从打机床安装以来，我每天都从筏子桥到七分厂上班。我很幸运，这段日子我完全自由，没人来打搅。一心一意干活，不用开会，甚至也不参加政治学习等活动。

XB44112 在那个年代是很先进的，它能在三维空间完成不同曲率的切削。

但是，那个年代还没有使用集成电路芯片，半导体晶体管都很稀罕，大量电子设备用的都是电子管。XB44112 机床电子系统就是全部采用的电子管。这种电子元件体积大，线路排列纵横交错，从而带来的电磁干扰给安装调试带来了难度。尽管机床出厂时已经作了初步调试，但长途运输到了我们这里，一拆一装，仍然还要就地进一步修正调试（这些问题直到后来发明了印刷电路、数字集成电路后才逐步得到解决）。机床就位安装之后，这种调试又耗时两个多月时间，才交给车间使用。在这段日子里，我几乎不分上班下班，即使下了班，我也把图纸带回家来研究。值得自豪的是，我全靠自己的力量完成了对这台设备的最后调试，让这台机床达到了各项实用的技术指标，交给了车间。

　　自从在德阳出差结缘了这台机床以后，我几乎天天都在想着它，想原理、技术细节。后来又到机床厂实地见习，如今终于亲手把它安装调试完成，交给了工厂，总算是实现了我长久以来的夙愿！看着它有力的臂膀循环往复地切削，将大块的钢坯往返雕琢，最终变成各种形状的锻模。这台机床就像有了灵魂，它能像卡通故事中的智能机器人，能完成各种高难度的工作，太棒啦！

　　比如将一个石膏做的洋娃娃，把它钳在机床上，它就能比着把一块钢坯也刻成一个一模一样的洋娃娃，而且刻画得维妙维肖，连发丝和脸部的纹路也能刻出。妙哉"XB44112"！

　　因了这台机床的重要性，我和我的同事们也受到了工厂方面的特别尊重和优待。记得那些日子天气炎热，七分厂厂长李继堂同志总是派人先给我们送来消暑的冰糕和清凉饮料，连厂长们都开始喊我刘老师了。那种美妙的感觉是用语言难于表达的。

　　我每天都站在机床的操作平台上，伴着电机转动发出的柔和的嗡嗡声，机床在有节奏地运转着。这些声音在我听来就像一曲无比动听的交响乐。望着亲手调试好的机器，我的心醉了……

　　坦率地说，那个年代接受这项任务是有风险的！我在德阳出差的时候，就听说过一个真实的故事：事情发生在二重，这个工厂从英国进口了一台落地镗床，也是一位电气工程师在安装调试的时候，不小心把一对齿轮打坏了，厂方保卫部门不问青红皂白就立刻把这位工程师抓了起来，戴上了手铐铐走了。后来还打成了"现行反革命"！——冤哪！

　　相比起来，我是幸运的，我不但没有碰上不测，还得到了如此的荣耀！我真的从心底感到幸运！

　　XB44112 究竟有多重要？说一个小花絮你就知道了：这台机床来到我厂以后被定为关键设备的重中之重，厂方特别委派专人负责。后来有一个元件——仿形仪（又叫"描指"）坏了，需送昆明机床厂更换。工厂特别派专人押运，来回都特批可坐软卧（那个年代，只有高级干部才能坐上软卧）。把换回的新仿形仪搬上火车时，惊动了铁路系统，铁路上还特别派出了一个武装警察专程押运……从这件小事也可以看出，当时对这台机床有多重视！

　　三个多月的安装和调试，我和我的同事们都明白肩负任务的分量！大家都齐心协力，细心工作，紧密配合。有难同当，成了一个战壕里的战友。

　　开始安装不久，厂里就给车师傅（机床的操作工）送来了两个徒弟，一个是小 Z，另一个是小 F，都是日后的操作工。小 Z 很勤奋好学。而小 F 则不然，他既懒散又不爱学习，整天把手插在裤子口袋里，还站得老远，不喊不过来。我问他的师傅："这小伙子怎么回事？"车师傅走过来凑到我耳边说："人家是县太爷的儿子。""啊！怪不得呢！"我心里想："既然不是那块料，又何必硬要来滥竽充数呢？何不派一个有学习愿望的年轻人来学习？"车师傅说："他是凭着关系进来的，这个岗位不是随随便便什么人都可以来的！"——啊！这又显出了这台设备的重要性！

59．历练！

一九七一年，总厂办公楼落成了，我们第一次搬进了宽敞明亮的办公室。

办公室搬来松树坪以后，我家仍然还住在筏子桥。每天上班，我先到总厂报到，然后到七、八分厂干活。

到分厂我爱走厂内的铁路专用线，因为走铁路可以直接从材料厂岔过去，省不少弯路。我不但喜欢走铁路，还喜欢踩着铁轨走，像走钢丝那样。这样走呢（只有年轻时才干这种事），一不用踩到铁路上的石子，二是可以顺便锻炼自己的平衡能力。那些日子我总是乐此不疲地抓住一切机会锻炼平衡能力。下车间干活，尤其是在高空作业，平衡能力很要紧。前不久，建厂局的一位大学生（也是我的同行）就因为在天车上没站稳，从半空掉了下来，当场就摔死了。我必须要吸取这个教训，所以总想抓紧一切机会锻炼自己的平衡能力。我很佩服许多工人师傅，他们能而且敢于像鸟儿那样站在高处干活而不感觉眩晕。

冬天来临，七分厂的水压机安装开始了。水压机是一个庞然大物，有三四层楼高，据说在西南地区除了德阳二重有一台，就属四三一这台了。与水压机配套的还有一个高压泵房和八十吨天车。水压机厂房也是全厂最高的。水压机雄踞于厂房的中央，高压泵房在水压机旁边。说高压泵房的"高"有两个含义：一是水的压力高；二是五台高压水泵电机也全是高压（6000 伏特）。一台巨大的天车高悬在水压机的上空。水压机的特点就是大，规模大体积大，压力更是超大。所谓压力超大是个什么概念？举一个例子：水压机试车的时候，有位工人发现一节高压管道向外漏水，水从针眼大小的一个小孔向外喷射，形成一道细而长的水线。这位工人下意识地向前用手去摸了一下，一阵刺骨的疼痛让他把手缩了回来，结果发现，他的手指已经被这不起眼的水线打穿了！鲜血直流！

水压机包括与之配套的八十吨天车都属于重型设备。从电气方面来看，它属于典型的强电控制系统。

与以前我经手的许多设备相比，水压机系统之大前所未有。我庆幸又遇上了一个学习的好机会，这种机会，若不是亲自参与一个大型企业的建设，恐怕一辈子都不会遇到！

话说到此，尽管都是些技术上的问题，我还是禁不住想说一下我的专业感受。因为我觉得这种感受对我一生都很重要。

　　从学校到工厂，经历了一个从理论到实践的过程。

　　上学的时候是从书本里学习理论知识，当然，钻研进去也很有趣，但那毕竟是理论，总觉得抽象。尽管在学校里也有实习的内容，但远远不够。只有到了工厂，才算真正意义上的实习，才感受到真正实践的乐趣。一旦所学的理论转换成了能看得见、可以操作的技术，初看很复杂的机器立即变得有了条理和秩序，仿佛一切也变得透明起来。这种感觉很奇妙。一旦理论与实际贯通，便一定会有醍醐灌顶般的惊喜！这正是技术的魅力所在吧！

　　参与水压机的安装调试同样是这样。我整天在控制室里安装调试高压设备；在巨大的天车上爬上爬下，与工人师傅一起研究、切磋……一干就是四个多月，水压机工程竣工的时候，四台高压水泵（五台水泵有一台是备用）一齐开启，伴着巨大的轰鸣，水压机开动了。那时的心情是既兴奋又紧张，直到机器一切运转正常了，悬着的心才放了下来。水压机地动山摇般的气势，令人震撼！随之而来的是成功后的喜悦！那种感觉是用语言难于表达的。

　　在水压机安装的日日夜夜，我又结识了一些朋友，但也碰到过一些不快的事。因为当时还在文革之中，极左思想的干扰仍然无处不在。印象最深的一次是在总工程师召集的技术例会上，水压机车间的孙工程师提出了一些需要解决的技术问题，这本来是一件再正常不过的事情，但不料却惹恼了一位造反派代表（据说是水压机操作工），我想，可能是因为孙工的发言抢了他的风头吧。这位代表一下愤怒起来，以"造反派"的口气指着孙工的鼻子就骂："你小子狗嘴里吐不出象牙来。一撅尾巴我就知道你要拉什么屎！……"

那鄙夷的语气就像在训斥一只狗。孙工是位老工程师，是水压机车间的技术代表，有实际经验。我实在不懂，这位代表何以这样蛮横？这是技术讨论会，又不是批斗会！凭什么不准别人发言！

由于他的搅局，技术例会几乎开不下去，大家都沉默了，再无人发言。但谁也不敢出来制止这位响当当的造反派！包括总工程师、分厂厂长。终都是因为文革之中，不敢得罪这种人吧。此时已是林彪事件以后，政治气氛有所缓和，但仍然叫人感到文革运动的咄咄逼人！

在这一点上，我没有贬低工人的意思，正好相反我对那些具有丰富经验、手艺高超、态度纯朴的工人，一向崇敬有加。我刚从学校分到工厂那会儿，我的师傅就是那样一位工人。我来三线以后，也遇到了不少这样的令我敬佩的工人师傅，但对眼前这位愚昧无知、狂妄自大的人，我实在不敢恭维。然而文革中，这样的人物却很吃香。

……

通过大大小小的设备安装、调试，眼看着一台台机器运转起来。忙碌了一天，每当回头仰望这些机器的时候，心中便蓦然升起一种（工程技术人员）特有的豪情。设备安装的实践让我跨进了真正技术人员的行列！

60. 杀机暗伏

这年的冬天，阴雨不断。寒风裹着细雨使阴冷的天气更加寒气刺骨。八分厂的中频电炉开始安装了。

中频电炉是精密铸造的关键设备（用于小型精密零件铸造）。它拥有两台中频（2500赫兹）发电机组。它的原理是输出中频电流，形成一个中频交变磁场感应坩埚里的金属，产生高热而熔化。铸造过程十分巧妙，先用石蜡做成模型，然后把这些蜡模埋于专用的沙箱之中，浇铸时，将高温的钢水倒入沙箱，钢水把蜡模熔化，并把石蜡置换出来，便铸成了一个个与蜡模一模一样的铸件。这样浇铸出来的机件，表面光洁，形状尺寸准确。一般都不用再加工就可以使用了。比如像步枪的扳机就是这样做出来的。我不是学铸造的，但对这些巧妙的工艺仍饶有兴趣，开了眼界。

中频炉安装以来，为了早日投产，我们没少加班加点。很多时候为了赶进度星期天都不休息。虽然辛苦，那个时候年轻，一点也不觉得辛苦，反而很自豪，有成就感。中频电炉安装调试耗时也近两个月。

中频炉试车的时候，设计院的赵希曾工程师也来了。精铸车间的电力是她做的设计，今天她来八分厂是为了了解电力系统的实际运行情况。前些年我借调到设计院上班，就是在赵工手下工作，她是我的老师，我忘不了她对我的帮助和关心。一晃几年过去了，今天见面，犹如老朋友重逢，分外亲切。她来到车间时，我正在操作中频炉，她走过来，饶有兴趣地看着我操作，听着我讲解。她不无感慨地说："小刘，你的工作真叫人羡慕！有理论，又接触实际，你真的可以大有作为哩……"我很感激她对我的鼓励。

在设计院的时候，王工（赵工的爱人）曾开玩笑地对我说："研究所的工作是'顶天'（开发尖端技术）；工厂的工作是'立地'（从事实践）；设计院的工作，既不顶天，也不立地。"王工这种形象的比喻，曾让我许久玩味。从事研究、设计、和工厂实践，确实各有侧重，这是社会分工使然。然而我想一个工程技术人员，不管是怎样分工，做什么工作，还是要力求拥有"顶天立地"的本领才好。

我一向认为，科学技术不应是枯燥乏味的，科学技术深入进去，照样像艺术一样，引人入胜，甚至充满了浪漫色彩。正如一首古诗中所说："万物静观皆自得，四时佳兴与人同。道通天地有形外，思入风云变态中。"静观每项科学成果，它们个个都充满了灵气呢。

中频发电机组是立式电机（立式结构），启动起来推力轴承发出轰隆轰隆的响声，这种声音有如远山的雷声。这种感觉实在奇妙了，远山的春雷！

……科学技术就是科学技术，科学技术本不该和政治掺和。然而在那极左的年代，有些人却硬要把科学技术也扯到"路线斗争"上去。

　　就在我们安装中频炉的时候，在离精铸车间不远的铸铁车间里，正在上演着一场革命大批判。

　　为了彰显"革命路线"，有人提出来要搞土法炼铁，这种小土炉在五八年大跃进的时候曾经风靡全国，是一种最原始最落后的冶炼方法。在"全民大办钢铁"的年代，这种小土炉曾炼出了不少炉渣（只有少量是铁——废铁），以至于成为世人的笑柄。想不到十多年后，又有人把它搬了出来！八分厂是一座现代化的铸造工厂，有电弧炉炼钢，工频炉、冲天炉炼铁，中频炉精密铸造，还有炼铜、炼铝……令人费解的是，为什么还要修个小土炉炼铁呢？这个消息传开后，引起了一些议论，有个职工在下面发牢骚说："小土炉能炼出（合格的）铁来，我就把它喝了！"不料这话被人汇报了上去，也成了抓阶级斗争的典型。小土炉修起以后，象征性地熔化出了几炉铁水（粗糙的生铁）。出铁的那天，就把这位发过牢骚的职工揪到小土炉前，跪在地上接受批判。据说，每次出铁的时候，都要如此这般地开一次批斗会，并且指着正在向外流淌的铁水，大声呵斥："把它喝了！把它喝了！"直到数天后，小土炉自己垮了，批斗会才不告而终。

　　……

　　天有不测风云，人有旦夕祸福。若干年后，四三一厂八分厂精密铸造车间报出了一个惊人的消息，中频炉发生了严重的污染事件，致使多人患病乃至死亡！这件事还惊动了新闻媒体。

精铸车间中频电炉配套的电容器（这种电容器数量很大，每台中频电机都配四个电容器柜），其电介质是一种有毒的液体，它释放出一种叫多氯联苯（PCBs）的有毒物质，污染环境，侵害人体。那个时候，人家先进的国家早就不允许用了，然而我们国家仍然照用不误，无人管理。在"知识越多越反动"的年代，科学技术被贬得叫人不齿，还有谁去关注这种事情！从而让这种危害潜伏了下来。若干年后，终于造成了严重后果！

看到这一消息之后，着实叫人后怕。当年安装中频炉时，我没少摆弄这些电容器。后来我得了一种皮肤搔痒症，是受这种电容器的毒害也未可知，反正皮肤搔痒困扰了我许多年。好在当年电炉安装时，待在这些电容器旁边的时间不算太长，没有导致更严重的后果。然而精铸车间的职工就没有那么幸运了，他们长期在那种环境下工作，后来终于酿成了无法挽回的悲剧。

这是时代的悲剧！这种悲剧本来是可以避免的啊。

61. 这些年轻人！S 厂长和 D 厂长

火辣辣的太阳炙烤着大地，刚从工地干活回来，就碰见这样一件事。一位军代表突然闯进来（说突然是因为他们很少到我们办公室里来），他一进门就指着我们嚷嚷："你们这些知识分子，应该都下去劳动，老老实实地接受工人阶级再教育！知识分子嘛，就该下去锻炼！……"在他眼里好像是我们这些人都不干活似的。

为了支持他的观点，他又说，"你们这些人能像工人师傅们那样撕扒着干活吗？"他特别强调"'撕扒着'干活"这几个字，好像我们都是些"四肢不勤，五谷不分"的废物。事实上他错了，那些天工厂的设备安装正忙呢，安装组的小伙子们每天都要下工地干活，技术人员不仅要准备图纸资料，解决技术问题，编制工程材料计划，还要和工人师傅们一起干活。这位军代表想当然的训话，实在是不了解情况！这位军代表的眼里，技术人员都是"知识分子"，只要是知识分子，就必然是"四体不勤，五谷不分"的秀才，所以就需要劳动改造。根据这一公式（逻辑），随便在什么时候，批评这些知识分子都保准没错的。没必要对这些人客气！

其实这位军代表的岁数并不大，甚至比我们多数人的岁数还小，是从农村上来的，据说因为出身好，工作积极，在部队当了个小排长，尽管工厂里的事他一窍不通，但他是支左（文革中派到工厂、学校支援革命左派）的军代表，是响当当的革命左派！所以说话总是理直气壮。

文革中，知识分子的地位已经降到了最低贱的地步。曾有在一篇权威讲话比如知识分子："知识分子是墙头芦苇，头重脚轻根底浅；山间竹笋，嘴尖皮厚腹中空"。所以在许多人眼里，知识分子就等同一群废物。记得在一次大会上，传达"六厂二校"（文革中党中央重点抓的八个单位）的革命经验时，军代表就以极其轻蔑的口吻说："什么教授、学者、专家！都是些污七八糟的垃圾！"可见当时对知识分子群体的偏见乃至憎恶有多深！

为了支援三线建设，从各大专院校分配来了一批大学生，他们抱着建设祖国大三线，贡献青春的热情来到大西南，却被一瓢冷水泼下，划成了"臭知识分子"，每个人心里心里是充满了不平和憋屈。所以，在上世纪七十年代，出现了一种现象，广大技术人员，为了甩掉"臭知识分子"这顶帽子，都纷纷向人事部门提出申请，坚决不要技术员这个称号，要求改成工人职称，然后下到班组彻底改造；还有一些女生，为达此目的，不惜自戕式的对待婚姻和爱情，在选择对象的时候，甘愿去嫁一个没有什么文化的人，尽管女方受过高等教育。但是结婚以后，由于文化差异太大，婚后和不来，最后又离婚，酿成了无数家庭悲剧！

一九七一年，经过一系列的事件，安装组里的知识分子们，越来越觉察到了理想与现实的背离，对政治运动逐渐厌倦，对文革这场运动由盲目拥护、相信，开始走向怀疑，特别对那些教条式的僵硬的说教产生了本能的反抗。在例行的政治学习会上，读完了上面规定的文件以后，大家便天南海北地神侃，于是有人就说："现在'天天读''早请示，晚汇报'和宗教迷信有什么区别？""'知识分子'究竟有什么不好？为什么还要天天改造？"

在那个"革命"至上的年代，口无遮拦地讨论这类问题是有风险的！恐怕也只有在像安装组这样的单位才有可能。当然，前提是上级领导不在的情况下。

所以在某些领导眼里，安装组这批年轻人是一群不安分的家伙！

"天天读"（学习伟人语录）是雷打不动的，即使设备安装那样忙，也要"天天读"不间断！为了加强对安装组的政治思想指导，上级派来了一位 S 厂长到安装组坐镇。他来到后，第一个就是宣布纪律：政治学习要认真，"天天读"是学习伟大领袖毛主席著作的重要活动。军管会有命令："天天读"时间，不准打电话，不准会客，不准做任何与"天天读"无关的事儿！即三不准。"天天读"要雷打不动！除非死了人！

这位 S 厂长是刚从铁道部下来的一位大干部，他一脸的严肃。因为他老是拉着个脸，开口就训人，所以大家都和他保持着距离。一天早上"天天读"又开始了，他又重复宣布了"三不准"纪律。可事情就有那么凑巧，他的话音刚落，电话铃就响了。接还是不接？这可是"天天读"时间，而且刚刚宣布了纪律！大伙都看着厂长，坐在电话机旁边的刘震先看了看厂长，然后果断地抓起电话，学着刚才厂长的口气，压低了声音："喂！你是什么人？……" "你敢在这个时候打电话！现在是什么时间你知道吗？现在是'天-天-读'！'天天读'懂吗！'天天读'雷打不动，不准打电话……除非死了人！你现在打电话就是破坏'天天读'！懂吗？"——啪的一声就把电话扣了。刘震的声音不大，但是表情夸张，调侃的意味十足。

大家都诧异地看着刘震，哪个傻帽儿敢顶风违纪，还敢在这个时候打电话？军管会可是宣布了纪律的！大家都小声地问。不料刘震放下电话，朝厂长看了看，然后小声说："是军管会打来的电话。"

啊！他们自己……？然后我们都忍不住笑了。刘震则装出一副严肃的样子，不准笑！

S厂长很尴尬，他气得脸通红。刚刚宣布的纪律，没能叫这帮年轻人就范，反而被一个电话给搅了！成了笑料。明知这伙年轻人是在嘲笑他，但也毫无办法。因为刘震在电话中说的正是S厂长刚宣布的。这更让大家忍俊不禁。

……这位S厂长在安装组很孤立。他没能制服这帮年轻人，后来没过多久他也就知趣地走了。

其实我们并非一概不欢迎领导，那些态度自然、不歧视知识分子的领导大家还是很欢迎的。比如另一位来蹲点的D厂长，就大不相同。

D厂长也是铁道部下放下来的。他不歧视技术人员。他还有一个很可爱的地方，就是说话直截了当，不说"套话"。在语录和套话年代里，这是不多见的，我们很喜欢他这种性格。

一九七一年后，一部日本电影以内部放映的方式引入中国，但只有中层以上的干部才能观看，这部电影叫《山本五十六》。在只许看样板戏的年代，这样一部电影立即引起了大家的兴趣，特别是年轻人，甚至用一场不大不小的轰动来形容也不过分。大家好奇得不得了，引起了许多猜想。但是那些有资格看到这部电影的人回来，都像开了一场保密会议一样，守口如瓶。这很让人失望！我们与D厂长混熟了以后，发现他是个直爽的人，我们就试着问他：

"D厂长，你们看的那场内部电影好看不？"

"怎么不好看？好看极了！"

"拍得好吗？"

"当然！拍得好，艺术性很高。"

说到这里他仿佛觉得有点不对劲，随后又补充道：

"当然啦，艺术性很高，但毒也很深啊！……"

我们紧追不舍，继续问，D厂长终于说漏了嘴，于是大家都知道了这部"内部电影"的主要是描写第二次世界大战太平洋战争的。其实影片内容与中国国情并不矛盾啊！为什么还不让看呢？

另有一回，那时大家的生活都很清苦，供应很差，食堂里连馒头稀饭也保证不了，有时早饭就只供应两块红薯。但高级干部不受此限，他们可以吃"特供"（对首长的特殊供应），我们就问："D厂长，你们吃过（特供）宴席吗？宴席上有没有红烧肉？"

在供应紧缺的年代，红烧肉可是极稀缺的菜肴，说起来大家都会口水直流！好多年都吃不到红烧肉了。但没想到，D厂长却说："红烧肉？在宴席上吃红烧肉那等于骂人！宴席上从来也不上红烧肉。宴席吃的都是精肉还有鱼、虾、鸡、鸭，哪还吃红烧肉啊！"对我们这些从没参加过宴席的人来说，D厂长的坦诚，满足了我们的好奇心（不过他说的不吃红烧肉不知是什么时候，当然也不便进一步多问）。总而言之，D的坦诚赢得了大家的好感。他说话直截了当，从不装腔作势，又不歧视技术人员，所以他就取得了我们的信任，我们就愿意和他接近。

……

有一段时间，D厂长分管七、八分厂的设备安装工作，一次下班回来的路上，我问到X厂长（工厂总负责人）时，他不屑地说："他？尽他妈瞎鸡巴指挥！……"

说实话，我很喜欢这种直率的性格，他一点也不像某些领导，整天都拉着个"阶级斗争脸"，拒人于千里之外！

……

无论社会上形势多么严峻，年轻人毕竟是年轻人，一有机会他们的天性就会释放出来。那时没有什么娱乐，跳忠字舞我们不感兴趣，所以业余时间大家就都学着下围棋，下棋的时候大家都一改平时紧绷着的严肃面孔，开玩笑，说段子，有时也借着下棋发发牢骚。青年人会尽情释放天性。这其中的核心人物一定是英俊。因为他家属一直没调来，还因为他天生幽默，所以找他玩的人特别多。有一次下棋的时候，英俊突然自编了一个谜语让大家猜："坐飞机要流氓"是什么？答两个字。谁也没有想出来，英俊就笑着说："高干"嘛！大家一听了都笑得前仰后合。

物资极端匮乏的年代又是三线山沟里，几乎什么也买不到，所以有人出差，特别是像到北京、上海这样的

大城市出差，总免不了要捎带买一些东西，吃的、用的
都想买。但这属于私事，出公差办私事原则上是不允许
的。为了掩盖出差办私事，所以常常用一些暗语来蒙混
过关。一次英俊出差到北京，写信回来汇报工作（那时
通讯极不方便，常常用写信汇报工作），信中除了汇报
工作之外，也顺便讲了一些私事。他告诉大家："同志
们放心，诸位所要的'碳水化合物'也都一一买到
了……"。读到这里，领导疑惑地看着大家，问道："什
么'碳水化合物'？"他还以为是为工厂买的一种化学
药品呢。但大家自然明白，这所谓"碳水化合物"不是
别的，是大家托他在北京买的食糖。看着领导不解的样
子，我们都忍受不住偷偷发笑。

　　这都是一些小事儿，但也从侧面反映了那个时候的
一些真实情况。

　　改革开放以后，国家终于为知识分子正了名，成了
工人阶级的一部分！知识分子终于走出了阴霾，我们这
些技术人员也抬起了头。这是社会的一大进步。从而开
始了尊重知识和知识分子的新时代，对我国的科学文化
发展，实现中华民族的伟大复兴是一件具有战略意义的
大事。它的意义不光是解放了一些人的问题，还关系到
一个民族的兴衰，社会文明的进步。

62. "你不懂！"内行？外行？

一九七一年底，工地指挥部由筏子桥迁到了一分厂旁边的一个辅助厂房里。用厂房作办公室，这还是第一次。厂房之大可以容下整个基建系统在里面办公。包括首脑机关。这样一来，也就有机会让我近距离地见识上层一些原本不为人知的事情。

那是一次工地指挥部全体会议，因为在会上点名批评了我们安装组，所以至今印象深刻、记忆犹新。

下级单位受到上级领导批评是常有的事，不足为怪。但奇怪的是这次批评让人一头雾水，竟让我们不知如何是好。不仅如此，会场上还出现了一些戏剧性的场面。

事情由二分厂一个车间变电所引起的。工厂基建到了这个时候，已经有相当多的车间在安装设备，不少已经安装完毕，不时要用到部分电力。为临时需要，我们决定将二分厂的一个车间变电所率先投入运行。但因为还没正式投产，用电量太少，功率因数低而被供电局罚了款。这事本是件十分正常的事，却被嘴快的人汇报到了厂长那里，厂长听说罚了款就大发雷霆，在全体会上狠狠批评了我们："你们安装组是干什么吃的！竟然叫人家罚了款？……"

有意思的是，这时坐在一旁的大书记好象看出了问题，他没等厂长把话说完，就忍不住站起来插话说："不对嘛！我们又没投产，凭什么罚我们的款？"这样一来，两位领导一个说罚了钱是安装组的责任；另一个却说供电局弄错了，根本就不该罚款。这两位大首长当着群众的面，竟争执起来，而且还争得面红耳赤，互不相让。

为了保住面子,这时候厂长已经顾不得批安装组了,他把目光转向了栾工(我们的头),点名让栾工站起来评理,说说清楚,只说该还是不该罚款。这事可难住了栾工,一个是厂长一个是书记,他们哪个也得罪不起的!所以栾工站起来后只是笑而不好作答。厂长看到栾工没有帮他说话,很生气地用一种鄙视的目光看了一眼大书记,摆了摆手,对书记说:"你不懂!"这时书记也站起来,争辩道:"我不懂?那你说说为啥罚我们的钱?"这一问更把厂长问得火冒三丈。其实呢,他们两人谁都说的不对。这种罚款本来是很正常的,也是难以避免的。罚款的原因,拿句行话说就叫"功率因数太低",说白了就是用电量太少(临时开起部分机床用电不多),变压器处于轻载运行,相当于大马拉小车,造成浪费,因而受到罚款。待以后机床开得多了,用电负荷上来了,这个问题就自然而然地解决了,这本是供电常识,小事一桩,用不着大惊小怪。

事情本来结束了,但厂长又批评了第二件事:接着他又批评,因为总厂这边也有同样的情况。二厂那边投入了一个变电所因为负荷少被罚了款,总厂这边又投入了一个变电所,这两个地方共用一个不就行了吗?何必还要投入两个呢?真是不负责任!

这又是外行话。因为二厂与总厂相距甚远,无法共用一台变压器。以上两个问题本来是个常识问题,没有想到竟引起了这样一起争论!

厂长最近不知怎的,似乎脾气特别大,可能他听了什么人的小报告，把这些原本属于正常的事都说成是我们过错而且还严加批评；而书记呢就更好笑，看来他们根本就不懂这一工业常识。总之这充分暴露出工厂领导人对工业管理上的无知。

眼前的这一幕又让我想起了数年来有关内行与外行的辩论，看到一个不懂行的领导来指导生产，是多么可笑！有些老干部领导工业生产少说也有一二十年了，怎么连这些最常识性的事情都没弄明白呢？我于是想，这些位高权重的领导究竟是在怎样领导工业生产的呢？

由于两个领导人当着群众的面互不相让，但是谁也压不倒谁，最后只有不欢而散。

我在下边看到这些事直觉好笑，栾工说，最近总有些人有事无事地老往领导那里跑，给领导打"小报告"，领导偏听偏信，往往把事情搞得更糟！

这些高级领导，原来他们之间也经常发生争吵，而且争吵起来的水平一点儿也不比老百姓高。

"我还没有死嘛！……"大约是因什么事情意见不一致，大领导又气愤地高声嚷嚷。说话时，他的手在发抖。在貌似团结平静的假象下，天晓得他们之间有多深的矛盾呢。其实他们内部一点也不像对外宣传的那样，是一个"团结的领导班子"。

……

散会以后，我走出"办公室"，门外是一分厂的建设工地，一片高大的厂房正在施工，一辆运送材料的大卡车从我面前隆隆开过，卷起一阵尘土。

63. 尼克松访华，救救中国的科学技术！

"文革"进行到第六个年头，也就是一九七二年，突然听说美国总统要来中国访问。这可是一件大跌眼镜的事儿。

从小受的教育都说美国是中国人民的头号敌人，是资本主义世界的头子。文化大革命中更是把批判资本主义、修正主义放在首位，这个资本主义阵营的头儿——美帝国主义，他们的总统怎么可以来中国访问呢？听到这个消息给人的感觉不亚于太阳要从西边出来！真是不可思议！

记得那天早上，我打开收音机听新闻，第一个新闻就是尼克松来到了北京！周总理还到机场迎接。当听到尼克松讲话还引用了毛主席的一句名言："一万年太久，只争朝夕"时，我几乎惊得叫了出来："这是那个头号敌人尼克松吗？"我简直不敢相信我的耳朵了！

那段日子里，大家都十分关注美国人的消息，每天都争着看报纸和听广播，但比看报听广播更精彩、更吸引人的还是从北京直接传来的小道新闻。因为四三一厂在北京有个办事处（设在"东单二条"和北京饭店后面的霞公府——老铁道部所在地），工厂与北京之间不断有人往来，从北京回来的人总会带来很多的谈资。他们传回的口头新闻就特别多。从尼克松、基辛格一直到下面的随团记者，都是大家关注、议论的重点。

有一位铁道部下放来的工程师，他懂一点英文，所以观察也比较详细。他从北京回来说：美国人的穿戴和中国人很不一样，中国人都穿得千篇一律。七十年代，中国人刚兴穿涤卡（一种涤棉混纺的厚布），走在北京大街上，不分男女老幼都是一片灰色。而美国人则不然，他们穿着五颜六色十分个性化。有的人还独出心裁地把自己的名字印在衣服上，显得自由活泼十分随意。且不说他们的白皮肤、黄头发，蓝眼睛。另外还听说来中国的所有美国人，身上都配备着一种神秘的装置，只要站在中国的电（话）线杆下，就能随时窃听中国人的电话。（是否有这么神？至今我仍存疑。但有一件事是确信无疑的，那就是自从尼克松访问结束以后，北京市的电话线就全部转入了地下铺设，以前大部分电话线都是架在电杆上的）另外还听说随团的每一个美国人（尼克松访华，听说带来了五百多名随行人员、记者）都和他们的总统有着直接的信号联络，他们的总统在哪里，在做什么，他们随时随地都知道。总之，把这些美国人说得神乎其神，防不胜防！

长期与外界隔绝的中国人显得十分可怜，对什么事儿都感到新鲜。北京大街上经常会出现中国人团团围观洋人的场面。每看到这种事儿，总让我为国人的愚昧落后感到羞愧。

当然，这期间还有另外一类新闻，那就是北京市民的反应。印象最深的是一位北京街道大妈，走到肉店去买肉，突然发现身后跟着一位美国记者，她便灵机一动，立即向店里的服务员说要买五斤猪肉（那时猪肉是定量配给的，北京是首都，市民优待，也不过一月半斤肉，还要肉票，五斤肉可不是个小数字）。肉店里的服务员也心领神会，随机应变地割给了这位大妈五斤好肉，当然也不收肉票。老太太提着肉扬长而去！……这当然是在演戏，是演给那个美国佬看的。表明北京的猪肉供应充足！过了一会儿，老太太又悄悄地把肉还回了肉店，用这种表演瞒哄美国人。听说这个大妈还因此得到了政府的表扬——表扬她觉悟高云云……听说这类哄骗美国人的事到处都有，这就是当时的情况。当然，今天看来是多么可笑，但当时可是一种爱国行动哩，被大力表彰！今天，这种事儿恐怕也只有在北朝鲜还能看得见了。

那些日子，诸多新闻中，最刺伤中国人神经的莫过于下面这件事儿：

尼克松总统来中国访问，带来了一台卫星地面站。当然是为了方便他们新闻转播。访问结束以后，他们便把这台机器留给了中国，以表示友好。其实这是一台在美国已经淘汰下来的小型地面转播设备，但是中国人却从未见过这玩意儿，得到了这样一台先进的设备，中国政府方面特别重视，立即选派了中国第一流的专家前来接收，不料当中国人把机器打开察看时，全傻了！因为根本就看不懂！长期与外界隔绝，我们和世界先进科学技术相差太大！中国已远远落后了。这些年来，中国的专家们不是赶到乡下"五七干校"劳动改造，就是在单位扫厕所，扫街道，哪还有时间搞科研！不要说是新的科学技术，就是原来的也早就荒废了。弄不好这些前来接收卫星地面站的专家，还是刚从"五七干校"抽调回来的呢。他们早已荒废了专业，今天哪里还看得懂这些先进的现代科技？看不懂，一点也不奇怪！

——中国与世隔绝太久了！轻贱知识，"知识无用论""知识越多越反动"，打压摧残科技人员，今天终于尝到了苦果！

文革十年，正是西方发达国家新技术革命蓬勃兴起的时代。

一九六九年七月二十日，美国宣布实现了它的登月计划，用阿波罗火箭将人送上了月球。这是人类第一次登上月球。后来亚洲地区还出现了"四小龙"，它们分别是台湾、香港、新加坡和韩国（四小龙中有三个地区都是华人）。这些国家或地区在十年中经济一跃都达到了中等发达的国家水平！尤其是新加坡，原来是个很穷的小国，中国"文革"前夕（一九六五年）才从马来西亚独立出来，几年工夫就发达起来，跑到了亚洲前列！当世界科学技术蓬勃发展的时候，中国全国上下却热衷于文革大批判，傻折腾，使国民经济垮到了崩溃的边缘。

中国和美国相比，简直就像来自两个星球的人类。一个已经高度现代化了，另一个几乎还停留在农耕时代！相差太大太大了！

······

我作为一名工程技术人员，为中国的落后感到极度沮丧！另外，也为与世隔绝感到愤愤不平！

一次我到一位朋友家去串门说到国家的形势，他忧心忡忡地说："绪文，我们怎么会不忧心呢？你还记得我们上小学的时候，书本上和老师是怎么对我们说的？书上说，再过十五年，中国就可以建成社会主义。到了那个时候，中国就像苏联人民那样过上幸福的生活，吃面包，喝牛奶……建国至今二十多年了，我们也长成了大人，可现在我们的孩子还缺衣少穿，连饭都吃不饱呢。甚至到了三餐不继的地步！幸福的生活在哪里？梦寐以求的社会主义难道就是今天这个样子吗？……"

我完全理解他此时的心情。五十年代，我们都看过一部苏联电影：《幸福的生活》。影片中描写的就是社会主义苏联人民过的幸福生活。中国老百姓都把那部电影看成了社会主义幸福生活的样板。然而……

这次尼克松访华，让中国人看到了另外一个完全不同的世界，我们确实太落后了啊！据说此时《解放军报》有一位记者，大胆地给张爱萍将军（当时他负责国防科委工作）写了一封信，呼吁："救救中国的科学技术！"——这一呼吁，曾让我们感喟不已！

64. 春天的信息　一场鼓舞人心的报告

这段时间，厂里发生的大事件莫过于铁道部工厂总局局长牟焕奎下来视察。

一九七三年，邓小平第二次复出，全国形势回暖，到处都能感受到（政治）解冻的气息。然而，国家总体形势仍不明朗，外界信息仍然受到封锁。此时的四三一厂，由于长期积压下来的问题得不到解决，已严重阻滞着向前发展的进程。所以四三一人对这次视察行动，都抱有极大的期待。

局长到来的第二天，在总厂作了一场报告，参加的人除了总厂人员，还有各分厂中层以上的干部。

这天下午一上班，总厂办公大楼四楼会议室里，就坐满了来听报告的人，大家都静静地等待着局长的到来。

牟的名字名早有耳闻，他是铁道部三十多个工厂的总头儿。据说这位局长也是文革后期（铁道部）刚刚解放出来的领导干部。

下午两点钟，局长准时来到会场。牟中等个子，身体壮硕，他迈着稳健的步子从容不迫地走向讲台。他说话声音不高，但吐字清晰，显得胸有成竹。他一改文革以来的陈规陋习，省去了上台讲话前那套"祝福领袖万寿无疆"之类的文革语言，报告开始就直接切入正题：从世界形势到国内形势，从当下工业技术发展现状到未来。尤其是西方发达国家科学技术的发展现状。他举例说，东邻日本，一家钢铁厂的产量就能抵得上中国全国的钢铁产量。而人家的员工却只有千把人，而中国的钢铁企业动辄就是十几二十几万之众；日本的金属切削机床数量与我国大体相当，但他们每年的切削量却是中国的四倍还多！效率之高令人咋舌！他还进一步讲到了北美、西欧以及其他发达国家正在开始的新的技术革命……

报告的下半部分，讲的是国内情况，他直言不讳地批评了当下工作中的诸多弊端，直截了当地指出：工厂必须首先把生产搞上去然后才有希望！再也没有讲什么"抓革命，促生产"之类的拖泥带水的口号了。这种讲话风格，令人耳目一新，听讲的人都感到痛快淋漓！

讲话之所以震撼人心，就在于敢于公开承认西方科学技术之成就和这些年来之发展，反过来，对国内现状及这些年来的失误提出了批评。

有好多年没听到这样大胆犀利打动人心的报告了！

牟的口才极好，讲话逻辑严紧，他的表情庄重而自信，这种稳健的风格强烈地吸引了会场上的听众。两个多小时的讲话，台下一直保持着极好的秩序。

局长讲话结束，台下报以经久不息的掌声。

多少年都没有听到这样热烈的掌声了！我想这样的报告，任何人听了都不会无动于衷的！牟的报告让人振奋，一下把四三一人压抑、麻痹已久的神经又唤醒了；人们重又憧憬起工厂的未来。重又燃起了对建设新生活的希望。

好像有一种经过了漫长的冬天，一日春天倏然来临的感觉。

很早就听人说铁道部工厂总局局长十分了得，能力很强。并且还说铁峰厂长（四三一原一把手）的风格就像这位牟局长（私下说铁峰是牟派的人），今天所见果然不错。

牟局长讲话之后，工厂领导宋某上台致辞。（在此也不必讳言，还是如实道来）

今天中午大约喝多了点，直到上班他还是醉醺醺的，他红着脸一上台就说："资阳是个好地方，希望大家都安心在这里工作。"接下来他又说，"别看我没把户口迁来（他任工厂第一把手，号召广大职工都把大城市的户口迁来三线，但他们却把户口留在了北京至今都没迁来）但我最安心三线建设……"接着他把话题一转，扯到了青年人找对象的事儿上，他说："……在资阳不要怕找不到对象，四川大姑娘有的是。她们会排着队来追你们的。四川女子脖子是短了一点（大约指的是从当地招来的大批农民工），没关系嘛，向外拽一拽就行了嘛！"——会场一片哑然！

这位领导，论级别据说也已达到局级。然而他的讲话却与前者南辕北辙！莫名其妙！特别是他讲到三线户口一事，他不讲还罢，讲了令人特别刺耳！

广大三线职工，响应号召，为了一心一意参加三线建设，都把户口从大城市迁到了大西南，与广大三线职工形成鲜明对照的是，少数领导干部，尤其是一些高级领导干部，却仍然把户口留在大城市，人来了三线，但心却仍然恋着大城市的安逸生活。而且他们想来就来，想走就走，一年之中，可以像候鸟那样飞来飞去。明明是长时间住在大城市乐不思蜀，却硬要说自己"最安心"三线建设！他们把广大三线职工当成什么啦？不客气地说，他们只把工厂当成了升官发财的跳板，在这里发迹之后，再回大城市做大官享清福！哪里还谈得上"安心"三线建设？更不要说加一个"最"字了！只有广大三线职工，才是老老实实，真正的三线建设者。他们才是当之无愧的建设三线的英雄！不是吗？

这位工厂大领导罗里吧嗦地讲了一通，最后结束的时候，台下竟没有一人鼓掌，会场上下一片沉默。

大家对这个"致辞"嗤之以鼻，甚至能听到从附近传来的低声谩骂。

我心里想，这样水平的人怎么也爬上了局级高位？同样都是高级干部，差距怎么这么大！

由于前面牟局长的报告太精彩了，最后厂领导致辞造成的不快，很快又被淹没过去，被人忘到脑后了。

大家对牟的报告评价极高，散会之后，办公楼过道上，办公室里，到处都在谈论牟局长，谈论他鼓舞人心的报告。

那天下午，牟还特地到各个办公室与大家见面，又一次令大家激动不已。

一九七三年，借着邓小平全国整顿之风，四三一厂的形势也开始好转起来。

65. 第一台内燃机车

文化大革命爆发以来，工厂基建工作就干干停停，停停干干，这种情景几乎成了常态。

到了七十年代以后，领导干部陆续得到解放回到工作岗位，全国开始了一系列的整顿，三线建设形势开始好转。特别是铁道部派人下来，整顿了工厂领导班子，统一了大家的思想。到了一九七三年，四三一厂多数厂房、设备安装都陆续竣工，终于具备了一定的生产能力。

这个时候，工厂通过与沿海老厂的协作，终于试制出了第一台东方红（2）型液力传动调车机车（在站区或大型工厂厂区作调车用，非干线机车）。

一九七三年九月十八日，是一个值得纪念的日子。这一天，在刘家湾一分厂总装厂房前面，举行了盛大的剪彩仪式。铁道部，四川省，以及地方政府多位贵宾出席了盛会。各级领导纷纷致辞，为新机车剪彩祝贺。锣鼓喧天，工厂宣传队还集体跳起了《忠字舞》：

"敬爱的毛主席，我们心中的红太阳……"

真是盛况空前！

长期的建设中，我一直在设备系统供职，终日忙于设备安装，关于机车试制工作，具体过程了解得不多。但我知道工厂最初是从试制单缸机（未来柴油机的雏形机）开始的。我始终认为，想干事的人不论把他放到哪里，他都会干事情。没有记错的话，大约是在一九七一年，铁峰厂长被解放了，解除了监禁之后，他便开始抓二分厂的工作，就是在这个时候，二分厂开始着手试制单缸机。尽管是单缸机，大家投入的热情也是蛮高的，那些干产品的同志们全力以赴起早贪黑地干。一天夜里，他们下班回来说，出了一件大事故，柴油机在试机时不小心"飞车"了！"飞车"就是转速越来越高而失去了控制。这是十分危险的重大事故。据说"飞车"以后，大家正在慌乱之时，有一位技术人员（他的名字我忘记了），奋不顾身地冲向前去，用自己的双手捂住了柴油机的进气口，使柴油机窒息（缺氧）而停了下来。这是要冒生命危险的。这件事情很快就在下面传开了，事后我就问住在隔壁的徐锡森（搞柴油机的技术人员，戚墅堰工厂调来），他说："幸好碰上机器也停了，否则他会被吸进去！你知道，柴油机的吸力有多大？！"通过这件事，我已经想象得到，他们试制工作的难度、辛苦乃至危险程度了。在以后的试制过程中，遇到问题之多，技术攻关之难，那也就可想而知了。

那个时候我们都还年轻，一心想的就是早日把工厂建设好，早出产品。当时心里还有一种想法，我们在后方再苦再累也比不上在前线打仗的解放军战士（那时越南正在打仗），比起他们来，眼前的这些苦能算得了什么呢？所以干起活来，还真有那么股拼命的劲呢。

眼前这台机车虽然还不完善，还有许多先天不足之处，但它毕竟是四三一的第一个产品，是工厂这些年为之奋斗而生产的第一个新生儿。只是这个儿子太过难产了，来得也太迟了点，让母体承受了太多的疼痛和折磨。同时它也承载了四三一人的希望，未来之路仍很漫长！

……

剪彩仪式结束以后，我跟在大家后面回到了松树坪（总厂），这个时候松树坪的高坡上站满了人，四三一厂第一台内燃机车向这边徐徐开来，它披红挂彩，沿着工厂通向外面的专用铁路，向着资阳车站方向开去。工厂的许多领导也站在车上。

66. 难忘"1976"——总理逝世

一九七六年元月九日早上，我被一阵哀乐声惊醒，细听，是窗外正在广播一个讣告：

……中国共产党中央委员会、中华人民共和国和全国人民代表大会常务委员会、国务院以极其沉痛的心情宣告：中国共产党中央委员会委员、中央政治局委员、中央政治局常务委员会委员、中央委员会副主席、中华人民共和国总理、中国人民政治协商会议全国委员会主席周恩来同志，因患癌症，于一九七六年一月八日九时五十七分在北京逝世，终年七十八岁……

听到这里，我一骨碌从床上爬了起来，遂叫醒了家人和孩子，告诉他们，"周总理去世了"。感觉就像失去了一位至亲长辈，失去了依靠，全家人也都跟着难过。

几年来，全国人民都一直关心着总理的健康，今天，最让人担心的事情终于还是发生了！

十年"文化大革命"搞得国不成国，家不成家，国家同难！在那时，人们都认为周总理代表着党内正义与道德的力量。在这国难当头，周总理去世了，老百姓还能依靠谁？指望谁？今后中国的希望何在？民族的希望何在？

这天早上，外面下着小雨，好像苍天也在为总理逝世而哭泣。

上班路上，行人也都低垂着头，边走边听沿路的有线广播（那时候沿路电线杆上都有喇叭），一遍遍播送着这令人揪心的消息。熟悉的播音员，用低沉、哀伤的语调历述着周总理的生平……

工厂的交通车来到三分厂大门，一幅醒目的大标语高悬在路口的上空："沉痛悼念我们敬爱的周总理"，不觉间我的眼里噙满了泪水。是什么人这样早就进厂挂出了这幅标语？"敬爱的周总理"这是人民发自内心的呼唤。比起那些"伟大""英名"等形容词来，这条标语既朴素又亲切。

厂里也不像往常那样机器轰鸣，到处都静悄悄的，工人师傅们都无心干活，三三两两聚在一起，有的人还在抹泪。大家都在等待，等待着工厂召开追悼大会的通知。在这悲痛的时刻，有几位女工已经动手做起了小白花。上午八时许，工厂的广播喇叭里传来了"革命委员会"的通知："革命同志们，革命委员会接上级指示，各单位一律不开追悼会！请大家都回工作岗位上去干活！"大家听罢通知全都要愣了，不开追悼会？总理死了，这样大的事情不开追悼会？为什么？！但高音喇叭却一遍又一遍地播放着这个通知。总理逝世了这样大的事情却不开追悼会？！群众愤怒了！

自从总理生病以来，全国人民就悬着一颗心。大家时时刻刻都在挂念着总理的病情，但是文革当局控制的报纸、广播就是不报这方面的消息，似乎有人成心封锁消息。敬爱的好总理得了病，为什么不向人民通报病情？直至今天总理逝世！

还在几年前（一九六九年），越南劳动党主席胡志明逝世和生病期间，中央电台定期向社会上发布胡志明的病情通告，到后来，一天发布几次；今天周总理生病了，不但不发布通报，连一点消息都不报。对周总理太不公平了！难道周总理在中国人民心目中的位置还不及越南的胡志明？中国媒体为什么如此冷漠？眼下，总理去世了，又在喋喋不休地叫大家不开追悼会，这究竟是什么意思？他们还有没有良心？这些人的良心叫狗吃了！想到这里，心里越发气愤，我恨不能捡块砖头，把这可恶的喇叭砸下来！

今天，随便上面怎样通知，大家就是不听，也没心思干活。许多人不顾上级的阻挠，自发地在车间，在食堂，在办公室……开起了追悼会。会场上摆放着匆匆赶做的几个花圈，没有"领导"的致辞，更没有时兴的套话、废话。沉默的会场上，骤然发出一片哭声。由于被压抑的感情，这哭泣更显得悲切！

……

北京：总理逝世以后，天安门广场上，降下一半的国旗低垂着，凝聚着无限的肃穆与悲伤。

总理遗体送往八宝山火化的那天，北京市民早早地都等在灵车经过的道路两旁，出现了"十里长街送总理"的极其感人的场面！

　　我的情感世界里，周总理是最受敬重的一位国家领导人。他不但有令人尊敬的革命经历，丰厚的学养，聪明机智的作风，还处处关心人民疾苦，有很浓的人情味。另外他的个人生活也堪称楷模，他和邓颖超没有后代，一心为了革命，因而特别受到人民的崇敬。他是我们几代人学习的楷模。我从小就常听大人们传诵总理的许多小故事，比如在建国之初，一次国际会议（日内瓦会议）上，那时，中国和美国是敌对国家。一天，大会休息的时候，总理在走廊上与美国（当时是敌国）代表杜勒斯不期而遇。如何招呼？总理灵机一动，便来了个低头去系鞋带。这令杜勒斯反应不及，赶紧向中国代表还礼，却发现周总理只是低头在系鞋带，根本就没有理他。让美国代表甚为难堪。这一场面被新闻记者抓拍了下来，传为佳话。这些有趣的故事，特别叫人佩服周总理的机智、灵活。类似的故事还很多。总理聪明、机智的作风曾迷倒了许多人，包括许多外国政要。中国人为有这样一位优秀的总理而自豪……到了一九六六年，文化大革命爆发了。在国家陷入动乱的年代，就更显示出总理的无与伦比的作用。无数复杂而严重的事件，都得总理出面去化解。印象很深的一次：红卫兵"揪斗陈老总"事件：红卫兵堵住了人民大会堂的门口，一定要揪出陈老总。总理出来再三交涉无果，最后总理发怒了，面对失去理智、乱象环生的红卫兵，他义正辞严地说："如果你们一定要揪斗陈老总，那就请先从我的身上踩过去！"总理大义凛然的讲话，终于镇住了气焰嚣张的红卫兵，保住了陈老总。文革中像这样的例子数不胜数！不仅如此，许多在文革中遭遇大难的人和事，首先想到的也是向周总理求救！

自从文化大革命以来，发生了无数令人民失望的事件，但多数人如我，还是尽量从正面来理解这场革命，实在想不通看不过的时候，看着总理还在上头，我心中就想，既然总理还在上头，那就也许还有道理。但如今总理也不在了……

周总理逝世以后，全国局势出现了重大的变化。中央文革一伙人的真正面目更加暴露，在总理遗体告别仪式上，江青竟傲慢地不脱帽！这一画面在报上登载后，引起了老百姓的愤慨！一次我在大街上看报纸，就听旁边两位老婆婆对话。一个说："这个江青啊，总理逝世她怎么不脱帽子啊！""听人家说她们一伙人反对总理呢。"这时有一位男子正路过，他气冲冲地说："中央乱了，有些人在争夺权利呢！"说完转身便走开了。

一次我出差坐火车，人们说话就更大胆，我第一次听人说"中央XX要当女皇"的消息。另有一次遇见的是一位军人，他干脆说："我们将来给谁卖命还不知道呢！"这些隐隐闪闪的片言只语表明，人们在私下里，已经不再信奉官方的宣传了。至少人们认为目前的所谓"文化大革命"，已经不是什么人类崇高理想的斗争，很明显地感觉到这其中有不可告人的阴谋。

……

总理逝世带来的巨大哀痛还没有过去，另一场"反

击右倾翻案"的运动又开始了。这次的斗争矛头直指邓
小平。

一九七三年以来，在总理的极力推荐下，邓小平同
志重新出来工作，通过在全国抓整顿，形势开始好转，
务实治国的邓，深得人心。这些年来，中国老百姓的生
活苦不堪言，目前刚见有点改善，又要抓批邓。这样下
去，人民只有喝西北风了！

然而，文革当局似乎对此视而不见！一轮反击"右
倾翻案"，批邓的运动又开始了。

一个巨大的疑团在人民心中蔓延，文革当局为什么
这样一意倒行逆施？一直在挑战着人民的感情？他们究
竟想要干什么？！

67.　难忘"1976"——清明节

一九七六年春，我年幼的儿子得了肝炎。四月五日
晚上，我正在陪着儿子住院，突然，传来了一个令人震
惊的消息——北京天安门广场上发生了"反革命"暴乱！
广播喇叭正不停地广播着："……四月五日，一群反革
命暴徒，以祭奠周总理为名，推倒车辆，焚烧建筑……
天安门广场上黑烟四起……"

高音喇叭接连不断地广播着天安门广场上正在发生
的事件，描绘出一派阴森暴力的景象。其中特别提到带
头闹事的是一个留小平头的家伙，这不禁让人想象是暗
示一个人……广播说："这群反革命分子理所当然地遭

到了工人纠察队的无情镇压！……"

　　不大工夫，医院的高音喇叭下便聚集起了许多人，有医生、护士，也有病人和病人家属。一双双疑惑的眼睛，互相寻问着，"怎么回事？怎么回事？"

　　……

　　周恩来逝世以后，中国的政治气氛格外诡秘。不久前总理逝世的时候，"文革"当局就曾对人民的悼念活动百般阻拦，"十里长街送总理"在人们的印象中还记忆犹新，不久清明节又到了。清明节是国人祭奠亡灵的日子，人民忘不了总理，所以不少北京市民便自发地来到人民英雄纪念碑前纪念周总理，他们把花圈送到天安门广场烈士纪念碑前，随着清明节的来临，前来送花圈的人越来越多，络绎不绝。这种祭奠活动又惊动了文革当局，他们三令五申叫老百姓不要来送花圈，但这次老百姓再不听那一套，送来的花圈越来越多。但白天摆上，夜晚当局就给统统收走。这激更起了人民的愤怒，当局越是阻拦，到天安门广场献花圈的人就越多，花圈也做得愈来愈大。其中北京电机厂送来的花圈最为显眼，他们干脆用不锈钢做了一个，单直径就有十多米，用大吊车安在了广场的中央，看你如何搬得走！如此一来，人民群众与文革当局形成了一种对峙状态。革命烈士纪念碑前，花圈堆积如山，天安门广场也成了花圈的海洋。时隔不到三个月，总理逝世时的悲痛气氛又重新笼罩在北京天安门广场上空。这个时候，广场上一片肃穆，不但摆满了花圈，还出现了许多诗词：著名的诗篇有：

夜来未闻风雨声，芳草鲜花尽扫空。
休言碑下空荡荡，指点阶前泪迹浓。
清明洒泪究何罪？血雨腥风卷地飞。
党心民心不可侮，于无声处听惊雷。

欲悲闻鬼叫，我哭豺狼笑。
洒泪祭雄杰，扬眉剑出鞘！

黄浦江上有座桥，江桥腐朽已动摇。
江桥摇，眼看要垮掉，请示周总理，是拆还是烧？

不仅有诗，还有人登场演说，人民想念总理，抗议当局的倒行逆施。人们激愤的情绪达到了极点！

那些日子，连经过天安门的大小车辆，都无一例外地放慢速度，让车上的乘客凭窗低垂观望，向肃穆的天安门广场致敬。

四月五日这一天，文革当局终于按捺不住，在天安门广场上对手无寸铁的群众下了毒手，他们出动所谓"工人纠察队（实际是换成便衣的武装人员），残酷的大举镇压洗劫了广场。这就是有名的"四五"天安门事件。

"四五"事件之后，怕人民不服，在全国范围内，又来了一次追查"反革命"的政治运动。群众中，凡是到过天安门广场的，都要作出老实交代！全国又一次陷入恐怖之中。远离北京的四川也不例外。那些日子，工厂里不但清查到过北京的人，没到过北京，在厂里说过一些反对当局的言论的，也要清查。这个时候正好在工厂俱乐部门口发现了一张小字报，内容是批评三面红旗（总路线、大跃进、人民公社）给农民带来了饥荒；并表明拥护邓XX出来工作等等。这件事立即在工厂里引起了轩然大波，被定罪为重大的"反革命"事件。保卫部门采用攻心战术，互相揭发，人人过关，全厂立即又笼罩在一片恐怖的气氛之中。经不住拷问和恐吓，最终把写小字报的人抓了出来。原来是一位貌不惊人的材料员，他是一名转业军人，家住农村，家属还是农业户口，生活极其贫困。常年只穿一件工作服，朴实的模样像一位老乡。要不是出了这件事被抓出来，大约很少有人会注意到他。也正是因为发生了这件事，让我对他另眼相看！

某天上午，天空阴沉沉的，叫人感觉特别压抑。工厂在运输总站停车场上召开宣判大会，两个身强力壮的保卫人员，将那个材料员反扭着胳膊推到台前，然后戴上反革命帽子由公安局手铐带走。

……

一九七六年真是一个怪象环生的年头，这年的春天四川农村又出现了饥饿、逃荒现象。清明一过，资阳就一下子来了许多难民，他们成群结队，扶老携幼，景象十分凄惨。一问都是从广安来的。资阳的大街上，四三一厂区到处都是广安来的难民。白天他们向人讨点吃的，晚上一家老小就铺块破草席睡在露天坝上。向前一问，都是从广安跑出来的农民。

广安是邓小平的故乡！

　　除了战争年月，很少会出现这种现象。这是否与这次政治动荡有关？不得而知。但我始终也没弄明白，那些广安难民到底是怎么回事。反正这些难民背井离乡，到处要饭，处境很惨！那个时候吃饭都是要粮票，家家户户口粮都紧，这些难民上门要饭，也拿不出多少来救济他们。报纸上、广播中天天都喋喋不休地讲着"大好形势"。但对这些难民，却不见政府有任何的救济行动。绝大部分老百姓都十分同情难民，但也有人骂这些难民是"懒汉"，"好吃懒做"云云。记得在医院里，就发生过这样一起争论，有一个正在住院的干部，他说那些难民都是懒汉，不在家好好劳动，却跑出来要饭。结果他的言论引起了众怒，都一起骂那个干部没良心。一直骂得那个干部不再吭声。

　　政府天天都在讲"大好形势"，现在就请给这些广安饥民来宣传宣传吧！所以难民上门来要饭时，有的人就故意把他们引到厂长、书记们的家门口……

68. 难忘"1976"——地震！地震！

　　一九七六年新年伊始，国家总理逝世了；清明节北京又发生了"大事件"；不久又传来消息说，中国要发生大地震！文化大革命第十个年头已经发展到天怒民怨的地步，连大地也不安宁了！

　　唐山大地震：

　　自打入夏以来，总有一种不祥的气氛笼罩在共和国的上空。终于在七月发生了震惊世界的唐山大地震。一百多万人口的城市，顷刻间夷为平地，死了二十八万人（此为官方数字，下面流传的说法是四十万）。多少鲜活的生命瞬间被砸在钢筋水泥石头瓦砾之中！

这次地震发生在七月二十八日凌晨三点四十二分，震级 7.8 级（境外测的是八级。为什么国内要少报震级？据说是为了拒绝国际援助，不使社会主义丢脸，震中就在唐山市。相当于四百枚广岛原子弹的威力，在距地表十六公里处爆破了。

消息传来，举国震惊。地震灾区虽然距离四川遥远，但我厂却有不少职工家在唐山，震惊的程度一点也不亚于其他地区。不久消息传来，许多同事的家里都摊上了。其中还包括我大学时的一位同学的爱人。她本来已搬家离开了唐山，因临时回去拿东西，不幸也摊上了，砸死在塌倒的房子里。

上世纪七十年代，中国老百姓家里都还没有电视。潮土湾家属区（工厂生活区之一）唯一的公用电视机前，天天都围满了人，争看唐山大地震的新闻。但电视上报导的却都是解放军奋不顾身营救伤员以及灾区人民战天斗地，学习领袖著作，以领袖的思想为武装，抗震救灾的事迹。千篇一律都是。很少有地震损失以及灾区人民实际生存状况的报导。有的报导说震后的灾民，面对亲人离去、房屋倒塌血淋淋的现实，他们并不悲伤，而是激发出"战天斗地"的革命豪情，与天灾斗争！更加奇葩的是，报道还说，唐山灾民不但不悲伤，还在震后倒塌的房子上跳"忠字舞"（坟头蹦迪）。

尽管如此，这些热热闹闹的报导仍然掩饰不住血淋淋的现实：只要细看，就可断定这次地震老百姓的伤亡是多么严重！

那么严重的天灾，但是救灾的人，包括解放军，用的却都是些最原始最简陋的工具，如铁锹和镐头之类，几乎看不到一台起重机。起重机这类设备在抢救地震灾害中是必不可少的啊！所以，尽管战士们奋不顾身，但给人的感觉还是收效甚微。事后才知道，地震发生之后，世界上多个国家都提出对灾区援助，但都给文革当局拒绝了！他们的口号是"自力更生"、"一不怕苦，二不怕死"。所以救灾的一些先进设备也就无从谈起了。在大灾面前，他们不但拒绝外援，还拒绝科学预报，拒绝专家指导。把"科学"和"专家"指导一概斥责为资产阶级、修正主义。本来可以救出来的许多条生命，就这样眼睁睁地看着痛苦地死去！其中下面流传着一个故事说：一位中年妇女一只脚被倒下来的水泥板压住了，营救人员发现后，用铁锹铁镐挖开浮头的瓦砾，但水泥板却怎么也撬不动，因为没有起重机，根本无法撼动巨大的水泥板，眼看着挤在水泥板下的脚没有一点办法！这时又余震不断，为获一线生机，她强令丈夫从废墟中扒出了一把锯子，在没有任何麻醉的情况下，硬是生生地把脚锯断！因为巨疼和失血过多人还是死了。这仅仅是无数惨烈故事之一件，究竟发生了多少惨不忍睹的故事？无人统计！

……

一年以后，我出差路过唐山，不知是因为此段路基不稳还是向死难的几十万唐山亡灵致意，反正火车开过这里时，速度突然变得很慢。车厢里的人都被眼前的景象惊呆了，从窗口望出去，到处都是残垣断壁，绵延不见尽头！看得让人怵目惊心！这就是那个曾经繁华的唐山市吗？

记得地震的前一年，我还来唐山出差，就住在火车站附近的唐山机车厂的招待所，过了天桥，就是一个商业街，我还在那里买了一套唐山瓷器。色泽、样式别致，很逗人喜爱。那个商店的两个女服务员，特别热情，是她们俩向我推荐的这款新产品。如今她（他）们安在？

火车开得很慢，车厢里没有一个人说话，大家都在静静地观看着，目送着依旧是连绵不见尽头的瓦砾，默默地为唐山人民祈祷。

"死者长已矣，生者常戚戚！"

后来听说，这次特大地震是有预报的，不幸的是被文革当局以"不能影响文化大革命"为由而强行扣压了消息！

松潘大地震：一九七六年真是祸不单行，唐山大地震的惊魂未定，说四川还要发生更大的地震！因为四川盆地西部也处于一条地震带上。听到如此消息，人们都成了惊弓之鸟。夜晚都不敢回家睡觉，到处打防震棚。

那些日子，每到夜幕降临，几乎家家户户都不敢回家睡觉，都在露天过夜，潮土湾灯光球场上，熙熙攘攘挤满了人，有的干脆到老乡的田边地头搭起了帐篷。那时信息又不通畅，谣言四起，躲避地震也没有组织，没有领导，基本上是各自为战。

这时我母亲还在医院住院，我忙着安排家里和厂里的事，但心里更惦记着母亲。我是个渴望家庭温暖的人，多希望此时一家人能互相眷顾，多想灾难来临的时候，全家人能待在一起啊！……但事情并不如愿。直到下午，我才抽出空把母亲从医院接回来，令我内心十分愧疚。不久，地震真的发生了，所幸不是资阳，而是在北面的松潘山区，资阳仍有强烈震感，

这次地震发生在人烟稀少的松潘山区，损失没有唐山那样大。

躲地震的日子里，家家户户都住露天坝子，在外面生活，最能看出各家各户的人情百态，和睦的家庭总是和睦的，不和睦的家庭各有各的状况……除此以外，大家躲避灾难的方式也各有不同，有的人愿意聚集而居，有的人则喜欢离群索居。比如唐某某一家，他总是远远躲开人群。每当夜幕降临，他就会推一部自行车（那时一辆自行车也许比现在一辆汽车还金贵），上面驮着小儿子和全家细软，老婆和两个大一点的孩子跟在后面。大人孩子穿得上下一茬新（大约是把平时不舍得穿的新衣服都穿在身上了），他们会到一个较远的地方过夜。因为与众不同，常引来一些人的议论。当他们从众人的眼前经过时，有人就会说："快看！快看！老唐又来了。"惹得大家忍俊不禁。

　　躲地震，最高兴的要算是那些天真烂漫的孩子们。他们不知道危险，无忧无虑，天性活泼。看到这样多的人都在露天坝子过夜，很是新奇快乐，在孩子们的眼里，热热闹闹，简直成了他们的节日。他们总在大人中间追逐嬉笑、大呼小叫，喜悦地蹦蹦跳跳。

　　云南大地震：一九七六年真是个灾难之年，那年发生的大地震其实不止上面说的两次，而是三次！还有一次是发生在云南，正当春节期间，喜庆的节日一下变成了千家万户血淋淋的丧命之日。但地震发生之后，消息全被封锁，外人都不知道。灾区也基本没有得到多少物资支援，据说只运进去了不少红宝书（毛主席语录）和毛主席像章。尽管地震不是在人口集中的城市，但由于缺乏外地援救，结果还是死了一万多人！这件事直到"文革"之后才透露出来。我最早是从作家刘心武先生的一篇文章中看到的，后来在报纸和电视上才逐渐被证实。

　　正如一本书中所说："天人感应是非常有道理的，人祸必带来天灾，天灾又会引起超出常轨的人的行动，'大地震'为过于离谱的'文化大革命'敲响了丧钟！"

69. 难忘"1976"——巨星陨落

　　一九七六年九月九日零时十分一颗巨星陨落了。

　　九月九日下午上班时间，突然听到广播喇叭里嘎啦嘎啦地响了一阵，这是要广播的信号。一般在上班时间是不放广播的，放广播必然有重要事情通知，所以我立即驻足倾听。嘎啦嘎啦的声音过后，喇叭里传出了中央人民广播电台的那个嗓音醇厚的播音员的声音，"……他的逝世，定将在我国人民和各国革命人民的心中引起极大的悲痛。"播音员用深沉而动情的声音继续说，"中共中央号召全党全军全国各族人民，化悲痛为力量：我们一定要继承毛主席的遗志，坚持以阶级斗争为纲，坚持党的基本路线，坚持无产阶级专政下的继续革命……"

啊！毛主席死了？我不禁一惊！

毛主席逝世的消息迅速传遍了全厂，车间里的工人也都停下了机器，跑出来听广播（广播喇叭就架在路边的电线杆上）。不多一会儿马路边和走廊上就站满了人，大家都静静地听着，没人说话，也没有人哭泣。听了一阵之后，才看到一个女工从那边走来，一边走一边用手抹眼泪，这是我看到的第一个，也是唯一的一个哭泣的人。那么多的人都静静地听着，个个脸上表情凝重，但唯独没有哭泣！在这个时刻仅仅哭泣是浅薄的！

常言道："国不可一日无君"！

毛主席逝世，让全国立即笼罩在一片惊慌之中。首先不是悲痛，更多的是让人担心！因为在中国，领袖的逝世，往往会有"改朝换代"式的震动，总是存在一定的危险。"文革"以来，毛主席的权威达到了顶点，毛主席的话称为"最高指示"，"句句是真理""一句顶一万句"。现在毛主席不在了，毛以后时代中国谁说了算？代表着"真理"的那个人不在了，中国会不会乱？……

中央人民广播电台开始广播治丧委员会名单，但喇叭里传来的却是："……现在播送周恩来总理治丧委员会名单……"怎么又成了周总理治丧委员会了呢？一起听广播的秦怀芬在旁边说："听嘛！中央可能都乱了，连广播都说错了！"虽然接着改正了过来，但话音已经向全国全世界播了出去。一向以严谨著称的中央人民广播电台，居然在这关键时刻把这样重大的通报都读错了，确实有点不同寻常！反映出当时上面惊慌的程度。照以往的案例，这样重要的广播出错，还不晓得会怎样处分呢。

……

毛主席逝世后，又宣布从九月九日开始，全国哀悼十天，在这十天中，停止一切娱乐活动，广播、电视里也只允许播放（歌颂毛主席的）《东方红》乐曲，再就是轮番播放《哀乐》。报纸上的通栏标题也都是悼念毛主席的文章和有关的活动报导。

这期间，为了确保祭奠活动的实施，各单位还组织了民兵巡逻。凡违纪者，一律抓捕勿论！绝大部分老百姓都遵守上级规定，但也有例外，也许是时间定得太久了，也许是规定过于严格，反正在轰轰烈烈的追悼活动期间，还真抓了不少人。

北京：到底是大中华国家元首，对毛主席的悼念各项指标都是最高的。与周总理相比，毛主席的规格庞大无比！

在瞻仰领袖遗容期间，人民大会堂内，人们排着长

队从毛主席的遗体边走过，暴出的哭声地动山摇！老百
姓毕竟认为没有毛主席就没有新中国……

　　一九七六年九月十八日，毛泽东主席追悼大会在天
安门广场举行，首都百万之众参加。与北京追悼大会同
步，在全国各地也都设灵堂，同步转播北京追悼大会实
况。毛主席的追悼活动与他生前一样，办得轰轰烈烈。
……

　　中国历史上，帝王驾崩，往往标志着一个历史阶段
的结束。毛主席逝世以后，社会愈显不稳，由于文革闹
到最后，已经闹得天怒人怨，国家无路可走了。果不其
然，又有一件大事正在酝酿之中。

70. "四人帮"垮台！

　　一九七六年的秋天，和往年一样如期而至。

　　这年秋天，发生了又一件关乎国家民族命运的大事，
"文化大革命"的核心人物江青、张春桥、王洪文、姚
文元（后称"四人帮"）在北京突然被抓起来了（秘密
逮捕），从此，持续十年的文化大革命戛然停止！

　　"四人帮"倒台的消息传到四川，我正好在成都出
差。亲眼目睹了这一激动人心的历史时刻。见证了人民
发自内心的对"文化大革命"及其主要成员的强烈愤恨。

　　我到成都的时候正是下午，那个时候出差住宿不好
找，尤其是到了下午，大小招待所、旅馆全都住满了，
没有办法，只好介绍到春熙路口（好像叫人民旅馆）找

了一个"扒铺"，就是那种睡在走廊过道上的床铺。这是一座四层楼的临街旅馆。

天刚刚下了一场秋雨，气候显得有些冷清，然而大街上却与往常不同，往日行人不多的大街上，今天到处都是人。到了傍晚，人就更多了，并且显得躁动不安，好像要发生什么事情。就在这个时候，对面街上突然冲出来一支游行队伍，个个情绪激昂，一路呼喊着向这边涌来。这些人和平时所见的游行队伍迥然不同，他们衣服不整，多数还穿着满是油腻的工作服，象是一群刚刚下班的工人。他们手中高举着用旧报纸临时糊成的标语牌赫然写着："打倒王洪文、张春桥、江青、姚文元！"矛头直指"中央文革小组"的四个核心人物！

这支队伍之后，更多的游行队伍接踵而来，声势越来越大。很快，附近的大街小巷便挤满了人的洪流。人们怒吼着，"打倒四人帮！""揪出'四人帮'是人民的胜利！"口号声惊天动地。那场面，就像电影上看到的"二七"工人大罢工一样。

我注意看了一下，他们的标语口号：

"打倒王洪文、张春桥、江青、姚文元'四人帮'！"

"坚决打倒祸国殃民的'四人帮'！"

"揪出'四人帮'大快人心！"

"揪出'四人帮'是人民的胜利！"

……

那会儿我还是第一次听说"四人帮"这个词儿。

从旅馆楼道上看下去，大街上人头攒动，排山倒海！

这种阵势表明，文革中以江青为首的那几个不可一世的人是真的垮台了！

十年啊！终于盼来了这一天！每个中国人都陷入无比激动和惊喜这中。

中国人对"中央文革"那帮家伙早就恨透了。用"祸国殃民"，"政治恶棍"来形容"四人帮"再合适不过！但以往只恨在心里，不敢说口来。今天终于可以公开喊出来了！

晚上七时许，游行达到了高潮。人们打出了火把，整个城市都沸腾了。从高处鸟瞰，熊熊燃烧的火把映红了街道，一条巨大的火龙涌动着，沿街的大小窗口，阳台上，也都挤满了人。我从来没有见过如此壮观和激动人心的场面！

今天，人民被压抑和蹂躏的怒火，终于像火山一样爆发了。此刻，你能感受到人民中的那股不可违背的力量！

眼下的游行与以往任何一次游行都不相同，这次游行全是群众自发的，没有统一的指挥，更没有警察维持秩序，但是却一切秩序井然！人们懂得，这是人民自己的盛典！这些年来，国家高层的一伙人利用"文革"，肆无忌惮地破坏国家和摧残人类文明，干下了罄竹难书的罪行，清算他们的日子终于到了！

……

入夜，贾明生来了。贾明生是我三分厂的同事，是在安装一台先进的日本热处理炉时认识的。小伙子很机灵，他的父亲是省委高干。在我找旅馆不着时，曾打电话给他向他求援，他还真的来了，接电话后，他居然给联系到了省委组织部招待所。这可真没想到！省委组织部招待所是供什么人住的？是专为接待党政干部准备的，位于成都最繁华的春熙路和盐市口之间。贾明生引着我来到这里，这个招待所与外面的旅馆比较，可真是门外门内两重天！外面已经乱得一塌糊涂，但是这里却非常安静，环境也很可人。这里不但有充足的床位，服务员的服务也好。我住的是一套普通客房，有内外间，那天一共住了四个人，分别来自不同的地方，当然彼此都不认识。乱世之时，本来都不愿与不了解的人随便攀谈，更不屑说是陌生人了。但今天不同，显然是受到大街上游行队伍的鼓舞，每个人都显得特别激动。好象都有一肚子的话要向别人倾诉。所以一见面便像老朋友一样，七嘴八舌地滔滔不绝起来。

"喔哟！好热烈的场面啊！看到不？整个城市都行动起来了！"

"是啊，人民终于觉醒了。"

"这下可好了！中国有救了！"

"是啊，没想到他们（四人帮）还有今天。真是大快人心！大快人心！"

"文化大革命早就是天怒人怨了。我不相信这四个人，尤其是江青，背后没人支持她就有那能耐？"

"你注意到了吗？今天游行的队伍中好多人都举着周总理的画像。"

"是啊！人民没有忘记总理啊！"

……

四个人一见面竟然就讨论起国家时局来了！

那一天，四个萍水相逢的人，竟然像老朋友一样一直谈到深夜……那是我一生中最感震撼的一个夜晚。

下半夜，外面又下起了小雨。

第二天，经过一场秋雨的洗涤，空气清新，阳光灿烂，成都大街上，商场里，机关单位里，所有有人的地方，到处都欢声笑语，互相祝贺，人人脸上都显露出兴奋和欢喜的表情。

我想，对中国人来说，一个漫长的阴雨晦冥的日子终于过去了。共和国终于又迎来了天明！

以前，从书本上和老人的口中知道在日本鬼子投降、二战结束的时候，中国人曾自发地走上街头欢呼游行，但当时我还小，又在乡下，无缘目睹那种历史盛况。但我有理由相信，只有那次才能与眼下的情形相比！

"四人帮"倒台了。随着"四人帮"倒台，持续十年的内乱终于也结束了。

71. 四三一厂基建结束

秋天是个收获的季节，勤劳的农家人都纷纷把成熟的庄稼收割回家。

这一年，四三一厂历时十个年头也终于落成了。四三一人在一片荒山中，建起了一座工厂群落！当然布局相当分散（这是三线工厂的特点），但她仍然以中央大型企业的身姿，雄踞于资阳这片古老的土地上。到了夜晚，站在成渝公路上，遥望远近近山头上的灯火（工厂的职工宿舍，生活区都在山上），俨然像一座小型城市。回想十年来的艰苦历程，当初刚来资阳的那会儿，这里还是一片荒山，那时候我们也都还是二十岁左右的年轻人，多数还是单身，如今这里已建设成了一大片厂房、职工宿舍、学校、医院……我们也都在此成了家，四三一厂连同这座县城，便成了我们大家共同的家园，资阳也成了我们的第二故乡！

我很理解，为什么几十年后，好多朋友因各种原因离开了资阳，有的还到了国外定居，过上了现代化的生活，但他们依然还是惦记着这个地方，不忘资阳，还千里迢迢（甚至不远万里）络绎不绝地回来"探亲"。

……

竣工后的四三一厂，总厂设在松树坪，总厂下面设了九个分厂，一个动力总站，两个运输总站（因为工厂厂区分散，运输量大，汽车多），一个建筑总站（车间），一个材料厂，四所学校，一个医院。分厂与分厂之间，生活区与工厂之间或公路相通，或铁路相连。建成后的工厂拥有上万名职工，加上家属，总有几万之众吧，完全是一个小社会。因为建得分散，厂与厂之间拉开的距离有十多里路，所以后来被称为"十里车城"（分散在十多里路的山沟里）。这个工厂就其规模而言，她确实算得上是亚洲最大的内燃机车工厂了。

　　四三一始建于那场政治大动荡的前夕，开工不久，史无前例的"文化大革命"就暴发了。"文化大革命"进行了十年，工厂也建了十年。所以四三一的建设史，也是一部工厂的"十年文革史"。

　　四人帮倒台以后，"文化大革命"结束。但"文革"给这座工厂留下的创伤（后遗症），文革造成的恶劣影响并没有立即消除。这个时候正如国家百废待兴一样，工厂的生产和完善同样也待时日……可喜的是，这年工厂开始试制了第一台"东方红（5）型"液力传动调小机车（在站区作调车用的小型机车），此产品并非工厂的正式产品，正式产品是干线内燃机车。即便如此，这款机车也是在沿海老厂协作下生产出来的。能生产出干线机车还是再后些年的事。

　　曲折的创业历程，感受不可谓不深！时至今日，对过去这段历史的评价仍有截然不同的声音：

　　一种说法：那是一段峥嵘岁月！那时的人思想单纯，听党的话，"文化大革命"焕发了三线职工的革命豪情，斗私批修，战天斗地，无私奉献，面向黄土背朝天，克服了一个又一个困难，在艰苦的条件下，创造出了辉煌的业绩——此种说法至今不绝于耳；

　　另一种说法是：那段时间的三线建设一团糟，"文革"期间三线建设都瘫痪了，劳民伤财，毫无成就可言。这种说法多见私下。

　　其实这两种说法都有偏颇的一面。尤其是前者，那是睁着眼睛说瞎话！如果真如他们所说，我只想问一句：

你们何以解释一个原本计划两三年就建好的工厂，却拖延到了十年？

当然说工程一团糟也不是事实。实际情况是，在建设的十年中，总还有不少好同志（包括那些忠心耿耿的领导同志和广大的三线职工）以各种不同的方式抵制了左倾路线的淫威，努力坚守工作岗位。他们凭着朴素的良知，不愿跟着胡折腾，即便是在极端混乱的情况下，也还是坚守着。他们是三线建设当之无愧的英雄！

……

一九七六年，我也结束了经手的最后一个工程——三厂液力传动试验站的安装调试，在我个人要求下来到了最边远的，许多人都不愿涉足的三分厂，继续我的技术工作……

三线建设回忆录

小人物大历史

第三部

三、我的技术生涯

1. 到分厂去！

一九七五年，代号为"四三一"的三线工厂终于建成了。基本建设行将结束，我长期供职的"基建大组"（一个担负着建设工厂任务的机构，相当处级规模）也完成了她的历史任务准备撤销了。这个时候，除了少数人仍然会留下来组建一个建筑车间从事工厂正常建筑维修而外，绝大多数人员都将转移到工厂运营的各个部门中去。所以参与工厂筹建的人员都面临着一个工作再分配的问题，何去何从？很自然的，大家都希望分到一个好一点的单位去。此时多数人都把留总厂上班作为首选。有的人甚至不惜放弃自己在学校所学的专业，改行去干行政工作，只要能留在总厂机关就好。人们普遍不愿去的是下到分厂，特别不愿去筏子桥以北的偏远分厂。

至于我却有点与众不同，我的想法是基建结束以后继续干我的技术本行，至于分到哪个单位并不重要，重要的是继续干我熟悉并热爱的技术工作。

这个时候我的设备安装任务还没有最后完成，三分厂的液力传动试验站还在作最后的安装调试，我满脑子都是技术，很少去想别的事情。更没来得及去想以后的工作出路。就在此时，一个消息传来，说基本建设结束之后我将留在总厂，留在总厂新成立的设备动力部门工作。这是个好消息？还是……，我一时陷入了矛盾之中。

一天下午快下班的时候，邓生来工程师（我们的副头）微笑着向我走来："刘绪文，告诉你一个好消息，基建工作就要结束了，总厂正在酝酿成立一个设备动力组（即后来的设备动力处），第一批人员已经确定，共选了二十个人，其中有你哩。"

旧的设备安装任务还没结束，新的工作岗位领导已为我安排好了，而且是留在总厂机关上班，这该让多少人羡慕啊！被首批列入留总厂人员名单，表明领导对我工作业绩的肯定和对本人工作能力的看重。然而我的志愿是一直搞技术，继续我的技术之路。为此，我正一门心思地搞技术，若以后留在总厂上班，势必高高在上，远离了技术第一线！也就意味着我多年来矢志追求的目标——成为一个技术专家，走科技之路的梦想成为泡影！当然，在总厂上班，会得到一份舒适的工作，地位也会高，但与我以上追求的目标却是背道而驰的，这恰恰是我最不乐意的。

我一向认为，踏踏实实精通一门技术，才是我安身立命的根本。尤其是经历了"文化大革命"之后，我深知自己政治上没啥资本，所以我对仕途没有奢望。曾记否？"文革"中，我连"技术员"这个职称都恨不得甩掉，一心想的就是当一个普普通通的工人，本本分分地从事我的技术工作，干活吃饭。为此我曾拒绝领回我的办公桌，上班的时候也尽量不在办公室待，平时也尽量在工人中间混。而后这些年我更习惯了这种生活，技术工作干得更顺手了，动贯了脑筋的人无法停下来！巨大的工作惯性，也不允许我停下手去坐办公室。现在我怎么可能放弃我孜孜以求的目标呢！

想到这里，我很不领情地回绝了邓工的好意，我说："对不起邓工，留在总厂上班非我所愿，设备安装任务完成之后，我宁愿下到分厂去，那里是生产的第一线，继续干我的技术本行。"

我的话显然让邓工大感意外，他瞪大了眼睛看着我，"怎么？你不愿意留在总厂？""是的，我愿意下到分厂干活，继续我的技术本行。领导的好意我心领了，但我还是要求设备安装任务完成以后就跟着下到分厂去，请您代我向领导反映，求您了！"

几天之后，邓工又看见我："你的要求反映上去了，但上面仍然要你留在总厂，这是组织的决定，个人应该服从组织的分配嘛。"

那个年代，说"不服从组织分配"可不是个小错误，但是我想，我的情况比较特殊，我要求去生产第一线干活，又不是贪图安逸，而且是到基层去锻炼，符合"知识分子到基层锻炼，改造思想"的大方向。所以我不认为是不服从上级分配。况且眼下分厂更需要人，而且是许多人都不愿去的地方。所以我还是坚持我的要求，不留在总厂。

这件事儿很快就传开了，很多人都感到诧异，旁边的人说："这个人真怪，留在总厂他不干，偏要下分厂去吃苦！"有朋友还好心来劝我："既然领导已经为你安排好了在总厂上班，还有什么不满意的？人家羡慕还来不及呢。"

　　但我还是不顾众人的劝说,固执地要下到分厂去不!于是乎我立即成了一个不被人理解的"怪人"!

　　领导不放,我又坚持,事情陷入了僵持。

　　……

　　一九七五年春天,万物复苏,阳光灿烂。

　　一天中午睡午觉的时候我突然被一阵疼痛惊醒,我的肚子一阵阵搅疼还伴着恶心呕吐。怎么回事!以前可从没碰到过这种情况啊?感觉很不对劲,我病了!我立即起床忍着疼痛赶到了工厂医院,大夫检查后说我得了阑尾炎。遂即住进了工厂医院,当天就作了手术。手术很顺利,术后把我安排进了医院的外科病房。在这里,碰巧与三分厂的吴厂长住一个房间。吴厂长是三分厂管生产的副厂长,大连人,为人朴实直爽,是个典型的北方汉子。是我喜欢的那种人。没几天功夫就混熟了。聊天中,他听说基建结束以后我愿意转到分厂工作,他立即说:"那太好了,那你就来三分厂吧!三厂恰好需要你这样的人哩!三厂有全四三一厂最好的设备,好多都是国外进口的,现在正愁没人管理和维修呢,你来三厂,这些设备就交给你了!"他说作就作,果然当天就打电话回三分厂,要三分厂立即向总厂要人。

　　我的工作调动有了三厂强有力地介入,立即出现了转机,最后总厂方面也终于松了口,待我病愈出院,不用操心,我的调转手续就都办妥了。就这样,待我完成了三厂试验站的安装任务后,就如愿以偿地由总厂调到了三分厂。

三分厂位于清泉铺，是离总厂机关最远的一个分厂。同时三分厂又是四三一厂技术含量最高的一个分厂。那里的设备一流，我参与过这个分厂的设备安装调试。但这个分厂最大缺点是离总厂最远，地处偏僻，生活很不方便。所以很多人都不乐意去。然而我却不在乎这些！我感兴趣的是学习先进的设备和技术。

由于我参加了三分厂的设备安装工作，我熟悉那里的技术环境，尤其是喜欢那些从国外引进的机器，这些机器不止技术先进，外观也做得漂亮，精致得就像一台台精密仪器，漂亮得就像一件件艺术品！由于这里的许多重要设备都是我参与安装调试的。来三厂从事这类设备的维修是我心向往的！

一九七六年元月的一天，我迎着众多不解的目光到三分厂正式报到了。

上班的第一天，三厂领导还特别接见了我，把我召到分厂办公楼作了一次简短的谈话。临走，党委书记拍着我的肩膀说："年轻人，好好干！"

到了三分厂后安排我去了设备科。

当天又受到设备科同志们的欢迎。到处都是迎接的笑脸。尤其是技术组的谢富春（我的同行），他主动带着我到工厂各个车间去转了一圈熟悉环境。

那一天，我心情特别好！

三分厂虽说是个新单位，但设备安装时我就在这里干活，环境早就熟悉，而且这里也有不少原来就熟悉的同事，如谢富春、刘金城、陈怀芬、宋志远等。当天我就下到车间和大家一起干活了。跟预想的一样，工作起来驾轻就熟得心应手，一切顺利。我庆幸自己在总厂"基建"结束之后又找到了理想的归宿。我要全身心地扑到自己钟爱的技术事业上，愉悦的心情，就像真地走向了一条康庄大道！今后可以大展宏图了。

2. 天上那只小风筝

到三分厂上班后，我家仍住在潮土湾，所以上班的路就远了，潮土湾到三分厂中间还隔着几道山，所以我上下班基本上就是坐工厂开的班车（公务车）。有一天，因为干活误了时间，没赶上下班的汽车，我就只好步行回家了。步行回家若沿着成渝公路走，需要走很长时间，所以我决定还是按着我的经验，抄一条近路爬山回家。按着我的判断，出了清泉铺就离开公路爬山，瞅准方向，总可以走回家。

我喜欢爬山，三线工厂大都建在山里，所以从广元建厂那会儿起我就开始试着爬山了。来到四川这些年，我爬了无数的山。最后我得出一个结论：四川山多，小路也多，而且条条道路通"罗马"！这是因为，这里虽然山多，但是不管什么地方，总有许多小路相通，见路就走，见山就爬，只要没弄错方向，总能到达目的地。来到资阳以后我更深谙此道，因为这里的山还没有广元那边高。

按着我的判断，出了清泉铺我就离开公路爬上了一座山，翻过一个垭口，便进入了一条长长的山沟。

　　这条山谷有宽有窄，宽的地方四川人叫坝子，窄的地方也就二三十米宽，弯弯曲曲向前延伸。我顺着山谷往里走，坝子里是一片片水田，水田边上散居着几户人家，竹林茅舍，与世隔绝，颇有世外桃源的宁静。但这里的农舍确实太破旧了，难以有"世外桃源"的气象。解放后这么久了，这里的农村还这么穷。而且住得也很分散，他们仍然过着甚至可以说是半原始状态的生活。这让我想起了我的老家，我的家乡也是农村，在山东，但那里是平原，两眼望去一马平川，平原上的老百姓都喜欢集中居住，形成一个个自然村落，一个大的村庄通常都有几百户人家。讲究的是街坊邻居，和气热络。然而，这些年来，也是很穷。老家的农民一年到头也只能靠吃红薯度日，不！连吃红薯也吃不饱。尤其是一九六〇年前后，村子里饿死了很多人。

　　……

　　65 年我调来三线，七〇年，把家从北京搬来四川。去年又把母亲也从山东老家接了出来，这样我就第一次有了一个完整的家。

　　母亲搬来资阳之后，起初身体很弱，孱弱得拄着双拐走路。来四川后，生活改善了，她身体才渐渐恢复，现在已经能自己出来串门了。记得一次下班回家，远远就看见母亲坐在一家老乡门口和老乡拉家常，我心里一热，啊！母亲可以自己出来串门子了！母亲苦了一辈子，晚年好不容易搬到了儿子这里，尽管千里迢迢来到四川，人生地不熟，环境大变，但她还是认定这就是她的家，看着母亲安详的样子，我心里好生温暖。这表明她已经完全信赖儿子这个家了。

……

我一路走，一边想。山谷弯弯，转来拐去，约莫走了多半个小时，猛然抬头一看，怎么一下子感觉不对了，走错方向啦？随我怎么看都觉得不对劲！眼看着太阳就要落山了，估计总该离潮土湾不远了吧，但眼前还是一片陌生！迷路了！仰望四周，突然看到远处的天际飘着一只小风筝，它飘飘摇摇，好像在为我指路。这时我心中一亮！快出山了！

小儿子东东在潮土湾家属区

因为本地老乡是不放风筝的，既然看到了天上的风筝，那么前方就肯定是到达厂区了。我照着风筝的方向走去，拐了一道弯，一下就看到了鸡石湾变电站，这里是四三一厂的供电中枢，我的心也豁然开朗。再绕过一道不高的小山头就看到我居住的潮土湾了，沿着熟悉的小路经过职工澡堂，灯光篮球场，这时我才看见那个放风筝的不是别人，竟是我的小儿子东东。他正在篮球场边聚精会神的放他的风筝哩，给我指路的原来就是我的小儿子东东！一股暖流从心底升起，啊，到家了！

3. 母亲的户口……

第一件事：办户口

我调三分厂以后，还有一件烦心的事，那就是最近为母亲办户口遇到了麻烦。

一九七五年冬，我好不容易把母亲从老家迁来了资阳，但她的户口却迟迟报不上。那个年代户口可不是件小事，它关系到一个人的生存。因为在这个特殊的时代，所有基本生活物资包括吃饭都是按着户口配给的，没有户口，连口粮都买不到！没有户口几乎就无法生存！我很着急。

母亲户口申请早就递上去了，然而何时解决却遥遥无期。

此时文革还未结束，社会相当混乱，文革后期，公安局里各种问题也积案如山，光是申请户籍的报告就一大摞，然而审批却一年只审批一次，而且每次也就抽着解决那么几户人家了事。

一天，谢富春跑来告诉我，他打听到了一个消息，说最近资阳公安局要讨论户口问题，叫我赶紧到公安局去找关系，务必争取这次把户口报上，否则过了这个村可没有这个店！那解决户口可就难了！听罢我心里十分着急，但又苦于不认识官场上的人。这可如何是好！

这时正好听说九分厂电修车间七级电工（七级是电工中的天花板、佼佼者）李师傅，最近常给公安局修摩托车。那时间摩托车很稀少，只有像公安局这样的公家单位才有。李师傅和我是同行，一起干过活，彼此印象不错，这时我就立即去找他，请他帮这个忙。李师傅听后就二话没说给我写了张纸条，要我拿着这张字条直接去找那个常来修摩托车的公安警员，求他帮忙。

第二天一早老谢就陪着我来到资阳公安局，运气真好，一上班就碰上了那位警员。这位警员我见过，他常到九厂修摩托车。我赶紧递上李师傅那张字条，怀着忐忑的心情求他帮助。向他说明了情况后，这位警员没有吭声，他看了看字条后，意味深长地笑了笑，好像是说，今天算你走运，叫你赶上了。然后就转身走了。没过几天，我母亲办户口的手续就批下来了！没有想到，这次手续竟办得竟如此之快！我第一次体会到，如今社会托关系是多么重要！我本没有关系走后门，但这次通过李师傅修摩托车这层关系就把手续办了。想想也是，那时拥有的摩托车数量极少，会修摩托车的人就更少，凭着这个手艺公安局也得上门来求呢！

感谢李师傅，感谢富春夫妇，是他们帮我打听到了这个重要的消息，并托关系给办下来的。

第二件事：买猪肉

　　快过年了，虽说没有多少东西可买但年总还是得过的。这个时候因厂里忙，我脱不开身，一直到年二十九了，才抽出时间到城里办年货。所谓年货其实就是去买回过年配给的一点猪肉。那个时候买肉可不是一件轻松的事。首先，工厂附近没有肉铺，买肉得跑十来里路到县城去买。那天天不亮我就出门往城里赶，赶到县城一看，不料还有比我更早的人！当我赶到肉铺时，那里早已排起了长队。我只能排到最后边。那天为了买肉我整整排了一个上午的队才把配给的一斤六两过节肉（全家人过节的配给）买了回来，费了大半天的功夫，总算了结了一件心事。回到家我把肉提到厨房，用刀切开，不料一股刺鼻的恶臭一下子散发出来！细看，切开的肉竟是块烂肉，表面上没看出来，但肉里竟有一个鸭蛋大小的大肿包，一股黑绿色的脓液向外流。非常恶心！原本轻松的心情一下子又焦急起来！我怎么这样倒霉，好不容易老远买回来的过年肉，原来是一块病猪的臭肉！这可怎么办？回去调换？人家会不会认账？然而那年头，全家人就指望着这点猪肉过年呢！为此我一夜都没睡好觉。第二天（大年三十）一大早我又提着那块臭肉骑上自行车赶到县城那个肉铺，没想到还是有那么多人排队，肉铺前依旧排得满满的。

　　心想，我是昨天在这个肉铺买的肉，因为是块腐烂的臭肉，今天来调换，按理说可以直接到里边调换的，就不用再在外面排队了。但当我试图走向前时，却被人拦了回来！原来外面排队买肉的人都大声嚷嚷，不让我向前靠近，说我是加塞儿。里面卖肉的也不认账！我好心解释也没人听。

这个时候人的等级就显示出来了，头等的（这里还不包括吃"特供"的），无需大清早挨冻排队，会有人把肉送到你家中；二等的开后门到柜台里面买；三等的，在柜台外不排队，加塞、递烟；末等的如我只能乖乖地在外面等！

我站在街上，冒着寒风，眼看着人家把肉一波一波地提走了，我干着急，干生气，一点没辙！

怎么办呢？我想了想，肉是从屠宰场运出来的，或许可以到屠宰场碰碰运气，看看有没有希望。屠宰场在资阳火车站附近的资阳土产公司大门内。我就提着那块臭肉来到了土产公司。我怀着忐忑不安的的心情走进了这家屠宰场的办公室。办公室里正坐着一位干部模样的人，我就提着那块臭肉向前询问，一开始先说了好几个对不起，然后诉说了我的情况。那人听着我的诉说，略显嫌弃地看了我一眼，然后说了声"你等着！"站起来就走了。于是我就在那里等着。他去了好一会儿，最终回来了，老远就看到他手里提着块肉，我心中知道有门儿了，今天总算遇到了一个讲道理的好人。我终于拿到了一块不臭的猪肉。临走，我又非常感谢了一阵子。

谢天谢地！我总算可以面对老婆孩子没有缺憾地回家过年了。

还有一次，那是在刘家湾，倒霉的不是我，而是一分厂的技术员。人们一大早就在刘家湾唯一的肉铺外排队，站着等到八点钟肉铺开门。开门后，也是和城里买肉一样，人也是分三六九等，把肉送往家门的；在案板上直接割的；递香烟不排队加塞儿的；老老实实在外面排队的。这时那个卖肉的人显得格外神气！排队买肉的人大都向他投来讨好的目光。终于快轮到我了，排在我前面的是一分厂的那位技术员（忘记他的名字了），他把早早就捏在手中的肉票递上去，卖肉的小伙子接过肉票，一刀就给他砍下一块肉，过秤丢给了他。他拿到一看，竟然是块骨头（带了很大一块骨头的肉），他不干，要求换一块。只见那个卖肉的小伙子把手中的砍刀向肉案上一剁，瞪圆眼睛吼道："你不要谁要？碰上了就该你倒霉！要不要？不买就滚一边去！"

那时候，文革还没结束，延续下来的戾气到处都是，许多人只要手中有一丁点儿权力，就会把手中的权力发挥到极致！直到一个卖肉的，也会凭借卖肉这点权利，欺压老百姓！

我看着这种事儿也气不过，但又有什么办法呢？一个老百姓，到什么地方去讲理？这位同行也只得忍气吞声地提着那块肉走了。

　　……

文革的最后一年，社会上批邓XX高潮又起。在那黑云压城城欲摧的年代，从成都传来一个笑话：一天成都市中心贴出了一副大标语，标语写着："邓XX上台千百万人头落地！"（指资本主义复辟）。没多久，夜幕降临，有人凭着夜色就把标语改了，改成了"邓XX上台，千百万猪头落地！"把批邓标语给改了，可见老百姓对四人帮那套倒行逆施是多么地不买账！

4. 三分厂设备科

言归正传，现在再回过头来说说厂里的事儿。

设备科是负责工厂设备管理与维修的技能科室，名为科室，但实际上是一个车间的规模编制，上有专业技术组，下设若干钳工、电工和机械加工班组，算起来也有百吧号人哩。那个年代设备科是工厂中的大单位。它的机构组成其实和车间一模一样，是技术含量最高的单位之一。

如前所说，三分厂拥有全四三一最好的设备，所以设备科也是技术配置最强的。但由于工厂刚刚开工，各车间都是新人、新手、新设备，工人对设备（尤其是进口设备）尚未熟悉，另外，好多国产机床都是文革中的产品，普遍质量差，所以投产之后，设备维修的任务就相当繁重。每天不是这里操作不当坏了就是那里出故障，维修人员都忙个不停。

我来到设备科，科里就安排我到技术组当电气组长（副组长，正组长是机械专业的老陶）。负责全分厂电气设备的管理和维修。

常言道："心在一艺，其艺必工。心在一职，其职必举"。我笃信此道，我到设备科后，便专心地投入了工作。决心在新的工作岗位上继续沿着专业技术这条道路一直走下去！

　　上班伊始，各方面都还顺利，但是没过多久我就看出了问题，原来设备科领导班子不团结，此时全科分成了两派，正在互相争斗呢！

　　此时"文革"虽然已是强弩之末，但极左思想仍然十分猖獗。当时社会上的口号是："批林批孔批周公！"邓XX也重新被打倒，又掀起了新一轮批斗高潮。在这种大气候下，一个小小的设备科也搞起了"路线斗争"，科里的第一把手书记左的厉害，经常训人不说。他自称是"革命左派"，执行的是"无产阶级革命路线"；他把社会上那套也搬到科里来，说科长是对立的"生产派"，执行的是右倾"资产阶级、修正主义路线"。书记要求："凡是设备科的人员，都必须旗帜鲜明地站在革命一边，拥护哪一派，反对哪一派！'中间路线'是没有的！"书记在大会上斩钉截铁地说，口气咄咄逼人。

　　这种情况完全出乎我的意料。我怎么也没有想到一个小小的设备科也成了"路线斗争"的战场。"文革"斗了十年还不够吗！好不容易走到今天，本想投奔一域平静之地安心地干活，谁料又撞入了另一场"斗争"的漩涡！心里的沮丧可想而知，我几乎后悔不该来到这里。但事到如今也无法挽回了。

　　眼看着设备科每天在"斗"，会上斗，会下斗，工作上也斗。斗得人心发慌。多数技术人员都同情科长，站在科长一边，但表面上又不敢得罪书记，而且书记在大会上已经声言："知识分子不是革命依靠对象"！所以都不敢公开支持科长。书记麾下则是聚集着一群"积极分子"，又受到分厂党委的支持，所以"革命派"占着上风。总找着碴儿，上纲上线地批这批那地傻折腾。

一天，技术科的牟兆吉科长向我打手势要我过去，他悄悄把我拽到一边，表情严肃地小声对我说："设备科 XXX 及手下的一帮人，很能整人！你刚来不久，可千万小心，不要随便说话，最好是离他们远点！科长（设备科长）不整人，但受到书记的排挤……"。他最后告诫我："你千万谨言慎行，不可轻意表态的。"

那个年代，书记的权力很大，他要是发坏，给你个人档案里写点什么，就够你一辈子"受用"的！所以牟科长的告诫十分要紧。

我前面说过，牟兆吉是五十年代的知识分子，非党员领导，为人忠厚诚实，山东寿光人，是我的同乡前辈，而且年轻时他还跟着我爷爷念过书。所以他对我特别关照。我调来三分厂后，他特意来提醒我，是怕我吃亏。对于他的提醒我不能不认真对待！这些天来，我确实感到了这种环境压力，于是每天上班时间我尽量到工厂各个车间在机器轰隆的环境下干活，少在办公室里待。

尽管如此，我还是没法完全躲避开无处不在的"阶级斗争"。一天，书记突然找到我，说第二天上午要在分厂职工食堂召开表彰大会，表扬一批有贡献的职工，设备科决定叫我上台受奖。我才来几天啊就叫我上台受奖，而且也没经大家评选，不用说又是书记一人的主意，显然有拉拢我的意思，这很让我为难。我于是连忙说：

"不行，不行，才刚来几天……"我想婉言谢绝。但书记严肃地说："这是支部定的，你必须上台！"接着他说："你刚来三厂，这里的情况十分复杂，你还不了解，科里有"路线斗争！"我的天！我一听这词儿心里就发毛，没想到一个小小的设备科也存在"路线斗争"！这些日子我一直谨慎地躲避着愈演愈烈的"路线斗争"，躲来躲去，这会儿还是躲不过去！没有办法，第二天在分厂食堂开全厂大会，我只好老老实实地站到了主席台上，还莫名其妙地给我戴上了一朵大红花！天哪！这那是在奖赏我啊，硬是在让我难堪！我草草应付了几句就跑下台来。

唉！随你怎样躲，还是被卷入了"路线斗争"的漩涡！

那些日子，社会上又掀起了一波又一波"反击邓XX翻案风"的运动，邓XX又被重新打倒，人们思想上的压抑达到了极点！

……

到了一九七六年十月，四人帮终于倒台了。随着四人帮的倒台，文化大革命也宣布结束。

5. 《哥德巴赫猜想》

1978年开春，社会上发生了一件影响深远的事件，就是著名作家徐迟先生在《人民文学》杂志第一期上，发表了一篇报告文学《哥德巴赫猜想》。紧随其后《人民日报》也全文转载了。

这件事引起了巨大反响，特别是在知识分子当中。

这件事情之所以引起如此关注，是因为许多年以来，知识分子一直是被批判、被打压的对象。而这篇文章却一反常态的在党报上为知识分子（一位科学家）辩护、表彰。这无疑是一个重要信号。果不其然，这年春天又在北京召开了"科学大会"，大会上第一次肯定了知识分子是工人阶级的一部分，科学技术是第一生产力等重要思想。从理论上结束了对知识和分子的歧视。

《哥德巴赫猜想》这篇文章讲述的是一位青年数学家陈景润的故事。

陈景润是中国科学院数学研究所的一名年轻数学家，之前从没听说过，这次是因为他研究了世界著名数学难题《哥德巴赫猜想》并取得了重大突破，为国际数学界公认，从而扬名。

1978 年，虽然四人帮已经垮了，"文革"在形式上已经结束，但经历了十年"文革"以后，四人帮时代的极左思想还远没消除。他们宣扬的"知识无用论"、"知识越多越反动"等等理论还仍然顽固地盘据着人们的头脑。到处都还充斥着对知识分子的偏见和鄙视。知识分子仍然被人嘲讽为"臭老九"，精神上承受着巨大的压力。

在这万马齐喑的日子里，徐迟的文章打破了沉闷。

《哥德巴赫猜想》的研究成果震惊了国际数学界！那是在怎样的环境中取得的？

　　陈景润早年毕业于厦门大学，因为成绩优异被分在中国科学院数学所，从事数学研究。

　　一九六六年，史无前例的"文化大革命"爆发了。陈景润和全中国的知识分子一样，沦入了被批判被围攻的深渊。运动开始不久，他就被赶到了一间仅有 6 个平米的小房子里，屋子阴暗潮湿（隔壁是一间烧开水的锅炉房），里面连张桌子都摆不下。不但空间小，房子里还没有电灯，（电线叫造反派给掐了）。屋子里没有了电灯，每天只能用煤油灯照明，陈就是在这样条件下进行他的数学研究。一个人整天整夜地趴在床板上进行他的数学研算。即便如此，造反派还是不停地来骚扰他，甚至抄他的家，抄走了他辛苦研究的手稿！光手稿就多达几麻袋之多！眼看着研究成果被抄走，陈却无能为力！他只有以死来抗争！他从住的三楼一下子跳了下去。幸亏被窗外的树枝挂了一下，才没有摔死，但受了重伤！然而暴徒们仍然没有停手，而是又追到楼下，对陈景润拳打脚踢，一直折磨得奄奄一息，送进了医院。

　　科学家和科学家的工作受到如此野蛮的摧残，在世界科学史上恐怕也是极为罕见的吧！这是一个怎样的社会啊！

　　在这般险恶的环境里仍然坚持科学研究，需要怎样的毅力和坚定的信念啊！然而它就发生在二十世纪中叶的中国！

　　"自然科学的皇后是数学，数学的皇冠是数论，《哥德巴赫猜想》则是皇冠上的一颗明珠"。陈景润将"歌德巴赫猜想"这个世界数学难题向前大大推进了一步！他研究成果传到了国外，震惊了世界数学界，被尊为"陈氏定理"。

陈景润的成就发生在十年浩劫之中，这是多么难能可贵！徐迟先生通过《歌德巴赫猜想》这篇文章向全中国传达出了对科学家的敬意！很快，陈景润的事迹传遍了全国各地！陈景润的名字家喻户晓！一时间成了全民的偶像。他唤醒了这个古老民族对科学的记忆。

这篇文章也吹响了向科学进军的号角！曾一时洛阳纸贵！"学好数理化"重又成了国人尤其是有抱负的年轻人的一句口号！

……

那一年，中央领导人在北京亲切地接见了陈景润。从而成了一个时代的标志！

年底，又召开了著名的十一届三中全会，拨乱反正，开始了中国改革开放的新里程。

"文革"十年，是一个愚昧、粗鄙彻底压倒文明的十年！"文革"是人类的一场浩劫！但是严冬终于过去，春天已经来临！

乍暖还寒的季节，徐迟先生的《哥德巴赫猜想》为科学的春天拉开了序幕！

向中国的改革者致敬！向徐迟先生致敬！

6. 中国的春天来了

　　上世纪八十年代是一个伟大的年代，是变革的年代，是让人充满希望、也是让人永远怀念的年代。有人说，八十年代是继"五四"运动之后，中国的第二次启蒙。我感觉说得在理。

　　首先，执政党召开了十一届三中全会，开始了思想路线的拨乱反正，抛弃了以"阶级斗争为纲"的思维，把工作重点转到了以发展国民经济为中心上来，让国家走向了一条全面改革开放的道路。从而顺应了历史潮流，中国的经济从此起飞，突飞猛进。

　　第二件事是，国家平反了长期积累起来的冤假错案，这又是一项功在千秋的大事。它让上亿被迫害的人获得了新生，恢复了作人的权利，使成千上万的冤魂得以昭雪。这次被拯救的人数，远远超出第二次世界大战中被纳粹德国虐待的犹太人的数量！此举大得人心！

　　第三件是，整顿教育，恢复高考。被文革中断了的教育事业重新启动。为广大有志的青年人提供了机会。使教育断层，国家人才断层得以补救。恢复高考以后，无数有志的青年都发奋学习。人们重又悄悄谈起了"学好数、理、化，走遍天下都不怕！"

　　在中华民族的历史上，尤其是百多年来的历史，内忧外患不断。翻开历史，有多少仁人志士为探索中国的发展道路前仆后继，甚至抛头颅洒热血，但最终都失败了，白白丧失了许多发展机会！

一九四九年，刚刚建立新政权，人民热情高涨，经济发展迅速，但后来却被一连串的政治运动搅乱了，一致后来发生了像"文化大革命"这样的浩劫，把国家推到了崩溃的边缘。

或许是人民的感情经过一场场灾难之后，容易被唤醒？一系列改革措施终于激活了蕴藏于亿万人民之中的巨大能量，国家经济一下蓬勃发发展起来！

先是看到农村实行了联产承包责任制，然后很快便扭转了粮食紧缺的局面。取消了执行数十年的吃饭还要用粮油票的各种票证制度；接着是乡镇企业的蓬勃发展；城市工商业改革了僵化的计划经济体制，全面向市场经济过渡，使工业生产也焕发了活力……让中华大地终于顺应了历史潮流。这个时候国际上暂时又没有强大的敌人，国家领导人看准了这个历史机遇，果断地提出："抓住机遇，加快发展！"，正是基于这种战略眼光，开始了一场百年以来的大变革。终于让中国迅猛发展起来。

这个时候，在南中国靠近香港的深圳首先开始试点，国家决定在此设立一个特区。这件事情开始并未引起社会多大关注，因为许多年来，官方树立的所谓"典型"、"样板"多如牛毛，如大庆、大寨，小靳庄和名目繁多的各种红旗模范单位，轰轰烈烈，不胜枚举。结果都是虚张一场，与国与民毫无功效可言。所以开始人们对"特区"什么的并未引起多大兴趣。最多抱以观望态度。但后来逐渐发现这个"特区"与以往的所谓"样版"、"红旗"并不一样，这里是真抓实干，最大的不同是引进了香港经济（实际就是资本主义）管理模式。向世界开放。这个特区提出的口号竟然是"时间就是金钱，效率就是生命！"这个口号令世人震惊！报出的观念，前所未有！而后经济发展的速度更是令人折服！

深圳学香港实行新的政策和管理模式成功之后，继而在沿海展开，然后推向全国。

特区的兴建，特区真地为全国的改革开放树立了一面旗帜，人们的思想也由此开始转变。我想，这一切非有超出常人的远见和智慧是作不到的。这一实践的结果不得不让人敬佩。

后来，形势发展，突飞猛进！

中国的变化，证明了邓公对"战略机遇期"的判断是多么正确！

改革开放终于把一个闭关锁国、贫穷落后、迷信皇帝的中国，变成了一个开放的、经济发达的国家，仅仅过了三十多年，中国的经济就从原来排不上名而一跃升到世界第二，其经济规模仅次于美国。这种业绩不能不佩服当年改革者的智慧和领导能力！同时也揭示了一个真理，那就是：中国人是聪明而勤奋的，只要政府端正思路，放宽对他们的干预控制，中国人就会像犹太人那样，把自己的生活建设得更美好！

几年之后，一首歌曲《春天的故事》被全中国人深情地传唱：

1979 年，那是一个春天，

有一位老人在中国的南海边画了一个圈。

......

是的，中国八十年代开始的改革开放，中国人民不会忘记一位老人邓小平！他的思想主导功不可没！

正如一位作家说的，"中国的春天真的来了！"

7. 八十年代的文化记忆

八十年代的中国是一个时代的"文艺复兴"。中国就像是一条正在解冻的冰河，每天都在变化着，变化着，好像时时都能感受到社会前进的脉博。

首先表现在文学艺术方面的解禁。多少年来不允许唱的好听的歌曲又允许唱了，许多好看的老电影又开始放映了。新拍的电影、电视剧，也一个比一个好看。比如反映"五七年反右运动"的电影《天云山传奇》，《芙蓉镇》；反映知青上山下乡为主题的电视连续剧《年轮》、《孽债》；反映市民生活变迁的电视连续剧《渴望》等一大批后来被称为"伤痕文学"的作品，一下子如雨后春笋般涌现出来。图书出版方面，也一改只有马、恩、列、斯、毛的书和八个样版戏的局面，各种版本的新老图书也重新出版并正常上架。书店里又可以买到多年不见的中外名著了。

接下来，大型文学刊物如《十月》、《收获》、《钟山》以及其他一些文学刊物也都纷纷复刊或创刊。

文学真正呈现出了一片百花齐放，百家争鸣的繁荣景象。

这个期间影视界也大量引进优秀的外国影视作品。尤其是日本影视作品如电影《追捕》、《望乡》；电视连续剧《血疑》等等。初次接触西方作品，感觉一股清风扑面而来，完全是来自另外的一种文化。这些作品没有对国家或政党的歌颂，有的是对平民生活地描述和对人性地深入探讨。

这里我着重说一下第一次看日本电影《望乡》的感受。

那是一个深秋的下午，我正在成都出差，办完事后就在成都街头转悠，转到了市中心的盐市口，正好碰上一家电影院在上映一部刚从日本引进的电影《望乡》。我抱着几分好奇的心情买票走进了电影院。与我一起的还有同事陈仕霖。进了电影院发现观众很多，几乎爆满。这是许多年来我第一次看日本电影。我们找到坐位后，电影就开映了。首先说说我此时的感受，电影一开始，就让我耳目一新！

银幕上出现的是一位清雅的日本女子，其相貌风韵以及现代资本主义社会散发出来的现代气息一下便让我为之一振！或许是我看过的抗日体裁的电影太多了，日本人给我的印象总是凶残的丑陋的，不料这会儿看到日本自己拍的电影，一下子就颠覆了我对日本人的印象，以至下意识地惊叹，啊！日本也有这样标致、漂亮的女人啊！一如电影中这位美丽的女记者，她善良、正义、勇敢。这位女记者正要去完成一项人道主义的采访任务，去暗访一群被社会遗忘了的老人——"南洋姐"。接着展开的故事是在一域偏远的山坳里，居住着一群上了年纪的日本妇女，她们是一群不幸的人，人称"南洋姐"！这是一个非常特殊的群体。世纪之初，日本还是个贫穷落后的国家，一些贫苦女性，为生计所迫，被骗或者被卖到南洋当了妓女，她们一生受尽了人间凌辱和折磨，多数人都死在南洋，少数晚年虽然回到了祖国日本，但回来后因为当了妓女的坏名声，家乡的亲人已经不认她们了！家乡的亲人已经不愿与他们一起生活。为了逃避社会的歧视，她们不约而同地来到了这处几乎与世隔绝的凄凉之地度着余生。影片中女记者要暗访的就是这样一个群体。记者怀着深深的同情，只身潜入到这个少为外界知晓的村落。以向社会揭开这个不幸群体悲惨的生活真像。

故事开始，记者就与她的采访对象阿崎婆相遇了，为规避外界风险,记者对外谎称自己是阿崎婆的儿媳妇。阿崎确实有一个儿子在东京,因为害怕母亲的不好名声，一直躲着不与母亲来往。但这位好心的记者，却声称是阿崎的儿媳妇直接住进了阿崎的家里，与阿崎婆一起生活。整个故事的情节就由此展开。电影用倒述的方式讲述了这位叫阿崎的女子的一生。阿崎也有过童贞美好的童年，小时候尽管家庭生活贫寒，但也有亲人呵护，过着天真无邪的少女生活。十几岁上被骗去了南洋打工，背井离乡远离亲人，最后沦为了南洋妓女，从此便跌入了万丈深渊，过上了屈辱、悲惨的日子。她的悲惨人生反映了日本一个时代黑暗而耻辱的历史。阿崎的人生缠

绵悱侧，既反映出社会的丑陋又反衬出普通日本百姓的
真诚、善良，透着浓烈的人情味。（啊！原来日本人也
有这种品行——我心中暗想）。故事中善良的阿崎婆和
漂亮的女记者，当然还有影片中投射出来的日本社会高
度发达后的现代气息，这一切都深深地打动着我的心。
最感人的一幕要算是电影的结尾：经过了一番暗访，女
记者对这些"南洋姐"的悲惨命运寄予了深深地同情。
这些天来的一起生活相处，她与阿崎婆建立起了深厚的
感情。采访任务结束了，女记者就要走了，告别的日子
终于到来，多日来表面上一直宽容乐观的阿崎婆，此时
突然沉默下来，她不再说话，变得异常抑郁悲伤，临别
的那天晚上，她与女记者面对面促膝相跪，记者问："我
来这里这么久了，您为什么一直不问我是从哪儿来是来
干什么的？"阿崎说："我不会问的，您既然不说就自
有不说的道理"。阿崎表现得极其理性和冷静。记者要
离去了，最后时刻她想给阿崎婆留下些钱和用得着的生
活用品，阿崎婆却一一谢绝了。阿崎婆贫贱屈辱了一生，
但她仍不失善良与自尊。最后，她望着女记者用过的一
条毛巾说："您就把这条毛巾留给我作个纪念吧，您走
了以后我会怀念您的，看到这条毛巾我就会想起您。"
阿崎婆说完之后突然号啕恸哭起来，那哭声撕心裂肺！
她仿佛是要把一生遭受的凌辱和苦痛全都哭出来似的。
看到这里我忍不住也流下眼泪！

　　谁知这个时刻，一件意想不到的事情发生了，电影
院里突然暴出了一片轰笑！啊？我的同胞没有看懂？还

是？……我的心情立刻变得无比郁闷起来！

走出电影院的时候我和老陈说，为什么成都的观众没有被电影中的情节感动反而哄堂大笑？多少年来，国内净抓阶级斗争了，难道连正常人的感情都没有了吗？国人素质的跌落，更让人想到极左思想，十年文革的危害有多深！不禁让人想起当年鲁迅先生嗟叹中国人精神麻木、愚昧的讲述！如今大半个世纪过去了，中国人总该有所长进了吧！然而没有想到，这些年不但没有长进，反而更加冷漠愚昧了，连起码的人间感情都感知不到了呢！悲哉中国！

之前，国内不乏日本体裁的影视作品，如《地道战》、《地雷战》、《平原游击队》等等，但都是揭露日本军国主义残暴、丑恶罪行的。这不难理解，这是因为日本曾经侵略过中国，造成了近代的仇恨。但从长远说，现在的日本已经不是当年的日本，尤其是二战之后，日本在各方面都取得了长足的进步！另外，日本人民是善良的，国家为什么一定要蔑视这个大和民族值得学习的地方呢？

8. 那个有人情味的春节

元旦过后就离春节就不远了，中国人的习惯，元旦叫阳历年，春节才是中国人正儿八经的新年。所以元旦过后人们就不约而同地进入了过年的节奏。家家户户都开始筹划起过年的事儿来。

　　古老的中华民族，从来都是天朝有天朝的王法，百姓有百姓的传统。十年"文革"却把这些都打乱了，中国老百姓横遭蹂躏，但是从祖宗传承继承下来的古老文化仍然没有灭绝，它们在民间仍然顽强地保留了下来。如今那群祸国殃民的家伙被打倒了，不再有政治运动，人们从阶级斗争的恐惧中解放出来。大家又感受到了一种自由和祥和，从而唤醒了人们深藏于心底的那份善良和真诚，这些在过年期盼中都一一表现出来。形成了一种多年未曾有过的过年气氛。

　　进入八十年代，国家经济进一步好转，那年春节，厂子里还破例为职工发了新布料，家家户户都做起了新衣裳。多少年来都因布票紧缺而做不起衣服，今年新年竟然能穿上一件新衣服，人人脸上都漾起满意的笑容！尽管衣料一般，颜色也很单一，但仍然也成了新年的一道风景。

　　说过年，就从大年三十说起。

　　三线工厂职工大都来自全国各地，过年期间也带来了各地过年的习俗，特别是从山东青岛来的师傅们，敲起了家乡锣鼓，颇有山东人闹灯节的气氛。赵师傅是四方工厂调来的，那年过年他特别活跃，大年三十那天，他化装成财神爷的模样，身上还绑了一串串小灯泡，手里捏弄着开关，灯光闪闪地边走边扭，引得一大群小孩跟在后面看。

　　那年春节，从三十晚上开始，拜年的人群就络绎不绝。走亲访友成了大家寄托情意的方式，许多职工都是外省来的，此地少有亲戚，同事朋友便代替了亲戚，几乎是挨家挨户去拜年。关系好的还互相请吃顿年饭。

节日里孩子们是最快乐的，没有他（她）们便不热闹。所以大年初一，我就叫两个孩子先到他们陈叔叔、余阿姨家去拜年，因为那时陈家还没有小孩。这对热情的夫妇也总是高高兴兴留住我们吃饭。

那一年，老百姓的饭桌上也比往常丰富起来，有的人家饭桌上，还出现了一卷雪白的餐巾纸（实际是卫生纸），餐巾纸在今天已经是司空见惯的东西了，然而当年，这种东西只有在高级宾馆里才能见得到，老百姓买不起也不敢用，因为这很容易看成是"资产阶级生活作风"！如今不同了，改革开放了，老百姓也开始用了。在物资尚匮乏的年代，这卷雪白的纸巾摆上了老百姓的饭桌，也是生活改善了的象征。

大年三十下午，我特地抽空去了一趟河西，在山脚下采摘了一种野生的"迎春花"，鹅黄色的小花开满枝头，酷似再晚些时候才开的迎春花，我把它插在瓶子里，家里立刻充满了春意。吃年饭的时候，孩子们问我是什么花，我故意卖了个关子不说，更增添了过节的愉悦气氛。

大年三十，家家户户都放了鞭炮。

大年初一厂里还放了一场露天电影。那年头看一场电影可是件十分享受的事儿，潮土湾唯一的露天篮球场上，两根电线杆上拉起一块幕布，等天黑下来放映电影。这个时候，所有职工及家属，包括附近的老乡都来看。

特别是天真的小孩子们，早早就搬着小板凳在篮球场上替全家人占位置了。晚上放电影，中午各种小板凳就摆满了。看一场露天电影，大人孩子高兴劲儿比几十年后在舒适的电影院看电影要高兴十倍不止！

放电影前，照例先请工厂领导讲话，感谢解放军来给我们放电影（电影是从一个部队武器仓库联系来的）。这时候领导在人群中站了起来，不知是今年过年太兴奋还是别的原因，反正他站起来后半天没吐出一个字，最后才勉强笨拙地说出了几句感谢的话，令大伙哭笑不得。唉！这些年来，领导同志开会讲话都习惯念稿子，一时手里没有了讲稿儿，站起来都不会讲话了。好在大家也都理解，更何况大家的兴趣是看电影，并不在意领导讲什么话。电影开演了，音乐响起，大家都高兴，谁还在意这些呢！

……

书上说，老百姓幸福的条件有两个：一个是社会的前景一天比一天好；一个是觉得个人未来充满了光明。八十年代，虽然还面临诸多困难，生活也还不富裕，但老百姓人人眼中有光，心里有梦，日子有盼头！所以那时候的人幸福感还是很高的。

在我的记忆里，那一年确实是最有中国式的人情味的一年、那年春节也是最难忘的一个春节之一。

新年过去了，人们还是余兴未消，还怀着恋恋不舍心情。青岛来的赵师傅带着山东大嫂那种恋恋不舍的口吻。见人就说："这年一下就过去了呢！"

如此热闹的年节中，我不由地记起了十多年前的那个春节。那一年是文革暴发后的第一个春节，当时我正在北京。节前红卫兵就发出"革命通告"：春节是"四旧"！不准市民再过春节！所以春节那天，北京市各单位都不放假，全都照常上班。大年初一，北京市民都早早骑上自行车冒着刺骨的寒风去上班。晚上下班回来，不甘心的老百姓都关起门来，偷偷包顿饺子吃。门外寒风凛冽，社会一片肃杀！老百姓只能关起门来，偷偷过节。

十年以后，文革结束，尽管四人帮垮台了，但物资供应仍然紧缺，人们似乎也惊魂未定。过节仍不热闹。

唯独这次，老百姓真地看到日子有了盼头，紧张的神经终于放松下来,过出了中国老百姓向往已久的春节。

打那以后，生活一天比一天好，后来有了电视、电话，再下来有了网络，过年虽也热闹，但那种络绎不绝互相拜年的场面却渐渐消失了。

八十年代有一首歌：《我们是八十年代的新一辈》：

再过二十年我们重相会，

看看伟大的祖国该有多么美，

天也新地也新春光更明媚。

城市乡村处处增光辉哦！

亲爱的朋友们，创造这奇迹要靠谁？

要靠我，要靠你

要靠我们八十年代的新一辈。

9. 举国学外语

八十年代真是一个全民奋进的年代。那一年兴起了一个席卷全国的学习外语热潮。是的，没有听错，席卷全中国！大江南北，大河上下！

改革开放的春风吹遍中国大地，科学技术是"第一生产力"也成为了一种社会共识。"春江水暖鸭先知"，最敏感的群体——知识分子最先感觉到了这种变化。打开国门之后，呈现在国人面前的竟是一个全新的世界！当惊世界殊！于是全民不约而同地掀起了一股向外国学习的热潮。

在这种大背景下，学习先进科学技术的同时，大家都不约而同的学习起了外语。社会主义大家庭年代，学校里学的主要是俄语，后来与苏联"老大哥"闹翻了，俄语也逐渐学不下去了，再到后来，文革爆发，不要说学习外语，连学校都停办了。所以共和国的前三十年，外语教育普遍薄弱，文革以来，外语教育几乎接近消失，掌握外语的人凤毛麟角。到了八十年代实行改革开放，国门打开，无法遏制地希望了解外部世界的同时，外国语学习自然又重新提上了日程。尤其是学习英语，其次是日语、德语等。英语是世界语，所以选择学习英语的人特别多，学英语成了八十年代众多科技人员趋之若鹜的选择。

我周围的同事中最先开始自学英语的是苏章曼，一九七二年，美国总统尼克松访华提示了他，从那时开始他就悄悄地自学起了英语，那时还没有适合自学英语的教材，他不知从那里弄了一本文革以前的旧教科书，一点一点地自学起来。那时间就见他每天都捧着英语书读，读得如醉如痴。在他的带领下，大家也跟着学起来。我开始学英语则是调三厂以后的事。那时几乎所有技术人员包括一些工人师傅都在学，国家也配合形势，在中央人民电台和电视台推出了各种英语讲座。还开办了电视大学，书店里还可以买到英语初级读本。就是在这种情况下，我从 A、B、C、D……26 个字母开始学起。工厂里学英语有多种方式，最有效的方式当然是脱产专门培训，但能获得这种机会的只能是少数有一定基础或者掌握着一定权力的领导干部，广大平民老百姓如我等，就只能自己用业余产时间悄悄自学。这样拉拉杂杂地学虽然效率低，时间久了仍然也有不小收获。让我没有想到的是，我学的那点英语后来还真派上了用场。八十年代中期，厂里开始从西方引进先进设备和技术，技术人员开始接触很多英文资料，我虽说不能完全读懂，但对一些说明，已不感到那么陌生。尤其是后来出国培训以及后来在国内陪同国外专家一起工作，所学的英语（尽管很有限）还是起了很大作用。记得陪同外国专家期间，互相联系就得用英语。那时没有网络，甚至连传真设备都没有，与外国联系只能用电传或写信，电传、书信当然都要用英语，那时我就试着用英语写信，然后交苏章曼（苏当时是已经是设备动力处副处长，他英语学得好）审阅。

有意思的是，我写的信件发到国外，对方都看懂了，而且每次都给我回了信。要不是那几年自学了点英语，这些任务我是无法完成的。

　　还有一件有意思的现象是，大人学习英语，也影响到了孩子，工厂里好多孩子也都早早地模仿着大人学起了英语。孩子记性好，学得快，当大人还在苦苦背诵英语单词的时候，小孩子已经记住并上口了。我的小儿子就是一例，在这个时期他接触英语并爱上英语。他与一般小孩不同之处是学以致用，那怕只学到一两个单词，他就要到处说，看到猪他就吆喝pig，看到狗他就喊a dog！这种游戏式的学习还真奏效，很快就引起了小孩子对英语的兴趣。当学校里开始英语教学时，他已经有了基础，学得非常快，后来他的外语成绩在班上是第一名，得到英语老师赏识。

　　少年人接受新事物快，学习外语势头也更猛。他们一开始便跨越了哑巴英语直接成为应用英语。

　　随着这种英语热的兴起，社会上出现了一种叫英语角的群体，一些喜爱学英语的人（主要是年轻人），三五成群聚在一起练习用英语对话。见了面不说"你好"，而是"hello"，或"Glad to meet you."，分别时不说"再见"，而说"good bye"或"bye_bye"，"See you tomorrow。"我儿子在四三一厂区（应该是资阳地区）组织了第一个"英语角"。后来他又到成都与那里的英语爱好者取得联系，参加说英语的活动。

　　严冬过后春天来临，祖国大地万物复苏。初夏的成都，树影婆娑，鲜花盛开。市区内大小公园里、马路边，甚至火车站，到处都能看到三五成群一起学说英语的年轻人，他们用英语对话，尽管说起话来磕磕巴巴，互相比划着，语气生涩，但可以看出这些年轻人求学精神之强烈！这也形成了八十年代城市的一道风景。我儿子每星期天都去到成都参加英语活动。后来，他还直接与来中国旅游的外国人接触，当起了义务导游。这样他的英语会话能力提高得更快。

再回过头来看社会，虽然已经改革开放了，但毕竟闭关锁国几十年，习惯保守势力仍然十分顽固，人们依然认为一个中国人和外国人交往，是件犯忌的事情，轻则遭受同胞冷眼，重则会遭到行政乃至法律追究。所以经历过太多政治运动的成年人见到外国人仍然充满着恐惧。谁想这样的事儿很快轮到了我的头上：一九八三年的春天，一对美国老夫妻来中国旅游，老太婆因为在火车上不小心被开水烫伤了，过资阳的时候便下了火车，来到工厂医院救治（当年四三一医院是这里最好的医院）。美国老太婆住院期间，陪同的美国老头儿无事就常在厂区转悠散步，有一天他散步到周祠坝（工厂生活区）恰好遇到了我的小儿子东东，东东见是个外国人，就迎上前去说了几句英语，美国老头儿很吃惊，没想到在这个偏僻的小地方竟然有小孩子会说英语！于是他就与我小儿子成了朋友。一天儿子回家对我说，美国人要到咱家来玩。美国人！要到我家里来！我立即警觉起来，联想到以往有人因与外国人接触而遭到追究的事情，今天外国人要来我家，而且是美国人！出了问题怎样说得清楚？尽管四人帮已经打倒了，今天是改革开放了，但我还是很怕惹上"里通外国"的麻烦。所以心里非常不安，接受还是拒绝？我不知如何对儿子说。想来想去，还是决定先去请示工厂领导再说，我便立即去请示工厂党委书记张书记。张书记住在周祠坝，离我家不远。他是个知识型的领导人，思想开通。他告诉我：如今已改革开放了，与外国友人接触没有问题，尽管接待。听张书记如此说，我才放下心来，回家同意了儿子的请求。第二天这对美国夫妇就真的来到了我家，两位美国老人还在我家吃午饭，吃的是饺子，两位老人高兴得像孩子一样。事后，这个消息立即传遍了全厂。

时代真的变了，再上去几年，不要说在家里接待外国人，就是在外面见到外国人我也会避开，绝对不敢与之接触的。

无独有偶，成都火车站，我看见一个年轻人正在和一个老外打招呼（练习英语），这时来了一位穿铁路警察衣服的人，他走过来，把那个年轻人推到了一边，训斥了一顿，然后把他撵走了。我想那位铁路警察为什么不许中国人和老外说话？这好像也不是他的职责范围，但是他还是义不容辞地向前干涉。他大概觉得中国人随随便便和外国人说话总是不对头！哼！没了王法！若在前几年，非把你抓起来不可！

那个时候确实有许多人都认为外国人都是资本主义国家来的，与他们单独接触就是犯禁！

八十年代刚刚开放，人们的保守与开放并立，新思想与旧观念并存，这就是八十年代！

10. 美国 GE 公司

我到三分厂正是改革开放初期，四三一厂曾经尝试与一家美国生产内然机车的公司 GE 公司技术合作，以提升自己的机车制造水平。这件事后来虽然没有成功，但确实与 GE 公司有过一段不长的"蜜月期"，在厂里引起一次又一次的轰动。

四三一厂投产以后，由于各种原因让主产品迟迟定不下来，另外生产出来的机车质量也总不过关，因此就有人想乘着改革开放之风，向国外寻求技术援助，从而开始了与美国 GE 公司的一段接触。这件事情是谁推出，具体怎样实施我不清楚，但四三一厂确实与 GE 公司有过一段人员的交流和密切接触。美方第一次派人来厂考察的情景至今记忆犹新。那是年初的一天，三分厂接到总厂通知，说美国人要来工厂参观。听说美国人要来，全厂立即动员起来，作了一次全面彻底的卫生大扫除。随后指示，叫所有工人都穿戴整齐，不管有活没活都要上岗，并且开起机床，制造一种生产繁忙的景象。

这让我想起了当年（五十年代）欢迎苏联专家的情景。稍微上了年纪的人都还记得，五十年代中国人欢迎苏联专家就是这个样子。虽然经历了十年动乱，反苏批修，但欢迎外国人的仪式一点都没有变。只是当年欢迎的是社会主义的"苏联老大哥"，而眼下欢迎的则是资本主义头子美国的专家！

因为事先作足了准备，工人个个生气勃勃，工厂呈现一片繁荣，尤其是看到这些工人都很年轻（新厂新招收的工人），代表了工厂的未来。结论是：这个工厂是一个非常有发展前途的企业！看到这种情景，不说外来的美国佬，就连我们自己看了都感到振奋。

除此之外，美国佬还受到热情的款待。中国人好客是出了名的！让他们住高级宾馆，吃高档宴席更不在话下。

这样安排的结果，使得这些美国佬无法不留下好印象。所以他们都树起大姆指，好！当场就有一个美国人表示，下次再来中国一定要带上他的夫人。

总之，工厂给他们留下了一个很好的印象，一种经过表演，本质上并不符合实际情况的好印象。

中国人对美国人的印象呢？首先是感到好奇，看美国人都有点像看外星人，从外到里都感到好奇！除了金发碧眼，洋味十足外，似乎还认为美国人几乎无所不能！不论是先进科技还是大把的钱！对美国人有一种暗地里崇拜的心里。美国人不论走到哪里都会引起一阵阵惊羡。

一次他们来到加工车间参观，看到一位年轻女工正在一台铣床前干活，于是就走上前去，给干活的女工拍了一张照片。是快速成像的那种，这件事立即传遍了全厂，人们都怀着羡慕的眼光一个接一个的传看那张照片，直到照片被众人的手摸得模糊不清了。

美国人走了，工厂又派了多位领导人前往美国考察，回厂后也都收获满满，大谈在美国的所见所闻等等。

再后来，眼看就要进入实际合作了，可不知为了什么，与 GE 公司的联系突然又冷了下来，以后就再没有发生有实际意义的合作了。过了很久以后才听说，是因为发现美国的工厂运作机制和中国是那样的不同。中国现行的机制都还是学习苏联的那一套，还停留在计划经济年代。美国则是市场经济，办企业讲究的是社会合作，像 GE 公司这样的企业并不是一个像中国这样单一独立的企业，他们讲究社会分工协作，比如一台机车，柴油机可能是另一家公司造的，传动装置又是另外别的公司的产品，其他如电气等等也是一样。而中国，工厂都是单个独立的单位，而且是所谓"大而全""小而全"，即便一个小厂也是麻雀虽小五五脏俱全，不太讲对外协作。这种不讲究分工协作的方式在美国早就淘汰了。

原来发现美国不是苏联，我们的体制与美国的体制相差甚远。这种结构关系让习惯了苏联模式的中国工厂盲然不知如何对接，最后只能放弃。让这次很有希望的中外合作停了下来。这就是改革开放之初令人尴尬的一幕。使这次与国外的交流浅尝辄止。

这次与美国 GE 公司的一段密切接触，给这个社会主义企业上了一课，起码让它认识到和资本主义的美国打交道与过去和社会主义苏联是多么不同。

与 GE 公司的合作像一阵风似的过去了，然后是一切重归平静，工厂重新回到中国特色的"自立更生"道路。

这是我来三分厂后看到的一件意味深长的事件。与

GE 公司失之交臂，让工厂失去了一次浴火重生的机会！

11. 技术人员的品质

栾工常说，在工厂里干活，要具备比较全面的的机能才行。不比国家科研单位。比如一个工厂中的电气技术人员，就要从变、配电，外线工程到机床控制技术；从高压系统到低压系统；从强电到弱电；从触点控制（继电器、接触器控制）到无触点控制（电子控制）都要会一点。总之凡是工厂里需要的，你都应学习，对之有所了解，否则你的工作将难以开展。另外除了专业技术，还要具备一定的组织能力和书写能力（后两项是我加的），这样才算上个合格的电气技术人员，否则不行。常言道，技多不压身！我十分认同这个说法。所以我暗中给自己定了一个目标，一定要努力学习，成为一个合格的电气技术人员，这个"格"我界定为：（一）理论储备，要涵盖工厂目前的电气领域；（二）实际操作起码要达到电工四级以上的水准。四级电工（我的心目中）是：年富力强（在三、四十岁之间），工厂中各项活路都能干，是电工队伍中的主力；（三）除此之外还要具备一定的写作能力和绘画技能，如起草技术文件和绘图设计。

工厂里负责设备维修这一行是既辛苦但又有趣的工作，初到三厂的日子里，我几乎天天都下车间干活，凭着以往对设备的熟悉，尤其是一批重点设备，好多我都参与过安装和调试，出了毛病较我容易找到故障所在，并在短期内排除。这一点很受车间欢迎，也因此让我自豪，甚至有一种"春风得意"的快感！由于工作干的顺手，很得领导的赏识。

这年的中秋节到了，中秋节又与国庆节挨得很近，所以两节合在一起过，工厂食堂做了很多好吃的饭菜打牙祭（会餐）。设备科技术组早就约好了每个人都把饭菜打出来，端到办公室集体聚餐。大伙把桌子拼对起来，不知是认谁还在天花板上拉起了纸花，布置得真像过节的样子。有人还找来了一个电炉，除开从食堂打回来的饭菜，又自己动手煮了几个菜。大家一片欢声笑语，热热闹闹，吃得满头大汗（因为菜中放了不少辣椒）。一直热闹到晚上九点钟。刚要散席收拾桌椅准备回家的时候，突然分厂生产科打来了个电话，说加工车间的动平衡机坏了，是最大的那台，需要立即抢修！然后指名要我前往抢修。这台动平衡机是专为校对机车上的一种曲轴性能的，每根曲轴都要经过此道工序，此工序检验合格方能出厂。如果这台设备（出了故障）停下来，那么所有曲轴就压在那里不能出厂啦！它的重要性不言而喻。所以分厂电话的语气十分着急，要我立即前去抢修！此时正逢宴会散席，别人都陆续回家休息了，我则留了下来，带上工具，叫上一位电工师傅向齿轮车间赶去，到车间时，见生产科和车间的领导、调度员们早已等候在那里了，我们立即投入抢修。赶到下半夜，机器终于修好了。还好，基本上没有耽误生产。工作任务完成了，但我却回不了家啦，因为我家住在潮土湾，离三厂还隔着好几道山，晚上没有车送，我只能回到办公室，在办公室过夜。进入十月，夜晚开始转凉，工厂保卫科送来了值班用的军大衣和一条毛毯，我就合衣睡在办公室的桌子上，此时身体虽然疲惫，但因为完成了任务，心情却异常轻松，很快就睡着了，睡得很香。第二天早晨大家来上班的时候才把我唤醒。我一骨碌从桌子上爬起来，迎着同事们亲切的笑脸和充满关心与赞许的问候，我心中特别欣慰。那种内心充实和阳光的心情至今难忘！

另一次是热处理车间的高频炉（高频淬火装置）坏了，热处理车间的高频炉又是所谓卡脖子设备（关键设备），说是停几天了都没修好，报到设备科技术组来。

我来到热处理车间，打开机箱检查，见一切完好，竟看不到任何故障迹象，但是它一开机就跳闸（电源开关自动跳闸保护），像是哪里短路或者接了地，熟悉这种设备的人都知道，因为电气系统是用水冷却，系统本来就与地相通，用仪表检测故障是测不出来的。根据师傅们反映的情况，我又作了进一步检查，当检查到高压部分（这里有上万伏特的高压）时，看到了一个不起眼的高压绝缘瓷柱上缺了一小块瓷，这时我顿时眼前一亮，这不就是高压放电打掉的吗？就是它！立即叫人拿来工具打开这个高压瓷柱检查，当拆下这个瓷柱螺丝时，果然看见这棵螺丝都烧黑了，故障一下显露了出来，一条螺丝在此短路，外边竟看不出来，但瓷柱内部已经烧黑了！我叫人将这个瓷柱换掉，然后开机，系统恢复了正常。这台关键设备又开始正常工作。几天来因为故障而停产的齿轮配件又缓缓不断地生产出来。

事后班长王洪斌师傅问我，"刘工，你怎么一来就找到了问题？"我说我是作了细心的观察，才发现了这个隐形故障。高压系统和低压系统不同，高压设备就要特别关注高压放电问题，这种现象在一般线路中是不容易发生的，但高压电路中就常会有。高压部分短暂的放电往往用表都测不出来，从外部就更难于发现，但故障放电会引起相关的保护动作跳闸。

"你真行，那么多人那么多天都找不到问题，你一来就解决了……"

其实一点也不奇怪。我感觉许多工人师傅动手能力都比较强，但缺乏的往往是理论指导，技术人员如果注意实干，补上实际操作这一块，那么其综合能力是可以很强的。这也是我勇于接受任务的底气所在。

常年和设备打交道，对设备就产生了浓厚的兴趣乃至感情，特别是对那些制造精良的进口机床，总怀有一种特殊的喜爱。

能写会画也是工程技术人员一项不可或缺的技能。经历过十多年的三线建设，与一些有经验的老工程师相处，见到他（她）们为表达一种设计思想，总能顺手将其勾画出来。以此种方式表达，既形象又明确。他们这种熟练地勾勒技能，很令我钦佩。许多老的工程人员，都具备这种素质：记得在设计院助勤期间，电力组组长赵希曾工程师就是这样，她向我交待一种设计思想时，总是口讲手画，一双纤细的手，轻轻松松就把问题表达得十分清楚。

我原来就有绘画的功底，所以学起来一点也不费劲。后来，我也能通过绘画随心所欲地来准确表达自己的思想了。

总之，这段时间，我凭着对业务的熟悉，工作进行得非常顺手，感觉日子过得充实而快乐，颇有"春风得意马蹄疾，一日看尽长安花"的感受！劳动（成功）之后的快乐，只属于热爱自己事业的人！

这一时期，我的职业生涯可说是顺风顺水，颇感得意。

12. 首批晋升工程师

一九七八年，是我职业生涯中值得记述的一年，因为这一年，我从一个技术员晋升为工程师。

这次是国家一九五八年冻结技术职称评定以来第一次恢复技术职称评定，我荣幸地成了首批国家认可的电气工程师。

因为是二十年来的第一次。晋升名额有限。当时我所在的三分厂共计有四十余名工程技术人员，这次只晋升了两人。

工厂推荐，铁道部批准。后来发下来的证书上盖的是还是国务院科学技术干部局的印章。可见国家对当时晋升工程师职称的重视。

可能是我在工厂设备安装维修方面的突出表现，我被第一批晋升为工程师。

那是一个初秋的下午，我突然接到分厂党委的电话，要我到党办谈话。我感觉有点诧异。去党委办公室的路上我还在想，我又不是党员无涉政治，党委叫我谈话会是什么事？一时间我竟想不出找我要干什么，是好事还是坏事？会不会和最近听说的晋升技术职称有关？但很快就否定了，因为我明白，这次晋升名额很少，尤其是像我这样的人，一个普通群众，又不是搞产品的，这种事哪会轮到我的头上？

但那又会是什么呢？我一时想不出来，我怀着疑惑的心情来到了党委办公室。一进办公室，见书记满脸堆笑地站起来："恭喜你啊！这些天经过下面推荐，上级审察，你已正式晋升为工程师啦！"啊？果真是晋升职称的事！听如此说，我心中一阵惊喜！"工程师"在我心目中可是个神圣的词儿！从学生时代开始就向往的一个目标！不承想这一目标来得这样突然！而且还是十年文革后第一批晋升工程师。

谈话结束，我从党委办公室出来，仍然抑制不住内心的激动，感觉天格外蓝，阳光也格外明。觉得自己已经是工程师了，是书记刚才亲口说的！领导的热情接见也印证了这种变化。

第二天的上午，分厂召开全厂技术人员大会，会议室里坐满了各科室和车间来的技术人员，会议开始，党委书记正式向大家宣布了晋升工程师的评定结果，并对普升者予以祝贺。这次晋升工程师三分厂共有两名，一位是机械专业的黄兆昌，另一位就是我。黄比我年岁大资格老，又是名牌大学上海交大毕业，他是干产品的！属于工厂生产活动的主力。至于我……

我心情激动地坐在那里，但此时我发现会场上却出奇的沉静，没有一个人说话。这时我才想到，经过文革的断层，国家已经二十多年冻结技术职称评定了，从一九五八年之后，技术人员队伍就基本没有评定过职称。一批又一批，从青年到中年，继而老年，干了一辈子技术，一大把年纪了，仍然还是个技术员，个中酸楚，也许只有自己才知道。今天看到有人晋升了工程师，换位思考，只要还有一点进取心，不难想象大家内心的酸苦！眼下这种沉静正是反映了这种心态！即便心生嫉妒也很正常。

由于是首批评职晋级，工厂比较重视。会后一张像光荣榜那样的公告贴在了工厂食堂大门口，上面公布了第一次晋升工程师的人员。

晋升工程师的消息不翼而飞，迅速传遍了全厂。这次晋升工程师似乎比提升个科长、主任还风光，因为两者性质不同。三分厂40多名技术人员中，只晋升了二名，又是二十多年来第一次晋升，所以大家都很看重。果然，第二天上班路上，就感觉出人们对我的目光。好多人本来关系一般，今天也突然变得热情起来，连邻居家的大嫂们见了都说："你倒是说，刘师傅就是能耐，人家提工程师了！"羡慕的心情溢于言表。我忽然成了"风光人物"。

八十年代，"工程师"还是一个十分光鲜、受人尊敬的职称。它不像当下某某官职，令人羡慕的同时也令人生憎。

我对工程师的向往从中学时代就开始了，那时我喜欢看苏联小说、电影，特别喜欢故事中那些工程师的形象。很希望自己将来也能成为小说电影中描述的那个样子，掌握和指挥一项大型工程，在自己的事业中作出令人骄傲的成绩。从那个时候开始，我就把工程师看作是一种人生目标，梦想着有一天自己也能成为一名工程师。

现在我已经是工程师了，我的梦想实现了吗？从表面看似乎是实现了，但实际上工程师不是徒有虚名，它需要有真实的内容。我始终觉着自己和想象中的工程师还有差距。并且隐隐地感到自己有点名不副实。所以我总是向同事们真诚地表示："盛名之下，其实难副"啊！并暗暗决心从各个方面提高和充实自己，努力作一个称职的工程师。

自从调来三线参与三线工厂建设以来，自己确实都是以认真的态度对待工作的，积极主动，努力干活。首批晋升为工程师也算是工厂对我工作的一种认可。

我的技术之路并不平坦，甚至充满跌宕曲折，这些都是对我（事业）的一种锤炼。但自从晋升了工程师后，自己似乎也感到有点飘飘然起来。似乎蒙胧觉得，进一步施展才能的时机真得来了，我将可以在事业上更有作为，甚至幻想着一直轰轰烈烈地干下去，总有一天作出更大的成绩。

13. 改行去干"技术改造"

改革开放，国门打开，我们才发现中国的的科学技术与西方发达国家的差距。经过多年的发展，人家已经远远地把我们摔在了后面！一时间求"新"求"变"求"发展"成了全国上下的共识。这个共识汇聚成一股强大的能量，推动工业系统掀起一次又一次技术改造热潮。学习新技术，改革旧设备。改革开放那阵每天都催着人们向前，上世纪八十年代初到中期，技术改造蓬勃发展。

我且把这次技术改造称做"第一波浪潮"（这里说"第一波浪潮"是针对还有第二波，第二波是在八五年以后到九〇年代，以直接从国外引进设备为标志）。第一波技术改造的特点是自力更生，靠工厂自己的力量进行设备改造（那阵子国家穷，没有多少外汇）。各个企业都争先恐后地把资金和人力投入到技术改造中去，呈现出"八仙过海"的局面。这个时候，工厂领导们也都把技术改造成果视为重要政绩。记得工厂领导们在向上级汇报政绩的时候，总是把技术改造的成果放在前面，例如："我们也搞了'数控'"云云……

在这期间，三分厂成立了一个"非标组"专门负责设备技术改造，我也由设备维修抽调出来，参加到设备改造工作中去。

八十年代初，三分厂在设备改造方面主要开了三个项目（当然还有其他方面的改造，这里只说设备方面的）。这三个项目分别是1）厢体车间组合加工机床制造；2）齿轮车间电火花对研机制造；3）CW4100车床改造成数控机床。

先说组合机床，这是一个规模庞大的项目，用于机车传动箱体组合加工。为此三分厂集中了几个单位的技术力量，其中包括总厂抽调来的技术人员组建了一个"非标准设计组"，简称"非标组"。这时我也由设备科技术组转入了"非标组"。那个时候大家雄心勃勃，全力以赴地制造"组合加工机床"，这项工程比较庞大，尤其是机械部分，电气部分相对简单。大家忙活了一阵子，图纸也画了一大摞，好多部件如各种"动力头"等都订了货，然而因不明原因，这个项目突然下马了。已经买回的动力头都堆放在厢体车间一进大门的地方。工程就这样虎头蛇尾，无疾而终。大家前期的工作，也付之东流。真有点"出师未捷身先死"的悲壮！

分析失败的原因：好大喜功，一轰而上，项目规模太大；第二，这台组合机床并非生产之急需；第三，没有一个得力的领导（总管）。分厂把任务布置下来就撒手不管了，可能他们认为做这种工作就像春天播种，只要撒下种子就会自然而然地长出庄稼。正因为这样，这项工作开始来头很大，后来虎头蛇尾，最终成了烂尾工程。宣告失败！

第二项任务是试制齿轮车间的电火花对研机。这是我接受的第二项技术改造任务，这次和组合机床不同，分厂由熊维常总工程师亲自抓,机体部分由技术科负责,电气任务直接落到了我的头上,为此还特别从班组抽调了电工师傅许亮广作为助手一起工作。对研机的主要技术资料是引进的,图纸等资料类似一本使用说明书那样简单,但要制造出来,还要做不少工作,包括补充设计。对研机的原理不算复杂,主要是制作一台脉冲电流发生器,把加工好的的机车齿轮通过电流脉冲放电形成火花来研磨(烧掉)齿间表面的突起毛刺,使齿轮啮合更紧密,以降低传动燥声。电火花对研机床,最终试制成功了。投入运行后,成了齿轮加工的最后一道不可或缺的工序。提高了齿轮加工精度。这项工作之所以成功,有下面几个因素:

1)这个项目由熊维常总工程师亲自抓,那时熊维常是三分厂总工程师(一段时间,骨干分厂都设了总工程师)。从筹备到制做始终得到他的支持。不论是元器件采购还是材料供应,上面有熊总签字,一路绿灯!

2)这项工作和组合机床不同,是个人承包,责任明确,好坏都是我的事儿;

3)最后一条,也是最重要的一条,这台设备确实排上了用场。是生产所需,电火花研磨是齿轮加工的一道不可或缺的工序。因而这台设备也成了一台关键设备。

电火花对研机完成之后,我后来还接了一个项目,试制二分厂的组合机床"三孔镗床",这则是我调出三分厂到调九分厂后的事。三孔镗床是用来加工柴油机机体的组合机床,三根镗杆,同时进刀,可同时加工多个厢孔。提高了加工效率，这种组合机床机械部分规模庞大，电气控制是用得可控硅直流调速。这台机床，由二分厂设计，九分厂施工。切合生产需要，所以也成功了。后来也成了加工柴油机机体的关键设备。

下面我想专门说说我的第四个技术改造项目，机床数控改造。

在这波技术改造中，我感觉最有成就感，收获最大，然而又是劳而无功的一项任务就是承接了三分厂第一台机床数控改造。这是一项极富挑战性的工程，对我而言，也是一次考验自己能力的"冒险"。下面我就来专门说说干数控机床的事儿（经历），借此梳理一下那段工作想必是一件很有意思的事情。

14. 干"数控"的日子里——接受任务

时间过得好快，转眼已是一九七九年。

"数控"是"数字控制"的简称，工业电子控制技术发展至今，大体上分为两个阶段（类型）：一类是"模拟信号控制"；一类是"数字信号控制"。在数字控制出现之前，全都是模拟控制。模拟信号（拿示波器看）呈现的是一些形态不同的波形；而数字控制，它的信号呈现的则是整齐的方波脉冲，代表的是"一"和"零"的二进制数。这种方波信号不容易受到外界干扰，而且还可以直接与计算机技术结合，能产生智能的效果。从模拟控制电路到数字控制电路是电子控制技术上的一次飞跃。

据说，数控技术是二战之后由一批美国工程师研发的，是一门全新的电子控制技术。

数字控制技术我以前没学过，于我无疑是一片"新大陆"！出于职业的敏感，自从听说了这门技术以后，我就对它产生了浓厚的兴趣。特别是后来听说二分厂的同行已经捷足先登了（他们运用数控技术改造了一台C616车床）之后，就更加激励起自己对数控技术的兴趣。

机会终于来了。

那是一九七九年秋天的一个下午，我一个人正在加工车间巡视，三分厂厂长王一伸同志走过来拦住了我："刘工，三分厂也要试制一台数控机床，你认为如何？"听厂长说要干数控机床，我心中不禁一阵惊喜，因为好久以来我就对数控发生兴趣，所以我就说："那当然好！我完全赞同！"王厂长接着说："相信你能完成这项任务"。厂长的话让我无比振奋，心想机会终于来了，"天将降大任于是人也"！

领导的提议和信任让我坚定了接下这一任务的决心。常言道，"人生能有几会搏！"我认定这就是一次可遇而不可求的机会。

接下来的时间里，我便大胆地接下了三分厂第一台数控机床的改造任务。

　　话虽这么说，接下这一任务，无疑是对自己的一次巨大挑战，也可以说是自己技术生崖中的一次"冒险"。原因很简单，第一，"数控"是一门全新的技术，之前不但我没学过，甚至连听都没听说过，只是到了近年才听说；第二，这不像以前的设备安装和设备修理，甚至也不像以前干过的非标制造，这是一门从未涉足过的新的技术领域，是一次创新，工作量大，大得一时不可估量（没干过），复杂系数特高（新技术，还没人测算过）；第三，这项任务责任重大，要花很多钱，试制成功了当然好，如果不成功，把事情搞砸了呢？不仅造成工厂的重大损失，连自己的信誉也将因此扫地，弄个身败名裂也说不定！

　　但我眼下已经没有其他选择，只能背水一战！我暗暗为自己立下了军令状：只能成功不许失败！

　　厂长王一伸的态度倒是显得十分镇静，他似乎看透了我的心思，对我完成这项任务没有任何怀疑。这更让我感到肩上担子的分量！

　　不久工厂就为"数控"立了项，并责成设备科成立了一个数控机床试制小组，共有五个人，除我而外，还有林晨和陈士林，另外加上两位电工师傅溥永平和李东明。其实工人人数不固定，开工以后，可根据各个阶段需要增减。从此我们这伙人便抽调出来专搞数控。

　　说老实话虽然我一鼓热情接下了任务，但究竟该怎么干，如何着手，其实我心中真的没底，所以接到任务的当天我就跑到工厂资料室去借回了一大摞数控方面的书，一头扎进书里没头没脑地读起来。打算尽快掌握这门技术的基本原理。我读，也发动大家读，日夜攻读，想在已有的知识基础上，尽快搞通其原理。但我发现，这个办法根本不行，常言道，远水解不了近渴，现在单单通过书本学习数控已经来不及了，不仅速度慢，而且读起来还非常吃力，看不了多久就头昏脑胀。数控专业类的书异常繁琐难读，读了半天，仍然一头雾水。我在当天的日记中写道："……读起来很迷茫。读了半天，也没能找到要点，好像进入了一片'原始森林'，漫无边际，失去了方向……"这就是我当时的感觉。

这样干肯定不行，怎么办呢？必须另辟路径。后来我接受人家干数控的经验，立即寻求外援，即尽快先弄到一套数控机床图纸，然后目标明确地边干边学！

办法确定之后，立即行动，不能怠慢。首先出差北京，到有关单位去技术咨询。

这年十月我出差到了北京精密机床研究所，一起去的还有陈士霖和林晨，这个单位以前我来过，那还是四三一厂建厂的时候，当时我还在设计院助勤（借调到设计院），那次来此是为了了解一种电力设计方案，这个单位给我留下了不错的印象，北京东郊的密云县密云水库岸边，水光山色，风景秀丽，环境十分幽静，研究所坐落在一片苍松翠柏之中，一栋栋别致的小楼，特别气派。那时的感觉研究所就应该是这个样子。

一晃十多年过去了，今天又来到这里，研究所还是原来的规模，但由于"文革"浩劫，一切都破旧了许多，甚至显得有些荒芜。不过这里仍然是国内屈指可数的机床研究中心，特别是拥有丰富的技术资料。另外这里的技术人员仍然一如既往的认真负责，这是那个年代中国知识分子的共同特点。我们很幸运，在这里没费多少力气就弄到了一套从日本引进的数控机床图纸（当时数控在国内还是空白），接着还到他们的附属工厂参观并订购了数控机床重要部件滚珠丝杠。以后又打听着在北京买下了一整套电路板。真是不虚此行，收获很大。

在那个年代，他们提供技术资料一点也不保守。我们在这里买到的是一套从日本引进的数控机床电气图纸，主要是四大本逻辑图和一本不厚的说明。有了这些东西，我心里就有底了。从北京回来，便一头扎进图纸中，边读图纸，边学习，边筹备。我先把四大本逻辑图大致翻阅了一遍，然后就从头至尾细细阅读，一边读一边改（因为买回的图纸经过多次复制，错误不少），并逐一作了笔记。在读图的过程中，再结合书本，对照图纸中的问题，带着问题从书中找答案，这样就好多了，可以直奔问题而去，就避开了所谓"原始森林"现象，绕过书中的不相干地带，省去了不少精力，变被动学习为主动钻研，这个办法很是有效！

"带着问题学"、"边干边学"或"干中学"都是那个时候的流行语，在干数控机床的的日子里，我还真都用上了。

15．干"数控"的日子里——我的工作计划

一鼓勇气接下了"数控"任务，对这项任务我不仅觉得责任重大，而且还有一种近乎神圣的使命感。

但要说没有压力那是假话！

兴奋之余，心里总是沉甸甸的。我知道精神压力过重就会影响工作乃至生活。多年以来，我发现了一个扭转被动局面的办法：那就是把"任务"化整为零，把一项庞大的工作任务进行分解，分解成若干小的任务，这样就可以把一个大的工程转化为若干小的单元，当着面对一项项小的任务（工作单元）时，事情便简单多了，做起来也就感觉有了把握，没有多少压力了。我把这个办法叫做"分解法"。一项大的任务接下来，往往会产生一种精神压力，用"分解法"，精神立即转为宁静。所以我在试制数控机床这项工作时，就充分运用了这一办法。

为此我拟定了一个工作计划。根据工厂的要求，也参考别人（尤其是二分厂同行们）的经验，定了一个大概的时间表。计划是这样制定的：先将任务进行分解，"横向"和"纵向"两个方面的分解，横向（工作内容）分解：将这项大的工程分解成若干小的工作项目，最后分解到一个个的工作单元；纵向（时间）分解：依照完成任务的顺序依次排开。这样作的好处是化长期为短期。分解完后，便可以将精力专注于马上着手干的小项目上

了，不再因顾虑全局而分散精力。当这些小项目逐一完成后，一项大的工程也就宣告完成了。这样想了，精神就轻松多了，头脑也就不乱，再大的工程量都不会让人"头脑发涨"。再庞大的工作只要这样分解了，作起来也会像完成一项小的工作那样轻松。这倒有点像军事上的"化整为零，各个击破"的原则哩。

不论做什么事情，我都喜欢条理分明，按部就班。看书学习如此，工作也如此。我特别不喜欢所谓的"轰轰烈烈群众运动"，终生都不喜欢！我的实践经验证明，凡是践行了我的这一原则的都获得成功，反之都遭挫折乃至失败。

在从事数控这件工作的过程中，我很自觉地运用了这一原则。一切都按计划，一切都条理分明。比如机器配线和调试，我也习惯于先主回路，后控制回路。即便是上班下班，也制定了一个上下班的程序。把它帖在墙上，强制执行！上班下班，也都按着程序来作，从来不乱，所以工作中没出过大的差错。成功地克服了手忙脚乱、顾此失彼、丢三落四的毛病。

16. 干"数控"的日子里——漫游于数码世界

我在北京机床研究所拿到的数控图纸大约相当西方发达国家七十年代的水平，虽说在世界上已不是最先进的，但在国内还是很先进的。这套系统的特点是：整个系统全由硬件搭成，主要的工作量是硬件的组装，那时集成电路（即后来所说的"芯片"）在国内还刚刚起步制造，那时的集成电路都是单个的门电路（所谓小规模集成电路）。一台数控机床就要成千上万块芯片，一块块地焊接、组装，工作量极大，不像现在，人类已经制造成了所谓超大规模的集成电路（芯片），工作中只要将几块芯片搭配起来就可以做成一个产品了。现在的数控技术主要是在软件上下功夫。早期不是，早期主要靠硬件搭成。这种初级阶段的数控系统，也有它的好处，特别是对初涉者，它的基本元件都是一个个"门电路"（与门、非门、与非门、触发器等等……）这都是最基本的逻辑单元，从而让我有机会从最基本的单元入手认识这门科技。因为这样在读图的时候就能从最基本的单元读起，给予我的感觉是它通体透明，整个电路系统几乎没有一个"暗角"。在阅读和调试的时候，我会想象着各种脉冲信号在系统中流动的情形，纵向（逻辑）传递和横向（脉冲）扫描，这甚至给予我一种美感！从而把个繁琐的阅读（逻辑电路很容易让人感觉繁琐）变成了趣味盎然的逻辑推理。让人产生了一种漫游数码世界的美妙联想！

后来，随着技术的发展，集成电路规模做得越来越大，大数目的元件都浓缩于一块芯片之中，这样以来，具体的电路细节就逐渐隐去了，同时也就形成了一个个"暗箱"（我这样称大规模和超大规模集成电路）。再后来，数控更与计算机融为一体，硬件的功能则由软件取代。这样虽然更先进，但读起来就再没有原来那种通体"透明"的感觉了。

时间一天天地过去，按着计划，把系统的每个环节都通通读了一遍，但是，此时在我的脑子里还是没能形成一个总体完整概念。接下来我把一个个单元依据在系统中的功能，串接起来，拼成了一张大的系统方块图（每个单元都用一个方块符号代表）。并在这张图上标注出信号流向和信号功能。有了这样一张总图，情况就好多了，数控系统的全貌就非常清晰地展现出来了。我十分欣赏自己画出来的这张图，这是一张系统总图，在后来的工作中，从柜子制作、安装、配线、调试以及排除故障等等，这张总图都发挥了不小的作用哩！

17. 干"数控"的日子里——"拓荒者"

新的数控技术，在我没有通晓、实践之前，就像是一片未被开垦的"处女地"。而我就是这片"土地"上的"拓荒者"。拓荒者每向前推进一步，自然都要付出大的力气。眼下我面对的情况正是这样。数控项目承接下来之后，该怎么干？何处入手？都是一个开拓、摸索的过程。那些日子，我脑子里每天都在想着这些问题。首先是确定先作哪些工作，然后再定下心来考虑具体技术问题。即便是每天下班回到家中，也总在考虑第二天我该干些什么？小组的其他同事又该各干什么？只有考虑好了，才能安心睡觉。

开展工作需要一个工作场地（工作室），我们选择了三分厂的一个产品试验台作为"工作室"。这个地方原来是用作机车液力传动元件试验的，不知什么原因（产品上的事我不太清楚），一直闲置没用，它位于三分厂厂区的最里端。旁边紧挨着材料科，环境十分背静，平时少有人来。这里的能源和其他条件也都具备，还有一台大烤箱。这都是日后都用得着的。由于平时很少有人光顾，所以开工以后没人来干扰。这究竟是好事还是坏事？工作无人打扰当然是好事；但另一方面呢？事情是多方面的，有利必也有弊，这件事情等以后再说。

工作室确定之后，我们便把东西都搬进了这里，安下心来按部就班地干起来。一段时间之后，在外面订的各种元器件就陆续到货了。

这里顺便说一下元件购置情况：如前面所说，滚珠丝杠是从北京订购的；重要部件如步进电机和配套的驱动箱是从常州订购的；电气元件大都也是在北京订购的。那个时候国内集成电路制造才刚刚起步，质量很成问题，厂家把生产出来的产品分成三个等级：质量最好的列为一类，供军用；质量一般的列为二类，供民用；质量差的，或者说等外品列为第三等，这类等外品企业可自行处理。计划经济年代，一切都纳入计划，我们的项目实足国家计划之外，自然只能买到质量最差的三等品。记得在电子元件厂订货的时候，说破嘴厂方还是不把合格的产品卖给我们，生产厂不冷不热，不卑不亢，一副国营企业的面孔。他们并不怕产品推销不出去（一切都是国家包了的，厂家并不着急）。费了半天的劲，买回来的仍然还是一大堆三类品。很显然，这些买回来的电子元件（一种小规模集成电路）是不能直接使用的，必须想办法细心筛选，淘汰掉所有不合格不能用的，从中选出能用的，这样以来，就又增加了一道工序，因为我们还要花很多功夫筛选元件，这项工作很繁琐，但是又必须要作。进行元件筛选的办法是参照有关技术资料，把元件放入烤箱内，加热到一定的温度（模拟元件工作的极限温度），然后让其在一块专制的电路板上通电工作，这样在烤箱里让它满功率模拟工作二十四小时，能经受住考验（输出波形规范）的就采用，否则一律淘汰。为此，我们又特别制做了一套筛选装置，试验站里原来的大烤箱也用上了，加上脉冲信号发生器、示波器等仪器仪表摆满了一桌子。一天二十四小时通宵不停的测试筛选。

或许是领导们对我们这摊子工作很不了解，也可能是他们跟本就没把这事儿纳入正常生产计划。自从这个项目上马以来，就很少再有人来管我们了。那段日子里，我们日夜轮流加班。要在平时，加班是有加班费的，晚上加班还有夜餐，但我们什么都没有。只有尽义务的份儿，伙计们倒也无人埋怨。

18. 干"数控"的日子里——全力以赴

"人生能有几会搏？"

自从干数控一来，我就很少和平时一样按时休息了，过年过节也没休息。那年春节，周围的人都在过节，我却惦记着进展缓慢的数控机床任务，大年初一就穿上工作服去上班了。一路之上迎着身穿节日新装的人群，经过二分厂，走上那条山间小路（因为节日没有公务车），爬山半个小时左右，进三分厂的后门来到我的工作室。

节日期间，厂里一片寂静。坐在工作室里只有示波器在嗡嗡做响，我开始干活。刚摆开工作不久，王一伸就进来了。他微笑着向我祝贺新年，然后就坐下来看我工作。这些年来，我接触过的领导人中，王一伸是为数不多和技术人员能谈得拢的人。他也是搞技术出身，比较实干，有事业心。新年假期，他在家也待不住，还是要到厂里来转一转。这方面竟感觉与我颇有相通之处。特别是数控机床改造开始以后，我与他的接触多了起来。

数控是一门非常先进的技术，我非常希望能尽快掌握这门技术，如今他把数控机床改造任务放心地交给了我，给我了一个难得的学习和实践的机会，便让我感觉他有一分知遇之恩。

他看着我干活，一边看一边和我聊。临走的时候他起身说："刘工，我认为我们的这台数控机床将会是全厂最棒的！"我听他如此说，心中既鼓舞又有压力。因为那会儿工作还在摩挲阶段，离成功还远着呢！听了这句话，更让我感到自己肩上的担子重大！

　　自从数控机床改造开工以来，我上班下班就有点不太按常规了。通常都是早来晚归。中午也不回家，在食堂打饭，饭后就躺在工作间一条长凳子上午休。上下班赶不上公务车是常有的事儿，所以我索性不坐车，直接从三厂后门（小门）爬山，沿着一条小路回家。这条山间小路直通二分厂，然后穿过二分厂厂区到潮土湾。常走在这条小路上，眼看着路边的草木由绿变黄，又由黄变绿，不觉之间又是一年。

　　一天天过去了，一个春日的早上，我上班来到工作室，无意间看到窗外不远处有一棵杏树，已是满树花蕾，正含苞欲放。啊！来三分厂这么久了，我好像从来也没注意到那里有一棵杏树。如今已经花蕾满树，透着淡淡的红润。杏花是报春花，杏花开了，春天就真地来了。忙忙碌碌近一年，又到"满园春色关不住，一枝红杏出墙来"的季节。春天！她给人带来多少慰藉。

19. 干"数控"的日子里——追求完美

　　一夜大雨，潮土湾下山的路上，吸饱了雨水的竹林沉甸甸地低垂着，稻田里禾苗泛着碧绿，荷塘里荷叶田田散发着阵阵清香……

数控改造工作快一年了，最近刚作完了数控柜体，现在正在柜内安装和配线。

我们这个特别工作小组，分厂好像又管又不管。小组当初成立的时候，领导只含混地指定我负责，其他就再没说什么，比如各人的职责，以及工作分工，组织纪律什么的。这样一来，干起活来各种关系协调就全靠日后磨合了。

我是班长吗？上面并没有说。鉴于工作任务的艰巨，干活必须得有个强力的领班。既然我接下了这项任务，我也就只能担当起这个领班角色。这个问题上，已经没有温良恭俭让的余地。现在大家就如同一个战壕里的战友，有分工有合作，但必须听从统一指挥，而且最终必须服从于一人，所以工作上也就顾不上讲情面了！我必须实行一票否决。（至今我仍觉得这样作是必要的）。

追求完美或许是我的秉性，事必躬亲，是我的优点也是缺点，如果别人干活不能叫我满意，我宁可自己动手拆了重来。直到感觉满意为止。另外，机器的关键部分，也必须由我亲自操作安装。否则总不放心。

一次，李东明安装数码显示器，这个显示装置安在数控箱的正门上，从外面看只看到数码管显示的数字，但门一打开，显示器的全部就暴露在眼前，十分显眼。所以我要求不仅安装正确，还要做得整齐美观。李东明也这样做了，但我看了不满意，第二天，我还是把它全部拆掉，自己动手又重新安装重新配线，直到自己看着满意为止。这当然对李东明面子上不够尊重，但我还是这样作了。干数控以来，难免会有主观意断甚至显得任性的地方。不顾情面，有时也会让伙伴们不悦，庆幸的是伙计们都原谅和理解我，并始终支持着我，这让我十分感激。特别是我的同行林晨、李东明等。他们从来也没有因此就疏远我。

追求完美是我的秉性，我对工作总是充盈着一种神圣感。我总是自觉与不自觉地把自己的思想观念融会到我的作品中去。我认为科学技术与艺术是相通的，我喜欢用一种艺术的眼光看待工作。喜欢把一项科技成果看作一件艺术品。

干数控给我提供了一个发挥想象力的空间，我喜欢把工作对象想象成一个有生命的人（因为数字控制系统已经具备了逻辑推理的能力），每想到此，一种美妙的感觉就由然而生。

在设计数控柜时，也尽量符合我心中的标准——新颖、美观而不失简捷。我认为这才是科学的风格。

这套系统不但需要电气方面完美无误，还须机械系统地准确配合。在这方面，陈士霖作出了有力地贡献。

美哉！数控机床！

20. 干"数控"的日子里——组装和调试

这些天来，大家都动手焊接电子元件。工作室里飘散着一股略带清苦的松香气味。为了保证焊接质量，我们全部采用无腐蚀性的松香作助焊剂。这种气味常常引起咳嗽，但却一点也不令人讨厌，相反，时间久了，如同热爱我们的工作，对这种气味也产生了感情。

所有的元件焊接工作完成之后，组装调试就开始了，先单元调试后整机调试。

那段时间，我中午下班通常也不回家，就在工厂食堂里吃饭，把饭打回到工作室来吃，吃饭时，也不丢工作，打开图纸，边看图纸边思考问题边用餐。由于思想集中，吃饭的时候常常是不管三七二十一只顾往下吞咽。有一次，我正吃着，低头突然看见饭碗里有条虫子，绿色的，软软地合在菜饭之中，再细看还不止一条！竟然有好几条都合在煮熟的菜叶中，令人恶心。但我此时已吃下了大半，只剩下一个碗底了，还不知道有多少条虫子已经吞到肚子里了呢！一阵恶心。此时我就想，从科学的角度讲，这些软虫也属于动物蛋白一类吧，而且在菜锅里也经过了高温处理，吃下去对身体不应有害的，没准儿还能补充点蛋白质呢，如此一想，也就不恶心了。

吃过午饭以后，我照例躺在一条长木凳上休息，下午接着上班。这种看似单调的生活，我却一点也不觉得单调劳累，反倒是兴趣盎然。在这些日子里，我发现了一种有趣的现象，躺着思考问题效率更高。我遇到过好多次，比如一件事情想不起来，在晚上或早上躺在床上的时候，突然就想起来了；有的疑问想不通，同样在这种情况下突然想通了，并得出正确的结论。在数控机床的调试中，我又遇到了类似的情况，在调试某个单元时，正常情况下输入一个脉冲信号，输出端应输出一个合乎逻辑的输出信号，但有一次却怎么也测不到一个正确的输出信号，反复分析图纸，检查线路，就是找它不出原因，它竟困扰了我好几天。这天午饭后我照例躺在那条长板登上休息，刚躺下不久，脑子里就突然一闪，一个从未引起我注意的故障点就显现出来，一想又是那样的合情合理，我高兴极了，一骨碌从板凳上爬起来，打开机器，对准那一点仔细测量检查，果然有一只芯片的一个管脚虚焊。问题就这样找到了。我赶紧烧上烙铁，很快作了处理。然后试验，一切运行都正常了！几天来一直困扰我的那个问题，就这样睡午睡的时候解决了！

躺着思考问题大脑比较好用！想来是有科学根据的，人躺下来，大脑得到了充足的供血，所以运转起来，工作效率就高。这种现象很有意思，不但我自己有这种经验，连当年古人也有这方面的记载，如"今在枕上姑得此义，疾起书之"就是一例。也是说人躺下之后，忽得灵感的事。而我则是："今躺凳上姑得此理，疾起而作之"。这是不是很有趣呢？

在电气这一部分不断取得进展的同时，机械部分在陈工的带领下，也相应地积极作出配合。机械方面大家都担心的一是滚珠丝杠的安装；一是浮动道轨是否能够奏效。尤其是浮动道轨，一个不大的油泵能否把沉重的刀架浮起来？后来做好之后进行实验，油泵一开，千分表上立即显示被轻松轻浮了起来，刀架移动游刃有余。

这两关也都顺利通过了。

21. 干"数控"的日子里——再说上班的那条小路

自从来到三分厂上班，我就时不时地走小路回家，这里说的小路有两条，一条是出厂大门走成渝公路"清泉甫路口"的那段山沟；另一条则是出厂后门爬山，沿着山梁走，经二分厂然后回家。

我干数控以来，经常走的就是出工厂后门这条小路。

小路沿着山梁，弯弯曲曲一直通向远方。诚如鲁迅先生所说：地上本来并没有路，走的人多了也便成了路。这条山路就是当地老乡踩出来的，他们肩扛锄头，身背背篓来往于此。这条小路本来是当地老乡常走的路，不想如今我也成了这条小路上的过客。小路经过之处，两边长着青草，有的地方还长着一丛丛野生的灌木和竹子。一些叫不出名的鸟儿，见有人来，就飞起来，但飞不多远，就又在另一处灌木丛里落下，自由自在，好象是与路人喜戏逗乐儿。看到如此景象常常让我想起毛泽东的诗词《鸟儿问答》中说的"蓬间雀"。是的，这类鸟儿就应该叫"蓬间雀"吧。这种鸟儿一年四季都有，它们经常潜藏在路边的草丛中觅食、栖息。夏天到了，这条小路会有更多的小动物出没，如各种颜色的蜥蜴在草丛中穿来穿去、蚂蚱会展开它美丽的翅膀从路边一处草丛飞到另一处草丛。

有一天清晨上班，我爬上晨雾缭绕的山坡，在一处被山水冲刷出来的凹洞上张着一面蜘蛛网，一只花蜘蛛卧在网的中央，我惊奇地发现，那蜘蛛居然在网上织出了一串字母，细看竟是"WELCOME"。真是没有想到，这小精灵还有这个本事，它居然织出了一个英语单词"WELCOME"，好象是候在路边专为欢迎我！

大自然给予人的乐趣丰富多彩，我热爱自然，也热爱这片乡村。每走上这条小路，我的心情就会立刻变得轻松起来。

前两天，林晨就告诉我：

"老刘，有人在说我们呢。"

"说什么呢？"

"他们说我们搞数控是不务正业！我们是工厂，又不是研究所！"

"还有人说，干（数控机床）那么久了，也没见拿出成果来，怕是弄不出来了！没有金刚钻就别揽瓷器活啊！白白浪费工厂的钱啦。"

甚至还有人在等着看我们的笑话！

对于这些传言乃至嘲讽我本不在意，但最近经林晨一说，心中着实不快！我特别不赞成说："我们是工厂，又不是研究所，搞数控是不务正业"之类言论！

是的，我们是工厂，不是研究所。但不是研究所（顺便说一下，像这样大的工厂本来是应当设立一个研究所的）就不应采用（引进）先进技术了吗？

目前工厂的技术装备落后，产品质量差已是不争的事实。不仅落后于同行业的先进水平，连许多老厂也不如！为什么一引进新技术就有人反对呢？

现代工业发展迅速，尤其是改革开放以来，产品已向着高、精、尖方向发展，一些传统的加工技术已经越来越难满足生产需求，引进先进的数控加工技术，已经成为今后工业发展的一大趋势。怎么这会儿还会有人指责和怀疑呢？

今天我们将一台普通机床（CW61100）改造成最为先进的数控机床！就作为这种技术引进的开始吧！

毫无疑问干这件事不是一个小的工程！万事开头难！我及我的同事们都把它当作一项神圣的使命来完成呢！所以从接受任务开始，我们就没有懈怠过！然而我们的工作并没有得到周围应有的认同，相反还招来了一些非议！一般人群这样议论还有情可原，因为他们无从了解这项工作的难度，但听说某些领导也持这种观点，这不能不说是一件十分遗憾的事情！

细思，当下有些人（包括某些领导人）对数控的态度，也反映了工厂里改革与保守两种观点的斗争。这也是先进与落后的较量！不知不觉自己也卷到了这场斗争中来。企业要发展，技术要进步，不能在新的形势面前裹足不前！

看来，我还是太低估了人们的保守思想和对新技术的排斥心理，当然也包括有些人对别人取得的成绩的忌妒。

面对各种风言风语并没有降低我们工作的热情。我们赶上了一个好时代,再也没有人能阻止我们了!如今我们的工作已经进入了最后阶段,离成功也就一步之遥!我深信曙光就在前头!加油!

……

我走的这条小路一头是三分厂的后门,另一头联着二分厂。出了厂门就是农村。工厂里厂房高大,机器轰鸣,车水马龙;农村则竹林茅舍,泥巴小路……两者反差之大,常让我有一种从现代城市一步踏入农村的感觉。

有一次一件小事儿却令我好久不忘:

那是在下班的路上,我走到离二分厂不远的地方时,看见一位乡下女人走在前面,她衣衫蓝缕,光着脚板,肩上还挑着一担箩筐。走着走着,她突然奔跑起来,随后把肩上的担子也扔掉了,发疯似的往山下跑,奔跑的样子让我联想到传说中的野人!她一直跑下山去,一头钻进了竹林。我觉得好生奇怪,便驻足观看究竟发生了什么,原来是生产队正在林子里分一点集体种的花生。啊!为了分到一点点花生,她竟跑成了那种样子!生怕跑慢了分不到手。我心里就想。都说人穷志短,人穷到食不果腹,仅能维持生命的时候,人也就与动物的本能差不多了!

唉!这说明什么呢?说明这里的老乡生活苦啊!四川虽有"天府之国"的美誉,但这些年农民过得太苦了。听说一年之中青黄不接的时候,他们常常断粮断炊。春天来了,他们只能靠吃牛皮菜和红苕度日子。

　　这些老乡与我们工厂比邻而居，然而他们过的是什么生活？他们仍然还过着近似原始人的生活！好象与我们不是生活在一个时代！

　　……

　　自打到三分厂上班以来，尤其是干数控以来，我就经常走这条山路，我已熟悉了这条路上的一草一木，这条小路让我感到亲切。一个人走山路，自由自在，回归自然，吸足了阳光和氧气，每次爬山归来，准能收获一天轻松、愉快的好心情！

22. 干"数控"的日子里——试车成功！

　　数控机床电气柜经过了数日组装、接线，最终调试成功了。月初就正式运到齿轮车间就位安装。油漆一新的数控机床和旁边并列安装着的电气控制系统（数控箱、数控驱动箱等），款式新颖，闪闪发亮，它不仅是一台具有很高性能的加工机床，同时也是一件优美的艺术品。迥异的风格吸引了许多前来看新奇的人。

　　一九八一年九月二十七日，是个值得记住的日子，这一天我们的数控机床终于改造成功，通过了技术鉴定验收。

　　下午，数控机床周围站了许多人。工厂领导也全都来了，当然我们也作好了准备。试车开始，我果断地按下启动按钮，机床开动了，四把车刀从机床的尾部以最快的速度向前冲去（快速进给），它的正前方是正在飞速旋转的工件，大家都不由得屏住呼吸注视着，没人讲话，都把目光注视在压满了车刀而又飞快向前冲去的刀架上，稍有差错，便会刀崩机损！一切都是瞬间的事！车刀继续向前冲去，我的手几乎是本能地伸向了"急停开关"，准备一有差错就按下急停开关。刀子继续向前，一秒一秒地过去，当快要触到工件表面的时候，刀子乖乖地慢了下来，然后按着预设的程序，均匀而稳健地接近工件，然后一刀切入，接着它像一个熟练的技师，巧妙而灵活地按着编好的程序切削起来，一道切削完毕，完成第一道加工，车刀自动退出，并自动更换刀具，然后继续进刀切削，沿着曲线轮廓，一阶一阶地切削。至此我的心才放松下来。刀尖触及工件之后，原本粗糙并呈灰褐色的毛坯表面，立刻现出一个铮明瓦亮的圆圈，眼看着这个圆在扩大，扩大，沿着设计好的曲面天女散花般由小到大，最后毛坯变成了铮明瓦亮的银白色。太棒啦！接下来，刀子又自动回去修边挖槽，一直把活儿干完，干得非常漂亮！然后退刀，又按着原来的轨迹快速退了回来，准确地停在了原点上。整个加工过程完美无瑕！

　　加工完的产品经过检测全部合格。机床的各项技术指标全都达到了要求！活儿干得十分漂亮！试车园满成功！我们的机床不负众望，终于以其优良的性能显示出数控机床较一般的机床的优越性，干出的活儿既快又好，精度又高，尤其是能干有正反曲面及各种复杂形状的产品，一般机床毫无办法，而用数控机床则轻而易举！

机床刀具从原点出发快速向工件冲去，快接近加工工件时速度降低，（刀尖）切入工件，曲线、直线、斜线切割，修边，挖槽……这一系列近似完美的加工，它不是通过传统的人手操作来完成的，而全是机床自动完成的，具体说是用一套事先编好的程序告诉机床如何加工；

怎样实现的？这就要说说数控机床与一般机床的不同了，数控机床是通过数字逻辑电路控制的，这种系统已经有了智能性质，后来的数控机床已经高度智能化了。

由于它具有了智能的特征，所以加工起来效率高，尤其是加工形状复杂精度要求高的产品，更突显出它的优越性。一些高性能的零部件加工，没有数控机床是加工不出来的。数控技术的出现是机床加工领域的一场革命！毫不夸张地说，没有数控技术，就没有现代工业。

数控机床顺利地通过了考试（技术鉴定）。三分厂第一台自己改制的数控机床，也是全厂最大的一台数控车床 CW41100 正式诞生了。我们的心也完全落地了。

CW41100 数控改造成功极大地鼓舞了我。我们不仅完成了工厂交给的任务，更重要的是通过实践掌握了数控这门全新的技术，包括它的具体参数及工作细节。这让我对未来充满了信心。我几乎开始踌躇满志。天真地对未来不无浪漫地遐想起来。我想象未来工厂可以通过自己的力量继续技术改造，让车间里布满了一台台先进的数控机床，大大地把工人从繁重的体力劳动中解放了出来，不但是单台的数控机床，还要实现群控（一台计算机控制多台机床），最后实现无人车间！眼下仅是一个开端，实现工厂生产的自动化，智能化，伟大的事业已经向我招手！

……

飘飘然兮！我醉心于我的技术梦想之中，一点也没想到接下来等待我的将会是被冷落！

23. 干"数控"的日子里——差旅逸事录：

暂且把数控机床放下不表，下面再说一说我参与工厂技术改造（主要是数控机床）到各地出差的经历：

常言道：在家千日好，出门一日难。干"非标"的那些年，尤其是像数控机床这样的大项目，可没少到外面出差，经受出门在外的磨砺。这种出差，不管在技术上还是个人感受上，都是一段不可或缺的经历。如果单说在工厂里发生的事儿，那是不完整的，所以在此有必要也补上到各地出差的经历和感受。

坐火车：

如前所说，那年头出差是件特别辛苦的事儿，尤其是坐火车，住旅馆，吃饭。这三件事简直都像一场场战斗一样！现在看到每年春运时，一票难求的惨状，但比起当年的情景，也许是小巫见大巫了。出差第一愁的就是坐火车。文革结束了，路上倒是没有了武斗什么的，但那时铁路交通远没现在发达，出门的人多，第一是买不着票，为了买票常常要托人找关系。二是上了火车没坐位，站着乘车是常有的事，短途出差还好，但长途出差就希望搞到个卧铺，那就更难了。

那时坐火车是个什么情况恐怕现在人都难于想象！

首先是买车票，成都火车站售票处大厅里，人头攒动，挤满了买票的旅客，为了买到火车票人们疯狂地拥挤着。一位警察过来维持秩序，他站到售票窗口的高台上。手里握着一根长长的竹竿，大声地吆喝着："排队！排队！"然而人太多，焦躁不安的人群都争先恐后向售票处拥挤着，为了维护秩序，警察轮起竹竿在拥挤的人群头上乱抽，人头便像波浪一样躲闪着。挨打的人，抱着头，但还是不愿离开，也没人反抗。

由于坐车的人多，车厢里空气不流通，加上几乎无人打扫卫生，各种气味混合在一起，就形成了一股说不清的气味，我把它叫做"火车味"。这些年国内有了高铁，设施好了，人也不挤了，卫生条件也好了，过去那种火车味也没有了。可见我一直以为的"火车味"并非凡是火车都有这种气味，实在是人多空气不流通生成的。

尽管如此，出差还得照出不误，因为工作需要。三线工厂地处偏远，许多技术性的问题只有到大城市的科研院所才能学得到，拿得到所需的资料。另外呢，出差也不是全然不好，出差过程也有乐趣，那年头人穷，没有旅游一说，整天憋在山沟沟里，忙忙碌碌，时间久了也盼着机会到外面看一看，舒展一下情绪，开阔一些眼界。文革持续了十年，如今国家百废待举，出差最能感受到各地的变化。还有一件让人向往的，那就是单位上待久了，出差来到一个陌生的城市，与社会拉开距离，离群索居，无人打扰，平静地享受一段自省和宁静的快乐。这也是一种人生享受。

每次出差坐火车还有一种特殊效果，那就是火车不停的晃荡，帮助肠胃消化，所以我每次坐上火车，总是会胃口大开。火车上供应的盒饭，尽管质量不咋的，但我每餐还是能吃上两份。常常引起邻坐乘客的惊讶。坐上火车，车轮叮当做响，也有助睡眠。总之，那时候人年轻，出差虽然很累，但也总能找到一些小乐趣。

下面就说说各地出差的感受。

成都——一座缺乏现代感的城市：

成都是我出差次数最多的城市之一。

成都是四川省的省会城市又是西南地区政治、经济和文化中心，离资阳很近。作为目的地或路过，我到成都的次数最多。

七十年代末八十年代初的成都经历了十年浩劫，已经满目疮痍破烂不堪，没有一点现代感。尤其是人民南路、火车北站一带，文革中修了一些生硬的四方水泥柱子，本来就已经破旧不堪的设施更加生硬和不协调。就像一位模样姣美的女人破了相，严重破坏了这座文化古城的风貌。火车站站前广场年久失修，坑坑洼洼，下过雨后积水满地，车开过，一不小心就溅你一身泥水……

除了城市设施破旧，人的文明、道德的退步也是触目惊心的。

那年冬天，我到成都出差，外面下着小雨，此时天气又阴又冷，下了火车便挤上一路无轨电车，好不容易来到盐市口，心想赶紧找个饭馆吃碗热汤面暖暖身子（那时出差，为了省钱，我多数都选择吃面）。到饭店一看，吃面的人还挺多，排成了长队，一直排到门外。我也向前买了票排在后面。那年头饭店里卫生极差，到处都油迹斑斑，地上垃圾黏滑，出差在外这就说不得了。我要说的是下面遇到的事，我排在长长的队伍里，周围全是端碗面吃面的人，当我快排到窗口的时候，看见里面一个汉子（饭店服务员）正挽着袖子洗碗，偌大一个水泥洗碗池子里，泡着很多用过的碗，他边洗碗嘴里还叼着烟，烟灰不停地向池子里落，这还不算，他洗着洗着一扬头就把一大口浓痰吐在了正在洗的碗筷上，然后又没事似地把碗筷搬到窗口给顾客乘面条。我看到这里，原来的饥饿顿时消失了，看着沾着痰迹的碗筷！这面条如何还能吃得？

我忍不住对那个男人抗议！然而那男人只抬头瞪了我一眼，然后又低下头没事儿似地继续"洗"他的碗。我实在无法忍受，决定退出排队不吃他的面。但我的钱、票（粮票）都已经交了（那时吃饭不但交钱，还交同等数额的粮票），怎么办？我到服务台去退票。不料那个开票的女人同样也是先瞪了我一眼说：不退票！然后就不再理我了。没有办法，天冷肚子饿，粮票和钱全搭上了，也没吃成面！我只有悻悻地离开了那个饭店。可到哪里去吃饭呢？我站在大街上一时也拿不定主意。问题是那个年代城市里几乎没有什么服务业，饭馆也是极缺的。

成都本是个历史文化名城，向有美食之都之称，然而现在⋯⋯

那年月，成都出现的怪事真不少：

例如，文革过后，社会环境开始宽松，成都的大街上小商小贩如雨后春笋般涌现出来，这个时候出现了一个怪现象，大街小巷到处都摆着玻璃杯卖茶水，可是这茶水杯子里都插着一根根五颜六色的塑料管（吸水用）。红红绿绿的塑料管十分抢眼，但人们却不知道这种工业塑料管是有毒的，是不能用来接触食物的，更不可用它来吸水解渴。但那时社会长期封闭，市民已经丧失了对现代科技的常识。大多数人竟不晓得它有毒。但是为什么政府部门就不出来管一管呢？偌大一个省会城市，竟然让这种有毒的管子满大街泛滥！

唉！闭关锁国，让成都这座文化名城一下退回到了中世纪。

我的同事惠炳炎就说：成都已经不像个城市了，到处都是破破烂烂，哪里还有一点点现代文明的气息！经过十年文革，成都岂止没有了现代化，连传统的文化道德都堕落得不成样子呢。

北京，一个大病初愈的巨人！

北京长安街上的白杨树高大挺拔，映着瓦蓝的天空，呈现出一种特有的大国气势。

我因工作关系，常到北京出差。提起北京都会引起我一种复杂的感情。一九六三年，大学毕业后我是在北京工作，那年月能在北京有份工作可是件叫人羡慕的事情！北京是新中国的首都，是中国政治文化中心，又是一座历史文化名城。但是好景不长，我仅仅在北京待了两年，就又被调出了北京，到大西南去支援大三线建设。那是一九六五年夏天，我注销掉了北京户口，由一个北京人（北京户口拥有者）一下变成了一个四川乡下人。在这之后，虽说户口已经不在这座城市了，但总还是有一种"北京情节"在心头。

经历了史无前例的"文化大革命"，今天再回到这个城市，心头怎么会没有复杂的感受！

"文革"给这座城市带来了太多的伤害，一九七六年，四人邦虽然倒台了，但北京却像一个大病初愈的巨人，颤颤巍巍百废待举！

文革刚刚结束，到北京的人，没有不领教北京人的冷漠和"戾气"。

那段日子，好象人人都憋了一肚子火无处发。文革当中，大批上山下乡的知识青年纷纷返城，但他们回到城里又找不到工作，全城到处都是无事可做的年轻人。后来呢，随着改革开放的深入，这批人大量充实到了城市服务行业，他（她）们一肚子怨气无处发泄，就把怨气撒到了来北京办事的外地人身上。其中也包括我们这些回北京出差的人员。所以到北京出差，住宿、吃饭、买东西，吵架、骂人的事件层出不穷、司空见惯。比如在大街上问路，他（她）不但不告诉你，往往还要损你两句："你没长眼啊！""自己不会看路牌？"或者干脆不理睬你。到饭馆吃饭，饭端上来也没有好脸色，啪的一声放在桌上，好像是欠了她钱似的。有一次我见一个服务员正在揉面，我就向前好生询问：有没有包子卖？她冷冷没好气地回了一句"不知道"！这些服务员又把当年红卫兵时的脾气拿出来了，他们几乎都把顾客当成了"专政对象"了！

其实这种事也并不是只发生在外地人身上，据说对本地人也没好脸！包括一些所谓名人。比如说在中关村一家副食店遇见了大数学家陈景润（当时陈景润名气正旺）来店里买东西，售货员爱打不理，有人认出是陈景润，就对服务员说，他是大数学家陈景润啊！结果服务员白了一眼说：数学家有啥了不起，中央领导来了也不稀罕！把陈景润气得拿着东西的手直发抖！

"文革"虽然结束了，但文革的阴风给市民的毒害还远远没有退去。

下面再说说北京叫人欣慰的气象。

公正地说，北京虽然出现了如上恼人的现象，但好的方面，叫人鼓舞的气象也显而易见。四人帮毕竟是倒台了。国家在拨乱反正，社会秩序也在慢慢恢复。每次来北京出差都会感觉到这座城市正在向好处变化。看到一些新气象。比如有一天，我路过小西天，就看到北京电影学院大门上挂起了"北京电影公司"的大牌子（之前是"北京电影学院"）"公司"这个词儿以前可是个敏感的词儿！要知道在此之前，除了叫熟了的"百货公司"而外，其他单位叫"公司"都是犯忌的！因为"公司"这个词儿象征着"资本主义"。然而现在北京好多单位都纷纷打出了公司的招牌。这是一个明显的进步信号，它象征着一种思想上的解禁。不仅如此，机关单位里人的精神面貌也在悄然发生着变化。特别是那些多年被打压的科技人员（知识分子），往日里唯唯诺诺、优柔寡断的奴隶相也渐渐不见了，他们仿佛又恢复了自信，也开始眉目舒展地工作了。这一点我也深有体会。我每次到北京科研单位办事，都会感觉到这种变化。我来北京都是带着任务来的，尤其是干数控以来，图纸资料，以及各种电子元器件，大都要在北京订购。北京人虽然傲慢，甚至有些戾气（这多半是前些年受到伤害后的一种情绪发泄），但绝大部分科技人员还是很热情，对我们提出的要求，基本上也是有求必应。科技人员的思想解放，给予我们这些进京出差人员很大的帮助。所以进京出差总的还是满意的。这不能不说是北京开始恢复元气的征兆。

北京出现的新气象还表现在其他方面。

一天清晨，我赶早班公交车到北京火车站。天刚蒙蒙亮，公交汽车沿着西长安街一路向东徐徐前行，快到西单电报大楼的时候，我看见前面的白杨树上密密麻麻地落满了黑黑的一片，这些黑色的东西落在白杨树上，分外显眼！正疑惑间车子已来到了白杨树下，抬头细看，啊！原来是一大群鸟儿（乌鸦）。我还是第一回看见这么多的鸟儿栖息在这些大树上！车子从树下经过，它们仍然安睡枝头，仿佛一点儿也不受惊扰。这群鸟儿蓦然让我生出一阵感动！听说鸟儿也是有灵性的啊！它们肯定是也知道"文革动乱"已经过去，如今社会又恢复太平，不用担心会有人再来伤害它们。若是前几年，不要说鸟儿，就是人在这里也是不安全的呢！这又是一个和平到来的征兆，连鸟儿也知道动荡的年月已经过去，社会已经开始回归文明。

虽说眼下还是冬天，这群鸟儿们已经传达出了春天的信息。是的，中国的春天真的要来啦！

北京长安街上，两排白杨树高大挺拔，呈现着一种特有的凝重气氛。

寒冷的沈阳

到东北出差是个苦差事，尤其是冬天，天气寒冷，生活供应又不好。七八年冬天因干组合机床，我们一行五人到沈阳出差，那是我第一次到东北。为了防寒，临走前穿了厚厚的棉衣，到了北京又在外面套了一件大"棉猴"。即便如此，到了沈阳一下火车，寒风呼啸还是感觉很冷！

下了火车，我们就匆匆忙忙赶到沈阳火车站附近的一家旅馆介绍处登记住宿。未料市内的旅馆全都订光了。这事让人非常沮丧，东北外面冷风刺骨，找不到旅馆怎么行？于是就问登记处的人，远些的地方还有没有旅馆？他眯起眼睛查了半天说，有，但很远。我们想远就远呗，大冷天总得找个地方过夜。我们拿着这个介绍单子，坐了一个多小时的汽车，才来到了沈阳郊区的一家"旅馆"，一看这里哪里是个旅馆，实际是一个"车马店"！就是专供赶着马车进城的乡下人住的那种"车马店"。进了"旅馆"大院，一股浓浓的马粪味扑面而来，走进屋里，更有一股无烟煤的气味呛得你喘不上气来。晚上九点多钟了还没吃一点东西，又冷又饿，我们找到他们的食堂，这里仅剩了一点饭菜早已冰凉，太饿了，只有将就着吃了。我见一个大瓦盆里还有半盆散装的啤酒，我们就每人来了一碗。

　　院子边上一排平房，充斥着灰尘、汗臭和牲口味。床上的被子也很脏，脏得看不出本来的颜色，灰褐色的被套上面还有许多被体液浸污的圈圈点点，都不晓得有几年没洗了。我们很疲劳，很想马上睡觉，但看着床铺这么脏，如何躺下？这时陈士林说，店里这样对待我们，我们也不用客气了！他带头将被套撕扯了下来，只盖个被芯，就这样我们不脱衣服凑合了一夜。好不容易挨到天亮。

　　第二天我还要到抚顺一家研究所去了解印刷电路板的制作工艺。我对此早就感兴趣，于是我一个人从沈阳坐火车来到抚顺，哪知半路上我的肚子开始疼起来，昨天在车马店吃了不洁的食物，现在开始发作了。在去抚顺的火车上，跑不赢的上厕所。我只好选了个靠厕所近的坐位……还好，到了研究所人家态度挺不错，接待我的是一位女同志，她向我作了介绍，还送了我资料。只是中间我要频繁上厕所，处境十分尴尬。任务完了，只是我的肚子仍然拉稀不止。晚上我一个人回到沈阳，住进了火车站附近的一家高层公寓，这里房间挺大，足可容得下几十号人住。里面都是一色的上下层铁床。我的床位是上层。到旅馆后，我虽然吃了药，但肚子仍然不好，尤其到了夜间却一次次下床去上厕所，谁知我的行动引起了看门老头的疑心，每次他都会像提防小偷一样看着我。我只好如实相告，我说是昨夜吃了不洁的食物肚子坏了。他听后才改变了态度，并同情地说："唉！出门不易啊！"

长春不是长年春天

是的，我那次到长春也是冬天。给予我的最突出印象是"冷"，非常冷！毛衣、棉衣还外加一件棉猴儿（带帽子的棉大衣），脚上穿着毛线袜子和一双翻毛皮鞋。如此穿戴到了外面还是冷的不行。出了旅馆才十几步，翻毛皮鞋便冻透了，冻得两只脚生疼。公交车上所有的人从头到脚都包裹得严严实实，脸上只露出一双眼睛。每个人的睫毛上都挂了霜；我身边的一位姑娘，围着厚厚的头巾，戴着大口罩，前额上露出一缕白发，十分抢眼。那缕白发实际是黑发上结得雪白的霜。那天白天的最高温度是零下 20 度！

　　我办完事赶回旅店，大街上到处都结满了冰，一步一滑，感受着冰天雪地的滋味。天全黑了马路上全亮起了灯。看看表才下午四点钟。

　　抽空到宋志远家拜访，进入一片平民区，宋家住在一个简陋的小院，宋母十分热情给我们让茶让坐，宋父老实巴交不太讲话，宋还有一个妹妹，得了一种很难治愈的病，默默坐在一边。父母老了，妹妹又有病，宋志远是他们家唯一的希望，然而又远在四川。之前我总觉的我家负担很重，看到宋志远，家里也不容易啊！

　　那年月在外出差很不轻松，完成出差任务之后，唯一的希望就是赶紧买车票离开长春。

　　雄心勃勃的大连人。

　　说大连人牛一点儿也不过分！我们到大连出差就是奔着大连人在技术改造方面作出的突出成绩而来的。来大连主要参观了两个单位，一个是"大连机车厂"，第二个是"大连组合机床研究所"。去看他们设备改造情况以及组合机床的情况。大连机车厂是铁道部一个老牌工厂，一直以来，都保持了重视技术和尊重技术人员的传统，如上所说，在这一轮技术改造浪潮中，大连机车厂一直走在最前面，他们专门抽调出一批技术人员来搞设备改造，给我印象最深的是这个工厂的"机一"车间和"机二"车间。

　　我到大连工厂以后，主要是走访了他们的机一车间和机二车间，他们在设备技术革新方面取得的成果给我留下了极深刻的印象！特别是机二车间，我与项目负责人王工程师进行了比较深入的交流。记得第一天见面，我向王工说明了来意，并向他请教数控技术。他默默地听着没有说话，然后突然抬起头用不屑的口气说："你们何必要学那些什么新技术？没啥意思。还是用老一套技术好，可靠！"据我当时理解，他并不是菲薄新技术，可能他遇到过不少前来取经的人，那些人对新技术并无多少兴趣，更谈不上回去真下功夫实干，只是为了赶时髦，走形式而已，那个时候这种人不在少数，他看不上那些人！我于是很诚肯地介绍了我们开展技术改造的情况，他确认我们是真心来学习的，才正式和我们交流起来。我发现王工其实是个很热情的人，一说起数控技术，他的兴致就来了，数控、群控、计算机………娓娓道来。谈话后，他还陪着我们实地参观大连厂技术改造的成果。

　　这个车间里设备改造成的项目比比皆是，改造规模之大，采用技术之新，令人咂舌！车间里的大部分设备都几乎改造完了。把单台万能机床逐一改造成了自动机床、自动生产线。在改造中他们大胆采用了新技术，大量引用了数字技术、激光技术等。王工他们还用上了群控（一台计算机控制四台机床）。让我服膺的是他们技术改革的气魄和决心。给我的启示是只要下定决心干，坚持不懈，契而不舍就一定能成功！

　　大连工厂之所以取得了如此大的成绩，是和当时这个工厂领导班子尊重技术和技术人员分不开的。大连工厂遇上了一个重视技术的好领导班子。他们重视技术，尊重技术人员，肯听取技术人员好的建议，敢于放手让技术人员干，他们真正作到了"领导搭台，科技人员唱戏"。调动起了科技人员的积极性。但是大部分工厂并不是这样，绝大部分工厂都还是不重视科技人员，把科技人员管得死死的，这种状况下，有再优秀的人也什么都干不成！这个道理，小到一个工厂，大到一个国家，无不如此！大连工厂的事实再一次证明了这个道理。

我在大连出差受到极大鼓舞，看到了先进技术的威力以及隐藏在技术人员中的巨大潜力。要知道，这些人原本都不是搞机床设计制造的，但他们干出来的活儿都让专业机床厂相形逊色。这种技术力量不论用于什么地方，都是不可小觑的！这种力量为什么在广大部门发挥不出来呢？原因还是这个体制，把技术人员困得死死的，哪还能发挥他们的聪明才干。

我明显感觉在一些科学技术领域，他们领先了其他地方一个时代，比如在电气控制技术方面，全国大部分还是用的老式接点控制技术，在大连工厂里已经大量使用数字技术了。

另外大连工厂取得的成绩再一次证明了，中国不乏优秀的科技人才，只是这个体制压制了他们的聪明才干，只要改革这种僵化落后的体制，上级领导肯放手发挥科技人员的积极性，他们就一定能干出成绩来。

大连是个海滨城市，市容整洁，这方面，有点类似青岛市，由于我少年时曾在青岛生活过，对大海有种特别的感情，所以到了大连，我多想再看一下久违了的大海啊！闲暇我就一个人向海边走去，马路上海风送来阵阵大海的气息，甚至听到了大海有节奏的潮汐声和闻到了大海特有的海腥气味，但就是看不到大海，走了很久还是看不到大海。因为大连海边全修起了房子和围墙，挡住了视线。最后我只得失望而归。

海滨城市看不到大海是一件十分遗憾的事情。这方面远比不上青岛。在青岛，海边是开放的，人可以直接面向大海，感受到大海的壮阔。而大连这些年来修了这么多房子，把大海都隔在墙外了。走在海边却看不到大海，我不明白城市建设为什么偏偏把优美的海边弄成这个样子？其实这种情况到处都能看到，总归是和前些年批判资产阶级意识形态有关吧。君不见，如果哪里搞点好看的风景什么的，就容易和所谓"资产阶级思想"联系起来。因而就走向了反面，把事情弄得越难看，越别扭，好象就越革命了。这种情况到了二十一世纪，为发展旅游业，似乎又走向了另一个极端，到处都在修建一些人造景点，修造"假古董"。实际还是不尊重历史，不尊重文化。

在大连期间，我专门抽出了一天在赵洪彬陪同下参观了旅顺军港。

旅顺口是我久闻之地，在中国近代史上，这是一个饱受外国侵占的地方，著名的日俄战争就发生在这里。第一次踏上这片土地，心情非常激动。

我爬上一座山顶，俯瞰旅顺军港一览无遗。这里还保留了许多当年战争的遗迹，当年的日俄战争中，双方都是外国，战争却发生在中国的土地上，谁胜谁败，丝毫引不起我的兴趣，倒是令整个游览过程心情沉重，充满了丧权辱国的沮丧。当时的心情如其说是痛恨侵略者，还不如说对中国统治者的无能和腐败更加痛恨！

常州印象

一九八一年初，我到江苏出差，到常州电机厂订购数控机床所要的步进电机。

冬令的江南，黛瓦白墙，一派南国风光。天气虽然寒冷但却隐隐含有一丝春意，一点也不像北方那样的冰天雪地。江南真是个好地方，江南给予人的感觉总是温和润泽的。唐代大诗人白居易《忆江南》中就有："江南好，风景旧曾谙；日出江花红似火，春来江水绿如蓝"。然而今天来到常州，却还看到了另外一番景象，古老的大运河，挤满了往返运输的船舶，但水质污染得很严重，原本风景秀丽的运河如今已经成了一条黑色的水道，散发着阵阵臭味。这些年，尤其是文革以来，对环境的破坏太大了！

我在戚墅堰机车厂招待所吃完早饭就一个人来到了离大运河不远的常州电机厂，这是一座中等规模的国营企业。厂里机声隆隆，一片繁忙的景象。我交了介绍信，就径直进车间看了产品，步进电机，然后到工厂销售部门办理购买手续。那时步机电机属于新技术产品，供应紧俏，像我们这样的散户购买电机属于国家计划之外，所以必须要该厂党委书记特别批准才行。于是我就在一位秘书的引领下来到了工厂的办公楼。书记办公室在二楼。我们推门进去，里边摆放着舒适的桌椅，地上还生着一盆炭火，把房里烤得暖融融的。但办公桌前却没看到人，再往里一看，咦，书记正斜躺在靠窗口的一张床上晒着太阳看《参考消息》。秘书向前恭恭敬敬地请示，那位书记才慢腾腾地从床上坐起来，掏出钢笔在订单上签了个字。然后就又躺下看他的《参考消息》了。当时我就想，上班时间，工人们都在冰冷的车间里干活（南方工厂里没有取暖设备），而一厂之领导却在办公室里烤着炭火躺在床上看《参考消息》，这是多么大的差别啊！反对领导干部特殊化反了这么多年，文化大革命闹腾了十年，这些领导干部还是搞特殊化，究竟是什么原因呢？

合同签了字，我的心无比踏实。

晚上我回到了戚机厂招待所，吃饭的时候在食堂意外遇见了四三一厂的原领导铁峰同志，他是四三一厂建厂最早的领导人之一，文革中在资阳受到冲击，平反后调离了资阳，今天在戚机厂不期而遇。多年不见，他的身体仿佛还不错。我始终认为铁峰是个有水准的领导人，他在资阳当领导的时候，厂里上下有序，给四三一厂职工留下了不错的印象。工厂自建设厂以来的历任领导人中，他算是真心想把四三一厂搞好的。他关心工人，尊重知识分子，和技术人员保持着良好的关系。当年他和唐茂松总工程师带领筹建处全体职工转战广元和资阳，那时大家的热情何等高涨！他和唐总搭档被传为佳话。还有李进生厂长。自从铁峰他调走之后，就再也没有哪届领导能做到那样好了。只可惜他调走了。这会儿见面他显得格外亲切，他不但向我询问资阳的情况，还特别问起了我的家人，这很叫我感动。这是我最后一次见到铁峰。听说后来他退休回到了青岛，但他一直还是怀念着四三一厂，直到最后。

大上海　黄浦江边的故事

一九八一年，我们的数控机床已经进入最后结尾阶段，我带着一些技术问题来到了大上海。想在这里寻求答案。

计划经济年代，到了一个地方出差，习惯了要什么，缺什么总是开门见山地说出来，觉着大家都是公家单位，公对公没什么顾忌。但是到了上海就感觉不同了，八十年代已开始了改革开放，计划经济吃大锅饭的弊端已经逐渐被人认识，各行各业开始知道保护自身的利意，这方面上海人总是走在前面。

到上海是想了解一下国产数控技术的现状，听说上海机床厂也已开始研制生产数控机床了，我们想顺便看一下他们的产品，但并不想买他们的产品。开始他们对我们还是蛮热情的，也介绍了一些情况，但当我们深入询问一些技术细节时，精明的上海人便警觉起来，显然他们已经识破了我们的来意并非要买他们的产品，所以他们便推托不再合作，而是以有事为借口卷起图纸走人。

他这一走把我们凉在了那里，要进一步了解情况已无可能。我又一次体验到自己没有掌握核心技术而受制于人的滋味。在技术领域有时显得很是无情，市场不相信眼泪，技术也不相信眼泪！面对这种情况我们只能退了出来。

要想进一步了解，只有另想他法。于是我想到了他们的产品，我们来到该厂的成品库，这里正好放着一批等待出厂的数控箱，我很想看一下他们箱子内部的布置，尤其是光电输入机的装配，但是每一台数控箱的门都锁得紧紧的，看不到内部结构。不久一位管库的师傅来了，我灵机一动便迎上前去套近乎，先作自我介绍，然后对他们生产的数控箱大加赞扬了一番，我说：你们箱子做得这么漂亮，可不可以打门看一下呢？他听了我的夸奖很高兴，果然掏出了一串钥匙把数控箱的门打开了，让我好好看了个够，它内部的结构和布局，我都看到了。目的达到了！

大多数人还是经不住赞扬，来到上海，虽然没有拿到什么书面资料，但通过几天来的参观，交谈，感觉还是收获不少。大体掌握了我想知道的东西。

这次来上海，我们住在浙江路的一个小旅馆里，为的是这里到上海铁路局食堂吃饭近些。到上海铁路局吃饭是林晨推荐的。因为那里吃饭比较便宜，质量也不错。在沪期间还有一个地方我们经常光顾，那就是浙江路上的一个小食店"勤简粥店"，在那里吃早饭，一碗热粥，一个馒头，外加雪里蕻咸菜。既便宜又实惠，很受出差人欢迎。

不经意间我获得了一本好书。旅馆里来了一位新客人，五十多岁的年纪，人很和善。他是广东那边来上海办事的。那些日子我正在自学英语，他见我早、晚回来都在读英语，大约有所感动吧，他主动将他途中买的一本小书《英语常用词组》慷慨地转让给了我。他说原本是为他小孩买的，但小孩还小，暂时还用不上，就转给你吧。那时买书远不像现在这样方便，尤其是真正有用的书，我一看这一本书确实很好，非常实用。在而后的工作中，这本小书还真起了不小的作用哩。这是我在上海出差一次意外地收获。

事情办完了，心轻松了，我们在上海玩了两天。大上海果然名不虚传，一是它的规模大，坐上公交车，跑上几个小时还是没走出的市区；二是它的繁华，我们住的旅馆离南京路不远，天天到南京路一带转悠。街上的繁华程度是国内到过的城市所没有的。高大的楼房，夜晚明亮的灯光，穿着讲究的上海人，就连公交车也显得比其他们城市款式新颖和美观整洁；三是它的交通发达，来到外滩，黄浦江中的轮船来来往往，陆地、水中、天上，充分显示出上海大交通的气魄。

但也有美中不足的地方。我一向对海军很感兴趣，特别是偏爱军舰一类船舶，这时黄埔江上正好停泊着两艘军舰，但舰体很小，它与周边的轮船以及外滩的建筑相比实在太小了，一点也显不出军舰的威武雄姿。可见中国海军当时的装备还是极其落后的。基本上还没有什么大船。

我把上海与北京作了一个对比，这两个中国最大的城市，它们的共同点之一是市民都有自命不凡的优越感，都有点看不起外地人的感觉。在这方面，上海人表现得比北京还厉害，只要有两个上海人，他们就会嘀里哇啦的用上海话交谈，把外地人凉在一边，即使是她朋友。也不例外。另一方面，即使是在公共场合如大商场，也用上海话广播，使外地人听他不懂。

内江、自贡

内江是一个地级市，资阳当时受内江管辖。所以也不少到内江出差。地区科协，电子技术学会等为技术人员服务的机构都在内江。

记得第一次到内江，那还是文革之前，到专署联系工作，内江不大但是个挺清秀的小城市。文革之后，却变的破破烂烂，甚至有点荒芜了。内江号称甜城，有不少糖厂。街上有很多小吃店，早上在一间烟熏火燎的面馆里吃碗抄手，就坐公共汽车去办事，办完了事，下午就只有这一班车，错过了就甭想再回去了。

自贡，是有名的盐城，出井盐，到处都有盐井。当时川南电管局在自贡，管着川南的电网，四三一的供电线路（110KV）就是从川南电网拉过来的。

到了旅馆介绍处，不待你说完，他把窗口乒的一声关上了。最后没有办法，只得到一间澡堂过夜。晚上十点以后才允许进去休息。澡堂里人只能半躺在椅子上睡觉，一人发一条薄薄的棉被。空气湿漉漉的，充满了澡堂里的气味。早上五点就又被人家赶出来。因为洗澡堂白天还要营业。

24. 干"数控"的日子里——后续故事

说完上面的差旅逸事之后，再回到数控机床：

我们的数控机床交付车间之后，她在三分厂齿轮车间里显得是那样的与众不同，自动化水平与其中的数字技术都是车间里前所未见过的，我满以为她会引起八方喝彩，甚至想象会引发某种轰动，可是没有想到分厂的领导们却对她的诞生反应出奇的冷淡。我突然意识到自己太技术了，一点也不了解上层领导之间的看法。当初提出来搞数控机床是王一伸厂长，是他决定立的项，在他强有力的支持下，项目上了马。当我们干到一半的时候，王突然调走了，调到总厂当副厂长了。此后三厂的继任者对此的热心程度就大打折扣了！甚至不排除对这项工作的某种抵制；后来领导反应之冷淡，就是证明！

我永远都不会忘记在新机床试车验收的情景，那天正是星期六，约好了下午在车间验收，总厂负责技术部门也派人来了，但是分厂领导却一个人也没有到，询问之后才知道领导都去检查卫生去了，星期六下午例行的全厂大扫除（这表明他们把检查卫生看得比我们重要）。

看到这种情况我们只好在机床旁边等。我们在那里愣是等到快下班了，领导们才姗姗来迟。他们检查完了卫生，个个都显得十分轻松，有说有笑地向这边走来。这时我又一次向前邀请，他们才来到数控机床旁边。人都等齐了，试车开始。我启动了机床，进行规定的试车程序。应当说，我们的机床很争气，在全场试车表演中，演示得十分完美！领导看完之后，似乎也很满意。试车完毕，书记（第一把手）向我走来，他顺手拍了一下我的肩膀说："成功了，不错！"然后就领着一伙大小头目扬长而去，再也没有了下文。

近两年废寝忘食地工作，其成果仅仅换来了一声"不错，成功了。"显然，他们并没有把这件事放在眼里。倒是听到有人说：我们是工厂又不是研究所，搞这种东西（新技术）干什么！原来他们对工厂这次数控改造并不感兴趣。

分厂领导冷淡的程度是我没想到的！收获的季节刚一开始就结束了。数控机床试制成功的消息就像一张薄纸飘落地上，无声无息！

接下来是可笑的分奖金。总厂拿出了 60 元作为奖励（分厂没出一分钱）。我们工作小组有五个人，而参与有关工作的人员多达十多人，60 元人民币怎样分？后来设备科领导作主分给我 30 元，其余 30 元大家去分。这件事让人啼笑皆非！我就花了 12 元钱买了一本英汉字典做个纪念，其余的 48 元全买都买成了糖果，把参与过数控改造的人都召到一起，开了个茶话会。

其实什么奖金、荣誉我早就把它置之度外！我看重的是，1. 我不负工厂重托，实实在在地完成了交于我的任务，试制改造成功了三分厂第一台数控机床；2. 最重要的，那就是通过这台数控机床的改造，我得到了实践的机会，我踏踏实实掌握了这门在当时最先进的技术。

尽管不被上司赏识，但我认为此举与我却有里程碑式的意义。

八十年代中期，随着国家改革开放的深入，学习发达国家先进技术成为一种趋势，工厂也开始引进国外先进设备，但懂行的人不多，尤其是懂数控技术的人更少，所以我被指定到发达国家日本学习。那是我离开三分厂以后的事。二十多年后，我退休了，资阳地区创办技术学校，又邀请我出来教授数控技术，这些都是后来的事，但都源于我这次搞数控技术的实践。

数控机床改造的成功，再一次证明了一件事：我认准一件（真正感兴趣的）事，只要认真努力去做，锲而不舍，不论多么困难，我都能够成功！早年在设备安装年代已经得到过证明，如今更是如此！

当然这次数控改造并不是什么创造发明，而是在前人（日本人）成果的基础上完成的，另外这次成功也多亏了大家的合作。幸运的是，尽管外部环境不利，但我的同事们都能理解我，并始终支持我。特别是我的同行林晨、李东明等。让我在试制数控期间，拥有了一个可以自主支配的环境，享受了一段在技术上可以任性发挥的自由，成全了我技术生涯中一段最充实最美好的时光。

　　我不负使命，把数控机床改造成功了，正当我踌躇满志准备大展鸿图的时候，却遭到了空前的冷遇！我也因此跌入了人生的低谷。

　　为什么会是这样呢？原因可能很多，但主要原因还是自己太专注工作了，这一年多来，我在外久矣，几乎都没有怎么参加厂里的活动，甚至连科里的政治学习和各种会议也疏于参加，整天待在工作间里，办公室里很少露面，几乎都看不见我的影子。这样渐渐地和领导的关系疏远了，给上面一种不问政治，目无领导、特立独行的印象。所以当数控机床完成之后，受到冷落就是很自然的了。

　　在我们埋头干数控的日子里，厂里已也发生了巨大的变化，首先倡导和鼎力支持数控项目的厂长王一伸突然调走了；然后是工厂领导班子大调整，不少往日的同事都纷纷提拔当了领导，等我们干完了数控回到科里时，人家早已成了厂长，科长，主任了。昨天还是一个战壕里的战友，如今人家都变成了我的上级领导。说实在的，我并不特别羡慕当官，我始终认为仕途非我之选，干好技术工作才是我的立命之本，技术上有所成就才是我追求的最大目标！更何况官场的规则和我的理念（价值观）不合。可眼下人家升了官，地位变了，连说话的腔调也变了。在新上任的领导面前，原来那种习惯了的关系不存在了，官尊民卑的制度一下让我低人一等，这让我内心很不平衡乃至失落。这种不平衡还有一个更重要的原因，那就是眼下我自认为是费尽心血完成的技术成果数控机床也被人家冷落！

　　工厂下达的任务，我们不辱使命完成了，为工厂技术进步作出了实实在在的成绩（不说贡献），现在不但没有得到褒扬，反而被如此这般冷落？我很不服气，不明白这究竟错在什么地方？

　　我一向追求独立人格，崇尚独立思想，我慢慢与这个体制抵触起来！

　　资阳的夏天，火辣辣的太阳炙烤着大地，三分厂上班的路上，从水田里散发出一种臭泥和稻谷青草混合的气味，让人无精打采，好象还没有睡醒。人们拖着沉重的步子向车间走去。我混迹于上班的人流之中，听着沿途高音喇叭里反复播放的革命歌曲：

　　"……一切行动听指挥，革命才能得胜利！"。

　　是的，我是草民中的一员，必须服从命令听指挥，否则是不行的！

25. 我的论文发表了

　　数控机床改造完成一年以后，我写的一篇论文在全国性杂志《机床》上发表了。

　　八十年代前后，中国从西方先进国家引进了先进的数字控制技术，开始运用于机床自动控制。但在使用中，发现故障率很高，给人一种"数控技术虽好，但使用起来不可靠"的印象。

　　我在三分厂干数控机床的时候，也遇到了同样的困境，是什么问题呢？是数控机床驱动箱的大功率三极管频繁烧毁。这种管子价格昂贵，常常用不了几日就发热烧坏了？一直没找出原因。

下面会涉及到一些专业问题，非业内人员可能不感兴趣，可以跳过不看。

当年的数控机床的电气系统是由数控箱和一个很大的驱动箱组成，前者是负责运算控制的，后者则是将数控箱输出的信号放大，从而驱动电机工作。那段时间，凡使用过数控机床的单位或个人，都普遍反映驱动箱故障率太高，就是一组大功率三极管三天两头烧毁。

驱动箱的大功率三极管一套六支，每只管子都报价不菲，在使用中经常是一批管子刚刚换上不久就又烧毁了又得更换新的，不知是什么原因。这样既增加了维修成本，尤其是机床三天两头停车修理，耽误了生产。给数控这门新技术带来了不好的名声——新技术不可靠！直接影响到这项新技术的推广应用。

作为这方面的维修人员真是伤透了脑筋。我参与改造的这台数控机床同样也遇到了这个问题！是系统设计有问题还是元件质量不过关？经过反复测试，好象都不是，那么是什么原因让管子频繁烧毁呢？经过仔细分析，从管子发热乃至烧毁追溯其原因。

为此我重新翻阅了晶体管的工作机理，终于发现还是使用中发生的问题。这要从晶体管的基础原理说起。所有的半导体晶体管实际上仍然是一个阻性电气元件。晶体管其实就是一个特殊电阻，既然是个电阻元件，当电流通过的时候，它也像普通电阻一样发热。管子发热是由于它本身的耗散功率引起的，耗散功率等于电流的平方与电阻值的乘积。

现在就说到了这篇文章。在这篇文章中，我首次提出了：半导体晶体管是一个阻性元件的概念。半导体晶体管仍是一只具有另类机理的电阻器。你不妨把它看做是一只可变电阻器。

在这之前，很多人对这个问题的认识是模糊的。

具体说，晶体二极管是单向导电，可解释为顺向的电阻为零（近似），反向电阻无限大；而三极管功能比二极管进了一步，它的电阻值是可以控制的，即工作时呈现三种状态，即所谓"截止区""放大区"和"饱和区"。工作在截止区时，管子呈现大电阻状态，电流不能通过；工作在放大区时，管子的电阻是可变（可以调节）的，相当于一只可变电阻；工作在饱和区时，则管子电阻最少，几乎可以让电流畅通无阻发地通过。这就是我思考后得出的结论。这个结论明确了，反推过去，要使管子不发热就有两个办法，1）减少通过的电流；2）降低管子本身的电阻。由于数控机驱动电机的电流（峰值）为常数（否则会出现漏步和闷车），那么降低管耗的唯一办法就是降低这个可变电阻的阻值。怎样降？办法已经十分明确，那就是确保晶体管始终工作在"饱和区"，让管子处于完全导通的状态！从晶体管工作特性曲线上分析，更可以看出，工作在饱和区的管子耗散工率最小，也就是说此时电阻最小。于是结论出来了，要降低管子能耗，就应让管子导通的时候处于饱和工作状态（工作在饱和区）。从这种思路出发，我作了实验，加大功率放大管的基极输入电流，保持管子导通时永远工作在饱和工作状态，结果管子不但没有再烧毁，而且工作时温度始终不高。这是一个很有价值的发现，因为这个问题曾经困扰了许多人。我找到了造成故障的原因！

在分析的基础上重新整定了所有管子的基极信号，从此就再也没有出现过烧毁的现象了。认识到这个问题有一个过程的，我就把这个认识过程从分析晶体管三种工作状态入手写出了一篇材料，明确指出，管子烧毁的主要原因就是没能保证让功率放大管工作在饱和状态！

这里有一个概念，什么叫"饱和"？饱和在这里指的是全导通！而非其他。

写就的文章寄到了全国性技术杂志《机床》，不久就发表了。

紧接着《设备维修》杂志也刊登了出来。这两份杂志都是全国发行的杂志，可以想象我内心有多么激动！

这篇文章不算长，但它解决了一个真正的技术难题，明确指出了数控机床经常出故障的原因。从而保证了数控机床的可靠运行。在当时也一定程度地为数控技术推广正了名。

当时我们调试机器的时候，四川大学一位老师带着两个研究生来到了工厂参观，当说到数控机床驱动箱常烧坏元件的时候，他们的解释是因为放大器的三极管饱和了。从他们的话里，我听出他们也没搞清楚这个概念。

因此我断定，没有搞清楚这一概念的人还真不少！为什么会是这样？大约是人们的惯性思维造成的，因为数字电路在当时还是个新东西，人们对它不熟悉，没有充分理解它的特性，人们仍然还习惯于各种模拟电路，模拟电路中三极管通常都是工作在放大区，这样想习惯了，岂不知，数字电路导通时必须让管子工作在饱和区，即导通时调到饱和区，关断时则处于截止区（截止状态），使其始终呈现一种开关状态。通过这次实践，让我对晶体管器件有了更进一步的认识。

这篇文章发表的时候，我已经离开了三分厂，调到了九分厂。那天我正好在修机车间干活，分厂李冠华厂长跑来告诉我，他说，你的论文发表了，是在图书室里看到的。因为分厂订了这份杂志。这是我第一次在全国性技术杂志上发表文章。内心还是蛮高兴的。文章发表后，我还收到了可观的稿费，有意思的是，这篇文章的稿费竟比我试制数控机床而得的奖金总和还多不少！

其实奖金、稿费与我并无关重要，我在意的是，专业上的又一次小小成功！

论文发表后我又见到了三分厂一起干数控的陈士霖（机械工程师）和数控机床操作工詹臣，他们都对我说，自从我调走后，机器一直运转正常，没有出过任何故障。我听了心中高兴的同时也禁不住生出一丝酸楚。这台数控机床十分争气，我们以实际行动兑现了当年对工厂的承诺，实实在在地交出了一台技术达标的数控机床！然而后来我却因为这台机床而掉入了低谷！如今我已离开了三分厂，虽然现在机床还在干活，但我断定，它的寿命不会太长了。因为我走之后，再无人对它进行维护管理，它将像一个无人照管的孤儿，命定只能自生自灭了！

26. 也算小结

上世纪七十年代，一种崭新的自动控制技术——数控技术传入了中国。因为新奇还是别的原因，工厂的领导们曾一度争相引进这门技术。他们把"数控"看作是本单位技术先进的标志，和政绩挂钩。所以在一定程度上给发展这门技术提供了支持。所以那段时间，这种新的技术便在工厂里悄然开展起来。

四三一厂最先引进的是二分厂，他们率先用数控技术改造了一台 C616 车床和一台卧铣，接着就是是三分厂用这种技术改造成功了一台 CW6100 车床，后者是一台大型机床，再后来是九分厂试制了一台数控线切割机。那段日子真是技术人员的节日，参与数控改造的人员，无不热情高涨积极探索，表现出了不凡的专业能力。为企业技术进步作出了实实在在的业绩。

但是好景不长，这种局面就一阵风似地吹灭了。许久以来我们干事情都是一阵风，风一刮过，就一切烟消云散，数控技术也没幸免。

上世纪七十年代末八十年代初的数控技术应用，从兴起到下马，也经历了一个升起、高潮到低落的过程。这个过程中可以看到，技术创新方面的巨大潜力和阻力。

如果把推进数控过程中表现出的能力用在工厂新产品研发上，还有多少技术难题不能攻克？

但是厂里显然没有重视和爱惜这股力量。

总有那么一些人，他们宁肯让这些技术人员闲着无所事事，也不愿意放手让他们去发挥才智，为工厂技术创新作贡献。据说是以防这些技术人员有了能耐而翘尾巴！

八十年代后期，受国际大环境的影响，全国又兴起了一波引进国外先进技术的热潮。这期间，工厂派出了大批人员出国到日本、欧、美等发达国家学习，到了国外才发现人家那边的数控技术不但没有像国内那样停滞下马，而是一直不间断地研发升级。到了八十年代后期，人家的数控技术已经发展到了第二代、第三代了，已经直接与电脑兼容，开发出了更加科学便利的软件技术。到了这个时候，我们才如梦初醒，才又想起来再去花外汇去买人家的技术。

有一种说法至今不绝于耳："我们是工厂，又不是研究所！"这种思维非常典型地反映出工厂中某些领导人对技术创新的排斥心里。既然自己不愿开发新产品，看到人家干出了新产品，了效益，他们又抱怨自己的产品不过关；他们一边又把技术人员压得死死的，使你动弹不得！一边又抱怨厂里没有人才。其实工厂并非没有人才，实在是有人而不用！

推进数控技术虽然是一阵风过去了，但它对技术进步还是有意义的。它的意义大体表现在如下几方面：

（一）它推动和普及了数控知识；培养出了一批技术骨干；

（二）自己动手改造机床并且取得了成功，大大提高了本厂科技人员的能力，又一次证明了只要工厂支持，给予一个宽松的环境，技术人员就能集中精力作出一些业绩，包括一些如数控这样比较大的工程项目。

（三）眼下工厂里，有事业心、想作事的技术人员不乏其人，就看领导者能不能发现并使用，如果把这部分人发动起来，工厂不愁没有自己的核心技术和创造出属于自己的新产品。

（四）为而后的大规模技术引进奠定了基础。八十年代后期，工厂开始大量引进国外先进加工技术，被派出国学习的主要也都是这些人。他们因为早有这方面的知识蓄备，到了国外很快便能消化和掌握新的技术，把新的技术带回国内。

对我个人来说，三厂数控机床交工以后，我的处境反而跌入了底谷。这是我没有想到的。但我并没有因此消沉，而是在精神上受到了一次洗礼，我的思想更加解放了。

从此我更远离了仕途，从后来的结果看，这使得我避免感染上官场的坏习气；踏踏实实地干活，为后半生的道路奠定了基础。晚年，专心读书，思考学问，记录时代，过上了物质简朴、精神富足的人生。回过头来看，还多亏了当年坚持走自强不息的专业之路。假若当年也混上个一官半职，恐怕晚年就很难达到今天的境界了。

有一首诗云：

而今行年虽六十，

尚喜未沦士大夫。

一点童心犹未灭，

半丝白鬓尚且无。

从那时开始，我更习惯于置身芸芸众生之中，安心过一种普通老百姓的日子。

常言道，不同的路会走出不同的人生。我的人生就有点与众不同！

27．下乡救灾

一九八一年夏天，沱江突然发了大水，资阳遭遇了百年不遇的严重水患！据上了年纪的人说，活了大半辈子，还从来没有看到过沱江发这么大的洪水。资阳大半个县城都淹没了，河水一直淹到地势最高的火车站附近。广大农村淹得更惨，庄稼淹没在水下。地方政府发出紧急通知，要求各行各业都起来抗洪救灾。四三一厂是当地最大的单位，理所当然地成了这次救灾的主力。于是工厂组建了一支救援队，前往受灾最严重的保和区救灾。根据上面要求，救灾队伍里要配一名电气工程师。

下乡救灾向来是政治任务，要在前些年，政治条件好的人才有资格参加，但时过境迁，如今那些被上级信任的人，大都提升到了领导岗位，如此下乡的任务就只能落到普通老百姓的头上了。救灾名额摊派下来，要三分厂设备科出一名电气工程师，我是技术组长，责无旁贷应征入伍。

（1）到保和灾区

第二天，厂里派了一辆解放牌大卡车，把我们一直送到乡下，在保和镇下车。保和区离县城较远，从县城出发，过了沱江，中间还隔着一个丰裕区。到了保和镇以后，区政府安排我们住在镇上最好的一家旅店，睡得是上下铺，铺的是稻草，稻草浮头铺一领竹席，简陋的条件，又让我想起了当初刚来四川的时候。那时大家也都是借住民舍，生活十分清苦，但当时有种参加三线建设的荣誉感，并不觉有任何委曲，反而觉得挺光荣。

暑天炎热潮湿，我住的旅舍还算凉快，但洗澡却不方便，需要从外面提一桶水到后院一个露天厕所里站在茅坑旁洗浴。热气拌着臭气，用一桶冷水冲完就得赶紧跑出来。

乡下条件差我是有思想准备的，也不感觉特别受不了。反倒是城里住久了，突然来到乡下，竟有一种久违了的亲切感。

保和镇不大，只有一个丁字型的街道（如果也算街的话）。晚饭后，我一个人出来遛搭，一拐弯就走出了镇子。天色渐渐黑下来，乡下的夜晚十分安静。快要成熟的稻谷发散着阵阵稻香，远望青山如黛一片苍茫。这里远离了城市，我倒是喜欢乡下这种清静的气氛，它让我想起了童年和故乡，给予人一种久违的宁静和慰藉。

不远处的公路上，一对青年男女正在等最后一班长途汽车，男的是位军人，是回来探亲又回部队去的吧，女的像是前来送别的，两个人紧挨着，一副亲昵的样子，汽车来了，两人仍然舍不得分开……

我想，如果不是眼前这场大水，这该是一个多么美好的夜晚！现在正是稻谷丰收的季节，然而眼下这场大水，让河边大片的庄稼都淹没了，极有可能颗粒无收！

（2）灾情

来到保和的第二天，便在区领导的陪同下到各处察看灾情。保和区是资阳县一个重要的产粮区，位于江边，地势比较平坦，正常年份这里灌溉充足，收成也好，但今年雨水太多，江河横溢，田地大都被洪水淹没了。未来得及收割的庄稼，都埋在了一尺多深的淤泥中。早些时候收回的油菜籽、稻谷也被洪水浸泡或冲走。看到那些农民，尤其是那些柔弱的妇女和儿童，一个个蓬头垢面，衣衫蓝缕，无助的样子，真叫人心疼，遂想到什么叫"水火无情"！我老家也是农村，对老百姓的遭灾特别心动。

来到灾区，我每天都早早起床，简单涮洗之后到区政府吃早饭，然后由一位副区长带队到各处视察灾情。这位副区长姓张，大家都喊张区长，是刚从乡级提上来的干部，由于上来不久，他还保留着乡下人的纯朴。

我们巡视的重点是乡下大量受灾的电气设施，洪水过后，大量电气设备不是被水淹就是被雷电击毁。

乡下的电气设备安装不规范，平时又缺乏维护，所以大水一来，雷雨交加，损坏极为严重。这次我们下来，就是帮助抢修这些电气设备。能在当场修复的就在当地处理，现场处理不了的就用汽车拉回工厂修理。这里干活常常冒着很大的危险，农民兄弟普遍缺乏职业训练，安全意识淡薄。他们从事电气操作，常常连基本的工具也没有，比如操作高压开关要用灵克棒（操作高压开关的专用工具），但他们没有，就用一根长竹竿代替，这样操作起来很容易触电，尤其是下雨阴天潮湿季节；变压器遭到雷击，线圈烧毁需要拆下来送工厂大修，然而变压器一般都装在高处，要拆卸下来没有起重设备，也全靠人抬肩抗，这样就更是危险。泡在水里的电机需要拆下运回工厂里检修。但是道路都被淤泥覆盖，汽车开不进去，损坏的电机、变压器运出来也全靠人拉肩抗！这样差的工作条件如果发生了事故，你只能自认倒霉。所以我时常为这些干活的农民兄弟担心，为他们的安危捏一把汗。

（3）长途跋涉

一天，我们接到任务，要去离区政府很远的一个公社视察灾情。道路被淹遍地淤泥，车开不进去，只能步行前往。第二天一早，我们在那位张区长（副区长）带领下出发了。张副区长是个能吃苦耐劳的人，他带头挽起裤腿，一步一滑地走在前面，我们紧随其后，乡间小路泥泞打滑，大家都相互提醒着，小心脚底下，一免滑倒。我穿的是一双塑料凉鞋，不久泥沙就灌满了鞋子，脚被磨得通红。同行的四分厂来的电工于师傅，他当过兵，有长途行军的经验，他教我路上要不断用水冲脚，见水就冲，将鞋子里的沙子冲出来，不然，很快就会把脚磨破，若脚磨破了，后果不堪设想！听了他的话，见水湾就冲脚，脚磨红了有些疼，但总算没有磨破皮。路途实在遥远，从上午八点钟直走到下午四点，中间没有停歇，两条腿都走直了。到了目的地，脚竟然没有受伤。

傍晚来到了公社所在地，这时我的两腿累得发麻，一停下来几乎连站的劲儿都没有了。我下到江边洗去脚上的泥，腿一软差点掉进江里。

一位公社干部模样的人引着我们来到一座客栈，客栈坐落在一处悬崖下，一块巨大的石壁像刀切一样矗立在旁边，这地形和周围的林子不由地让我想起了水浒故事中的"快活林"。

来到"快活林"，见店里已有几位客人正在用餐，区长带领着我们进来，店主就立刻很不礼貌地把那几个客人撵到了一边，然后拉着嗓门像电影里那样张罗："张区长到——，赶紧炒菜上酒！"张副区长还算谦虚，他选中了餐厅靠边的位置，然后左右谦让了一下就带头坐下，大家也跟着落了坐。我们刚刚坐定不久，就又呼啦啦进来了一帮人，又听见店主喊："区——长——到——！"这些人似乎来头更大，一进门就堂堂正正地坐到了客栈的正中央。老板张罗上酒上菜，也更加起劲。原来这会儿来的是正区长，我们的领队是副区长，怪不得如此派头。这时候，店内立马人声喧哗，觥筹交错起来。走了一天的路，又累又饿，面对一大桌酒肉，痛快地饱餐了一顿。

酒过三巡，邻桌开始过来敬酒，开口便是某书记、某区长、某公安（此地"公安"一职也成了向人炫耀的官衔），始知这都是当地有头有脸的人物。一个个肥头大耳，派头十足，居高临下的样子。咦！以上挂在政府官员嘴边的"为人民服务"的作风哪去啦？怎么在这伙人身上连点影子也看不见？这才是人们常说的，没有一个好的制度约束，再漂亮的口号也只能停留在口头上！是很难坚持执行的。

饭后，我们走出客栈，天空飘起了小雨。回区公所的路太远，回不去了，只能在公社简陋的招待所过夜。湿漉漉的泥巴地面。今天突然来这么多人，招待所床位不够，只能两人合睡一张单人床。

（4）早餐也要大摆酒席

第二天是个晴天，我们又到另一个公社视察灾情。公社干部照样热情接待，吃早饭的时候，我们提出简单吃点，但干部们不答应，在这灾荒之年，照样摆下了一大桌酒席招待，名义上是简单的早餐，但却酒肉丰盛，一点儿也不亚于一场正席。吃饭的时候照例来了不少公社干部陪吃。最可笑的是，吃饭之前，他们还一个个站起来恭恭敬敬地面向墙上贴的毛主席像齐声高呼："首先敬祝我们伟大的领袖毛主席万寿无疆！万寿无疆！"文革早已结束了，但在这里，"文革"的陋习依然还保持着！毛泽东早就死了，而且已经死了多年，但他们仍然祝愿毛万寿无疆！而且还那样郑重其事，实在可笑！

这就是当下一些基层干部的水平。

此时窗外已经聚了很多人，多半是些老人和孩子，他们眼巴巴地望着桌子上摆满的酒肉，有的人几乎都把脸紧贴在了窗玻璃上，一张张面黄肌瘦的脸，贪婪地窥视着桌上的酒肉！

几天下来看到灾区中的农民真是太苦了，农民们没得吃，拿一些陈年已经霉烂的红薯充饥，尤其是那些老人和孩子，特别可怜！

可是这里的大小干部们却依然毫不犹豫地大吃大喝，这些事儿要不是亲眼所见，还真不敢相信。

（5）人参娃娃

与四川老乡接触数天来，也遇到过颇为有趣的事儿，让我感受到乡下虽然贫穷落后，但不乏纯朴和聪慧之人。有一天，我们视察灾情来到一条河流，河岸上有许多妇女在洗衣服，河上修有一道石砌的拦水坝，清澈的河水哗哗哗地流，就在这水坝溢口处，有人用破开的青竹子搭了一个凉棚，凉棚里还有一个同样用竹子编的大筛子牢牢地堵在了河水出口，河水从上面流过，只等着鱼儿自投罗网。这时我伸头往里一瞧，里面正躺着一个约莫五、六的小男孩，聪明伶俐的脸庞，活像一个人参娃娃。他一个人躺在筛子旁边，两手枕在头下，翘着二郎腿，闭目养神，一副守株待兔的样子，十分可爱。我想，即使在乡下这样的环境中，缺乏教育，但也不乏聪明智慧之人，如果他们也能享受城里人那种生活，接受教育呢，国家该会有多少人才啊！然而当下农村太缺乏教育资源了！这里的人大都教育水平很低，我不由地联想到这几天来我接触到的那些领导干部们，他们蒙昧无知，却骑在老百姓头上发号施令！人类社会就是这样不公平！

（6）工程师受到优待

来到乡下，有一件事我没想到，出于乡下人的认识，在工厂里愈来愈贬值的工程师，来到这里，人们还真把你当回事儿。尤其是那些公社干部们，一听说我是工程师，他们便肃然起敬似的另眼看待。吃饭、休息各方面都受到优待。比如吃饭，这里的习惯，宴席上少不了喝酒，而且照四川农村的喝法，全都拿大碗轮流敬酒，直到喝醉。我平时不喝酒的，我一说，他们领导就立刻向大家宣布，"刘工程师不会喝酒，大家不要勉强。"有人来敬酒，他们领导也会为我挡驾，亏了区长招呼，其他的人每每喝得人仰马翻，我却能吃喝自如，幸免于难。另外到下面视察工作，偶尔晚上回不来在生产队休息，乡下的条件差，床铺少，别人都是两人合睡一张床，却独给我一人一铺，享受到特殊待遇。

尽管如此，眼下我被边沿化的感觉依然十分强烈。我这次被派出来救灾没有什么光荣感，那些得到领导信任的人并没有来，我确实感觉自己仿佛是淡出了主流社会。

（7）第一次回家

乡下看不到报纸听不到广播，更没有电视，好像一下子与世隔绝了，这才过了几天，城里的生活就仿佛变成了遥远的隔世。

数天以后，区长批准我和同来的几个队员回家拿衣服。汽车行驶在高高低低的山区公路上。大约开了一个多小时，汽车来到了沱江边，然后就沿着沱江顺江开去。大老远就看到了资阳县城，眺望全城，白色的墙壁，红色或灰色的屋顶。这么多年来，我第一次对资阳县城有了城市的感觉。

这时，和我同车回来的一位北京籍小伙子突然喊了起来："到啦！到啦！到家啦！……"这会儿我就像快到北京的感觉！

小伙子情不自禁地吼叫起来，颇令我同感。前些年刚到四川的时候，那时我的家属还在北京，每次回去探亲，火车将进北京的时候，远远看见北京熟悉的街道和建筑，内心就是这种感觉。就会激起一阵回家的冲动。我想这位北京小伙子大声喊的也许就是这种冲动吧！

我回家后拿到衣服第二天就又转回来。回到保和镇的那天夜里又下起了大雨，闪电照亮了河床，滚滚而来的河水又上涨了，一种不祥的预兆让人心情沉重！

几天之后，厂里派谢富春同志来替换我，我才结束了这次救灾之旅，重又回到工厂正常上班。

任务完成了回到厂里，我的情绪却没有轻松下来，我已经厌倦了三分厂那种令人窒息的气氛，我感觉再继续待在这里已经没有意义，我的心已经离此而去了。

28. 女儿上大学

　　八十年代的人，对未来充满希望的同时，更把自己的希望寄托在下一代人身上。全国恢复高考以后，子女上大学深造一直牵动着无数家长的心。

　　一九八二年我的小孩也要考大学了。那个时候全国恢复高考才不几年，学生多学校少，上大学依然很难。跟据全国应届毕业生和大学能够录取的名额统计，那年录取比例是七比一，即七个学生才录取一个。至于录取重点大学呢，那就更难了。所以社会上都叫考上大学的孩子为"天之娇子"。可以想象当时高考竞争有多激烈。

　　女儿高考考场就在资阳中学（老校区），考试的前一天，我陪同她去熟悉考场，在中学的操场上，聚集了一大群参加本年度高考的孩子和家长，听县教育局的人讲解今年高考的注意事项。资阳中学大部分校舍都很陈旧，幸运的是女儿的考场分在了唯一一栋刚修好不久的新教室里，我陪她预先参观了考场，找到了第二天考试的坐位。靠窗，位置不错，就看她临场发挥了。

　　第二天，刚刚下了一场雨，天气比较凉爽。上午，考试开始，学生进了考场。看着这紧张的阵势，家长们都为孩子们捏一把汗。为了配合高考，厂里特别开放了在城里的招待所，供工厂子弟中午休息之用。

　　上午第一场考试下来，中午学生一律在招待所吃饭。家长们都不敢问孩子，生怕影响了学生的情绪，我见女儿饭后还睡了一觉，她自己说睡得不错，这表明她考试发挥正常。考了三天，考试终于结束了，细心的家长们才敢问孩子考得怎么样，我女儿与估计的大体一样，应该说发挥正常，数、理、化都不错，唯独语文作文（据老师讲）出了点问题，什么问题呢？据说是内容作反了。那年的作文题是"先天下之忧而忧，后天下之乐而乐"，要求学生从正面发挥，而她却作成了批评某些政府官员搞不正之风。根据当时的评分标准，这种写法就是把题目做反了，这一失误会大大减分的，所以在填写志愿时，也就不敢再向高处报了，后来报了一个东北重型机械学院（原哈尔滨工业大学分校）属于重点大学，但在东北，离家远了点。结果第一志愿就被录取了。后来高考分数公布后，才知道她的考分还是高出了重点大学分数线20多分呢。看来志愿报的偏保守了点。

女儿开学以后，我去了一趟她们学校。那时候大家工资低，一月只挣几十块钱，仅够全家维持基本生活，自费坐火车长途旅行是花不起的。但是在国有企业上班的人有一个好处，那就是可以找个出差的机会跑一趟，所以女儿大学开学之后，我就找了个出差的机会到了女儿的学校东北重型机械学院。当时东北是中国的工业基地，尤其是重工业。这所学校在东北齐齐哈尔，专为国家培养重工业技术人才。

这次出行是我第一次北满之行，为了顺便浏览塞外风光，我选择了经过内蒙古的路线，想借此机会也见见蒙古大草原、大兴安岭以及东北的黑土地。上小学的时候就在书里读过蒙古大草原，东北的黑土地。尽管这次是第一次来到北满，但由于女儿的学校就在那边，感觉沿途似乎也变得亲切起来。

从北京出发，当天就进入了蒙古（内蒙）地域，以前对蒙古的认识来自书本、电影和歌词之中。今天终于来到了蒙古大草原，心里感觉无比激动，遂想起了古代诗词《胡马》：

> 胡马，胡马，
> 远放燕支山下。
> 跑沙跑雪独嘶，
> 东望西望迷路，
> 迷路迷路，
> 边草无穷日暮。

壮哉！一匹骏马，踩踏在无际的草原上！

今天终于有机会路过这里，虽说是乘火车，但终究也可以一览"蓝蓝的天上白云飘，白云下面马儿跑"的美丽景象了。

火车自从进入蒙古草原，我就不停地看窗外。但窗外展现的却是干枯的草场，大片灰绿色的原野徐徐向后退去，沿途也没看见多少放牧的牛羊，只看到了几匹马儿孤零零地在悠闲地吃草。不知是否是草原边际的关系，地面牧草枯黄，植被稀疏，有许多地方都裸露着泥土。

此时火车开进了一个车站，这是一个大站，记不清是否是赤峰车站，宽阔的月台上光秃秃的一片竟没有一点绿色！初秋的阳光照在白花花的水泥地上，反射出刺眼的光，让人睁不开眼睛。一位中年男子下了火车，肩上扛着一大包沉重的行李，手里还牵着一个小孩，慢吞吞地向站外走去……

失去了绿色的草原，光秃秃的火车站，让人的感觉不胜烦躁。

这些年来，全国上下都毫不顾忌地砍伐树木，破坏植被。以至造成今天这个样子！

不知是出于什么动机，有些人总爱把保护环境和所谓"资本主义"、"修正主义"连在一起加一批判，让人不能理解！

火车在寂寞的大草原上奔驰。

傍晚时分，火车进入了黑龙江省，这里则是另外一番景象。我终于看到了传说中的"黑土地"，肥沃的土地，繁茂的植被，让人心情一下兴奋起来，快到齐齐哈尔的时候，看到离铁路不远的地方，有一家人家正在地里挖土豆。好肥沃的土地啊！

想起早先老年人常说的下关东的故事，那些故事大约就发生在这一带吧。这里土地肥沃，泥土都是黑色的。但进入黑龙江后有一件事没有想到，那就是这里虽是内陆，远离大海，但这里却是沼泽不断，沼泽里长满芦苇，一望无际，沼泽里有鱼，渔业丰胜，竟也是鱼米之乡呢。

这时车厢里播放起了电视剧《哈尔滨的夏天》主题曲《浪花里飞出欢乐的歌》：

　　　　松花江水波连波，

　　　　浪花里飞出欢乐的歌……

　　到了齐齐哈尔，当天住进了齐市铁路招待所，这里的房舍充溢着北满风格，厚厚的木地板，高而窄的原木大门，一色的白油漆……

　　第二天来到女儿的学校。由于那时考大学很难，尤其是重点大学，所以当自己的孩子考上大学之后，做家长的也感到很荣耀。

　　女儿年龄尚小，上大学的那年才十六岁，她生活极其简朴，上大学了，身上穿的还是北京她表姐穿过的一件旧灯芯绒上衣，脚上穿的是一双登山运动鞋，打扮得像个男孩子。但她精神饱满，洋溢着少年人的朝气。那个年代提倡"革命教育"，生活以艰苦朴素为荣。另外家长们也确实都不宽裕，拿不出多少钱给孩子，每月给的生活费都不多。至于后来，生活宽裕了，孩子们的生活条件也就跟着有所改善了。再后来，加之国家实行独生子女政策，一家只有一个孩子，那生活上就更不同了。

　　回想我自己上学的时候，那就更不用说了，那会儿，家长永远都没时间管我们，根本就没有父母送子女上学这一说。那时我跟着伯父在武汉读书，伯父一天到晚忙于工作，工资也不高，家里人口又多，我和弟弟妹妹都要上学，尤其是我和弟弟同一年考上大学，家里的经济特别拮据，我考上大学以后，连双鞋子都买不起，脚上穿的还是上高中那年穿的旧胶鞋。即便如此还不太舍得穿，为了节省鞋子，夏天我干脆就打赤脚。只有外出校门时才舍得穿上那双旧胶底鞋。

　　到女儿学校后，我先带着她去拜访了她们的老师高教授，高教授是高等数学老师，五十多岁年纪，他是我伯父的朋友的朋友，因了这样一层关系，所以我领着女儿首先去拜访了他，拜托他在学校里多关照，高教授人很好，和蔼可亲，这样我走后也可以放心些。除了高教授我还见到了她们系里的辅导员老师，人很年轻，说话热情，见面就说女儿"受过良好的家庭教育"等等。

二十世纪八十年代，正是中国改革开放的黄金时期，国内思想活跃，大量图书解禁（文革中被封杀），特别是诸多国外书籍的大量翻译出版，西方的哲学思想的引进，让国人开阔了视野。各种新思想，新观念，像春风一般涌入大学校园。这个时期，大学校园里呈现出一片生机勃勃的景象。学生们不但学习本专业的课程，同时也如饥似渴地吸收着各种新知识。

大学一年级她学习劲头十分强劲，思想变化很大。还被推选成了学生会的干部。

29.　调离三分厂

一九八三年底，得益于刘金城的帮助，我由三分厂调到了九分厂。此时刘已是九分厂的技术副厂长。

上世纪八九十年代，中国的工业体制仍然还是沿用苏联的模式，这种模式的特点就是"大而全"，尽管六十年代中苏两国关系已经破裂，一天到晚都批叛苏联"修正主义"，但三线建设的工厂模式仍然还是跳不出苏联的框架。修建一个工厂，从生产到生活，从前方到后方，仍然是追求各项功能样样俱全。尤其是像四三一这样的大型企业，更是如此。所以在总厂之下，又分出了九个分厂，不但有全套生产设施，还有后方配套服务的服务机构及职工生活设施，俨然是一个小社会。

九分厂是一个后方分厂，专门负责修理设备（大修）和制造工具。所以又叫"机具分厂"（机修和工具制造分厂）。

离开三分厂的那天，九分厂特地派出了一辆解放牌卡车前来接我，随车来了几个小伙子，他们七手八脚地把我的东西搬上汽车，让我坐在司机室里，他们都站在后车箱里。汽车开出三分厂大门，开出清泉铺，路过三道拐、四三一技校、二分厂。一路之上我不由地想，时间过得真快，当年由总厂调往三分厂的情景还历历在目，就像是发生在昨天的事，可是一晃七年就过去了，在这七年中，我的经历曲曲折折，起起伏伏，有成功也有失败，也有挫折。尽管眼下失落，但我的初心仍然不改！

车过了三道拐，来到二分厂，再沿着老成渝公路经过四分厂、五分厂就来到了九分厂。九分厂在五分厂斜对面的两个山沟里。九分厂之所以建设在这里，并非是工厂总体工艺布置的需要，而仅仅是因为这里有一大一小两条山沟。因为当时选厂址首先考虑的是备战，要求"靠山分散隐蔽"。

九分厂虽说是个后方厂，但这里却是公认的技术密集的单位，科技含量高。人们常说，九厂的工人和技术人员调到前方厂干活一般都没问题，但把前方厂工人调到九厂干活，就不一定能干得下来。原因就是这里的工作，技术密集，涉猎范围宽，不像前方厂那样技术单一。

到九厂我到了电修车间技术组任技术组长。当时技术组有四个人，丁本君、刘光文、李嵩和我。后来又增加了新成员，李菊、尊津璇、王鲁宁、山文义等。技术组的任务是电气设备大修技术服务。

九分厂的设备大修与三分厂设备维修不同，后者着重故障处理，工厂的术语叫"临修"（临时修理，或"小修"）而设备大修则是对设备进行翻新修理，属于"大手术"，工作量大。我想到的是，到九分厂后，可以进一步扩展我电气领域的实践范围，期待专业上更进一步，能迈上一个新的台阶。早在建厂时期我参与过设备安装；工厂转入正常生产以后，我到了三分厂是干设备维修以及设备改造；现地又开始设备大修，论学技术，这就全了，符合我一路追求的目标。可以继续圆我的"技术之梦"！

30. 说说"技术组"

说起"技术组"我太熟悉了，我待过各个单位的"技术组"，三分厂设备维修技术组，三分厂非标设计（技术）组，九分厂电修车间技术组等等。上推到工厂筹建时期，我也是在大大小小的技术组里工作的。总之我的技术生涯基本上都是在"技术组"里度过的，而且后来无论到了哪个技术单位，我都是技术组长。"技术组长"

这个"官衔"似乎成了我职业生涯中永恒的职务，也算是我一生最高"官位"了。

"技术组"在体制内是个很有特点的群体。

一提到技术组，给人的印象就是"一群知识分子"，他们地位卑微，没有权力，但作为个人还往往有点自持清高，活脱脱一副秀才相。

技术组里的成员，大都有较强的进取心，每个人都会努力学习，自然而然的形成一种竞争的态势。待在技术组里总是有一种不进则退的紧迫感觉。一群无权无势的知识分子，凭借自己掌握的技术，勉强维持着仅有的一点尊严。

技术人员大都具有一种不服输的禀性，他们发奋学习，讲究实干，特别是生产第一线的技术人员。但辛辛苦苦到头来，还是一个不被人看重的主儿。当然干脆躺平，偷懒混日子的也有，但这是少数。而且多半发生在科室机关里，在车间生产第一线，这样的人待不住。

技术组里的人，大都受过高等（至少是中专）教育，所以大家既有竞争，也还是照顾脸面，讲究团结互助的一面。在团结互助的框架下竞争。技术人有技术人不成文的规矩，每个成员的地位及评价主要还是你的技术实力。在技术组里纯粹是实力的竞争，没有什么权力背景。你没那个实力，就得甘拜下风。在这里仅靠奉迎上级吃不开，只会被人瞧不起。

电修车间的业务大体分为三大块，一大块是机床电气控制设备修理；一块是电机变压器等修理；还有一块是外线工程。丁本君专负责电机变压器等的修理。刘广文、李嵩和我负责机床电气和外线工程大修。电修下面设四个电工班，外加几台机械加工机床。后来，技术组又来了新成员，技术组的成员多了，分工又作了新调整。

电修技术组里的人不仅具备技术理论，而且实际干活也都行，应该说，电修技术组技术力量还是蛮强的。然而在工厂里的地位却仍然卑微。

厂办秘书带着一个工人来技术组要把电话拆走，我就说：用得好好的一部电话干吗要拆走？回答竟然是说技术组不够级别，你们只配用一台旧的电话机，这台好的电话机要拿走。这种事他们居然干得出来！

一次厂长心血来潮下到车间招开了一次座谈会，说是下来协调技术人员与班组工人的关系。会上有人提了一个匪夷所思的问题：是技术人员养活了工人还是工人养活了技术人员？他的意思似乎是"工人养活了技术人员。"厂长听了不但没有正面回答，反而只莞尔一笑，仿佛他也认同这个观点似的。可见技术人员在工厂里的地位还是很微妙的。

31. 大修炼钢炉

一场大雨过后，太阳重新照耀着大地，天空中现出一片特别清澈干净的蓝天。

我接的第一个工程项目是大修八分厂的炼钢电炉。这里说的电炉是指电弧炼钢炉，在八分厂铸钢车间。

大修炼钢电炉算是一个大型工程。光电工就投入了一个班的人力。开工后，我就一直跟随班组在工地上干活，有时不分昼夜。比如电炉变压器拆装、滤油、试验以及最后试车，晚上也不能离开，大修一台炼钢电炉一般都要花两个多月时间。

大强度地劳动常常存在一些风险，尤其是变压器吊芯，芯子吊出以后，油滴淋淋，到处是油，尽管伙计们都穿了耐油胶鞋，但脚底下还是滑溜溜的，变电所里场地狭窄，再加上一套变压器油滤油装置（滤油机和巨大的油箱），将变电室挤得满满当当。滤油开始以后，就需要日夜不停的地干，到下半夜人疲倦又发困。终于有一天我站在油箱上，脚下一滑，从油箱上摔了下来，腰部着地，重重地摔在了满是油污的水泥地上，伙计们连忙过来把我扶起，只感觉腰部很疼，动了动似乎感觉没事，仍然继续工作到天明，过了一天腰疼得更厉害了，那时候的人皮实，既没到医院检查，也没请假休息，还是坚持上班。过了很长时间才慢慢恢复。现在想来，幸亏那时年轻，没有骨折，也没留下后遗症。

电气工作是个危险工种，最危险之处就是触电！炼钢电炉电气系统庞大，高电压一万伏，低电压 380 伏、220 伏还有电子系统的弱电都有。有控制室、变电室、炉前炉后，到处都有电线电器，稍不留神就有触电的危险，特别是后期通电调试的阶段。哪部分通电，哪部分不能通电，都要统一指挥。我一向小心，但有一次还是遭了一次电击，险些送了性命！

事情是这样的，当时我正踩着梯子在变压器上检测，我的手刚够到接线柱，就立刻遭到电击，全身剧烈抖动，瞬间我想这会儿完了！一人触电！旁边又没有人，无人打救！幸运的是电流刚一击中便瞬间又停了。我这才没有从变压器上跌下来。保住了性命。要是电源没有立即又拉开，我就可能一命呜呼了！这是我从事电气工作一来，最严重最险恶的一次事故！

什么原因造成这次事故？总叫人想不到。原来有一位师傅违犯操作纪律，未经允许，误合了外面控制小车的电源，幸亏他意识到一时的错误，很快又拉开了开关。

当时在场干活的人分为两拨，一拨在室外，一拨在室内，这时室外的一个电工在没打招呼的情况下，误将外面的控制电闸合了上去，不知怎的一下反到了室内变压器上（本来控制系统是不与变压器连接的），这次意外给了我很大的教训。操作之前必须严格把守电源，未经许可，绝对不允许合上电源。

电炉大修完毕，试车选在晚上，因为炼钢用电量特大，需躲过用电高峰，所以才选在晚上十一点以后试炉。试炉炼钢时，又出了一件意想不到的事情，正在冶炼时，突然咚的一声巨响，震得厂房颤动，火花四溅到大半个车间，人们纷纷四散逃避，我以为是炉子爆炸了。原来是炉前工师傅操作不当，将冷却水流进了钢水包。好家伙，钢水中流进了水，爆炸竟有如此大的威力！

这一系列情况，都反映了一个事实，新！四三一厂是一个新厂，工厂新，设备新，人也新！工人师傅都很年轻，年富力强，但都缺乏经验。不管是车间生产工人还是我们的修理人员。比如这台电炉从安装使用到现在还是第一次这样大拆大卸的修理。

因为都是初干没经验，这倒为后来的大修积累了经验，以后又进行这类大修就再也没有这样的错误了。

32. "科学技术协会"

科学技术协会（简称"科协"）是改革开放以后升起来的一个为科技人员服务的机构。有国家科协，省科协，地区（市）科协，四三一厂是一个大型中央企业，也有自己的科协。

八十年代是个创建求新的年代，工厂里设备技术改造这一块特别活跃。继上面说的数控技术改造，又升起了新的一轮"数显"技术改造，"数显"就是一种显示机床工作位移的技术，机床工作时，刀具移动位置通过电子技术显示出来，机床控制位移量精确并一目了然。这种数字显示技术简单易作，花钱少，见效快，所以一段时间装"数显"是设备改造的首选项目。这期间所以一段时间九厂就得用设备大修同时加装数显装置。

我多次由"科协"派遣参加技术交流活动。

八十年代末，为推广应用"数显"技术交流会在乐山举办。我等五人参加了这次会议，同去的还有二分厂技术科的谢增海工程师。住在乐山宾馆。乐山是一处旅游胜地，我们住的宾馆外面就是大渡河，再远处是岷江，著名的风景名胜乐山大佛就在大渡河和岷江交汇处。伟岸的山影，空旷的河谷，伴着大渡河哗啦啦的流水声，清灵而壮丽。

我参加过多次这种技术交流活动，有时在北京，有时在成都，大同，内江等地。

改革开放以来，工厂里普遍存在的一种现象是技术人员特别活跃，他们对新技术非常敏感，趋之若鹜。这多半是因为工厂里的技术人员被压制得太久了，凡是不甘愿碌碌无为的人，总要找一条出路，然而工厂给予的机会又如此之少。工厂中一部分人，由于已经爬升到领导层，有职有权，感觉功成名就了，所以他们的价值趋向已经脱离了技术阶层。所以他们常常站在推广新技术的对立面。常常打压新技术的推广应用。这时，推广新技术就得力于工厂中的"科协"（科学技术协会）。八十年代，"科协"这个组织，是唯一代表科技人员说话的机构，以科协的名义为科技人员作了不少好事。但遗憾的是，科协的权力有限，他们往往有心无力，最终还是要找到一个掌握了实权的官员当靠山才行。

33. 科学技术并不神秘

初涉科学技术，总感觉科学技术有些神秘，因为这是一片未知的世界。但当你了解并掌握了其原理之后，也就不感觉它神秘了。其实科学技术是最实实在在的学问，它没有任何玄虚和造作之处。只要你肯去实践和认识它。它就会毫无保留的向你敞开秘密，这是我几十年来从事技术工作的一个重要的体验。

再复杂深奥的科技都是可以认知的，包括它每一个细节。如果你仍然感觉神秘的话，那是因为你还没有充分认识它，理解它。

工作中我有无数机会接触这类问题，以至于影响到我的世界观。我认为，周围的世界是个物质的世界。但这个物质世界又是按照一定的规律井然有序的存在和变化着。人们发现了某些规律，通过技术手段加以利用，这就是科学技术。

在我的技术生涯中，有几件事让我印象深刻。

第一件事是在安装调试一台日本进口的热处理炉时遇到的，这台日本电炉上装有一台红外线分析仪，用来控制热处理炉内所需的特定气体，以实现工件的光亮氮化处理。在工业控制中采用红外线技术早已存在，但我却是第一次遇到，因为在以往的工作中，从来没接触过，就觉得有些神秘。

这台设备通过红外线分析仪来分析和控制炉内气体浓度，以达到零件的光亮淬火。它是如何作到的呢？这就是叫人感觉神秘的地方。后来经过阅读资料才知道，它的基本原理就是利用某些气体能大量吸收某特定波长的红外线，热量让气体膨胀，膨胀的气体就去压缩一个可变电容器（电容微音器），改变电容量获取一个电气控制电信号来进行炉气成份和浓度的控制。

气体吸收红外，由红外光转变成热量；热量让气体膨胀又转变成一种机械能量；这种机械能量去压缩一个微音电容器，通过改变这个电容器的电容量把这个信息变成可以执行控制的电气信号，从面进行检测和控制。这个具体的物理转换过程都是利用普通的物理学原理进行的。这么说来，红外技术同样是门具体而实际的技术。因而也就没有什么神秘了。

第二件事是电子计算机，俗称"电脑"。这是我后来接触到的。

影响人类社会巨大的计算机，现在已经发展到运算速度达每秒数千万亿次，典型的结构复杂、功能强大的技术巨无霸，今天已经发展到令人难于想象的地步。还有智能机器人技术，都快赶上人类自身了。岂不知它的最初原理并不复杂，就是根据二进制，布尔代数这一原理设计出了逻辑电路。至今，功能再强劲的计算机基本单元还是逻辑门。科学技术就是这么一门实实在在的东西。其他科技也是一样。

未接触计算机前，很长一段时间我曾为计算机的原理所困惑，感觉神秘。长久找答案不着。也曾看过一些科普书刊，但书里说到这个"核心"问题时，要么含混，要么一笔代过，叫人看了还是得不到答案，反而更显得神秘了。我带着这个问题在工厂干了十多年。直到我接受了一项数控机床改制任务，才真正解开了这个谜团。那就是"二进制"、"逻辑门"和"脉冲数子电路"。二进制布尔代数原本是一个纯数学问题，但它却契合了逻辑的演变规律，脉冲数字电路又将这种逻辑演算化为有形的实际门电路。门电路是一种具有"是"、"非"判断功能的电路，有与门、非门、与非门以及触发器等等，这就是电脑最基本的元件。一台电脑十分复杂，但作为组成电脑系统的单元——门电路却又是十分的简单和实际的。是完全可以操作的技术，只要你认识并掌握了它，其实也就一点也不神秘了。这一部分，详见参看前面《干数控的日子里》。

可以这样说，科学技术最初产生于人类的梦想，梦想是神秘的，但科学技术将梦想变成了现实，所以就不神秘了。

所以说，科学技术并不神秘，只有你不认识它的时候才觉得它神秘。这是多年从事科技工作得到的结论。

当然这丝毫不是说，掌握一门科学技术是轻而易举的，相反，那是要付出很大的努力的。我的技术工作就是这样一步步过来的。

34.　女儿病了！

女儿上大学的第二年上，突然得了一场大病。

那天我正在上班突然接到一个传话，说女儿在学校得了急病，要家长速去。那时候通讯很不发达，学校的电报发给了资阳县电报局，电报局又捎口信给工厂收发室，收发室才转告我。这消息几乎把我吓懵了，立即去领导那里申请了到东北出差的机会，连夜赶往女儿学校。

行前我打开箱子翻找衣服，一下看到了女儿小时穿的衣服，想到眼下这个孩子是死还是活的危境，眼泪一下子就流了出来。来到北京妻子第一个迎了出来，看到我的第一句话就是："小红怎么啦？"我看到她也焦急的表情，我紧缩的心才略微感到一点安慰——毕竟，眼下的灾难还有人与我共担！我最害怕的就是亲人遭遇灾难而自己又孤单无援！这几年先是母亲，每看到母亲生病躺在炕上，我就担心得要命。但这种担心只能我单独面对，无人与我分忧。现在好在有人与我分担。到北京当晚我就借用附近一家工厂的公用电话拨通了女儿学校（东北重机学院）的长途电话，找到了她们系主任问了情况，由于已是深夜，找人很不方便，找的时间太长，那时长途电话费用很贵的，通完话后，电话局接线员很同情我们的遭遇，她只收了我五分钟的话费。第二天，我又到北京火车站拨通了女儿学校的长途电话，得知小红在校方的安排下，已经离开了学校，向北京赶来。我立刻坐上火车前去东北，约定在沈阳车站迎接。第二天上午九点钟我就赶到了沈阳。齐齐哈尔的火车要在当天晚八点才到沈阳，我需在沈阳等到晚上。此时我心乱如麻，没有一点心情到沈阳大街上转转，就一个人坐在候车室里等，脑子里昏昏沉沉，充满了各种焦虑和不安。

这是我经历过的最漫长的一天！

晚上八点我就提前进了沈阳火车站，不大一会儿功夫火车就到了。我赶紧照着电话上说的，登上了一节卧铺车厢，当火车上找到女儿时，彼此都吓了一跳。我见女儿躺在一个硬席卧铺上，已经全身瘫痪，手腿全都失去了知觉；而我则由于几天来的煎熬可能脸色也十分憔悴不堪。女儿一见到我就哭了，在大伙的劝说下她才停止了哭泣。我先对跟来护送女儿的老师和同学表示了感谢。然后细看女儿，她这次受到伤害的是小脑，引起了全身瘫痪。此时她还特别受不了声音的刺激，为此都关闭了车厢里的广播，让路过的行人也尽量动作放轻，尽量不发出咚咚的响声。为此我就对过路的人说，这里有一个正在发烧的小姑娘，她怕刺激，我谢谢各位走路时轻点。

第二天早上车到了北京，下车的时候我用力将她抱起，见她的手臂像面条一样无力地垂了下去。家里来接的人见状全哭了。

原本一个健康活泼的孩子，怎么会一下病成了这个样子？

多亏了学校重视，女儿生病后她们学校特别派了两位老师和一位同学一路护送来到北京。那位同学家住北京，父母都在海军总医院供职，父亲是该医院住院部的主任，母亲则是该院的护士长。这样到北京的当天就顺利地入住了这家首都有名的医院。

住院后经过专家会诊，女儿患的是脑干病毒感染，如不及时有效治疗造成全身瘫痪的几率极高，幸亏及时送来了首都，这里的医疗条件好，有好医生。负责的主治医生是北京著名的专家，在专家的精心治疗下，住院一个星期病情就开始好转。多亏治疗及时，后来在这家医院整整住了两个月，出院之后又在家休养了一年。到

第二年才又回到学校继续读书。

35. 总工程师调走了

　　四三一厂总工程师唐茂松终于调走了，这事儿发生在一九八一年春天。

　　听说唐茂松总工程师要调走的消息，我一点儿也不感到意外，因为这些年来，屡屡听到唐总在总厂受到排挤的传闻。

　　总工程师唐茂松、厂长铁锋还有副厂长李进生是四三一厂早年的三位领导人，都是我们尊敬的上级领导。当年刚调来三线的时候我就是在他们领导下工作的。铁锋厂长是筹建处的第一把手，负责全面；唐茂松总工程师负责技术；李进生厂长分管基建，三个人组成了四三一厂的三驾马车，工厂筹建处在这三人带领下，转战广元和资阳，在广元创下了建厂以来的最高速度。写下了四三一厂建厂史上最值得骄傲的一页。只可惜后来因未经宣布的原因，工厂迁来了资阳。

　　那段时间我一直在李进生厂长领导的基建系统（基本建设大组管辖下的动力组）工作，顶头领导是栾志祥工程师。

　　早期的四三一人都知道，唐总是四三一厂的第一人，远在一九六四年底他就第一个接到了在大西南建设内燃机车工厂的通知。随后才组建了工厂筹建处。为了早日建好这座亚洲最大的内燃机车基地，大家是何等的意气风发！

转眼十几年过去了，经历了文化大革命，四三一厂筹建处经历了无数曲曲折折，除了处理工厂建设中的各种技术难题，还要时时刻刻抵制极左思想的干扰。直到七十年代中期才把工厂基本建成，投入生产。投产以后，工厂的主产品却迟迟定不下来。

早年建设指导思想受极左思潮、冷战思维的影响，认为世界战争不可避免，一切都从备战出发。所以选中了液力传动内燃机车作为主产品，但是液力传动这种技术并不成熟，最早开发这种技术的德国生产的机车都没过关，更何况是工业基础还十分薄弱的我们。但当时看重的是这个方案可以节省铜料，中国是个缺铜的国家，符合当时备战的需要。工厂建成之后，文革结束了，国家改革开放走向了和平发展的道路。国家融入了世界，形势发生了根本变化。按理四三一厂的产品也应适应变化的形势，对自己的产品作出实事求是地重新评估，将产品返回到切实可行的方案上来。

但是工厂主要领导死抱着教条不放，只求所谓政治正确，不同意更改产品，致使产品长期技术不过关。对此唐总及时提出采用国内早已有的成熟技术——电力传动来取代液力传动，但工厂主要领导就是不把唐总的建议放在眼里。唐总的科学务实作风不但不被重视，反而还受到打压，人也受到排挤。据传在一次高层会议上，唐总气愤地质问某书记，"什么是真理？"书记反问唐总："你说呢？"唐总说，"以我看现在权力就是真理！"

唐总不是党员，确实也没有什么权力，所以他的意见也只能甘拜下风，以至于后来有些重要的会议也不让他参加了。

四三一厂的领导人换了一批又一批，但总工程师的发言权却越来越小了。

最后唐总终于待不下去，自己提出请辞。他要调回株洲机车研究所去，那是他早年研发机车的地方。

唐总曾是国内铁路系统的高级专家，早年在西方留学，懂四国语言；记的当年唐总刚来三线的时候，高挑的身躯，戴着一副金丝眼镜，头发梳得一丝不乱，一身的儒雅之气！那时的唐总是何等的风度和雄心壮志啊！

然而许多年过去了，居然是目前这样的结果！如今再看唐总，已经没有了当年的风貌，金丝眼镜不知什么时候也换成了黑框老式花镜，看样子衰老了许多，身体也大不似当年了。

唐总要调走的前一天，我和几位同事去了一趟唐总家，看到的情况相当冷清，未见到厂里有哪个领导人前来送别，甚至连一个像样的行李包装木箱厂里都没提供。看到这种情况，真是让人心寒！

那几天官方冷清，但下面的技术人员却都自发地前来送别。

我们从唐总家出来，李志顺李工对我说，"看见没？唐总主持三线工厂建设这么多年，现在竟然落到这种地步，总工程师尚且如此，像我们这些人在下面干活的技术人员还有什么指望"！李工说得不错，唐总的遭遇让人心寒，从唐总的身上似乎让我也看到了这个工厂的未来，也看到了自己技术生涯的尽头！

36. 东瀛纪事——接受任务

上世纪八十年代，随着改革开放形势的发展，许多工厂企业尤其是中央大型企业都纷纷引进国外的先进技术和设备，一九八五年四三一厂也开始引进先进技术和装备，这年的冬天，我突然得到通知，被派往日本学习。

出国搁在今天早已是件平常的事了，但在改革开放之初，出国却是既难得又十分荣耀的事情。至今我仍然记得当年接到出国通知时的情景：

那天上午快下班的时候，车间主任李蒿突然冲进了技术组办公室，高兴得喘着粗气说："刘工，工厂要派你到日本去学习呢！"这突如其来的消息，几乎让我不能相信自己的耳朵，我勉强镇静地问："怎么回事？"他说："是分厂开会刚刚宣布的"。我心中一阵惊喜，如梦初醒般确定这不是开玩笑而是真的！

果然，下午一上班，厂长就约我谈话，正式通知我作出国准备。这会儿不是做梦，是真个要出国了，并且是到经济发达的日本！

改革开放之前，中国大陆只有外交人员和国家高级领导人才有机会出国，他们或为外交出国工作或代表国家出国访问。对一般老百姓来说，走出国门几乎是件不可能的事！八十年代国家刚刚改革开放，就获得了出国学习的机会，这让我又惊又喜！

接到出国通知的那一天，我真是太幸福了，甚至觉得天也格外蓝，阳光也分外明媚。连走起路来也轻飘了许多。

八十年代工厂进入大规模技术改造阶段，这次技术改造不像以往，而是大量引进国外技术，包括订购一大批国外设备。为了消化吸收这些新技术，工厂选派了一批技术人员先到国外学习。最先透露这一消息的是总工程师熊维常。那是在一次总厂技术会议上，熊总说：我们工厂也要进行技术改造，也要引进国外先进技术，届时要选派一部分技术人员先到国外学习。当时我想，这样的机会是不会轮到我头上的，因为我是个普通技术人员。这种好事谁能想到我呢？没有想到，自熊总宣布后仅过了一个月，就真的通知我出国了。那为什么把出国的机会给予了我？原来是因为这次出国有"硬任务"的，那就是要到国外去学习数控技术,其中主要是数控技术,而当时厂里懂数控的人很少。而我在前不久刚好干过一台数控机床改造，所以工厂就把我选中了。除此之外，我没有任何优势。

这次出国的人员名单公布下来，共有十一人，包括两位总厂领导和两个日语翻译。

37. 东瀛纪事——帅气的小伙子

八十年代大家工资都低，没钱买新衣服，而中国是个要脸面的国家，为了给国家挣脸面，出国前都要先为每人订做一套服装。为此每个出国人员特发 400 元制装费买衣裳。

时值冬季，大家首先考虑到的是出门寒冷，所以每人个都毫无例外的买了一件呢子大衣，剩下的钱又添置了一套西服。我平生第一次穿西装打领带。这些平日里只穿工作服并不显眼的小伙子，今天穿上西装打起领带，原来都是一些年轻帅气的小伙子！

出国之前先在北京集合。一行十一人（包括两个翻译）都住在北京北蜂窝铁道部招待所，在此等候签证。这真是一段难得的休闲、惬意的好时光。因为来到首都，又没有任何任务，只等出国。

傍晚我和几个朋友一起逛街，北京的冬夜清澈幽邃。木樨地一带，华灯的光辉映照在刚修起的一片楼房上，显得巍峨整齐。明天我们就要飞往邻邦日本了，日本是个发达的资本主义国家，但我仍然想象不出，既使到了日本，那边又能比这个地方好到那里去呢？

想到即将要出国了，心里兴奋得几乎茶饭无心，就等着明日启程了！

38. 东瀛纪事——日本现代化程度令我吃惊

十一月二十八日上午，我们终于正装出发了。

　　九点准时登机。这是我第一次出国，第一次坐飞机，其心情不言而喻！这是一架波音 767 大飞机，一次能坐五百多人！机舱里没有坐满，还有不少空位置，我就选了一处靠窗的座位，静下心来观看，再不说话，一直专注着飞机在跑道上滑行、起飞直到升上蓝天。我的心也跟着腾空而起。从舷窗望出去，周边是寥阔无垠的天空，俯瞰大地，视野愈来愈大，地上的房子却愈来愈小。北国大地的冬天，一片苍茫，只有下面的几处湖泊明镜似的闪着光。然后飞机愈升愈高，直到下面茫然一片，什么也看不见了。

　　本次飞行的航线是从北京南下到上海，不降落再拐向东，直到日本东京。

　　巨大的波音 767 宽体客机像一条大船，稳稳当当地航行在蓝天之中。飞机巨大的引擎发出均匀的嗡嗡声。我不由得暗暗赞叹人类现代科技的成就，让人飞上蓝天还如此这般平稳安全！当飞机爬升到一万公尺以上时，隔窗遥望，天空变成了淡紫的颜色。仿佛已经进入了深邃的太空。鸟瞰下方，白云朵朵飘浮在老远的下方，竟给人一种天地颠倒的错觉。下方的云层之间，偶尔会看见其他航线的飞机飞过，机身在阳光下闪着耀眼的银光，看起来就像是一尾银色的小鱼游弋在清澈的湖水之中，鲜亮而又及时隐时现。

　　由于气流的波动，飞机巨大的机翼开始上下扇动起来，虽然知道不会有事，但心里还是悬大乎乎的。

　　下午，飞机已经飞越了东海，日本国陆地在望了。

尽管早有所闻，但当飞机飞临日本国上空的时候，现代化的日本仍然还是让我大为惊讶。隔着舷窗，鸟瞰大地，虽然已是冬季，但这里竟然还是一片碧绿。唯有偶尔闪过的房舍玻璃，阳光照耀反射出闪闪的亮点。相比国内所见这里好像是换了一个季节！北京起飞的时候，大地一片灰黄，然而飞临日本上空，一点也不像在北京起飞时看到的样子。飞机再降低高度，开始看见林间整洁的公路和公路上疾驶的小汽车。这就是现代化的日本。一切都那么新鲜。可惜当时手头没有相机，没能及时拍下这激动人心的一页。

下午一点过，飞机降落在东京成田机场。成田机场比北京机场大，机场上的地勤人员都一律米色制服……

现代化的日本，让我感叹！短短四个小时的航程，却让我跨越了至少三十年！

有日方人员前来接机，一男一女，彬彬有礼。他们说话总是先鞠躬，然后用我们听不懂的日本话，向我们问候。通过翻译才知道他们都是公司的雇员，是派来专程接我们的。出得机场上了中巴汽车，两个日本人并排坐在最前排的位子上，一路无话。

汽车奔驰在成田机场去东京的高速公路上。我第一次见到高速公路，汽车跑在上面快捷平稳。我从来也没见过修得这样棒的公路！那时国内还没有高速公路。

看着车窗外迅速闪过的异国风光以及高速公路两边的西式建筑，我猛然想，我当真是来到了日本吗？不会是做梦吧！我努力回忆此前对外国的想象，但那时走出国门是不可能的，我只在梦里出现过……

中巴车上，大家抑制不住内心的兴奋，不由得便得意忘形起来。心想反正日本人也听不懂中国话，便小日本长小日本短地评论起来。

日本这个国家对中国人来说有太多的含意，甲午海战，八年抗日战争，高度发达的工业，现代化的大都会……这会儿可有机会让我好好看看这个东海邻邦了。

汽车在高速公路上大约跑了一小时，来到东京涉谷区，快到目的地了，那两个日本人突然站了起来，开口改用标准的中文向我们介绍情况。啊！原来他们都懂中文！心想，这两个日本人真狡猾，一见面就给了我们一个下马威！

当晚我们下榻东京涉谷区一家酒店。

夜幕降临，我们几个人就迫不及待地想到东京大街上去看夜景。第一次来到东京，完全没有想到，外面的灯光竟是那样的明亮！比北京亮多了！大街两边的商厦明亮得通体透明！加上人来车往的热闹，竟是梦幻般的繁华！站在东京大街上，我不由地想起了昨天还在北京木樨地时的那般想象，深感北京与高度发达的日本东京还是存在着巨大的差距！

39. 东瀛纪事——日本人的文明习惯

日本是亚洲的一个发达国家，在亚洲地区被公认为社会福利最好，文明程度最高的国家。无论是拥挤的地铁，还是人头攒动的商场，地面都整洁如新。繁忙的马路上人流车流井然有序，竟听不到一声笛声。在公共场所，也没有嘈杂的声音，地铁里人们都低头读书看报，没人喧哗。

十一月份的东京，风和日丽、蓝天白云。空气非常清新，马路上也干净得几乎一尘不染。因为在国内生活惯了，看到日本这么干净，我总觉着有点不可思议。所以就产生了一个想法，日本人管理得再好，大约也会有不够卫生的死角吧。我带着这样的想法，每到一地，总忘不了留心他们的环境死角，甚至不放过他们房前屋后的犄角旮旯。周日日方带我们外出旅游，我坐在大巴车上横穿东京的大街小巷，但见到处都是树林荫翳，河水清亮，没看到一处有垃圾纸片的地方。似乎到处都一尘不染的干净，包括房前屋后的旮旮旯旯。后来我们到了横滨，又到了厚木，情况大体也都一样，我彻底折服了。

日本人的文明礼貌也值得一说。日本人见面也很有讲究，他们见面也是行鞠躬礼，越是客人腰弯得越深很深，有的几乎要弯成九十度。对人非常和气热情。

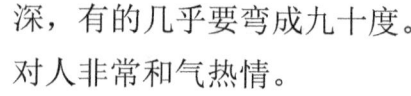

日本人的文明是从小孩子抓起的。

一个周末下班比较早，我

和林晨就提前回来。在地铁车厢里遇上了两个小男孩，大约是小学二、三年级的学生吧。其中一个小孩从口袋中摸出了一块口香糖，一掰两块，分给了另外一个男孩。吃完糖后一个小孩把糖纸一下塞给了另一个男孩，同时顽皮地一笑。另一个小男孩又调皮地将糖纸塞了回来，这引起了我们的注意，我想看看这两个日本小孩最后如何处理这块糖纸。要在国内，随手一扔就完事了，但这两个日本孩子始终没这样作，他们互相顽皮地塞来塞去之后，男孩始终把糖纸捏在手中，等到下一站车停，一个小孩飞身跑下车去把糖纸丢进了站台上的垃圾箱里，然后又跑了回来。这件小事让我很感动，啊！这就是日本啊！日本为什么到处都这样干净？他们良好的习惯，是从小就养成的！

公共场所比如地铁站口等地方，到处都有供人免费阅读的报刊杂志。还有到处都有的自动售货机，里面摆满了饮料、香烟等日常生活用品，只要向里面投币，就有相应的商品弹出，十分方便，无人看管。这让我想起了国内五八年曾一度兴起的无人售货商店，那是人民公社时代，无人售货商店，吃饭不要钱，共产主义新兴事物在各地试验，但没过多久就都失败了。后来不但商店的货物被人偷走，最后连秤也没给留下！吃饭不要钱，那更是荒唐，最后吃成了三年大饥荒！成为人类社会的笑话！然而资本主义国家的无人售货却一直延续到现在，而且还在悄然普及。这表明社会依靠的是实实在在的管理制度和科学技术，而不是那些空想而不实用的花架子。

日本社会不保守,对外来文化的吸收力远强于中国。

40. 东瀛纪事——一个高素质的民族

第一次到日本,还看到了许多意想不到的事情。

一天,我们走进一家大商场,一进门是一个大厅,与众不同的是,这里没有陈列商品,却有一个不大的舞台,铺着红色的地毯,台上摆放着整套管弦乐器。铜号、大、小提琴,双簧管等俱全。我正看间,从外面走进来了几个人,他们很随意地跨上乐坛,抄起乐器便即兴演奏起来,就象一支真正的乐队。演奏尽兴之后,遂将乐器放回原处,然后悄然离去。他们不像是一群专业演奏团队,更像是几个普通的日本人。这让我想到,在高度发达的社会里,音乐艺术也是很普及的,多数公民都具有相当的音乐艺术修养。即使在商场里,也充溢着浓郁的艺术气息。另外我还注意到,在住过的酒店里,也大都摆放着钢琴等乐器。即便在走廊里电梯里,也总是播放着细细的音乐。一个国家一个民族的文明程度,从这些方面也能看得出来。

日本也是东方民族,历史上受东方文明——尤其中国文化——的影响很深。但是自从明治维新,他们开始大力学习西方。在这方面大和民族表现的十分果敢!不像其他东方国家那样拖泥带水!这种西方文化影响随处可见，比如大街上英文相当普及，单说广告，英语甚至都超过了日文。

公共场所日本人都比较安静，即便说话也是轻声细语，绝对没有大声喧哗的现象，这方面与国内也不一样。

我在国内算是受过教育的人，有一定文化素养见过世面。在日本就觉得自己成了第一次进城的乡下人。

41. 东瀛纪事——培训生活

MAKINO 培训部大楼前，一排参天的银杏树。通体灿烂金黄。虽然已是冬季，树叶依然茂密不落。其实不只是银杏，其他树木大都也没有落叶，我惊异于此时已是岁末，可这里依然到处郁郁葱葱。据说，日本的森林复覆盖率是全世界最高的！可见日本人保护环境意识之高。

到东京的第二天，我们就投入了紧张的培训学习。我们每天像当地的日本人一样夹着文件夹上班下班。上班时间听专家讲课和到车间实习，下班回到旅社还要做作业。通常每天都干到午夜十一二点钟。除了周末，几乎天天如此。没有多少闲情逸致去多想别的了。只有到了周末，才有机会到外面玩。

到了国外，看到的每一件事情都很容易联想到国内，并作比较。例如日本人的工作效率，我注意到日本人都很守规则，上班、下班都很准时，尤其是上班时都是提前来到工作岗位，下班铃响后，工人也不是立刻走出车间，而是一切都收拾停当之后才下班。车间里工人干活也和国内不一样，国内习惯数人在一起干活吃大锅饭。在日本都是一人一项工作，分得清清楚楚，比如在他们的组装车间里，一个工人负责一台机床，不特别需要帮助时，他们都是各干各的，一个人从头到尾负责到底。在办公室里也是各自埋头忙自己的事，绝对没有像国内那样一杯茶，一支烟，一张报纸看半天的现象。

在东京听课时，每天中午在公司食堂吃工作餐。这里用餐的人挺多，大都是年轻人，但都静静地排队取饭，很有秩序，绝对没有插队加塞现象。饭厅里卫生文明，不喧哗。其文明程度不亚于国内大学校园。

在东京学习不到一个星期，领队便带着大部分队员离开东京，去了这家日本公司在厚木的总部。而我，林晨，老沈在一位日语翻译的陪同下仍留在东京继续学习。学习日本法那科的技术。这段时间我们几乎和领队失去了联系。有十多天的样子没有他们的一点音信。团队这样安排叫人感觉不快！

完成在东京的学习以后，我们四个人在日方人员陪同下赶往厚木。途中经过横滨，在车上远远望见富士山白雪皑皑的山峰，蓝天下闪着银光。富士山是日本国的象征，是我一处向往已久的圣地，我很想走近她一睹芳容。可惜后来因为有的人想看迪斯尼，硬是让富士山没去成。真是遗憾！

上世纪八十年代，出国是件极为新鲜的事。特殊的年代有特殊地安排，当时能出国的人大体分为两类，一类是工程技术人员，他们一般都带着出国学习的任务，

日方特意为我们升起了五星红旗（后排右

到了国外，要将全部心思用于学习。因为需要把人家的技术学回来；另一类则是官员（一部分领导），他们大都没有多少硬性学习任务，有的甚至只是凭借地位和权

力，公费出国观光一次。当时，这种情况比较普遍。

每每日本公司开会招待我们，领导们都坐前排的，但正式开始上课以后，他们就悄悄退到了最后面，把技术人员推上了前面。很有意思。

42. 东瀛纪事——日本的科技

来到日本，给我印象最深的当属日本发达的科技。

离开北京时，北京只有一条地铁，而且还在修建之中。然而到了东京，地铁早已四通八达联成了网，几乎布满了市区的每个角落。而且在地下还有好几层。

四通八达的交通网，整洁的街道，到了夜晚马路上的照明更是灯火辉煌。繁华程度远超北京。

日本电器也是享誉世界，在东京期间，我们到东京电子市场秋叶原，数不清的电器商家一家挨着一家，陈列的电子产品琳琅满目，叫人目不暇接！加上高铁，飞机，处处都体现出他们科技的发达和工业基础的雄厚。

当着中国大陆热衷于搞政治运动的时候，西方发达国家则在大力发展他们的科学技术。前些年我在工厂里改造的数控机床就是从日本引进的图纸。想当年，中国的"文化大革命"结束以后，国门打开，才发现"当惊世界殊"！为了追赶人家，全国兴起了一股学习西方新技术的热潮，那次数控改造就是在这种大背景下展开的。当时多令人鼓舞啊！闭关自守的中国终于醒了，也知道奋起向外界学习了。然而国内发展技术总是带有政治色彩，其特点是"一阵风"，一阵风来了，不管是中央或地方，不管有条件和无条件，也不管有无经济效益，都一窝蜂地往上上。当着这股风过去之后，又不分青红皂白纷纷下马，偃旗息鼓了。然而西方不是这样，他们一直都在开发，我们来日本看到的数控机床已经是第二代，第三代，已经进入到智能化阶段。我们经过数年的无所作为，出国一看，人家又大大前进了，又把我们甩在了后面！

学习"发那科"系统数控编程

当下世界最著名的两家电气公司，一家是德国的西门子公司，另一家就是日本的发那科公司。我们这次参加培训的是发那科公司的技术。

培训期间除了上课，我们还参观了他们的工厂，其中有一个车间是全部自动化了的，实现了无人化生产。整个车间的运转只有几个值班工程师就可以了。传统意义上的工人已经没有了。他们技术之先进是我们当时望尘莫及的。

从出国那天起，我头脑中就一直回响着一句话，"我是中国的一名工程师。我决心要把人家优秀的东西都学回来，壮大我们的国家！在国外，绝对不给国家丢脸。"

43. 东瀛纪事——现在才知道什么叫生活

第一次出国，既尴尬又有趣，早晨起床，便到开水房去泡方便面，方便面是从国内带来的，每次出来泡方便面都有点像偷吃一样怕人家看见；中午则在日方公司食堂免费用餐，晚上下班回到旅馆，则自己到超市买些面包、香肠、水果之类充作晚餐。这里的面包特别好吃，烤得香甜可口还有弹性。面包片一点都不掉渣，还折不断。这里的食品都做得相当精致，远远优于国内。所以当一部分人离开东京到厚木去时，他们不约而同地把国内带来的食品都丢给了我们。对此，我们心想，你们都把从国内带出来的劣质食品留给我们，而另花公款去买好吃的，我们留在东京的人也不傻，索性把留下来的食品一股脑儿甩进了垃圾箱。

树木仍然是一片丛绿。不知道日本人是使了什么魔法让树林都不落叶。虽说已经到了年末（十二月），东京街头的树木仍然还是郁郁葱葱，到处都是绿油油的。

在东京的日子里，业余时间我们也到外面散步或购物，看到邻邦的自由和富裕，才知道世界上还真有不受政治干预的另类生活。以至本次出国我们的领队——以上态度严肃的吴总也感叹道："咳！活了大半辈子了，现在才知道什么叫生活！"与我一起来日本的老沈也说："什么叫'共产主义'（指幸福生活）？这不就是'共产主义'了吗？"

到了国外，亲眼看到了邻邦的先进、富裕和思想自由，便突然有了精神解放的感觉！环境宽松了，大家说话的胆子也变得大了起来。在国内不便讲的话，在这里也口无遮拦地说出来。

不过在赞赏外国的同时，我们自己也不气馁，因为我们知道，现在虽然落后，但是，中国已经觉醒，认识到了过去的历史错误，也走向了改革开放的正确道路，中国的繁荣应该指日可待！中国人一定来到国外看看，才更体会到中国的改革开放是多么必要！

星期天，天气晴朗，蓝天白云，空气中没有一点尘埃。厂方领我们参观了东京的太阳城（Sunshine City），这是一座大型综合娱乐商场。六十多层高的建筑里商贸、文化娱乐、餐饮服务，应有尽有。这里的服务员尤其是姑娘们，个个都打扮得漂漂亮亮，微笑着为顾客服务。她们灿烂的笑容给我们留下很深的印象。尤其是在国内看惯了北京商场服务员冷冰冰的面孔，再看这里的服务员灿烂的笑脸，第一次体验到微笑服务给予人的感受。这是在国内很难见到的现象。当北京的服务员总是拉着脸教训顾客的时候，日本的服务员却笑容可掬的为顾客服务。这里的餐馆服务员也是一流的，餐馆里的服务员多半是中年女性，她们即有礼貌又动作准确，上菜，收拾桌子，不出一点声响。

一九八五年，中国虽然已经走向了改革开放，但与日本相比，仍然还有很大差距，天壤之别的差距。国内无论是精神面貌还是物质生活。大多数人仍然还是不敢突破旧的生活观念。大家的衣着仍然还是全篇一律的蓝、黑、灰色。男女不分。

我第一次来到一个社会制度与生活方式完全不同的国度，给我的感触是多方面的。毫无疑问，日本是一个富足之邦，自由之邦。我观察（亲眼目睹）这个隔海相望的大和民族，这是一个不留恋既往，永远向前看的民族。他们的生活方式、意识形态暂且不说，但他们先进、富裕是不争的事实。

我走在异国的大街上，没有组织的监督，没有政治的约束，也没有了思想分析的恐惧，甚至也没有人注意你的走路和穿着……真有一种从未有过的轻松和自在。

脱离了国内严厉的政治环境，便不约而同地想放肆一下——说话胆子大了，穿戴讲究了，也看国内认为是不健康的电视节目等等。

44. 东瀛纪事——回国

　　一个多月的培训生活很快结束了。在这一个多月中，我看到日本科学技术是如此的先进，看到东方这个大和民族的进取精神是如此的强悍，回国前的最后一个夜晚，我做了一个奇怪的梦，梦见日本人又大举进攻中国了，而且日本人已经占领了中国北方许多领土，中国军队却节节败退，眼看着就打过来了，心里充满了恼恨与惊恐……醒来方知是一个梦。醒来后我想，对待这样一个先进的邻邦，中国必须好好学习，要迎头赶上，不然过去的那种被侵略，被屠杀的命运仍然有可能重演！

　　出国培训结束了，我们离开的时候，日本公司员工

都出来送行，他们长久地鞠着躬，向我们告别。

日本虽然给人留下了许多好的印象，但它终非吾土，想家的感觉还是根深蒂固。在日本待了一个多月，但感觉好像离开祖国很久了，一股思乡之情油然而生。一九八六年元月一日，我们终于踏上了回国的飞机。心情之激动就像一个久别家乡的孩子。

这天，日方派专车把我们送到东京成田机场。登机前的检查很仔细，日方的安检人员对乘客的检查非常仔细，每个细节都不放过。但他们训练有素，礼貌得体。尽管检查繁琐，但不给旅客造成任何烦扰。

时间到了，依次登机，一踏上中国的飞机，就像踏上了中国的土地一样，一切都那样亲切熟悉。我坐到自己的坐位上，拿起耳机，听到的第一首歌就是黄梅戏天仙配，立刻就有了到家的感觉。

回国乘坐的是波音747，也是一架大型客机，比来时的波音767略小。很快飞机便升入蓝天，舷窗外团团云气不时地从机翼掠过……

回国的飞机仍按来时的路线飞行，不知为什么，回国比来时多飞了一个小时，约五个小时。与来程不同的是，回到中国已是晚上。进入祖国的领空，舷窗外一片漆黑，什么也看不见了。当飞机飞过四个多小时，我从窗口俯瞰下方，见下面隐约有一片灯光，但光色极淡，犹如在地上仰望天上的银河，我问空姐现在飞到什么地方啦？底下的光亮是哪里，空姐回答说是济南市。济南高空往下看竟那么一点点！飞机继续向北飞，过了济南，北京就不远了。我期待着看到飞机飞临首都时那满城灯火，正在想像那灯火辉煌的一刻，突然感觉飞机与地面撞击了一下，原来飞机已经在首都机场着陆了。

45. 东瀛纪事——回到北京

回来一下子觉得北京的街道、房屋似乎都变小了许多。马路上也很脏乱。

回国的当天晚上，我在铁道部招待所住了一宿，第二天早上才回北京的家。元月的北京正是一年中最寒冷的季节。我走在前门大街上，风实在太大，吹得我的大衣下摆扑扑直抖，直裹着我向后退，想过马路都感觉困难！我好不容易过了马路，来到前门公交车站。等车的人很多，人们互相拥挤着，好不容易上了一趟公共汽车，车上和车下一样，人们互不相让地挤在一起。汽车开过熟悉的街道，快到小西天的时候，车上发生了争吵，一位男人正与女售票员争吵，都动起了手，谩骂之声不堪入耳！那位乘客在小西天下车，趁着下车的混乱，售票员把头伸出窗外，对着那位乘客狠狠地啐了一口浓痰，啐在了那位乘客的头上，汽车关门扬长而去……

回国的第一天就碰上这种龌龊事，实在令人沮丧！回想在国外这一个多月里，无论在东京还是像厚木这样的小地方，连一起纠纷拌嘴的事儿都没看见，两相对比，不禁感慨万端！

46. 我可爱的理光相机

八十年代出国，每个人私下都有两个心愿：一是出国学习开眼界；二是买一些日本电器回家。所以日本学习结束，大家都把在国外省吃俭用攒下来的钱买电视机、电冰箱什么的。但是我却与众不同，我没有买电冰箱、洗衣机之类，而是毫不犹豫地买了一架高性能的理光相机，圆了我想得到一架相机的梦想。

出国让我大了开眼界，唤醒了麻木已久的神经，我开始重新感受到这个世界的美好与丰富。

这种美好的感觉由于这架相机的陪伴而一直延续着，延续着，延续了许多年。

这是一架理光7相机，理光系列日本相机是日本相机中较好的一款。乌黑而光闪的外壳，灵巧而大方的外形，十分逗人喜爱。尤其是它的快门，轻轻一按，便哗啦一声悄然起落，手感简直好极了！我特别喜欢那种感觉。有一次，我带着她到成都春熙路最大的一家照相器材商场配镜片，一下子就吸引了在场的人过来围观，这时候我听到身后有人说："这是一架好相机！"听到人们的赞许，心里别提多美妙了！所以，我回来后，有朋友就开玩笑地说，"刘工，你都可以开个照相馆了！"

这架好相机几乎让我变了一个人。我对她爱不释手，从此迷上了摄影，拍下了不少有纪念意义的照片，带来了无穷的快乐。以至于做梦都常梦见带着这架相机去游荡，梦里所到之处，都是风景优美，花木茂密，鸟儿群飞，或晚霞满天，草木葱郁。总之景色都是美极了！让我对着这些美景尽情地拍照，以至流连忘返。

这架相机陪伴了我整整十七个年头。我太珍爱她了，以至于数次梦见丢失了，急得我猛然醒来，幸好是梦！

在第十七个年头上，不幸的事情终于还是发生了，一次我带着它坐出租车，到家下了车，还没来得及拿走相机，出租车就开了，相机里还有一卷拍了一半的胶卷。我追出去跟在汽车后面喊，但车没有停，眼看着出租车一拐弯不见了。当天我打电话到各个出租车公司询问都无下落。从此音信渺无。

唉！我的理光相机。

47.　差距

我们回国不久，在日本订购的两台加工中心机床就运抵了工厂，日方专门派来了技术人员帮助我们安装调试，这期间，我等几个人每天都到现场配合工作。日本人干活我们也跟着见习，日本人严谨的态度和一丝不苟的工作作风很让我佩服。

八十年代国内尚处于经济转型（计划经济向市场经济转型）时期，工厂生产管理还是很不正规。

离我们干活不远的地方，就是二分厂柴油机组装平台，一伙年轻工人正围在那里组装一台柴油机。每天上班我都从这里路过。看见这些人懒懒散散、心不在焉地干活。组装平台上，工具、零配件放得杂乱无章，周围也脏兮兮的。柴油机是个精密的机器，组装时总应有些严格要求吧，不但要有严格的技术标准，还要有一丝不苟的工作态度。可眼下看到的好像没有这些，倒像是一群未受正规培训的临时工！这样组装起来的柴油机如何能保证质量？但工厂里对这种乱象似乎也无人过问！

对比不远处正在为工厂安装机床的日本人，看他们那样一丝不苟工作严谨的态度，真是有天壤之别的感觉！我深为工厂这种不正轨感到羞愧。尤其是在这些日本工人面前！这就是我们和先进国家的差距啊！

48.　总工程师熊维常也调走了

唐茂松调走之后，接任他的是熊维常总工程师，熊总也是属于兢兢业业干实事的知识分子，早年在四方机车厂任过设计科长，调四三一后，也曾领导过产品设计，后来调三分厂担任过分厂总工程师。正是这个期间由于工作关系，我与熊总有过较多的接触。他是专家级的领导，却十分平和亲切，从来不摆架子。

他作风严谨工作认真，又有点谨小慎微。

他当三分厂总师时，曾责成我负责干电火花对研机，这个项目是由熊总亲自抓。记得有一次，熊总来到设备科找我了解对研机进度情况，并商讨一些技术问题。正当这时设备科党支部书记走了进来，见熊总坐着和我说话，就很不客气地大声嚷嚷："开始政治学习了！政治学习了！无关人员都退出去！"见此情况，熊总话还没有说完就站起来走了。

　　熊总也和唐总一样，是个非党人士，在政治压倒一切的年代里，总工程师，非党人士也是没有地位的，堂堂总工程师还受一个小书记的训斥。我心里很感不平，但看到熊总还是客客气气地退出来走了。

　　唐总调走以后，熊总调回总厂接替了唐总的工作。为提高工厂的加工能力，他主持了一阵子从国外引进先进设备的工作，先后从美国、欧洲、日本买进了一大批先进设备，为工厂产品加工能力提高奠定了基础，也就是那时他在技术人员大会上宣布，工厂将要派一部分技术人员到国外考察学习。谁想到那年年底我就被派往日本学习。那会儿真是科技人员的节日！大家纷纷被派往发达国家学习！再后来不知是什么原因，大体和前任唐总遭遇差不多吧，他也顶不住排挤的压力调走了。临走前他还到工厂各个科室一一告别。

49.　说说王一伸

　　继唐总，熊总之后，王一伸是四三一厂第三任总工程师。

　　王一伸原来是三分厂的厂长，后来调总厂，先是生产副厂长（第一副厂长），大有进一步升迁厂长之势，没想到后来却由厂长变化成了有职无权的总工程师。

　　王在三厂时就群众威望较高，特别是他与技术人员的关系比较融洽（这一点很重要，因为许多人一提升为领导之后，就本能地打压知识分子），后来王提到了总厂担任领导工作。

我之所以特别记得王一伸，主要是（如前所说）缘于一次数控机床改造。

我觉得他是个办实事的人，与技术人员比较谈得来，另外他对新技术也比较感兴趣。他在三厂厂长任上提出了改造数控机床的任务，具体说就是先把一台 CW61000 机床改造成数控机床，CW61000 是一台加工伞型齿轮的大型机床。那时候数控机床对我们来说还是一个全新的概念，甚至连知道的人都不多！王一伸把这一重大任务交给了我，让我领衔数控改造。当时我既兴奋又有压力！兴奋者，这样的机会可遇不可求，压力者，第一次干，心中一时无数。但无论如何，这是工厂对自己的一种信任！对于终身立志搞技术的人，也算是一次知遇之恩。

在这种情况下，数控改造很快就上马了。如前面所述，数控改造项目上马以后，王果然很上心，给予了大力支持。需要出差和外购元器件，他都一路给开绿灯。总之我们的工作处处得到他的支持。但是，这种好日子没过多久，大约也就半年多的样子，事情就起了变化，王突然从三分厂调去了总厂。我们的工作就没那么被关注了。后来尽管我们仍然不辱使命完成了任务，交出了一台改造合格的数控机床，但这个项目却受到了预想不到的冷遇。如果当时王不调走的话，情况定不会是这样！

我认识王一伸最早是在筏子桥，那时三分厂还没有成立，他还是一个普通的技术员，也不和我在一个单位，工作上也没啥联系,但他每次碰见总是主动和我打招呼,笑眯眯的，有种似曾相识的亲切。他也是山东人，似乎有一种天然的亲和力。三厂成立后，他调到了三厂技术科，后来我也到了三分厂设备科。他和我依然保持一种客气和亲切的关系。再后来他提升了分厂技术副厂长，厂长。这期间他还约我到他办公室聊天，征求我对工厂管理的意见什么的。我觉得他是个有事业心有抱负的人。但自从他高升以后，由于官民之别，在我的意识中，便产生了距离。除了工作之外我再很少与他主动联系。他的夫人是医生，在工厂医院工作，也是个有性格的山东人，坦诚直爽.记得初次见面她就说："你的爱人一定是个老师! 对不对？"我说不对，是工人。她听了，仿佛显得有点遗憾。后来她看到我家庭生活出了问题，她直率地说，我给你再介绍一个吧！

　　王到总厂先是生产副厂长（第一副厂长），尊重技术人员的意见，执行的是专家治厂路线，因而很受下面尤其是技术人员的欢迎，从而在群众中有了超出别人的威望。但他在总厂领导班子中好象并不和谐，厂长书记并不喜欢他甚至忌恨他。印象深刻的一件事是在八十年代的一次党代会上，群众推选党委候选人，每次他的得票最高，但拿到上面平衡以后，他的名字就给抹掉了。大家感觉奇怪就再次提出他的名字，第二天还是抹掉了，这样连续三天平衡，临到投票选举的那天，他连个候选人的资格都没得到! 很明显一部分把持着权力的人，利用所谓平衡来排除异己，把对手彻底挤出领导班子。这种排挤已经是有目共睹的事实。之后他不但没有进入党委，还从第一副厂长任上降为一个有职无权的总工程师。后来他终于待不住，调回了青岛四方。

我就纳闷，为什么厂里有抱负，懂技术，懂管理，群众拥护的领导大都待不下去，一个个都得调走呢？与此同时，某些精心抓权，为自己捞好处的人却节节提升？

纵观历史，忧国忧民之士能一展抱负的向来不多矣！

王一伸离开资阳的那一天，他走遍了全厂各个科室告别，还特地到九厂与我告别。

有意思的是，因各种原因调走的领导干部分为两类：一类是在领导岗位上没作出什么成绩，但却为自己捞了不少好处的，这种人群众关系不好，调走的时候自知无脸向同事告别，一般都悄悄溜走；另一类是在位时为工厂作了不少好事有成绩，群众关系不错，但受到上层排挤，工作遭受挫折调走的干部，他们在调走之前都会到各个科室一一告别，王一伸属于后者。

很遗憾，王来九厂告别时我正好不在厂里。数年以后我们都退休了，我携夫人到青岛看望多年不见的表姐，期间特别与退休回青岛的几个老同志见了面。聚会由王一伸出面召集，地点在青岛手拉手酒店。

这次我见到了退休后回青岛的牟兆吉科长、孙恩正工程师还有冯作琪。

数年不见大家都老了，不过精神还好。牟兆吉科长还是那样和蔼可亲的样子，不过比原来更发福了些；孙工虽然年事已高，但仍不失当年聪慧机敏的姿态，跑前跑后为我们摄影留念；冯作琪刚从四川回去不久，变化不大；唯独发现王一伸面色有些憔悴。

后排左起：王一伸，牟兆吉，冯作琪
前排右一为孙恩正，左边是作者和夫人

50. "文化苦旅"

余秋雨先生有一本著名的书叫《文化苦旅》，说的是那个紧缺的年代人们没有钱也没有时间出门旅游，只能借助出差机会顺便游玩。这种事我也干过，并且屡次！

一九九〇年夏天，厂里排我到山西的永济市出差

永济有个电器设备厂，是四三一厂的电气供应商，机车上的电器产品大都来自这个厂。一起出差的还有聂成君。小聂年轻，身体好，跑前跑后一路上对我颇为照顾。

这次出差沿路要经过几个地方，在不影响工作的前题下，我们可以下车游览。那年头，这也是通例。领导

们也都对这种"揩油"的作法睁一只眼闭一只眼，其实呢，他们比老百姓玩的更凶。所以到了沿途景点，我和小聂也就放心大胆地下车了。

第一站临潼：车到已是下午，我第一次来临潼，匆匆忙忙去看华清池，因为来的晚，正赶工作人员下班，公园下班但大门还没有关，倒是没了人收费，我们便趁机溜了进去，免费参观了一场！

骊山华清池传说是盛唐时杨贵妃沐浴的地方。华清池又叫华清宫，始建于唐朝，鼎盛于唐玄宗执政以后。华清池因在骊山所以也叫骊山宫。这里传说的故事多了，最引人关注的是两处景点：第一个是贵妃池，即杨玉环当年沐浴的地方，"春寒赐浴华清池，温泉水滑洗凝脂"；第二处则是近代著名的西安事变时蒋公避难的兵谏亭。

贵妃池因为公园下班门关着。我们从窗口望进去，和当下修的浴池没太大差别，一看便知是后来现修的，是假的。继续往东边走，出现了一个挺大的工地，工人们正在一个大坑里挖掘，大坑距地面足有三、四米深，坑底初现了一个池子，听说这才是当年真正的贵妃沐浴的地方，石头砌成，由于时代久远，看起来有点原始，与后人想象的也不太一样，毕竟距今已一千多年了。我赞成历史遗迹应保持它的原貌，不要以现代技术修葺，现在有股风，一方面是不断拆除旧建筑（包括古建筑），一边又大修所谓"历史文物"，净是些"假古董"。所有这些都是对历史的亵渎。

"兵谏亭"：

在骊山北山坡上有一座凉亭子，凉亭子后面是一处大岩缝，这就是那个当年改变中国历史的地方"兵谏亭"，可以想象，蒋公当年被张学良、杨虎成捉拿时的狼狈象。由于此事国军才停止了对红军的围剿，开始共同抗日。

现在想来，当年蒋公也实属不易，一边抗击日本侵略军，一边还要对付国内另一支反对国军的武装力量。历史没有假设，中国就是这样过来的。

第二天我们去看"秦始皇兵马俑"。兵马俑确实气派，一排排威武严整的秦军队列，栩栩如生的马匹，仿佛让人置身于二千多年前秦国的强大军队之中，令人震撼。这时我下意识地拿端起了相机，无奈看到牌子上写着"不准拍照"，我只好又放回了相机，但心中不忍，手指还是移向了快门，悄悄按了几下，也没被人发现。很难想象，如此庞大规模的兵马俑制作是在两千多年前的事情。当年大秦帝国是何等强大！然而就是这个强大帝国，仅仅才存活了十五个年头就覆灭了！它的兴衰功过，直到今天还在为人争论。

离开临潼以后，我和小聂到了第二个景点华山。华山于我之有名还不是学地理书，而是五十年代看了一部电影《智取华山》，那时就知道"自古华山一条路"的说法，始知华山之险峻！

我们找了个旅店放下行李，就向旅店老板打听登华山的路。老板告诉说，登华山最引人入胜的是到山顶看日出。所以上山的游人都是夜里十点钟从山下出发，赶到天亮到达山顶。因为近来腿不得劲，走得慢，所以八点多钟我就在聂成军的陪同下出发了，出发前小聂还专门给我作了一次膝盖按摩。刚出发的时候路上行人很少，后来爬山的人逐渐都赶了上来，他们行走的速度显然比我们快。等来到华山脚下，上山的人已经集聚了很多，大家便自动排成了长队。仰望华山群峰，危乎高哉！上山却都是羊肠小道。我们爬到半山腰，路变得很窄很陡，风也愈来愈显清冷，这时一弯冷月挂在天边，风从山谷吹来，风越来越大，气势凶猛，深山峡谷发出阵阵龙吟虎啸般的怒吼。越往上爬空气越冷，我直打哆嗦。前前后后的人都叫冷，走在前头的一位小伙子说："真冷得够呛！"此时真后悔听信了山下旅店老板的鬼话，说爬山会出汗，我们就把随身带来的毛衣都留在了山下旅店里。现在真是追悔莫及了。可见这种事儿并非只让我们给摊上。这时我开始担心，今次上山会不会冻病在山上而下不来呢？我咬紧牙关，强打精神往上爬。这时我头脑中冒出一个念头，此时我就是一位记者！我想到了那些天南海北各处跑的新闻记者，他们是以怎样一种精神坚持工作的呢？我现在只不过才偶尔外出一次就胆怯了？那些坚强不屈的记者正是我要学习的！我拍拍随身带着的理光相机，信心一下子就来了。心想今天我就是一个摄影记者，记者就要有记者的样子，为了抢拍一组镜头不惜千辛万苦，甚至不惜冒险！

这时间有人燃放了一个二踢脚火炮，这两声清脆的炸响震荡着山谷。好像是与山风挑战似的鼓励着这些远道而来的爬山者，冲破寒冷，奋力往上爬！接着又放了第二第三个，这时大家爬山的劲头更大了。山路的坡度越来越陡，直立向上爬已感困难，我索性弯下腰去手脚并用。我们摸黑儿爬着爬着，突然前面传下话来说到顶了！真的，我们太努力了，到山顶时天还没亮，一看表才凌晨四点！提前到山顶了！然而山上的风更大更冷，又没有一点灯光，周围漆黑一团，什么也看不见。大家就聚在山顶不知如何是好，山上实在是太冷了，后来我随着人群稀里糊涂地挤进了一间小庙，周围黑糊糊的，没有一点光亮，挤在一群陌生的男女之中互相取暖，不一会儿我就站着睡着了。等到睁眼醒来时，外面天已大亮。一座座乳白色的山头展现眼前，嗬！这就是华山啊！五岳之一，山势险峻令人震撼！这回儿我才发现我挤着躲避寒风的小庙其实是个门洞。天亮后，风也停了，但却下起了小雨，没能看到喷薄欲出的太阳，却迎来了小雨，实在可惜！看日出的计划彻底泡汤，颇令人失望。一阵阵寒风又起，人都冻得脸色发青。怎奈身上的衣服太薄，我就把在山下买的一张报纸，中间抠个洞，像穿背心一样套在身上，然后再在外面穿上衣服，用这种办法来抵挡寒风。此时我唯独感到欣慰的是我的理光相机，她一直挂在我的肩头，每次触摸到她，便给予我力量，一直鼓舞着我不畏寒冷，还到处选景拍照。那真是不寻常的一天，不吃不喝，精神抖擞，身体虽然疲惫。但还是坚持走完了所有景点，直到坚持着下了山，居然还没有生病！

　　到了永济已是晚上，我们拖着疲惫的身体到招待所住下，打听到工厂澡堂还没关门，就赶紧到澡堂泡了个澡，回来上床倒头就睡，一直睡到次日大天亮！

第二天我们进厂参观了他们电气车间，并与同行了解了电气方面的一些问题，我把我对电气修理方面的想法告诉他，他完全赞同我的意见，并还作了一些补充，我们取得了完全的共识。

接下来顺路到了北京、长城、武当山等地。

我喜欢北京，也不喜欢北京。喜欢是我曾经在北京工作生活过，我拥有过正式的北京户口。我喜欢她的悠久历史，喜欢她极深的文化积淀乃至人们好听的口音。我还喜欢长安街，即便乘车而来，我也会下车步行，从东单到西单，中间经过天安门广场。长安街象征着中华民族的气魄，她气魄高大，伟岸壮观。但我不喜欢北京人的傲慢，不喜欢北京人的油腔滑调以及那种排外态度。

我到过长城多次，每次都会被它气势磅礴所震撼！然而也有一些小遗憾。比如在巨大的青砖上满是游人的字迹。内容五花八门，多数都是"XX到此一游"的字样。后面还有一个惊叹号。无聊之极，这就叫"国民素质"！

我和弟弟登了两天山，也说了两天的话。我们在半山腰歇了一夜，傍晚，山间出现了一段赤金灼灼的晚霞，非常壮丽。看见那些小道姑在认真地作着法事，心中不免生出些同情和悲悯。绪武说：人在跪拜的时候是最虔诚的了。

51. 晋升高级工程师

一九八七年，国家恢复中等技术职称评定之后又颁布了一项新措施，在科技人员中评定高级技术职称。在企事业单位中评定职称是对科技人员的激励，也是工作实力的综合评估。自改革开放以来尊重知识，改善知识分子地位的努力一直都在进行着，这次评定高级职称又是一项具体的措施。它将使科技人员受惠。几年来企事业单位干部年轻化知识化，不少知识分子被提拔到了领导岗位，升了官，这当然是一种社会进步，但同时也在一定程度上冷落了仍然坚守在生产第一线干活的技术人员。官贵民贱的传统把知识分子分成了官员和平民两个阶层。这次评定高级技术职称从某种意义上说也是重新肯定知识分子的价值，让从事专业技术工作的人也同样受到尊重，所以大家对这次技术职称评定都有所期待。

一般来说，大家都认为晋升技术职称和升官不同，晋升技术职称，讲的是技术实力和实际业绩，具体说就是你的业务能力，技术水平，工作业绩，当然还有学历、外语水平。

七十年代末国家刚恢复技术职称评定，我就第一批晋升了工程师。说起来很有意思，那个时候没待我报名，几乎我完全不知道不觉的情况下被选上的。晋升工程师后，我还感觉自己条件不够，颇有盛名之下，其实难副的感觉呢。可是这次晋升高级职称就不同了，要自己报名，出具论文，外语考试，群众推荐，领导出具鉴定，最后报铁道部批准。

这次职称评定除了上面说的这些之外，还有一条十分要紧，那就是上司领导对你的推荐。如果你的条件够，领导不推荐也是白搭。当时流传一副对联："说你行你就行，不行也行；说你不行你就不行，行也不行"！这话听起来很刺耳，但却是事实。上级领导的推荐是个无法绕过的关口。所以把材料交上去以后，能否评上还要看上司领导给你写的鉴定如何。

我因为在三分厂搞了数控技术改造，不但没有得到嘉奖反而跌入了低谷，一气之下离开了三分厂调到了九分厂，我的工作也由设备维修转成了设备大修。时光流转，不变的是我仍然一如既往追逐我的技术梦想，我认定自己不是当官的料，但我并非是一个不求上进的人，恰好相反，我对自己的事业是很执著很在意的。事业上我从不甘落后，更不甘沉沦！如果说第一次晋升工程师几乎是水到渠成，没用自己操心的话，那么这次晋升高级职称在我心中便有了压力，不管是出于虚荣心还是环境所迫，说不在乎这次职称晋升，那是鬼话。没有当官也就罢了，但技术职称（属于自己专业的高级职称）再评不上，真有点儿无脸见人！

或许有人会说，既然一心搞技术，还在乎这种世俗的"职称"？

不对！这些年来的经历告诉我，社会是现实的，完全的理想主义在这个社会上行不通！没有当官也就罢了，再无技术职称，薪水待遇先不说，恐怕连一个人的基本尊严也保不住了，那也就彻底没有了你的立足之地！往后还怎么工作？想到这里，我还真得为这次技术职称评定有所操心了。幸好我自己感觉业务上从来就没有输过，甚至还有相当成就感。与现领导的关系一般，但也没有得罪过哪个。我对这次晋升高级职称是看重和期待的。

果然一天下午将要下班的时候，分厂某领导见到我，他很关心地走过来说："老刘，当不当官其实没啥意思，但这次晋升高级工程师你一定不能放弃。"说话间还特别亲昵地搂了一下我的肩膀，让我一时弄不清他的真实目的；也是那几天，总厂设备动力处领导（业务上级）见到我，也是对我说了大体相同的话，"老刘，这次高级职称评定一定争取上！"他还特地招呼我到他办公室坐了一会儿表示支持。这说明上级领导对我还是肯定的吧，一个技术人员受到上级如此关照，几乎让我有些感动。

这次高级职称评定也是二十多年来的首次，听说名额有限，审批严格。评议程序是先基层（分厂，总厂处、室）推荐，总厂评委会通过，上报铁道部批准。

高级职称评选在即，然而接下来的事情发展并不如人意，接着分厂就发生了一件很怪异的事。一天上午刚上班不久，就接到分厂通知，让全体技术人员都到会议室集合，到了会议室才知道，是让大家以无记名投票的方式推荐高工候选人。但具体是这样进行的：

厂长给每人发一张裁好的白纸片，要你在纸片上写出你希望推荐的人名并具体排出名次。写完之后选票不是投入选票箱而是直接交到厂长手里。咦！这算是什么无记名投票？因为你推选了谁，再加上票面上的字迹，厂长很容易就知道你推荐了谁没推荐谁。因为本次推荐高工也包括厂长本人在内。这其中的奥妙不言而喻，如果依照这种评选出来的结果上报总厂，名义上是民主推荐，实际上是为厂长自己拉选票。这样作是很有问题的！然而大家都保持了沉默（包括我自己），道理明摆着，此时每个人的命运都捏在厂长手里！眼下这个时候谁也不愿意惹事生非去得罪厂长。

推荐结果很快出来了，不出所料，第一名和第二名都齐刷刷是厂长和副厂长的名字。

好了，把这样的结果报上去……

君不见，此时工厂里真正在下面工作的技术人员，尤其是工作多年上了年纪的工程技术人员，为了这个技术职称，还正在忙着写论文，复习外语，日以继夜地准备赶考。这会儿可好，还没轮到上考场呢，就已经被人家给挤到后面去了！今夕何夕？公平何在？

国家设置技术职称目的是体现对知识和知识分子的尊重，激励科学技术发展，是国家的一项战略性决策。评定依据也应该只能是技术人员的业务水平和工作业绩。在这方面公平、公正就显得格外重要！然而今天……

明摆着，老百姓永远也无法与握着权力的人竞争！照这样作下去，工厂里真正干技术工作还有什么指望！

基层推荐，业务考核，领导讨论，上报铁道路部审批，经过一个多月的折腾，晋升高级职称的人员名单终于批下来了，九分厂总共晋升了两人，我的名字竟然在列。这让我有点诧异，因为我早已觉得这次没戏了，结果还是评上了。后来才听说是国家又下了一个补充规定，说这次晋升高级职称只在技术人员中进行，工厂领导不在评选之列。啊！原来如此。

事情到此就结束了，可没想到又传来了一个令人不快的消息，总厂一位朋友跑来告诉我，说："评高级职称的时候，你上报铁道部的鉴定材料是总厂为你重写的，你们分厂为你写的鉴定根本不行！"

这又是怎么回事呢？我觉得很奇怪！总厂为什么要为我重写鉴定材料？这又让我想起了评选之前在分厂进行的那次无记名投票，说意外也就不太意外了！

从工厂开始建厂起我就在总厂供职，后来又参与了工厂的设备安装，几个分厂都干过，不少人都认识我，自然对我的工作也有了解。这次总厂为我重写鉴定材料表明在晋升高级职称问题上，我得到了总厂评委的支持！

回想这段曲曲折折是是非非的经历，真是令人五味杂陈。掌握着分厂权力的人既是运动员又是裁判员，他也想争个高级技术职称，而且想得不行！他哪还有心思给一个技术人员好好填写鉴定材料！甚至早已把你看做是他的竞争对手了也说不定！这个充斥着浮躁竞争的环境中，我总算又闯过了一关。

晋升了高级工程师，虽说没有什么权力，这个身份还是有点用的。因为是首次晋升高级职称，国家也比较重视。高级职称评定结束之后，在一定程度上恢复了对科技人员的尊重，待遇也有了相应的提高，例如出差可以坐软卧了，之前只有高级干部才能坐软卧。当年的年终奖也与工厂处级领导拉平等等。对技术人员的这些优惠待遇也是国家对科技人员的一份恩德。但是好景不长，等到一任新的领导上台，这种待遇就又取消了。至于后来的职称评定，大家都看见了！这里就不用我多说了。

52. 在车间的日子里——（1）

回顾我的技术生涯，几十年来基本上都是在车间或车间环境（人归科室但是在车间干活）中度过的。

闻惯了车间里机油的气味，听惯了车间机器隆隆的声音，车间环境总是显得既熟悉又亲切。

我已习惯了车间这种环境，它朴实无华接地气，这样的环境能激励人勤奋上进！在班上，穿一身合体的工作服，干活的时候把袖口扎得紧紧的，或者套一双套袖，活动起来既方便又利索。

没事的时候，我就喜欢一个人在车间里巡视，肩上背一套电工工具，就感觉十分潇洒！当年我特喜欢穿工作服，固然是因为没钱又没布票做衣服，另一方面我也觉得这更容易和工人们打成一片，很符合知识分子劳动化的时代要求。

我比较喜欢思考，甭管是什么活，我总是习惯先从理论入手，把工作原理先想清楚，然后才动手干活。坦率地讲，动手干活原本不是我的强项，为此我把"做一个动手派"作为自己的座右铭，在工作中主动磨练自己，加之我的兴趣所至，我的动手能力也变得有力起来。强烈的兴趣弥补了我在这方面的不足。

我很在意工作中积累起来的各种经验、心得、体会，还有干活时的各种技巧。

在经验和心得体会方面，如可控硅系统调试时触发信号漂移现象的认知和思考；大功率晶体管饱和与导通问题的启示；高电压放电现象之微妙特征；电子系统接地问题之表现。以及模拟电路、数字电路、计算机技术等一系列的奥秘的发现……都一一丰富了我的经验和专业知识。

几十年来，每次成功完成了一项较大的工程（如大型试验站，大型机床，变电站等）的安装调试工作，每完成一台结构复杂的机床的修理工作把它交付使用，保证了生产顺利进行等等，都会让我兴奋不已。

几十年来，我的职业生涯中最有趣、最快乐的时光大都是在这种劳动中获得的！

这种劳动后的快乐是任何其它快乐都无法比拟的。科技人员的快乐是一种纯真的快乐，充实的快乐，不带有任何功利色彩的快乐！

哲学家周国平先生曾说，人的精神状态有三种：丰富的单纯；贫乏的复杂；丰富的复杂。如何界定科技人员的精神状态呢？我想，用"丰富的单纯"这个词儿来形容比较贴切。

有人说：要懂得享受生活。究竟懂得享受生活中的什么？我以为最值得去享受的还是创造性的劳动后获得的喜悦。身为工程师才能体会到，没有比这更令人兴奋的满足感了。工作之后的愉悦，那种成就感，那种庖丁解牛后的踌躇满志。只有通过这种劳动才配享用！那种自由自在，那种放声地笑，笑得清澈见底，这不能不说是对立志于科学技术的人的一种丰厚的报偿！

每当工作上有所成果，遇到这种好心情，下班回来，我总是先到小卖部去买上一瓶啤酒，回到家中美美地喝上一顿，以示庆贺。劳动后的快乐，实在是美不胜言！

在车间干活的几十年里，我还有幸遇到过非常优秀的人，也让我受益匪浅。

第一个人就是我的师傅栾志祥工程师，他既是我的师傅又是我的头儿（领导）。我刚到大西南参加三线建设的时候就认识了他，并在他的领导下工作。我跟随他首先学到了企业中的技术人员应当怎样工作，应当具备哪些技能。在未跟着栾工之前，我天真地认为技术人员就是单干技术，其实不然，在工厂中，一个技术人员除了干技术之外，还要使自己具备比较全面的机能。比如组织能力、管理能力、对外的交往联系能力等等。不仅能干，还要能写（具备一定的文字方面的能力），会画，会写等等。栾工原是工人出身，人很聪明，靠自学成了一位电气工程师，业务能力很强。关于栾工，前面已经说过，在此就不多赘述了。

第二位是唐兆卿，他本来是安装公司的一名技术人员，在工厂建厂期间我有幸与他一起工作，为工厂安装调试设备。如前所说，他是一个极其聪明的人，不但理论扎实，而且工作也很有经验。他的技术水平完全可以称得上是一位专家。他的技术视野开阔，和他一起工作，总能学到一些在其他地方很难学到的东西。他对电气他的看法常令我茅塞顿开！他还有一个与众不同的地方，他会英语，而且还是一个基督徒。这在当时是很少见的。他是我职业生涯中遇到的一位很特殊的同行。

另外，我还遇到过不少很有智慧的工人师傅，他们干活技艺高超，手头干活的能力极强，干起活来，既快又巧妙。再加上他们那种劳动者的淳朴，常令我着迷。

常年的车间生活，给我养成了一种朴实、勤奋的好习惯。

有一次我到外地出差，火车上遇到了一位满目慈祥的老者，他坐在我的对面，他端详我半天，便开口问我，"你是哪个系统的？"我说我是铁路系统的，在铁路工厂工作。大约他看见我一身劳动布的工作服，就又问："你是干什么活的？"我说我是电工。于是他就和我攀谈起来。他也是山东人，是胶东某地工厂的退休工人，这会儿是要去他女儿家走亲戚。他是个钳工，干了一辈子钳工活。他问我今年有多大岁数了，我说四十了，他看着我说："你还能干十多年的好活！"

年龄上我们是两代人，但一路之上，却谈得十分投机。这就是我非常崇敬的那种工人师傅。

53．在车间的日子里——（2）

九分厂为二分厂大修了一台曲轴加工机床，经过很长一段时间的大拆大卸，换件修理，终于大修完毕运回到二分厂，机床安装复位，试车检测的时候遇上了麻烦：机床开动精车的时候，发现加工的曲轴表面总有一点细微的波纹。这是一台大型柴油机曲轴加工机床。九分厂（修理方）说，这算不了什么，刚修完的机器……，但二分厂（使用方）却不认可，不签字！双方为此争执起来，陷入僵局。一方急着交工（完成生产任务），另一方就是不收（不签字）。这时九厂又拿出了老办法，采取所谓"两条腿走路"，由九厂生产科出面对二厂设备科软磨硬泡；同时又责令机修车间和电修车间继续查找原因，这样子拖了半个月，还是没有把活交出去。因为产品表面即使有很小的波纹，根据产品质量标准也是不允许的。一天车间主任来找我，"刘工，二厂的活实在交不了啦！请你抽空去看一下吧。"我也听说了。其实这时九厂内部也有争吵，钳工就说是电气方面的问题，电工却说是机械方面的问题，公说公有理，婆说婆有理。大家争吵不休，然而还是一筹莫展。

这是一个似是而非的问题，拿行话说这叫软故障。接到任务后我就想，曲轴上的波纹肯定是机床振动引起的，但究竟是哪一部分引起的振动呢？那么大的一台机器，机械方面有传动轴、轴承、一系列齿轮咬合等等；电气方面有电机、控制系统等等，哪个环节出了毛病都能引起震动。引起机床震动的因素太多了，究竟是哪个环节出了问题？一时还真不好说。

当我来到二分厂时，现场的人一下子围了上来，就像是一位病入膏肓的病人请来了一位高明的大夫一样，大家不约而同地纷纷前来诉说，那架势就等我这个大夫表态了！

眼下是多方（二分厂与九分厂，电工与钳工）争执，在不明就里的情况下仓促表态是很不明智的。我建议大家先不要争，各自冷静下来检查自己修理过的每个环节，继续寻找原因。

其实我一时也拿不准病根！由于症状不明显，最终还是得一步一步地查，以事实说话。

随后我让机床开动起来，巨大的柴油机曲轴在机床上旋转着，用眼看用表测都看不出有什么毛病，机床停下来后，细看曲轴表面的刀纹，几乎看不出有什么问题，但仔细看就发现有一些细微的刀纹。使用单位说这种刀纹是不可以交车的，它影响柴油机曲轴加工精度。由于症状不明显，我最终决定采用我惯用的办法从电机开始一步步一段段查，但仍然没看出什么明显的毛病。最后推到可控硅部分，用示波器看波形也似正常，虽不是很规准。但考虑到电子系统的互相干扰，也不能说不正常。我想这种似是而非的波形能否让它更稳定更好一些呢？我于是一下想到了接地线，对！接地线。我有这方面的经验，当地线接触良好的时候，信号通常是稳定的。否则会引起信号漂移！我立刻让同伴李菊去检查接地线，找到地线以后用表一测发现接地有电阻！这时我眼前一亮，就是它？我立即追踪找到接地的位置，果不其然，一个很不起眼的接地螺丝是松的！赶紧找来砂纸打磨除锈，然后把螺丝扭紧压实，让接地线接触良好。我心中已经十拿九稳了，立即让师傅重新开动机床，巨大的曲轴在机床上旋转起来，车刀经过之处，发出亮瓦瓦的银光，一刀切过之后，立即停车检测，众人也都凑了过来，那神秘的波纹一下子消失了！再试，仍然不见了波纹，这时几个年轻人一下高兴的跳了起来！困扰大家近半个月的故障就这样排除了！大家高兴我也高兴。这就是干技术工作的魅力！我无数经历中，经常会遇到一些意想不到的事情，虽然都是些小事，但表象千奇百怪，从现象上推原因，这种处理问题的思路是很有意思的，当然，其中的专业理论水平是至关重要，干得多了就成了经验，好多的技术经验就是这样一点一点慢慢积累起来的。

54. 在车间的日子里——（3）

　　既然说车间里的生活，借此机会也一并说一下长期干活行成的一些很有趣的现象，在此就叫行业习性吧。

　　习性之一：我把它叫做"行业唯心主义"（私自叫法，不规范）。什么意思？常年从事一项专业的人，会自然而然地形成一种错觉，这种感觉叫"你不想它就不存在！"我把它叫做"行业唯心主义"。比如面对一台机器（机床或其他工业设备），不管它机体如何庞大，结构又多么复杂，但在从事电气的人眼里，它就是一台电气设备，满眼就只有电气元件，大到电机、电器，细到布满机器全身的电线电路，以及电控柜等等。至于其他的部分如机体什么的,在这些人眼里往往被视若无睹！都被虚化了。这种感觉非常非常像"你不关注就不存在"似的。其他行当的人说起来亦然。但凡是从事专业技术的人，是不是都有这种感觉？所以我就把它叫做"行业唯心主义"。

习性之二：我把它叫好"职业敏感症"（私自叫法）。比如干电气这一行的，触电是常有的事。所以时间久了，触电的感觉就成了一种"职业敏感症"（条件反射），其特点是只要手指受到刺激，比如被什么扎了一下，手都会像触电一样本能地弹回来。这也很有意思。如今我已经退休多年不干活了，但这种感觉依然不变。有一次我被一个刺扎了一下，手立即就弹了回来，和当年触电时的本能反应竟一模一样！有意思吧！

这方面的现象还有许多，在此就不一一说了。这些现象都是在车间长期干活存留下来的。

55.　在车间的日子里——（4）

上面说的都是在车间干活的快乐，这是否是车间生活的全部呢？当然不是！下面就说一下另外的一面，那就是在下面干活的无奈和困惑！

车间是工厂里的最低层，相当社会的底层。所以在下面干活的人地位也低。车间技术人员也不例外。

如今是个官本位的年代，人们评价一个人的标准往往是看你是否当上了官和当多大的官。干技术工作没有官职，在车间干活就常被人瞧不起。这种情况常常让人很是无奈！

九十年代我在车间技术组，大家就流传着一个词："社员大会"。什么叫"社员大会"？就是经常召开的车间职工大会。这种大会有事没事每周至少都要开一两次，有时平时也要召开。这种会多数是在周一早上，会往往开得冗长。听车间领导们讲话，讲话的顺序总是先书记后主任。书记讲话侧重政治指导，主任侧重车间工作。一讲往往就一两个钟头！听领导训话是件折磨人的事情。开会的时候大家都坐在冰凉的水泥地上，一个个埋着头，似听非听的，一直坐到领导说累了，方才散会。

四三一厂建成投产以来，在当地招收了一大批工人，有城市平民，有乡下农民（贫下中农），再就是每年都有的转业兵（复员军人）。这些人大都文化水平低，特别喜欢抽当地产的叶子烟，每次开会，他们就抽得特别起劲。咝咝地响着，散发出一种劣质烟草呛人的怪味。缭绕的烟气和着一副副木讷的面孔，活像当年农村人民公社的"社员大会"，所以技术组的人就调侃这样的大会为"社员大会"。每逢这种"社员大会"，技术组的人员不论职称高低和年岁大小，也都得和大家一样坐在水泥地上听领导的训诫。

在这种情况下，你无论再怎么自持清高，也无济于事！久而久之也就泯然成众了。

我经常想，人生除了当官以外，从事技术工作就不应该得到尊重吗？搞技术的人也应有相应的地位啊。也应得到相应的尊重。何时能改变这种状态？只能寄希望于社会的进步和企业的改革了。

回顾几十年的职业生涯，在车间工作地位低，工作相对也累，但我仍然觉得不亏。因为工程师的生活相对单纯，它让我一生保持了一个理想主义者的情怀。我想，倘若当年也混上个一官半职的，荒废了专业不说，再染上官场那些不好的习气，恐怕就没有像今天这样潇洒自适、丰富多采的生活了。

"求仁得仁，有何怨乎！"

我生活在一个社会大转型的时代，我欣赏这样一段话："知其辱而保其尊，守其弱而砺其志。信大道如砥，虽身不能至而心向往之。"

科学技术领域是一片纯净的绿洲，有幸踏足的人有福了！

尽管在车间干活地位低，但我至今仍然感激在车间干活的日子！

电修车间工作现场（右是作者）

56. 近距离观看民主选举（政治改革尝试）

一九八〇年到一九八八是中国改革开放的黄金时期，一九八六年也是我到日本回国以后的第一年，这一年我平生第一次参加了全厂的党代会，有机会见证了一次工厂民主选举试验。用民主的方式选举工厂党委领导班子。在民主国家选举是一件十分普通平常的事，然而在国内选举党的领导却还是第一次。即使只是差额选举，也是破天荒第一次。我头一次看到不少厂级领导人因为要面对选举，一扫过去对下面傲慢的态度，在群众面前一下变得谦卑起来。

正式选举前我注意到两件事：

第一件事：按选举程序先选候选人，下面纷纷推出了自己比较满意的人选。但报上去汇总后，群众提名最多的人反而没有列入候选人名单中，就这样反复提名了三次，到正式投票选举前，那位支持率最高的人还是从候选人名单上删掉了。

第二件事：在选举前上面反复强调要大家顾全大局，仍投现任领导的票。

第三件事：当让大家填写选票的时候，发选票的同时，当局又给每位代表发了一支英雄金笔外加一个公文包（真是用心良苦啊）。

老实说，我很反感这种作法！

闹哄哄的群众投票结束了，检票期间代表们都等在下面，这时我突然注意到某领导开始坐立不安起来，脸色变得十分难看，好象是要大祸临头似的。看样子他吓得不轻！他大约感到了被选掉的恐惧。

看到这里我倒觉得他十分可笑！人和人真的很不一样，若站在我的的立场上，当不当官真的没那么重要。作个老百姓凭劳动吃饭，不当官反而活得更踏实些！不是吗？何必吓成那个样？再说了，不是天天喊人民的公仆吗？既然是人民公仆，为人民服务，服务得好，人民赞同，服务不好就下来当个老百姓，可上可下，天经地义！有什么好怕的？其实他们原本也都是普通群众，只不过后来升了官（包括拍马溜须和阿谀奉承）当上了领导。这就再不想下来了！再说，这次选举也只差额了一票，就吓成这个样子！说明他是多么没有自信！

恋权、不自信，怕丢官，怕当老百姓！说到底他们还不是真的为人民服务的公仆！这样的人就应该下来！

另外想想也很可笑，像他们这样，当着官又怕丢官，再加上官场上的勾心斗角，生怕被别人整了。想来这种人当这个官也挺不容易哩。

这次民主选举仅差额了一人，就显示出了民主的如此威力！让那些平时作威作福，骄横跋扈的掌权者们，立刻表现得谦虚起来。试想如果这种政治改革继续进行下去，那些高高在上，作威作福的官僚主义者还敢胡作非为吗？只可惜，这种民主改革尝试刚刚开始就结束了。

选举结果出来了，旧的领导班子一个不少地全都保住了他们的官位。但检票是在后台秘密进行的，候选人得票结果也不公布。最后草草宣布选举结束！这次民主选举吵吵嚷嚷进行了三天之久，多数人喜欢拥护的人并没有选上。这次选举自始至终都显示出拥护民主与反对民主的斗争，经过明显的暗箱操作，保守势力最终还是取得了胜利，保住了原班人马的权力。只是几天来一直陪同选举的代表们，却感到一种莫名的失落！有一种被人耍弄了的感觉！

在我的记忆里，这是改革开放以来厂级领导班子第一次也是最后一次差额选举。而后因受到普遍抵制就再也没有叫老百姓选举了，社会保守势力之大可见一斑！

党代会后，生活迅速又恢复了平静，上班下班依旧，死气沉沉，上班前照样得听领导训话，一切都恢复了以前的状态。

改革开放以来，社会上唤起的那股热情又慢慢冷却下去。一种莫名的压抑感又回来了。

那段时间，不知为什么，满大街都在哼唱一支佛陀歌，是刚刚播放了一个电视连续剧——《济公》插曲：

鞋儿破，帽儿破，身上的袈裟破。

你笑我，他笑我，一把扇儿破。

南无阿弥陀佛，南无阿弥陀佛；

南无阿弥陀佛，南无阿弥陀佛。

哎——咳哎咳哎————

无烦恼，无忧愁。

世态炎凉皆看破。

世态炎凉皆看破。

⋯⋯⋯⋯⋯

我突然想起，为什么老百姓都起劲地唱这支佛陀歌？在人们受到压抑而又无可奈和的时候，济公的精神倒不失是缓解剂，无形中也成了广大老百姓发泄愤懑情绪的一种方式。听着听着也情不自尽地跟着哼唱起来。

那几天，我订阅的《文汇读书周报》上登载了一篇文章：题目是《歌好，使人继其声》，说的就是这首歌。

57.　"文革"又回来了？

刚出差回来第一天就遇上了一件事，纪念伟人逝世

XX 周年。

　　这次庆祝活动特别隆重，气氛之强烈超出了以往。不禁又让人想起了"文革"年代。大会的程序也是文革时的老样子，开始书记讲话表述伟人的丰功伟绩，然后各个单位轮流上台讲话或表演节目。某厂头走上台去声情并茂地高声朗读了一段伟人的诗词，赢得了下面一些掌声，然后他脸上挂着不乏浅薄地洋洋自得走下台来。接着是各个车间、科室纷纷上台献忠心，一时间，诗朗诵，语录歌响彻全场。多年没听到唱语录歌了。

　　保卫科干部（大家都管他叫 X 保卫）表现尤为突出，他今天特意穿了一身新军装，挺直身子，双手抱拳跑步向前，以惊人的灵巧劲儿跳上台去，以军人的姿态双脚咔嚓一声立正："报告首长！……"他的这些动作叫人想到了他年轻时曾在名扬四海的"八三四一部队"服过役。他上台表演了一场"忠字舞"……像这样充满活力的动作大约他好久没作了。这些年来，他转业来到地方，身体已经发福。所以笨拙而快速的动作颇令人发笑。X 保卫之后，接下来忠字舞，诗朗诵表演一个比一个热烈。

　　……

　　这次大会触发了不少人恶梦般的记忆。以至让人惊诧了好几天，是不是文革运动又要来了？

　　这件事让我深感这个社会之诡谲！之病笃！即使在改革开放这样长的时间了，人们的文革情结还如此浓烈！这还只是在一个工厂之中，由某个书记一号召，立即就形成了这种局面。我相信此时社会上只要上面有人登高一呼，中国还会出现权力操纵下的第二次"文革"。看眼下某些人的素质，文革还远远没有离去！

果不其然，数年以后，在山城重庆就上演了一场"唱红、打黑"运动，更证实了这种担忧并非空穴来风。

58．工程师老罗

罗泽先是我一个单元的邻居，我住二楼，他住五楼。老罗是个好伙计，是我的同行，很能干，技术水平不错。但他已经去世了，死的时候才六十刚过一点，拿现在的标准他算是英年早世。老罗是得了癌症去世的。老罗在厂里也有一段叫人义愤的经历。

老罗毫无疑问是一个优秀的技术人员，在工作岗位上他作出了比一般人要多的成绩。他还改造成功了一台数控电线切割机。九十年代厂里搞多种经营，领导们利用他与一位台商的亲戚关系，引进了一个做灯具的项目——"真明丽灯饰"，项目引进之初工厂极需要他，对他还是比较尊重的，后来引进工作结束了，工厂便派了新领导进入"真明丽"，这时就把他排挤到一边去了。其实老罗是个工程师，对权利仕途并无兴趣，更无意与他人争权夺利，他只是希望从中得到一个安定的岗位作他的技术工作。但却偏事与愿违，当上面需要他的时候，就把他推到前面，事办完了就把他冷在一边。他的工作不但得不到支持，还处处受到无理指责。更可气的是，后来公司出了技术问题，明明是管理问题，领导的责任，却硬把责任推到他头上！

最典型的一次是工厂机车部件机车柜事件（机车柜出了质量问题）。老罗是"真明丽"的工程师，领导指定给他的任务是负责灯饰产品，机车柜是电修车间的产品，因种种原因干不过来暂时扩展到了"真明丽"帮忙，产品划过来了，但技术服务没有跟过来，出了技术问题责任该归谁呢？这分明是领导工作不到位。据说当时上面传下话来，说要追究老罗的责任，问题是老罗虽是工程师，但何时他也负责机车柜？

事情发生后，上面传达下来，要大加声讨。还声言一定要追究到底！

其实如果要追责任的话，首先应追负责生产的领导，因为他忽略了技术服务这一环。但老罗去向谁申诉呢？他的出路似乎只有两种：一种是委曲认错作检讨；一种辞职不干了。忍无可忍老罗选择了后者。在还有四年才退休的时候，他打报告提前退休以示抗议。人是离开了工厂，但抑郁不平的情绪却一直延续着，退休后他找到了一家英国公司打工，每天都在电脑上工作八九个小时，这样拼命干也有他不甘心不服气的因素。由于精神长期郁闷加上过度疲劳，有一天他发现颈子一边长了个包，不久另一边也鼓起一个包，经检查确诊为淋巴癌。他的最后时光是与癌症的纠缠中度过，最后终于不治身亡。

"出师未捷身先死，常使英雄泪满巾"。老罗至死都不甘心这样撒手人寰！

59. 感受那片森林

九〇年夏，我参加了一次科学技术协会推荐的"建康疗养"活动，来到了风景秀丽的都江堰。临时度假村就在著名的都江堰二王庙旁边，这里是一片茂密的森林。这片森林从二王庙后门一直延伸到后山上。这是我头一次见到原始状态的一片树林。我想，可能是因为它靠近都江堰风景区，所以才躲过了几十年来的乱砍滥伐，至今仍然密荫匝地，郁郁葱葱。时值炎炎夏日，但是满山绿树如海，清爽之气扑面而来，暑气顿消。尤其是走到古寺旁边这片林子里，呼吸着纯净凉爽的空气，感觉全身都变得特别舒坦。

小时候我最爱听大人讲有关森林的童话故事，故事开头总是说："从前有个人儿，上山去打柴……"。故事内容大都是讲发生在森林中的稀奇故事。所以从小我就对森林有既神密又敬畏的感觉。我喜欢大森林。这次疗养正好就在一片森林之中，终于算圆了我的"森林梦"。一天黄昏，营地里一片安静，我趁着夜色，一个人大着胆子走进了森林，想偷窥一次黄昏之后树林深处的奥秘。这时林子里各种夏虫开始鸣叫，夜出的野生小动物也开始出来觅食，林子里仿佛一下充满了生机。我移步来到一棵大水杉树下，树叶突然响动起来，抬头望去，一只大鸟影子似的从我的头顶飞过，掠过了旁边的树枝，悄然消失在附近的另一棵大树后面……我一个人走在柔软的落叶上，心情特别惬意。待了不久，天上便稀稀拉拉下起了小雨，我才移步退出了树林，回到宿营地。此时同室的伙伴们正地下棋聊天。

　　夏夜，宿营地一片静谧。呼吸着林中大自然的空气，好不销魂！

　　二王庙后山中，有一个森林公园。这天前往游玩。森林公园中有一片湖水，当地人叫龙池。那天来到龙池，天下起了雨，我们只得躲在湖边一个亭子里躲雨，雨越下越大，天空乌云翻滚，电闪雷鸣，原来这雨中的景色别有一番风趣，湖面变成了灰蒙蒙一片，给龙池蒙上了一层神秘的色彩，好象是真有一条龙从池中腾空而起似的。我想，龙池这个名字的由来，也许就与刚刚经历的一番景色有关吧。

60．啊！那些梧桐树

　　建厂初期，厂区种植了许多法国梧桐。三十多年后，长得郁郁葱葱。整个厂区都掩盖在绿茵之中，夏日即便是最炎热的正午，一进厂门，也是凉爽宜人。由于厂房周围都有大树包围，上班时间车间的噪声也被大树吸收了大半，环境相对安静。这样好的一片大树，在一九八一年突遭厄运，厂长下令全部砍掉！为什么？不为什么，只因为新上任的厂长不喜欢这种树！所以他便下令把树砍了。广大职工不同意砍伐也没有用。因为是厂长说了算。大家眼看着自己亲手栽的大树被一棵棵砍倒，好不心疼！

　　有一位看守大门的老师傅眼看着厂大门的那棵大树被砍，心疼地说，这棵树我侍候它三十年了，你们就这么着给我砍了！它碍着你们什么啦？

　　很可笑的是，不知什么人还放出话来，毫无根据地说法国梧桐的花粉会使人致癌！在这个罪名下，厂区绿化几十年的梧桐树，被大量砍伐，起初只在一个分厂，后来扩展到整个四三一厂区。这一切都仅仅是因为某些领导的个人喜好。按说这样大规模的砍伐是违反森林保护法的，然而有谁会来管呢？按说，一个厂长，他的职责任务是管理一个工厂的生产活动，像厂区几十年来种下的树林已经受国家森林法保护，他没有权利说砍就砍，

　　梧桐树砍光之后，林荫道没有了，夏天，全厂都暴露在烈日之下。再也享受不到夏天林荫的阴凉。

61. 上庐山

　　改革开放起社会逐步走向稳定。工厂里对职工的福利也逐步恢复，其中有一条是每年分批让部分职工到外地短期休养，名曰"健康疗养"。九〇年夏天，我受惠得以去庐山小住（疗养）。同去的还有陆工、张国祥等人。立刻回家作了简单准备，第二天就一块儿启程了。先坐火车到重庆，然后买船票沿江而下到九江，再乘车上庐山。这真是一次难得的旅行，

　　我第一次乘船走长江三峡。沿途风景名胜目不暇接！此时正是江水满潮的季节，江轮顺流而下，我喜欢站在

船尾高高的甲板上观赏船尾翻滚的浪花，白茫茫拖得很长很长。江轮过夔门，便进入天下闻名的瞿塘峡，两岸群峰如屏，山势陡立，过夔门，高高的白帝城赫然在目，想起李白诗：

《早发白帝城》

朝辞白帝彩云间，千里江陵一日还。

两岸猿声啼不住，轻舟已过万山。

如今，虽然未闻"两岸猿声啼不住"，却有"江轮已过万重山"的感叹。

过了瞿塘峡又来到巫峡，看到江边高高耸立的神女峰，便想起现代诗人舒婷的著名诗篇《神女峰》：

在向你挥舞的各色花帕中

是谁的手突然收回

紧紧捂住了自己的眼睛

当人们四散离去，谁

还站在船尾

衣裙漫飞，如翻涌不息的云

江涛

高一声

低一声

美丽的梦留下美丽的忧伤

人间天上，代代相传

但是，心

真能变成石头吗

为眺望远天的杳鹤

错过无数次春江月明

沿着江岸

金光菊和女贞子的洪流

正煽动新的背叛

与其在悬崖上展览千年

不如在爱人肩头痛哭一晚

优美的诗篇不由的让你遐想连篇！

接下来是西陵峡，要经过著名诗人屈原的故里秭归，然后是汉代王召君的家乡香溪河，过了西陵峡便到了宜昌。三十多年后我第二次游三峡，这里已建起了三峡水电站，一百多米高的拦江大坝，将长江截断，从此三峡出平湖，改变了三峡原来的模样。过了宜昌，一路东行，直到九江。

到了九江上岸住宿。九江天气炎热，第二天就上庐山。一路之上，山峦起伏，满目葱茏。到得山上，气候甚是凉爽，难怪历代名人都到此避暑。

这次来庐山是健康疗养，就是说，来者都身体健康，没有毛病。所以逗留山上期间，每天都是自由活动，山上有吃有住，游览山上名胜，甚是轻松快活。

庐山是一座名山。之所以有名，一是这里的风景秀丽、气候宜人；另外则是在这里有太多的文化、历史沉淀。尤其是近代，多少影响到国家、民族命运的大事件曾在这里发生！所以从某种意义上说，庐山除了是避暑圣地，还是一座历史山、政治山。

参观庐山会议遗址：

来到庐山后，我首先想到的是看仙人洞，因为有领袖的诗句"天生一个仙人洞，无限风光在险峰！"仙人洞离我们住处不远，第二天一早就跑去了"仙人洞"。

到了仙人洞，才发现洞子不大，而且很浅。一点儿也没有原来想象的那样神奇！一个极普通的洞子而已。然而有领袖的诗句在此，没有名也有名起来。

那时的毛泽东，何等的豪情万丈！

到庐山还有一个地方是必去的，那就是一九五八年庐山会议会址。

当时的庐山会议是惊动朝野的一次会议，不由得想起彭德怀元帅折戟沉沙庐山的惊心动魄的场面。

一九五九年夏天，党中央曾在这里召开了著名的庐山会议，会上曾就极左路线进行了激烈的争论，为此彭德怀元帅向毛递交了反映全国人民陷入饥荒的一封信（即后来称的"万言书"）由此引起了毛大怒！把彭德怀及其同情者打成了党集团。这突如其来的事件正像一首诗表达的，

昨夜月明山顶宿，

隐隐雷声翻山谷。

晓来却问山下人，

风雨三更疬卷茅屋。

从此彭老总一批人被打成反党集团，软禁的软禁，撤职的撤职，彭老总从此软禁止直到文革迫害至死。

……

一天晚餐过后，突然看见一道晚霞映现在西天，霞辉万丈，光辉灿烂！我抓起相机就向着太阳落山的方向跑去，想拍下这一玫瑰色的傍晚。当我拍照完了以后，才突然发现在这大山之中只剩了我一个人，是否会有危险？我不禁心生恐惧，所以我又抓起相机往回来的路跑。跑得人张口气喘，回到了住处。

疗养院大门外就是风景如画的如琴湖，湖水清澈，水面开阔，中间有一个小岛，岛上一座凉亭。湖里有很多鱼儿成群地游来游去也不十分怕人，几乎随便都可以用手捧住几条小鱼。这种情况还是在我童年的时候看到过，故乡村头有一条小河，河里的鱼儿就是这样，多得可以用手抓。但几十年过去了，大量河流、池塘污染和其他人为破坏，水质混浊，哪里还有鱼儿的影子。今天在如琴湖边又见到这种久违了的景象，令我特别心爽！有如一下返回了童年。

夏天看到一片清凉的湖水，我总想跳入湖中畅游一番。一天下午终于憋不住了，就和张国祥两人悄悄来到如琴湖一个角落，脱掉衣服跳入湖中。竟没见有人前来阻止（怕出危险，这样深的湖水是不允许下水游泳的）。之后我们就畅游起来。岸边是郁郁葱葱的大树，头顶是蔚蓝的天空，在这里游泳真是别有一番滋味！庐山上面的天气乍晴乍雨，我们下水的时候还是晴空万里，游着游着便乌云密布下起雨来，气势磅礴的云便贴着湖面滚滚而来，不一会儿功夫水面上就什么也看不见了。一种恐怖的气氛霎时笼罩了整个水面。我俩奋力向岸边游去，当爬上岸时浓雾已经完全笼罩了湖面。我们顾不了穿衣，抱起了衣服就往疗养院跑。当跑到疗养院时，大雨倾盆而下。连手里抱的衣服也淋湿了。

疗养院组织集体去参观白鹿洞书院。

五老峰山下，密林丛中，坐落着一处环境幽静的书院，这就是著名的白鹿洞书院。读史知道，中国历史上曾有许多书院，其中以四大书院：白鹿洞书院、岳麓书院、应天书院、嵩阳书院最为著名，白鹿书院是其中之一所，白鹿书院始建于南唐升元年间，南宋时达到鼎盛。

书院者，思想者的家园。南宋理学家朱熹曾在这里传道讲学。

想象中，这里聚集了一群博学之士，他们衣袂飘飘，如奥林波斯山上的天神，在此传递着中华民族之文明。

朱子曰："问渠哪得清如许，为有源头活水来"是否作自这里？

十多天的休养很快就结束了。

从庐山下来，在镇江办去往武汉的船票，其间我到一个文化用品商店买东西的时间，与一群小偷相遇，在我选购商品时，他们把我团团围住偷走了我的钱包。幸亏我已经买了船票，但他们把我剩余的钱全都给偷走了。被打劫的阴影令我十分沮丧。我到当地派出所报了案，明知没有希望，还是抱着"有枣没枣打三竿"的想法报了案。心想如果不报，不也太便宜了这些小偷了嘛！其实报了确实也没有用，那位民警反而批评了我一阵，好像案件发生是由于我的过错。

钱被盗走了，心情严重受挫，本来还想在九江转一转，看一看，现在兴趣全无！什么也干不成，不想干了。我就一个人蹲在码头上，找了个有警察的地方待着，一直等到下午上了开往武汉的船。由于被盗的阴影犹在，总感觉到处都潜伏着危机！令人担心。

到了武汉，不巧，从武汉到十堰的火车由于水灾晚点了，一直等到晚上才坐上火车。

62. 重返"三江口"

一九六五年冬天，我曾跟随四三一筹建处的一伙人到宜宾出差，那次来宜宾是考察三线建设情况，我们的工厂还没开始建设，正为四三一厂筹建作准备。带队的是李进生厂长。那时我们多么年轻！那次出差时，我曾特别说了在宜宾渡"三江口"时的感受。一晃二十多年过去了，今天我又随车间一起来蜀南竹海旅游，路经宜宾，我特别抽时间又去了一趟"三江口"（金沙江、岷江、长江交汇处）。到这边看到，从前的一切全变了，特别是"三江口"一带，当年我们乘轮渡过江的码头不见了，江上修起了一座大桥；江边那些鳞次栉比的民房如今也变成了高楼；小石阶路变成了整洁的水泥路。看到这些年的变化我的心情既欣然又仿佛若有所失。可说是既喜又忧。喜的是现在城市建得真快！说明现在人们的生活水平提高了。但忧的是，当年那种文化氛围不见了。不知为什么，我特别怀念我青年时代那个古朴有着浓厚历史感的"三江口"。时光无情，随着我们青春的流失，永远离我们远去了。

回来的路上我们歇宿在一个区级招待所里。这里大树参天，环境幽静，极富乡间气息。同来的车间领导是我徒弟辈上的年轻人，这次是车间集体出游，全仰仗着他的权力支持。他手中有个小金库（每个领导手中都有这样一个小金库），于是大伙就让他请客，所以在此吃住都没用自己花钱。

我喜欢乡下这种自然环境，鸟语花香十分惬意。晚上也睡得很香。与我一起的老江一早起床就抱怨说没有睡好，因为窗外林子里有鸟儿叫，吵得他睡不好。我的这位伙计可能是住城里太久了，都不适应大自然了呢。

63. 唉！四三一

说起四三一厂，我的感情往往是复杂的，既为她的庞大规模和当年创业者的精神而自豪，又为她后来的衰落而叹息，感情往往是爱恨交织的。

如前所说，四三一厂始建于国际环境动荡的一九六五年，由于当时的左倾思潮的影响，特别是"文化大革命"的干扰，走了一段很长很长的弯路，这一点，凡是从那个年代过来的人都心知肚明。但是无论如何，那个时候广大职工的精神还是饱满的，尤其是"文革"结束以后，大家不肯辜负建厂的初衷，甚至抱着一种悲壮的胸怀，想尽量挽回前阶段遭到的损失，尽快把这个工厂建成名副其实的亚洲第一大的内燃机车制造基地。起码要赶上进而超过兄弟老厂如大连、四方、戚墅堰等老厂。

当工厂的发展进入第二阶段，也就是工厂产品定型到批量生产阶段。这一阶段，老一辈工厂领导已经逐渐退去。非常遗憾，随着新阶段的到来，工厂原来那种从创业开始的雄心勃勃的精神却逐渐消退了，渐渐地滑向了平庸。似乎失去了发展的那股动力，人心开始涣散，企业目标迷离。直到后来，她已经支离破碎，衰退到不能自理，需被别人（湖南株洲工厂）代管兼营的地步。

这样一个大型企业，一个曾经是上万职工的工厂，是怎样一步步走向没落的呢？当然原因很多，一个普通职工也不可能知道全面情况，但在此我只想讲一点我所亲历的两件事。也许从中能窥见一、二。

第一件事：

那是一九九〇年代，我在九分厂电修车间供职，一天突然接到一个紧急任务，要九分厂电修车间立即改造一台机车电控柜，把一台干线机车上用的电气控制台、柜改用到工矿车上。这两种车型不同，自然有关结构和技术参数也不同。这个任务好生奇怪，工矿车有工矿车自己的专用设备，为什么要把干线机车的控制柜用在工矿车呢？事情原来是这样的，今年年初外购设备订货时，工厂把这一项给漏掉了！试制工矿机车是年初就定下来的任务，所需电控系统年初就向永济工厂订货的，怎么现在需要了，才发现没有订货？又要拿其他机车的柜子来改制后代用呢？这是咋回事？这样大的错误该不该追责？好象有关部门没有什么反应。

再说，总厂设计处要改造产品也需要设计部门出具"设计更改通知单"和施工图纸的，但今天下到九厂的任务却是既无"设计更改知单"也没有更改施工图，只给了一张电气原理图了事。

要知道，"ＧＫ－２工程"是工厂年初就定下来的任务，并被总厂列为当年生产任务的"重中之重"，为此还特别召开了"动员大会"。但是这种虚张声势"动员"过后，任务交到下面，工厂主要领导就算完成任务，再也没有问津了。以至发生了新机车要装车了才发现电气设备没有订货这样的大失误！

事到如今补订货是来不及了，只有临时决定从库存调拨一套其他类型机车的控制台来改造成ＧＫ－２车的控制台。于是这个 GK2 电气柜的紧急任务就直接下到了九厂电修车间。

接到任务后，我感觉事关重大，必须按着正规程序办理！于是要求设计处必须先下达一个产品更改通知单，同时附"改制任务书"（这是技术纪律）。但此刻总厂设计处却只送来了一张新车的电气原理图，其他什么都没给。我要求由设计部门出具"设计更改通知单"，还要有施工图。这本是天经地义的事，不料工厂设计处的回答竟然是"从来没有这种东西"！"设计更改通知单"是车间开工的命令，施工图是施工的技术依据。GK—2是工厂本年度的重要产品，没有这两样东西，出了问题谁来负责？所以我坚持不给更改通知单和施工图纸拒绝开工！直接与总厂顶了起来。这边坚持要更改通知单，那一边说没有，最后妥协的结果是设计处同意给出了一个手写的"机车控制柜更改设计清单"，为了不担搁全厂生产任务，我勉强接受了，但指出必须下不为例！

接下任务后立即开工，班组加班，周日也没休息，一个星期后把机车柜抢了出来，通过总厂来人验收后，立即交到了一分厂组装机车。原本以为事情就完了，但事情没完！

机车控制台交出以后，只隔了一天，我便接到传令：控制台改制得不对，要我立刻到一厂总装车间处理问题！

不可能吧！我们是严格按着设计处的"清单"——改制的，又经过总厂验收室验收，怎么会……后来我在九分厂检查科长的陪同下来到了一分厂总装车间。一进车间就遇上了一群怒气冲冲的人，把我一下子围了起来，七嘴八舌地指责我不负责任，控制台改得错误百出！根本不能使用！一厂的工人师傅和技术人员，朝着我发了一通火。原来改过的控制台确实存在严重问题，不过错不在我，而是总厂设计处。原来设计处的"改造项目清单"就是错的，牛头不对马嘴嘛！我拿出了总厂出具的更改通知清单，证明不是我的错，而是总厂设计处出具的技术文件的错误。总装厂的人才不再对我发火，开始骂起总厂来。他们由原来的气势汹汹转而求情似的说：对不起，错怪你们了，那就麻烦你们帮我们再改一次吧……

事情到此我才明白：工厂生产技术管理之混乱竟至如此！

我无意讽刺工厂上层，从总厂到分厂，党、政、工、团干部一大堆，这样庞大的机构，怎么能让生产出现这样大的漏洞？而且好象还没人负责！他们每天到底都在忙些啥？GK 机车不是工厂今年的'重中之重'吗？这是他们年初就向全厂宣布了的！如今出了这样大的娄子，竟然还无人负责！

从一分厂回来的路上我在想，当今的工厂究竟是些什么样的人把持着，这些官员每天上班都在干些啥呢？他们究竟有谁还在抓生产？就像眼下这台 GK 车，设计师都哪里去了？负责生产准备的人哪去了？书记、厂长们呢？难道他们年初布置下来的"重点"任务，都给忘了吗？或者认为领导只要作一次动员报告就完事了呢？把任务交到下面从此甩手不管，然后高高在上，坐收成果吗？只等下面完成了任务，敲锣打鼓向上面报喜吗！这也太扯了吧！

我甚至可以肯定：出了这样大的事，上面根本就不会知道！因为他们根本就没有把精力放在生产上。那个时候上上下下都熟悉的一句口号叫"抓大事"！何谓"大事"？显然工厂里的生产活动还算不上是"大事"，那么到底什么才是大事？你懂得的！

第二件事：

也是九十年代的一个晴朗的下午，我从一分厂（机车组装厂）路过，见专用线上停满了将要出厂的各路机车。听说最近厂里生产成效显著，产量达到历史最高。一天就能造出一台机车。我受好奇心驱使便驻足观看。

这时正好看见一位接车的师傅在一台机车上爬上爬下地忙碌，我就信步走了过去。这位师傅见我过来就问，"您是这个厂的？"我说是的，他问我干什么活的？我说是工程师。"啊！工程师！你来得正好，你看看你们厂的车是啥质量！"机车咋啦？我虽说不是专业搞产品的，但听人家说工厂机车有问题，我还是忍不住想过去看个究竟。于是我满心疑惑随师傅爬上了这辆机车。

这是一台刚出厂的干线机车，用户是东北某机务段，这位师傅就是机务段前来接车的。说话时他正忙着检查机车，准备把车接走。当我跟着他爬进机车驾驶室时，一下被前的景象惊呆了！没想到这台机车驾驶室竟然是这般模样！昏暗的光线下，驾驶室地上堆放着一些乱七八糟的东西，有工具也有材料。驾驶室挡风玻璃也没有用心擦拭过，尤其是驾驶室四壁涂的竟然是灰色油漆（注意，是灰色油漆！）并且疙疙瘩瘩也没有调匀。机车驾驶室暗淡的光线再加上四壁灰色油漆，给人一种强烈的压抑感！这哪里是一辆刚出厂的新车？就是旧车也不该弄成这般难看！我第一次爬进驾驶室，内部的丑陋令我惊讶！不客气地说，这堪比监狱中的"班房"！

单看这个驾驶室你就可以想象机车的质量有多糟糕！别的就甭说了。

我跟着这位东北师傅各处看了看，确实做工粗糙，好多地方连螺丝都没拧紧！油管油箱还漏油！连有些电线头都是松的。

"咳！这哪像是一辆刚刚出厂的新车！"那位师傅忿忿地说。

……

工厂管理混乱，工厂某些领导人不负责任早有所闻，但从什么时候开始厂里出的机车也变成了这个德性？真是没有想到！听说新上任的领导，为了创造所谓"政绩"，开始大抓产品产量。为了省事，不惜下令停止（放弃）了本厂设计部门设计产品，厚着脸皮去向别的工厂索要（落后了的已经被人家淘汰了的）产品图纸，直接拿来加工。另外还编造虚假数据，向上级报功。

另外还听说，一段时间来，厂里为了追求产量，常让工人无休止的加班干活，在群众中也引起了不满，有些人有意见没处说就拿着产品撒气，一位朋友告诉说：他亲眼看见，工人由于不满工厂领导，于是就对着产品撒气，将焊完的油箱一脚踹到一边！"

……

这时那位东北师傅又发牢骚了："你们的车确实太差劲了！"

我说："这辆车质量不好你们干嘛还要买？可以另买别家工厂的车嘛！"听了这话，他用嘲笑的口吻说，

"你说得轻巧！这是国家分配的，不好也得要不是！"
然后他冷笑了一声。我见他一脸的鄙夷，我虽不是专业
干产品的技术人员，更不是什么领导，但面对客户的评
论还是觉得很没有面子！心想，这个当年号称亚洲第一
的内燃机车工厂，如今拿给国家的竟然就是这样的烂货！
叫人家看不起，我真不知道有人还好意思向上面报功！

　　我试图向这位东北师傅解释，但话到嘴边便僵住了。
我能说些什么呢？临了，我甚至感觉无脸面向这位师傅
告辞！面对这种尴尬的局面，我几乎是灰溜溜地逃离了
那台机车！

　　说话已到了下午下班的时间，一分厂偌大的停车线
上，正停着这样一些待发的机车。我迈步走过铁轨向马
路那边走去。太阳斜照在铁轨上，反射出刺眼的亮光。

　　下班的职工走出车间，马路上车水马龙、行人如织！
此刻有谁会注意到厂里发生的这些事儿呢？话又说回
来，即便你知道了关心了，又能起个啥子作用呢？

　　好端端的一个工厂，弄成今天这个样子，说起来叫
人心疼！

64.　与总工程师的偶然相遇

　　回想不久以前和现任总工程师的一次相遇。

　　那是我到北京出差回来的时候，在北京火车站与工
厂总工程师马总偶然相遇。软卧包厢里，我的车票是下
铺，总师是上铺。我和马总平时不熟悉，我的秉性不太

愿与上层人物打交道，尤其不愿在有地位的领导面前献殷勤。他上车以后也看出了我住下铺并没有对他谦让的意思，所以一时没有话说，气氛一度显得有点矜持。我上车前在北京大街上买了一只蝈蝈，我把它也带上了车。蝈蝈带到车上，一点也没有受到环境影响，也放肆地叫了起来。蝈蝈的叫声打破了车厢里的尴尬气氛，大家立即把话题转到了蝈蝈身上。第二天隔膜就完全消除了。马总也放下了架子竟然像老朋友那样和我攀谈起来。其实呢，论年龄我们是一代人，但他已经是这个万人大厂的总工程师了，而我还是个基层的工程师，地位相差不少。但说到资阳工厂，共同的话题就一下打开了。原来他也对工厂现状不满，也是一肚子牢骚。他也认为，工厂搞不好的关键不是别的，是领导班子出了问题。拿他的话说，"是个用什么人的问题！""如今有技术，有能力的人不被重用，有责任感的干部也受到排挤！"我说，你们在上面为什么不力求改变这种局面呢？他说，没有办法，言下之意他自己也不得志，也受到排挤。

总而言之他认为，工厂之所以如此，还是没有遇上（或排挤了）胸中有乾坤，心中有使命感的好领导。在这一点上，总工程师的看法竟然和下面群众如此一致！

谁说不是呢，这让我想起了前几年发生的一件事：有一次西南交通大学校长曾亲自带领一批教授专家来到四三一厂，商谈大学与工厂联合引进技术、开发设计新产品问题，厂校联合，这是一条提升企业技术水平，加强企业实力的大好机遇。结果呢，这样的好建议却被工厂拒绝了。据说厂长回应西南交大说：我们是工厂不是研究所！（注意，又是这句话："我们是工厂，不是研究所"！）从而拒绝了交大的动议。交大吃了个闭门羹，被妥妥地赶了回来！

西南交通大学是国家一所重点大学，她的前身是"唐山铁道学院"。多年以来为国家培养出了许多优秀科技人才。后来的校长孙翔同志曾在四三一厂供职，是后来从四三一厂抽调到西南交大的。所以交大与四三一厂就有了一层特别的关系。可惜这层关系联同厂校结合的业务在这次接洽中被无情的斩断了！从此西南交大与四三一厂就基本断了联系。

65. 突然的调令

昨夜下了一场四川罕见的大雪，把远山近林、房舍屋顶都变成了白色，气温也骤然下降。窗外一棵腊梅树，含苞欲放的黄色花蕾被白雪无情地压在了下面，但却仍然顽强地挺立着，显露出顽强的生机！

周一，九分厂召开技术例会，我和往常一样代表电修车间出席了这次会议。散会的时候，李某（技术副厂长）突然从后面追上来说："老刘，你明天就到设备科上班啦！已把你调到设备科去了。"

到设备科去上班？就在明天？我顿时愣住了。起初，我还以为是听错了，直到李某又重复了一遍，我才知道事情竟然是真的！

　　说实话，我被这个突然的调令弄懵啦。用这种随随便便的口头通知就让我离开车间，事先连个招呼都不打，更不说明原因。这起码说明了他对一个人人格的蔑视！不！这分明是在整人！

　　今天回想起来，仍然是这种感觉。

　　人事调动从来都是件敏感的事情。君不见当下调动一个领导干部，哪个不是三番五次地谈话，先做思想工作，包括答应优惠条件等等。今天对待一个老工程师怎么就可以用如此随意的口头通知一声调出车间呢！

　　我很生气！当即就反问：为什么？

　　说完我不愿再看他一眼，就径直向车间走去。这时李某还跟在后面很不知趣地喊："刘工，分厂都定啦！不能改啦！要服从分配哦！"

　　好一个"服从分配！"

　　记的一本书里说过：奴隶制社会对奴隶的交易，只要交易双方谈好了价钱，是无须征求奴隶本人意见的！我与奴隶何异？我越想越生气。

　　回到车间就我就撂下手里的东西去找厂长。我要问问厂长为什么要突然把我调出车间？而且是用如此粗暴的方式？

　　厂长办公室里，厂长一个人在低着头写东西，见我进来他抬起头，隔着桌子一脸严肃地瞟了我一眼："什么事？"话音里带着几分傲慢。我说："我不相信离开九分厂就没饭吃！"接着又重复了一遍："我不相信离开九分厂就没饭吃！"我的情绪几乎失控，此时如若再受到侮辱性的对待，我真有向前掀翻他桌子的冲动！要知道，我与他们年龄相仿，论资历也不在他们之下，参与建厂年限比他们还早，只不过他们如今当上了官，而我仍然坚持干我的技术工作，如此而已，有什么了不起！

厂长见我如此动火，可能意识到了不对劲，所以他先软了下来。这时李某也正好走了进来。他就转身去问："老李，你怎么跟刘工说的？"这时李则嬉皮笑脸没有说话，装出一副接受批评的样子。然后厂长才向我作了一番解释。但是我发现这不过是一场双簧戏而已！他们太会表演了！把我调出车间难道不是厂长同意的？

在厂里这么多年，我还从来没有受到过如此这般不公正的对待！

不过这件事也让我猛醒！我承认，我不是那种服服帖帖百依百顺服从领导之辈！我和他们根本就不是一种人！平时在车间里干活，我也没怎么太关注自己与他们的关系，心想，我干我的活，凭技术吃饭；你当你的官，井水不犯河水。但如今看来，原来你在他们眼里根本就特妈什么都不是！

我陷入极端的抵触之中！

自从调来九厂以后，我接手了设备大修，工作中我与分厂某些领导的意见就不一致，比如在生产问题上，我主张大力发挥技术人员的作用。因为我发现九厂设备大修存在着严重的质量问题，我曾想着去纠正这些错误。我认为大修质量问题大都属于技术问题，技术问题就应由技术专家出面解决，然而当下的作法是，设备大修出现的质量问题，不是通过技术人员去解决，而是靠生产科行政人员出面调和，甚至靠请客吃饭收买对方。解决技术难题正是技术人员大显身手的时候，车间技术组存在的意义不正在这里吗？所以我来车间后，就从车间技术组入手，特别是从我经手的工程入手，力求去改变这种状态。我还主张车间要严格贯彻技术规范，消除扯皮。可谁能想到这种作法引起了某些人的反感。我的问题也许是太拿自己当回事了，就没想想，自己当下只是个没有官衔的工程师，单凭着自己的专业所长，去纠正一些不该有的错误作法，在某些人眼里就是一种僭越行为！自己觉得是对工作负责，岂不知在某些领导眼里你就是"狗咬耗子多管闲事"！遂渐渐成了不受欢迎的人。更让我没想到的是，他们竟用这种突然袭击的方式将我踢出车间！

不难想象，之前他们是有一番策划的吧：把我调出车间本来就没啥道理，所以作出决定之后谁也不愿出面通知我，于是就把这事儿推给了稍欠心术的李某（技术副厂长），他就用周一开技术例会散会的机会口头通知我了事。于是就出现了上面滑稽荒唐的一幕。

任凭你怎样忠诚工作，都难赢得领导的欢心！三分厂上班时因一鼓作气完成了数控机床的改造任务，数控改造完成之后，不但没有受到表彰反而因此受到冷落。今天来到九厂干设备大修，又因坚持原则而受到领导贬谪。反正横竖不赚好！

唉！只是哀叹这把年纪了，今天竟然落魄到了被人随意驱使的地步！——世态炎凉尽收眼底！

这件事情对我刺激很大，我感觉命运又一次坠入了低谷。

我开始反省：首先，自己还是太书生气了！这些年来，总觉得自己来三线早，从建厂之初就来了，拿句时尚的话说，"把自己一生最好的年华都留给了这片土地"。因此不知不觉间就萌生了一种幻觉，潜意识里，自己俨然成了这个工厂的主人。每说到工厂的时候，心中就泛起一股家园般的温馨！在今天看来是多么的幼稚可笑和自作多情！

老百姓何时曾是工厂的主人？只有把握了权力的官员才是这个工厂的真正的主子！

事情发生之后，我曾有意立即调走，调出九厂！甚至离开资阳！那几天连晚上做梦都梦着到外地重找工作。我的情绪低落到了极点！

这个时候正好碰上了一分厂的朋友加同行练耀光，老练听了我的遭遇，倒是笑眯眯地对我说："你千万别生气！体制如此，你到哪儿都一样。"静下心来想想，老练说得也不无道理。可不是吗？调哪儿去呢？那里都是这个官僚体制，到一个新地方就准把能好吗？我从总厂调到三厂，又从三分厂调到九分厂就是例子。说老实话，再调一个单位我心里也确实没底，更何况现在已经这把年纪了，上有老下有小，说要离去也不那么简单。

说句心里话，我是个恋旧的人，从开始建厂到现在，我早就对资阳这个地方有了感情。遂把资阳当起了自己的故乡（第二故乡）。

想来想去，还是算了吧，就认输不走了吧！我想到，人家电修车间没有我照样运作，何必把自己看得那样重要！另外让我继续留下来不走还有一个重要原因，那就是我看到调设备科后还是有事可作的，那就是九分厂刚从德国（西德）引进的一台先进的数控机床。由于先前维护不善，从引进之后就一直未能正常使用，眼看着花了金银巨资买回的设备用不起来，实在可惜。我就想，我到了设备科，我愿意承担起这台机床的修理任务，让这台机床复活！前面说过，我对数控新技术一直怀有浓厚兴趣，数年前在三分厂上班时我就干过数控改造，但那时干的还是早期的数控。八五年我去了一趟日本，学习了一代新数控机床，那是日本"法那科"的技术。今天设备科这台机床则是德国"西门子"技术。"法那科"、"西门子"都是世界顶级著名的公司。我就想，不如接下这个任务，继续我对数控技术的研究，学习研究新一代的数控技术，这样以来，一）我仍然没有辜负自己的专业目标；二）把这台设备修好了能正常使用，也算是一点贡献。总之我想通了，不管到了哪里，只要有事干，只要能实实在在作点自己喜欢的事儿，仍就算是不愧人生！所谓人情面子，去他妈的，让它见鬼去吧！

后来，我打消了调走的念头，离开了电修车间，服从分配去了设备科。

我收拾东西，离开电修车间到设备科去的时候，电修车间主任曲维礼把我送出办公室，脸上流露出一种抱歉和无可奈何的表情。

在数控机床修理现场

到设备科后，我主动提出保修这台数控机床，上面同意了，于是我就承担起了修复数控机床的任务。人一生最愉快的事情不就是去作一点自己感兴趣的事情么。至于个人尊严嘛，那就不用说了，几十年来，中国人的生命都无足轻重，还谈何尊严！

66. 德国专家 CROBOF

到设备科后，我接管了这样一台德国进口的机床，这是一台国际水平的数控系统，比我当年在三厂干的数控高级多了，这种数控系统已然与电脑结合，和我不久前在日本看到的数控机床属于同一个档次。但由于设备到了九分厂以后长期搁置没用，电气元件受潮，许多电子芯片失效，我接手的时候，三天两头出故障。我想下点工夫解决这一问题，也算不虚此行。新技术于我永远都有诱惑力！更有意思的是，由于这台机床，我结识了德国专家克劳包夫先生(Mr.crobof)，这段时间他多次来到我厂，每次都是我陪同与接待。这是我第一次近距离地与德国人接触。

在设备科的两年里我一直没有放手这件事。为一些技术问题我必须与厂家联系，那时和国外联系远没有现在方便，那时还没有互联网，与国外联系只能通过写信或"电传"。与国外联系最先进的手段就是用电脑"电传"。电传在当时算是一种很先进的通讯手段，但传输的文稿必须用英文书写。工厂用于电传的电脑仅有一台，在总厂通讯楼。每当技术上遇上了难题，需要与国外联系，我就先写好一封信或一份电传稿子，拿到设备动力处由苏章曼（此时苏章曼已晋升为设动处副处长）批阅，然后再到通讯楼去发往德国。电传很快，一般一两天就能得到德国方面的回复。但电传的缺点是只能传送文字（英文），无法传递图形，要传递图样，还得写信。直到后来有了传真机，才解决了传递图形和文字的问题。

在陪同外国专家的日子里，除了学习技术而外，还得到了一个额外的收获，那就是提升了我的英语使用能力。学会了简单的对话（连说带比划），再往后，还被逼着学会了用英语拟电传稿、用英语写信。

我不很情愿地被调到设备科以后，在那些情绪低落沉闷闭塞的日子里，我与德国这家公司的交流一度成了我遥望另外一个世界的小小的窗口。

现在回想起来，也算是因祸得福不幸中的有幸。它意外地让我闯进了一个新的技术领域，还经历了一段与德国专家相处的日子。这段日子竟成了我技术生涯中异彩纷呈的一页。

67. 初次见面

一天，工厂通知我，德国专家已经到了第二汽车制造厂，责成我去接德国专家来资阳。那时我的伯父就住在二汽，顺便可以去探望伯父，所以我愉快地接受了。到二汽后，伯父听说我来此是接德国专家，老人很高兴，能和专家共事，伯父认为是件荣耀的事情。第二天，伯父还主动提出要陪同我一起与专家见面。到二汽宾馆见到专家，老人还用他年轻时学的英语和专家说了几句话。

专家克劳包夫先生（Mr.Crobof）个子不高，看相貌已届中年，见面后互相介绍方知他和我还是同庚，五十岁，天命之年。

克劳包夫和我接触过的日本人一样，工作很严谨，一到工厂就全身心地投入到工作中去，我把它称之为专家工作精神。工作中，见他时而冥想，时而动手拆卸电路板，口中有时还吹起了口哨。我知道这是一种缓解情绪，放松大脑的好办法。我在工作中也常这样作的。那时和外国人打交道的机会还是少，对外国人往往是高看一眼，甚至还感觉有点神秘。其实和外国人相处久了，才发现他们和我们是一样的。无论是思想上，感情上，还是待人接物上都一样。只是在处理具体技术问题时，采用的办法和我们不一样，我们遇到技术故障时，都是习惯直接把损坏的元件找到，加以修理。这样往往费时费力，难度也大。但他们和我们不同，他们是把整块电路版换掉，直到故障消除为止。这不失为是个好办法，省去了不少麻烦，当然这也要有一个前提，那就是要有充足的备件储备。这些都值得我们学习和借鉴。

　　一次我到成都接克劳包夫先生正遇上成渝公路大堵车，届时成渝高速公路还在修筑中，道路泥泞难行，前面的汽车陷入泥中，我们因此困在蹒跚前行的汽车长龙队之中。整整一个夜晚就像蜗牛一样走走停停！从晚上九点成都双流机场出发，到第二天上午才到资阳。那是厂里的一辆北京吉普，车里空间有限，晚上又有蚊子叮咬，十分难受，我对克劳包夫表示十分抱歉，他说没有什么，他在德国也有这种情况。接触多了，感觉这个人十分忠厚、善良。对我们接待的不周从不计较。

　　有一次他说突然对我说："你们的工人没有对公司的献身精神"。开头我几乎是本能的不服气，社会主义制度下的职工没有献身精神？难倒资本主义制度下的职工就有献身精神不成？但是看看周围，你又不得不服气，正像我们每天都看到的。来自发达国家的这些人，就是比我们有献身精神！

在郁闷得令人窒息的环境里，和德国专家的相处，让我有了一个窥视另外一个世界的小小窗口。

68.　外面的世界很精彩

八十年代以来实行了改革开放，过去被压抑了几十年的经济能量一下子释放出来了！首先是农村实行了联产承包责任制，调动起了农民的积极性，仅仅几年功夫，粮食就实现了自给自足敞开供应了，结束了长达数十年老百姓忍饥挨饿的局面，告别了吃饭要粮票的历史。另外乡镇企业也雨后春笋般纷纷兴起，国家经济立马呈现出一片欣欣向荣的局面。然而习惯了计划经济的国有企业，尤其是大型国企、仍然在那里慢慢腾腾的爬行，他们在市场改革到来之际，显得十分傲慢，甚至站在改革的对立面，抱着计划经济不放，直到若干年后，得益于意识形态的支持，它还是顽固不化！这种对抗改革的力量不可小觑！然而市场改革大潮已经不可阻挡，到了八十代末九十年代初，国内改革浪潮风起云涌，一波全民"下海"的运动席卷全国。所谓"下海"就是冲破现有的体制约束，到社会上去创业经商。

这一阶段，不光是一般的人下海经商，就连文化人也开始"下海"了，这里有诗为证：

> 二十世纪大新闻，
>
> 下海不会淹死人。
>
> 扑通一声跳下去，
>
> 巴山秀才魏明伦。

魏明伦是四川的一位作家、文人，八十年代后期他也下海了，他是文化人，他办了一个文化公司，可见"下海"热潮席卷社会上各个领域。

"下海"的方式各种各样，有的是办公司经商，有的创业建工厂，开发新产品，除此以外，在工业领域还兴起了一个"星期六工程师"活动，所谓"星期六工程师"就是鼓励工厂里特别是国营大企业的技术人员，利用业余时间到社会上打工，帮助地方中、小企业解决技术问题。长期以来，因为国营企业人浮于事，特别是国营大厂，拥有很多技术人员，但因为体制限制，许多人都窝在那里无所事事，可是地方上，又严重缺乏技术人才，"星期六工程师"的倡议就是在这种情况下诞生的。

这一倡议这无疑是对企中广大技术人员的一次解放。工程师们可以利用业余时间或节假日，到社会上帮工，帮助地方小厂解决技术难题，同时也赚取一定的报酬。因此广受科技人员的欢迎。这件事具有极其重大的意义。然而"星期六工程师"活动却触动了社会上的保守势力，工厂方面出于本单位的利益，都极力反对自己的职工到厂外工作，总是想方设法阻挠和压制技术人员到社会上去做事。

国有企业第一次与国家改革开放的号召唱反调！

但改革浪潮不可阻挡，尤其是党的权威领导人发起了一次南巡讲话之后，为下海创业提供了政治上的支持，于是各地不用政府出面组织，就纷纷办起了科技园、科技一条街、科技城等等，这些新生的民办企业如雨后春笋般冒了出来。成都的科技一条街最早出现在人民南路南段一环路上，大街两侧几乎是在一夜之间就出现了各种数不清的电脑、电子个体商铺，经营者大都是一群刚下海的科技人员和毕业不久的大学生。

计算机是二十世纪后期才发展起来的新科技，自然成了科技人员下海的首选。

这个时候厂里依然死气沉沉，但是外面却是生机勃勃，高歌猛进的局面了。

九十年代人们常挂在嘴边的一句话是"外面的世界很精彩，厂里的日子很无奈"。

69. 调"新技术工作站"

就在这个时候，我的工作又发生一次调动，由设备科调到了"新技术工作站"。我当初来设备科奔的是德国（西德）新购进的数控磨床。到设备科以后我接手了这台机床的修理工作，期间配合德国专家终于把这台设备修好了，数控磨床恢复了正常使用。或许在某些领导人眼里活干完了，就不再需要这个人了。于是就又调我到了一个新单位——新技术工作站。这次调动当然也有降级的意味。但有了前一次调动工作的经历，我已经看淡了这个体制，不再为调动而生气了。像我这样一贯"清高"崇尚独立的人总是不讨某些领导的喜欢！一把年纪了，认命吧！

"新技术工作站"是刚刚成立的一个单位，名字很好听，"新技术工作站"！但它不过是个"空壳单位"，分厂既不拨款，也不下什么任务，任凭你自生自灭。自从来了以后，终日闲着没事干。

这次调动我明显更边缘化了，但是我并没有心灰意懒，心想，闲着也是闲着，倒不如自己找点事干。于是我就悄悄学起了电脑。

新技术工作站在厂里是个编外单位，编外也有编外的好处，在这里上班很自由，不比其他科室和车间。新上任的站长是郑津璇同志，小郑原来也是电修车间的，是电修技术组的一员，他比我小好多岁，属于年轻一代，观念上不守旧，对工厂这套僵化的官僚制度，他也颇不认同，所以大家在这里有共同语言。分到新技术工作站后，他是站长，但一如既往对我尊重，上班时间我作什么他从不干涉。

电脑在上世纪九零年代还是个新鲜玩意儿，但电脑技术与我却并不陌生，因为八十年代初我已经干过数控机床，数控技术本来就是电脑技术的一个分技，数控发展到后来也与电脑合流了。只不过数控是专用于工业控制而已。现在我进一步学习电脑，也算是掌握数码技术的一种自然延伸。

　　"新技术工作站"这个地方原来是总厂的计量室，自从计量室搬家到总厂那边以后，这里就空出来了。这里环境幽静，无人打扰，很适合在这里读书、看资料，记笔记。工作站外面是一片大树，上班的时候偶尔还能听到几声鸟鸣。

郑津璇（左）彭继安（右）一起聊天，墙上挂的是我订的《电脑报》。

　　看书看累了还可以到分厂有电脑的地方上机演练一下。全都无人干涉。上班时间可以自由支配，真是千载难逢的好机会！利用这个机会自学一门新技术——电脑技术，何乐而不为呢？若在别的单位，是很难有这样的条件的，真是"塞翁失马，焉知非福"啊！

　　顺便说一下，这几年我在工作上虽然有多次调动，甚至忍受某些屈辱，但我总能很快找自己的路线，一条适合于我的事业和性格的路线。学习的劲头始终没减。八十年代我迷恋数控，九零年又开始学电脑，世界上第一台个人电脑诞生于 1981 年，到 90 年我就学会用了，不客气地说，我认为自己仍然属于超前一族！起码在我的周围算是！

我是一个平凡的人，我不在乎别人怎么看我，反正我认准了想作的事儿，就一直沿着我的路线作下去！

我想，我作，故我在！

调到新技术工作站，在某些人眼里那是一个闲差，但我却没有闲着。在这里最大的收获是学会了使用电脑。这件事在一定程度上改变了我日后的生活，尤其是退休之后，我开始尝试写作，电脑便大大地派上了用场，它给予了我意想不到的帮助。

70.　也试商海

我到新技术工作站不到一年。一天上午，我的朋友陈兰彬来找我，找我干什么呢？他说现在国家改革开放了，全国上下都在"下海"经商，问我想不想也到外边干点事儿。那个时候老陈和我（其实是大多数技术人员）一样，都感受到国营企业这套僵化体制的压抑，受外面改革形势的鼓舞，都有点跃跃欲试的感觉。所以我们一合计，说干就干！决定和陈兰彬一起到外边闯荡一次。

在说"下海"之前，先让我介绍一下我与陈兰彬认识的经过。

认识陈兰彬是在文化大革命中，那时工厂还在筹建之中，筹建处机关设在筏子桥。文化大革命闹得正凶的时候，一天我从办公室出来，见军管会门前围了一大群人，吵吵嚷嚷像是发生了什么事儿。不一会儿，军代表出来了，跟着还有几个革命委员会的成员，只见技术科长高喜田（此人很和善，给我的印象不错）也跟在军代表的后边，他一边走一边连连摇头，一副很沮丧很后悔的样子，一边走一边嘟囔着："我犯错误了！我犯错误了！"旁边一伙人则大呼小叫，一副唯恐不乱的样子，好像又抓住了一个"现行反革命"。不用说一定是高科长不慎说"错"了话，被人家抓住了辫子。那年头说错一句话或喊错一个口号就打成"反革命"的事比比皆是，多少人因说错了话，或喊错了一句口号就不分青红皂白地抓起来，打入牢狱，甚至枪决的都有！文革中抓人是不经审判的。

就在这时，一位年轻人出现了，他拨开众人走到军代表面前说："老高，你不用怕，这话是我先说的！有什么问题我负全责！"好家伙，乱世当头，人人都唯恐避之不及的事情，竟然还有人把危险往自己身上揽！

这位年轻人是谁？他怎么敢把责任往自己身上揽？过后我才知道他的名子叫陈兰彬，北京师范大学刚毕业不久的学生，家庭出身好，个人历史清白（那个年代这二条很重要）。

因为这位年轻人站出来解围，军管会才没有进一步追究老高，让老高躲过了一劫。

军管会门前一幕，让我陡然对这个年轻人萌生了好感。

不过社会太复杂，尤其是文革之中。由于老陈为人正直，敢于坚持正义，后来终于付出了代价，在接下来的时间里他的麻烦不断，吃了不少苦头。文革结束以后，他被分到工厂子弟中学当了一名教师。别人都纷纷提拔成了领导，他却一直不得到单位重用。

我和陈兰彬的正式接触也是从他当了老师以后开始的。一九八二年，因为小孩要考大学的事我来找他。当时他也有一个侄子要考大学，我到他家打听学生升学的事儿。他当时居家松树坪。我们交谈的主要是孩子考学的事。但见他手里拿着一本《舰船知识》，我也喜欢这个杂志，并长年订阅。可见我们之间还是有些相同志趣的。这次交谈，他给了我一种亲善、乐于助人，还有热爱科学的印象。从此，我们的交往就多起来，后来终于成了朋友。

下面再说说这次"下海"的事。

上世纪八九十年代，全国都兴起了轰轰烈烈的下海经商活动。我们也像许多不甘愿忍受国营企业僵化体制约束的人那样，决定"下海"去闯荡一番。这个决定作出之后，老陈又联络了几个人。其中有两位是电视大学的老师，一位工厂技校的老师，还有一位三五零库（军用武器仓库）的解放军小军官（可能是个排长，没具体问）。人员确定后，就在城里开了一个会，讨论下海后干些什么事儿。讨论开始大家的意思是想开发一些新颖的电子小产品，当时国家经济刚刚开始复苏，时兴的电子产品特别多，也很受市场欢迎。这个主意好固然好，但经费怎么办？问题是不管干什么，都得先有经费。我们这些人大都是五十多岁的人了，工资微薄，拉家带口，哪来闲钱干这种事儿？就在大家陷入僵局的时候，有人提出了另外一个主意：办技术培训班，为地方培训技术人才！这不失是个好主意，我们有这方面的技术蓄备，讲讲课是没有问题的。办技术培训班即可以为地方培训一批技术人才，又用不了多少钱，而且费用还可以从学生交来的学费里开支。这样启动资金问题也解决了，还为地方培训一批技术人才，即有社会效益又能解决了资金问题，一举两得，何乐而不为呢。

接下来是培训什么的问题？上世纪九十年代，电脑技术在国内还刚刚兴起，在地方上更是一片空白。我们决定从电脑培训入手。可以用自己掌握的知识，到社会上办电脑培训。这当然是一个好主意。如是大家一致通过了。但接下来的问题是在哪里办？教室、生源又怎么解决呢？这件事就全交给了陈兰彬去张罗。老陈正好认识资阳职业高中的校长，他们曾是中学时代的同学。

他就到资阳职业高中去找到这位校长帮忙。未料校长一口就答应了。他同意我们在他们学校内办班。九十年代初电脑绝对是一门新科技，职业学校正好缺这方面的教师，我们可以填补这个空缺。校长同意利用他们学校的教室，就在他们学校中招收学员，这样教室、生源也解决了。从此，这个电脑培训班便挂靠在这所学校，在一定程度上取得了一个"合法"的名分。

以该学校的名义招生，对外是职业学校的一部分，对内则是独立核算。在一个公立学校里办一个私立培训班，校长不但答应，连他自己也答应加盟了进来。

那真是个思想大解放的年代！若在之前，那是不可想象的。

上世纪八九十年代，国家科技还很落后，电脑技术尤为短缺，像资阳这样的小地方，别说用电脑，连听说电脑的人都不多，电脑技术是个既新鲜又神秘的行业，所以贴出招生广告以后，一下就吸引了不少学生前来报名。

第一期就轻松收了四十多名学员，正好是一个班的规模。

这次"下海"除陈兰彬和我之外，还有四人加盟，其中包括那位职业中学校长。我们在沱江边上办起了资阳历史上第一个电脑培训班。我们有幸成了向本地区普及电脑科技的第一批传授人。

办起电脑培训之后，我和陈兰彬在一起的时间就更多了，我对他也就有了更进一步的了解。我发现他不但为人仗义，办事公正，在组织管理上也很有办法。在他带领下，我们白手起家，从无到有，很快我们的电脑培训班就上了轨道。我们用收上来的第一期学费购买了电脑和电脑教材。那时电脑品牌很杂，市面上有一种用散件组装的电脑，价格相对便宜，我们就到成都去买回了第一批电脑。教学内容主要是当时最时兴的五笔字形输入法和 WPS 排版技术。这样下来，办了两期学习班，我们的装备就基本配齐了。到第三期，我们的财经便有了赢余，每期下来，扣除公用开销，分红的时候，我们每人还能拿到一两千元工资。这个数字在当时能顶得上一月工资有余。这是我们第一次离开体制在社会上挣到的钱。不用看领导们的脸色，靠自己劳动在社会上赚钱！第一次感觉到自己在社会上的生存能力。

一伙人共事，免不了会有这样或那样的矛盾。比如工作分工，比如财务管理以及分配等等。这些纷繁的事情，全交给老陈来管。结果他把这些事全都处理得井井有条。他把培训班的日常工作分成两类，一类是讲课的，评高分；二类是课下辅导的次之。他主要负责组织管理，最操心，很辛苦。但他却一直把自己归为第二类。

每天上班他都在本子上作详细记录，等级打分再加上出勤时间，这样就可以对每一个人的工作进行量化，月底一计算，每个人的得分就出来了。所以在分配金额上谁也没有意见。陈兰彬一身作则，大公无私，按劳分配，多劳多得，同时也要照顾共同富裕原则。这样大家都没意见。从而各样矛盾就化解了。老实说，老陈最辛苦，但他从来不多拿。他经常挂在嘴边的话是，一起共事，最忌讳吃独食！一副正直不阿的样子。

这个集体里，大家为什么都这样信任陈兰彬，就因为他以身作则，办事公正。

时间久了，我发现老陈还真是一个人才，他不但组织能力强，作事还进退有据。听说他还利用业余时间自学了经济法，还当过业余律师，帮别人打过官司。他义务为请不起律师的老百姓打官司。

工厂里我待了几十年，见识过（上面派驻或厂里提拔起来的）大大小小的领导干部，真的还没有见过像老陈这样的头脑灵活、有见识、有办法、讲原则、办事公正的领导人。我认为老陈确有"领导治理之才"！他的能力要比现任的四三一厂领导强多了！只可惜现行体制容不下他。

初尝商海的滋味，果然新鲜，比起工厂里那般死气沉沉令人压抑的气氛，这里充满了生机！几个人说干就干起来，不用红头文件，不用层层审批，不用请示回报。回头再看看工厂里，官僚主义，办事繁琐，一个原本简单的事，越弄越复杂。而我们现在，事事有人关心，说干就干，省去了（官办）企业中那套死板僵化的程序。在改革开放的八、九十年代，为什么国家发展那么快？首先就是私营企业（乡镇企业）异军突起，冲破了现有体制的束缚。私营企业强大的生命力与官办企业暮气沉沉形成了鲜明的对照。仅从这些小事就可以证明公有企业应当改革。就是在这种背景下，八九十年代，乡镇企业（实际就是私有企业）异军突起，才推动了国家经济的飞跃发展。

能量藏在民间！能人藏在民间！此话一点不假！

71. 电脑老师

如上所说，我们拿到的第一笔钱就跑到成都人民南路南段"科技一条街"去买电脑，在这里采购，货比三家，买不起品牌机，就买便宜的散件组装的杂牌机，和商家交涉、砍价之事，也主要靠老陈，老陈学过经济法，懂得法律。办事一步一个脚印，步步都有依据。这方面尤其显出我们这些单纯搞技术的与陈兰彬的差距。

第一批电脑买回来了。赶在这年的九月一日资阳职业高中开学之前。九月一日，资阳历史上第一个电脑培训班开课了。

开学以后，主要关注点转到教学上来，其实我们中间真正熟悉电脑的只有一个人，他就是工厂电大（电视大学）教电脑课的蔡老师，其他人只是一般了解，甚至根本不会，怎么办？只靠一人上课是不行的，这涉及到一个人的负担等一系列问题，陈兰彬见状就鼓励其他人也自学电脑上讲台。前面说过，我那时已经在自学电脑，此时恰好排上了用场。

当时电脑培训教学的主要内容是：1）电脑基本操作，即 DOS 初步应用；2）会使用文件处理软件 WPS；3）学习汉字输入"五笔字形"。那个年代只要掌握了这些基本技术就可以到社会上谋职了，所以很受学生欢迎。

这段时间我在新技术工作站上班，没多少事，就白天在厂里备课，晚上给学生讲，现买现卖。就凭这些，大家一鼓作气把课开了起来。现在回想起来当时就有那么一股干劲！

那个时候，电脑远没有现在先进，主要机型是"286"，一种内存小，没有硬盘的机器，系统软件是"DOS"，没有现在广泛应用的 WINDOWS 视窗系统软件。

这个时候，工厂里也买进了一批新电脑，而且都是

IBM品牌机，但也只用于打字和财务记账之类。在生产管理方面用得很少，至于产品设计，前面说过，工厂已经停止产品设计多年了，所以相关的业务如后来的CAD什么的也没开展起来。

每天晚上我都到沱江边给学生上课，结束的时候已是深夜，我就和陈兰彬结伴一起骑着自行车回家。

夜晚，外面的空气凉爽又清新，给人一种轻松舒适的感觉。我们一路前行，来到松树坪总厂机关的时候，老远就看见车城宾馆楼顶上的霓虹灯广告在夜空中闪烁，这个霓虹灯广告做得实在笨拙又无美感！偌大一个工厂，拥有上万名职工的一个大厂，竟然拿不出一个像样的电子广告！这本身就是个巨大的讽刺！它正好反映出这个大型中央企业的现状：规模宏大，然而却由一伙平庸之辈把持着，改革开放的大潮中，他们头脑僵化，死守着政治正确的幌子，进行着形形色色的权斗，在他们的头脑里，正常的生产反而变成了副业，把工厂每年的产量（仅看数量）当成了论功行赏的政绩。技术不被重视，技术人员受到压制，有能力、求上进的领导人受到排挤。说起来就埋怨厂里无能人，实在是有人而不用！

72. 我的眼睛！！！

上世纪九十年代初，个人电脑主要还是286，当时386都很少，电脑显示器也都是黑白的。学生们上课的时候，电脑数量少，学生多，为了让每个学生都能看清楚，就往往把显示器调到最亮。哪知这对眼睛的伤害极大，因为我天天指导学生，看电脑太久了，视力越来越模糊，不久我的眼睛就出问题了，看东西模糊一片，仿佛眼前总有一片雾，眼睛还干涩难受。到了夜晚，光线暗了，感到好一些，越是白天，光线好了眼睛就越难受。起初我没在意，几年下来，眼睛视力迅速下降，我换了几次眼镜也无济于事。偶然一次机会，我到工厂医院看牙齿，在门外待诊时，看到走廊墙上挂着一个视力表，我就捂住右眼看视力表，发现我的左眼竟模糊得什么也看不见了！这才大吃一惊，原来我的左眼出了问题！我立即又补挂了一个眼科的号，到眼科去检查，结果左眼视力只剩下 0.1 了！这时我才知道，许久以来的视力模糊，是因为左眼得了严重的白内障。

　　一直以来，我每天都离不开阅读，可眼睛出了毛病以后，打开书本，看到的字都成双影，因为两只眼睛视力相差悬殊，看字就是重影。感觉极不舒服，为校正视力，我试着看书的时候用纱布蒙住视力极弱的左眼，看东西费力一些，但恼人的重影就好多了，很长时间我就是用这种办法坚持阅读的。这样一直挨到退休之后的 2000 年，才到成都作了白内障手术，还好，视力总算恢复了正常。

　　在外面打工的日子里，白天在厂里上班，下午下班后不回家，直接骑自行车到学校。我一个人登上自行车合在下班的人流之中一路向南，直到县城以东的沱江边上的职业学校，在这里给学生上课。这段路有点远，为了抄近路，也为了不碰上熟人，我专拣附近偏僻的小路走。这中间要经过一段没有人的地段，这段路十分荒僻，路边有一片残破不堪的宅子，从这里过，总闻到阵阵腐臭。原来这里是个集散瘟猪肉的地方。资阳的病猪、死猪都偷偷拉到这里宰杀然后销到城里去。因为此地偏僻，少有人从这理经过，只有像我这样背着单位在外打工的人，才走这样偏僻的地方。

我每天晚上到学校上课，直到深夜学生下课才骑车回家。开始上课的时候，教屋外还是朦胧暮色，待上完最后一节课，外面已经变得漆黑一团，什么也看不见了。我家住在潮土湾，离县城最远，大约总有十多里地吧，每天下学，我就和陈兰彬一道骑自行车回家。可是陈兰彬住狮子山，过了矮子桥到了刘家湾他便回家了，再往下就只剩下我一个人。从刘家湾到潮土湾还要走很长的路。那时候，过了矮子桥，就已是荒凉的农村，公路两边全是一人多深的芭茅草，黑灯瞎火不见一个人影，只有筏子桥一带，还有几盏路灯。夜深了，家家户户都已睡去。过了筏子桥就更黑了，到九分厂锻工房那里再拐几个弯才到潮土湾。回到家已是半夜。自己打开火随便煮点面吃，然后上床睡觉。一天就结束了。到了第二天，照样上班，晚上照样进城打工，每天如此。那阵子社会秩序不好，每天经过的路段上就不安全，前些日子单在矮子桥附近，就曾杀过两个人；潮土湾山下，不远的稻田边，也出过事，一个下夜班的工人，就被人捅了刀子，幸亏被一个过路的农民发现，送进了医院，才保住了生命。所以说不担心安全那是假的！那阵子我耳边就常萦回着一句话："他这一去就再没回来！"不记得是哪本书上有这样一句话。每次夜里骑车从沱江边回来，这句话就常常萦回在耳边（颇有几分悲壮）。所幸的是，尽管常年来往于这一地带，竟没有遇上坏人。每次回到潮土湾，就感叹：上天佑我，今天又平安归来了！

73. 受到追究

常言道：没有不透风的墙。日子久了，我在外面打工的事儿还是被工厂领导知道了。工厂开始追究。先是通知新技术工作站站长小郑给我带话："刘工，今天厂务会上，领导说你这段时间在外面打工，影响很不好，让我向你传达他们的意见，还是不要出去干的好。"

小郑以前和我是一个技术组，现在提起来当了新技术工作站的站长了，他只是传达分厂的意见，并无责备我的意思。

又过了两天，分厂终于憋不住了，就直接来找我谈话。先是厂长李XX，他见到我："老刘，你在外边干我不反对（实际是反对），但不能拿厂里的东西哦！"

尽管他说话时面带半开玩笑的表情。但我还是非常反感，我说："你这话是什么意思？难道是我拿了你的什么东西不成？"李某笑而未答就过去了。又过了两天，党委书记出面了，他先使秘书来通知我，通知我十一点到党委书记办公室谈话！我问什么事，他说到时候就知道了。于是我按着约定的时间，十一时准时来到了书记办公室。一进门，书记就阴沉着脸，用责问的口气说："最近总厂党委作了决定，凡是党员都一律不准干第二职业。你是党员又是高级工程师……"

我想，这次是要正式追究我在城里教电脑的事儿了，一场交锋不可避免。我心里想，利用业余时间到社会上兴办科技事业是响应国家的号召，符合时下的"星期六工程师"的精神，在厂里没事干整天窝着也是窝着，利用业余时间帮社会上干点事儿有什么不应当？我们的行为是正当的，符合改革开放的大方向！与时代唱反调的不是我，而是不让技术人员到外面兼职的工厂领导。想到这里，我更有了底气。我坐在书记对面，静听着书记的数落，一直没有做声。此时领导用居高临下的目光逼视着我。他终于说完了，该我表态了，我也就没有客气，当场反击说："首先我不承认我是在干第二职业（我料想他也不知道我在外面具体干些什么）。"我说："我是资阳地区的科技顾问，这个职位是工厂推荐总厂党委批准报内江地区正式聘用的。这事您应该知道（他哪里知道）！作为地方科技顾问，帮地方上干点事是我的职责，难道这也有错吗？"这话他绝对没有料到。

"你是……"

"我是资阳科技顾问，要不要我回去拿聘书给您看？"

这一招他显然没有料到，立即改变了说话的语气，脸也涨得通红，说话开始结结巴巴，于是连忙说："啊！

啊！不必啦！不必啦！我不了解情况，不了解情况。"

我确实是地区科技顾问，这件事是前年科协（科学技术学会）正式聘任的，还有聘书。他们这些人不知道是很自然的，因为他们从来对什么科学技术都不关心。听到这里，他自感理亏。于是立刻改变了态度，不再盛气凌人，而且还赶紧忙不迭地给我沏茶倒水……

这场谈话就这样戏剧性地结束了。从此领导再没有找我的岔子。但是这笔账并没有完，一个无职无权的工程师，竟敢这样顶撞上司，叫上司下不来台，这是要付出代价的。果不其然，不久以后的技术人员评级（全由工厂领导闭门决定）中，我的待遇一下子降了两级，本是高级职称，却把我降到了中级待遇。即所谓"高职低聘"！——不怕你不服管教！

说实话，如果厂里每天都有事干我是不会丢下厂里的活不干而到外面找外快的。就是因为在厂里没事干，我们才想到利用业余时间到外面干点事，更何况这是国家号召的！当然啦，当官的也有当官的考虑，他当然要维护本单位的秩序（执行公务），事后也犯不着过分指责。当时社会状况就是这个样子。

我们的电脑培训班办了三年，到了第三年上，考虑到各方面的原因，包括我们的年龄因素，我们自己决定停办。我们把所有的电脑等设备都一下移交给了那个技术学校。三年的厂外打工就结束了。在这不太长的电脑教学中，体验了一次独立自主创业的乐趣，为资阳地区培训了第一批电脑人才，还帮助这所技术学校搭建起了电脑教学系统。而我们几个人从此隐退，重回工厂，各就各位，做一个安分守己的职工，说话间我也就快退休了。

74.　再说陈兰彬

　　将结束的时候，我再说说陈兰彬。

　　老陈是我今生为数不多的几个朋友之一。他为人正直，有能力，心地善良。电脑培训班结束以后，我们仍回到原来单位，我回到九分厂，老陈回到了工厂子弟中学。老陈因为教学上成效显著，深受学生及其家长的欢迎。退休之后他定居到了成都。但与我，还有林明钧老师一直保持着联系。他搬到到成都之后，每次来资阳都必到我家和林老师家来玩，大家关系一直不错。

　　后来他突然病了，老陈在成都捎信来很想见见林老师和我，但当时我碰巧也在生病发烧，就没能及时去看他，没想到待我病好和林明钧老师一起赶到成都去看他时，他已经不省人事了，躺在医院里，全靠从鼻管喂食维持生命。看到他痛苦的样子，我心里很难过。曾经多健硕的一个人！怎么一下就病成了这个样子！

　　陈兰彬、我和林老师都是同龄人，我们的年龄只是差月份，可惜他走得太早了，多好的一个人，又有能力又有学识。但由于"文革"中他太过正直，终为这个社会所不容，一生都不得志，他的才能没能正常发挥出来。我可以肯定，如果在一个正常社会，他一定能成为一个杰出的栋梁之材。

他曾对我说，等他过了七十岁，他还是想再回到资阳生活。转眼数年过去了，他晚年没能回到资阳，而是在成都去世了。至今我仍时常怀念他。

75. 退休

到了二十世纪末，我们这些闯荡了大半辈子的人也都先后退休了。和我差不多时间退休的还有钟永尤工程师，罗泽先工程师（提前）。我是一九九八年二月退休的。比正式退休提前了八个月。为什么提前呢？是因为那年中央企业要体制改革的原因，国家号召老职工提前退休。正好那一年我的年龄也到了，所以就提前了几个月跟着大家一起退休了。

离开工厂的那一天，我收拾了最后属于自己的一点东西，拎着包一个人走出了工厂大门，回到了潮土湾自己的家中。

外孙小虎还没放学，母亲一个人在厨房里摘菜做饭，我回到家放下东西，蓦然感觉一股莫名的空虚袭上心头。退休了，可以彻底放松了，从此"无丝竹之乱耳，无案牍之劳形"，何以会有"空虚"之感？自己竟也说不清楚……

刚退休那几天，每天早上吃饭，还是不由自主地匆匆忙忙，好象还要赶着去上班似的。可转念一想，不用了！现在已经退休了啊！不用再上班了！这样才又重新放慢下来。这种情况继续了好多天才慢慢适应过来。

唉！是的，从今以后不用再上班了！

后记

　　一九九八年我退休了。退休意味着之前的事业就结束了。但我不会甘心无所事事地结束一生！我还有未竟事业。

　　退休以后我有两件事要作：一个是继续研究技术，虽然离开了工厂这个大平台，但在家也可以学习，我想到了电脑技术；另一个是正式开始我的写作生涯。这也是我这些年来一直想作的。通过写作，记录历史，总结人生，把我的科技事业和人生结合起来。为此我在退休之前就开始自学电脑了，我逐步成了（一般人中）最早使用电脑的一批人。在学习电脑的同时，我也在阅读，最后终于把两者结合了起来，运用电脑进行写作。电脑真是个好东西，它为我后来的阅读和写书提供了极其重要的支持。从此我就断断续续地用电脑写作了。读书和写作也便成了我退休生活的主要内容。

　　上世纪六十年代中期，国家开展轰轰烈烈的三线建设运动，成千上万的人离开大城市派往大西南参加三线建设。真是成千上万！拉家带口！他们来到大山深处修建工厂。他们一方面要克服艰苦的自然环境带来的困难；另一方面文化大革命暴发了，要经受政治斗争的折磨。他们在艰苦卓绝的环境中开展建设。他们都是普通的职工，但正是他们成就了国家的千秋大业！这些人是真正的功臣。我二十几岁就来到了三线，亲自经历和看到了三线建设的全过程。我想我有责任把这一历史事件记录下来，不能让它湮没于历史长河之中！

　　这本《三线记忆》就是在这种情况下写成的。我想把这本书送给当年那些参加过三线建设的人——如今这些人已经老了；我也想送给后来未经历过那个时代的人——他们未经历过那个时代，但希望他们也能从这本书中了解那段真实的历史，从中吸取教训，取得一份人生借鉴。

二〇二四年二月二十八日
于中国四川资阳